武汉大学文明对话高等研究院

Institute for Advanced Study in Dialogue of Civilizations Wuhan University

第 一 辑

01

Selected Literature of
Luojia Chinese Philosophy

珞珈中国哲学文存

吴根友 —— 主编　　秦平 —— 副主编

中国出版集团

东方出版中心

图书在版编目（CIP）数据

珞珈中国哲学文存. 第一辑 / 吴根友主编. —上海：
东方出版中心, 2022.4
ISBN 978-7-5473-1980-2

Ⅰ. ①珞… Ⅱ. ①吴… Ⅲ. ①哲学－中国－文集
Ⅳ. ①B2-53

中国版本图书馆CIP数据核字（2022）第041973号

珞珈中国哲学文存（第一辑）

主　　编　吴根友
副 主 编　秦　平
筹　　划　刘佩英
责任编辑　冯　媛　周心怡
封面设计　钟　颖

出版发行　东方出版中心有限公司
地　　址　上海市仙霞路345号
邮政编码　200336
电　　话　021-62417400
印 刷 者　安徽新华印刷股份有限公司

开　　本　890mm×1240mm　1/32
印　　张　16.75
字　　数　377千字
版　　次　2022年7月第1版
印　　次　2022年7月第1次印刷
定　　价　98.00元

序

　　作为学科意义上的狭义珞珈中国哲学而言，其思想主体是以萧萐父、唐明邦、李德永、程静宇、段启咸等人为第一代学人，而以萧汉明、郭齐勇、田文军、李维武、吕有祥、徐水生等人为第二代学人。在这两代学人中，当以萧萐父先生为灵魂性的人物。本辑收录他们的代表性文章，以一个形式上的整体面貌向学界约略展示珞珈中国哲学的图式，并且希望后来者将继续以此约略的思想图式向学界不断地呈现珞珈哲学生生不息的精神传统。

　　第一代学人当中，目前唯有程静宇老师还在世，其他几位先生均已先后作古。第二代学人当中，萧汉明老师已经仙逝，其他几位老师虽已经荣休，然都还在笔耕不辍，继续从事哲学史的研究与写作工作，目前郭齐勇、李维武老师还以武汉大学驻院研究员的身份从事博士研究生的培养工作。

　　出于学科建设的体制性考虑，我们编辑此文存，以约略的思想图式客观地展示珞珈中国哲学的整体形象轮廓。同时也希望以此约略的思想图式向学界，特别是向我们的研究生们展示珞珈中国哲学"一多相即"的精神风貌。

　　作为现当代中国哲学的有机组成部分，珞珈中国哲学也分享着现当代中国哲学对于中西古今之争，中国哲学的现代诠释与当代转化等核心问题意识。但是，作为具有地方性特点的珞珈中国哲学，对于上述两大核心问题的哲学诠释有自己的特点与侧重点。对于明清之际中国早期启蒙哲学思潮的关注，特别是对于王夫之哲学的深度开掘，是珞珈中国哲学在古代哲学研究方面的鲜明特色。20 世纪 80 年代后期，部分学人转向对现代新儒家的研究，形成了大陆中国哲学研究中现代新儒家研究的重镇之一。以萧萐父先生为主持者而整理的《熊十力全集》、郭齐勇教授主持的《杜维明文集》、李维武主编的《徐复观文集》等，对现代新儒家的文献整理作出了重要贡献。郭齐勇、田文军、李维武三人对于现代新儒家的研究，使他们成为当代大陆中国新儒家研究的重要代表人物。除此两大突出特色之外，珞珈中国哲学在马克思主义中国化、《周易》的哲学思想研究、中国传统科学、医学与中国哲学之间的关系研究、佛教哲学研究、道家思想研究、中国哲学对于日本近现代哲学的影响诸领域，都有不同程度的建树与开掘。至于因工作关系在不同的学术单位从事中国哲学研究的珞珈学人，可以视为珞珈中国哲学在不同地域的开花结果，暂时不纳入此狭义的"珞珈哲学文存"之中。

由于篇幅的关系，本书还未能完整地展示珞珈哲学的精神风貌，萧萐父先生提倡的"诗化哲学"理念，以及通过对"人文易"的阐释而揭示中华民族的"民族魂"思考，均未能将相关的文章收入本辑之中。大家可以参阅《吹沙集》《吹沙二集》等。

本书以人物为经，以代表性文章为纬。《文存》中的作者，大多都有众多著作、文章行于当世，读者若想更加充分、深入地了解珞珈中国哲学，希望以此《文存》为图示，按图而索文。

　　本书初期编辑工作的一切繁杂事务,均由秦平博士承担。在此表示感谢。

　　是为序。

吴根友

2021 年元月 16 日

目　录

中国哲学的创造性转化

中国哲学的当代阐释

哲学问题与哲学家研究

中国哲学与世界哲学

中国哲学的创造性转化

中国哲学启蒙的坎坷道路

萧萐父

中国是否曾有过自己的哲学启蒙或文艺复兴？如果有，它的历史起点在哪里？经历了什么样的特殊道路？这是"五四"以来人们多次议论过的题目。"文化大革命"之后，为了总结历史的经验，探寻中国社会主义精神文明的建设途径，预测中国哲学未来的发展，人们又在重新探讨这个问题，进行着各有会心的历史反思。

有的同志咀嚼中外学者曾有的一种说法而赋予新解，认为中国早就有古代的"儒家民主主义"和"儒家人道主义"，至于近代人文主义的哲学思潮则始于宋代理学。因为这场儒学的复兴，提出了"消除异化的人性复归"，理学家们讲的"天人合一""民胞物与"，即肯定了人在宇宙中的地位和人所创造的精神文化、伦理道德的价值，这表现了民族觉醒和理性精神，是中国哲学史上媲美晚周的"第二个黄金时代"。这种观点，把封建理学视为反封建蒙昧的理性主义，实际是否认中国历史上曾有过真正的启蒙哲学。因而王夫之、谭嗣同也都属于理学系统，不过是宋明理学的改进和继续，乃至今天的社会主义精神文明似乎也只能嫁接在理学这一不朽的根株之上。

有的同志则从相反的另一极出发,认为中国长期封建社会乃是一个超稳定系统,经历着周期性的农民战争——改朝换代而其基本结构不变,包括理学在内的儒家正统思想的强控制,窒息了一切新思想的萌芽,只是近百年西方资本主义文明的全面冲击,中国社会结构的超稳定系统才开始被打破。有同志通过分析世界近代史而论定东方社会注定不可能产生资本主义关系及其精神分泌物,也有些青年慨叹于祖国历史的沉重负担而以黑格尔所说文艺复兴时期的"爆发性的人物"[①]自居。在他们看来,今天为了驱除现实生活中的封建主义历史阴影,还得借助西方近代启蒙者的思想火炬。这种见解,也同样无视中国有过自己的哲学启蒙或文艺复兴,当然也不会去研究中国哲学启蒙的特殊道路给我们带来了什么教训。

这种种历史反思,都是在历史地分析国情,引古以筹今,具有严肃的现实意义。普列汉诺夫在其名著《俄国社会思想史》的序文中说:"历史学者应当'不哭,不笑,而是理解'。"[②]为弄清这一问题,有必要对中国启蒙哲学的发展作一番史的回溯和论的探索。

一

思想启蒙、文艺复兴之类的词,可以泛用,但要纳入马克思主义的历史科学,应有其特定的含义。狭义地说,14 世纪以来地中海沿岸某些城市最早滋生的资本主义萌芽的顺利发展,以及由于十字军东征,关

---

① ［德］黑格尔著,贺麟、王太庆译:《哲学史讲演录》第三卷,商务印书馆 1959 年版,第 343 页。
② ［俄］戈·瓦·普列汉诺夫著,孙静工译:《俄国社会思想史》著者序,商务印书馆 1988 年版,第 9 页。

于古希腊罗马文献手稿和艺术珍品的大批发现,促成了意大利等地出现空前的文艺繁荣。好像是古代的复活,实际是近代的思想先驱借助于古代亡灵来赞美新的斗争,为冲决神学网罗而掀起人文主义思潮。"在惊讶的西方面前展示了一个新世界",使得"中世纪的幽灵消逝了"①。正是在这个意义上,文艺复兴又被广义地理解为反映资本主义萌芽发展,反对中世纪蒙昧主义的思想启蒙运动。马克思主义创始人把意大利看作"现代世界的曙光在那里升起"的"典型的国家"②,把但丁(1265—1321)看作"中世纪的最后一位诗人,同时又是新时代的最初一位诗人",是标志"封建的中世纪的终结和现代资本主义纪元的开端"的"伟大人物"③,并肯定这是"一个需要巨人而且产生了巨人——在思维能力、热情和性格方面,在多才多艺和学识渊博方面的巨人的时代"④。的确,从14—16世纪,从意大利到法国、西班牙、荷兰、英国,涌现了一大批文化英雄、思想巨人。就哲学方面说,被黑格尔赞为"哲学烈士"的意大利的布鲁诺(1548—1600)和梵尼尼(1586—1619),虽以相同的命运被教会烧死了,但他们却使"理性和所谓天启之间的斗争燃起来了,在这个斗争中,天启与理性对立起来,理性独立了"⑤。同时,16世纪德国的宗教改革及其所唤起的下层贵族起义和伟大农民战争,也对中世纪神学统治进行了猛烈冲击。"教会的精神独裁被摧毁了,……在罗曼语诸民族那里,一种从阿拉伯人那里吸收过来并重新发现的希

---

① 《自然辩证法·导言》,《马克思恩格斯选集》第三卷,人民出版社 1972 年版,第 445 页。

② [德]马克思:《资本论》第三卷,人民出版社 1975 年版,第 24 页。

③ 《共产党宣言》1893 年意大利文版序言,《马克思恩格斯选集》第一卷,人民出版社 1972 年版,第 249 页。

④ 《自然辩证法·导言》,《马克思恩格斯选集》第三卷,人民出版社 1972 年版,第 445 页。

⑤ [德]黑格尔著,贺麟、王太庆译:《哲学史讲演录》第三卷,商务印书馆,第 371 页。

腊哲学那里得到营养的明快的自由思想，愈来愈根深蒂固，为 18 世纪的唯物主义作了准备。"①

这就是马克思主义剖视西欧历史，从整个文艺复兴时代的社会思潮中所发现的"重新觉醒的哲学"②的启蒙性质。

确定意义的启蒙哲学，应当区别于中世纪的异端思想（那可推源于12、13 世纪经院哲学中的唯名论，乃至更早的作为"中世纪革命反对派"的神秘主义异端），也与西欧以后作为政治革命导言的资产阶级哲学革命的理论发展有所不同，应仅就其资本主义萌芽发展相适应、作为封建旧制度崩解的预兆和新思想兴起的先驱这一特定含义来确定它的使用范围。至于它的实质，可否从马克思的这一提示给予说明：历史"很少而且只有在特定条件下才能进行自我批判"，而这种自我批判的历史阶段，"当然不是指作为崩溃时期出现的那样的历史时期"③（如果处于那样的历史时期，革命会代替批判，或者说批判已不再是解剖刀而是消灭敌人的武器④）。这就是说，一个社会的自我批判总是在自身尚未达到崩溃但矛盾又已充分暴露的条件下进行的。14—16 世纪西欧的文艺复兴、启蒙运动正是在封建社会远未崩溃的条件下所进行的自我批判。人们给予这个时代以不同的名称，如"宗教改革""文艺复兴""五百年代"等，但这种自我批判乃是世界各主要民族走出中世纪的历史必由之路。我们说，中国有自己的文艺复兴或哲学启蒙，就是指中国封建社会在特

---

① 《自然辩证法·导言》，《马克思恩格斯选集》第三卷，人民出版社 1972 年版，第445 页。

② 《路德维希·费尔巴哈和德国古典哲学的终结》，《马克思恩格斯选集》第四卷，人民出版社 1972 年版，第 250 页。

③ 《〈政治经济学批判〉导言》，《马克思恩格斯选集》第二卷，人民出版社 1972 年版，第 108 页。

④ 《〈黑格尔法哲学批判〉导言》，《马克思恩格斯选集》第一卷，人民出版社 1972 年版，第 3—4 页。

定条件下展开过这种自我批判。这种自我批判,在 16 世纪中叶伴随着资本主义萌芽的生长而出现的哲学新动向(以泰州学派的分化为标志,与当时新的文艺思潮、科学思潮相呼应),已启其端,到 17 世纪在特定条件下掀起强大的反理学思潮这一特殊理论形态,典型地表现出来。至于这一典型形态的哲学启蒙的往后发展,却经历了极为坎坷的历史道路。

人们惯于中西哲学对比。事实上西方也有不同的发展类型。如果说,意大利、法国等地中海沿岸国家的文艺复兴直接取得了辉煌的思想成果,英国更以特殊的历史条件成为近代哲学运动的前锋和产业革命的策源地;那么,德国、俄国这些封建主义包袱较为沉重的国家,启蒙运动则迈着沉重的步伐,走过崎岖的道路。奇特的是,它们的近代思想启蒙,都是由"贵族的国民运动"①或"贵族地主革命家"开始发动的②,又都依赖于农民反封建斗争所提供的巨大动力。

纵观历史,如果把资本主义萌芽产生以后的中国与欧洲这些国家对比考察,则不难发现,中国显然异于意大利及法、英等国,而与德国、俄国却有不少历史的相似点或共同点。例如:① 在走向近代的过程中经济发展都缓慢而落后,宗法关系的历史沉淀使封建统治势力既腐朽又强大,由于封建制母体内资本主义因素发展不足,使近代社会长期处于难产之中;② 反封建农民战争都曾大规模兴起,农民成为反封建革命的主力但又无法取得反封建革命的胜利,却直接间接地为启蒙思潮的崛起提供了历史的动力;③ 新兴市民以至资产阶级晚生而又早熟,由于软弱而各具不同程度的妥协性和两面性,无力完成反封建的历史任务,结果,竟然要由无产阶级联合农民来挑这副担子;④ 由于近代社

---

① [德] 恩格斯:《恩格斯给拉萨尔的信(1859 年 5 月 18 日)》,《德国农民战争》,人民出版社 1962 年版,第 151 页。
② 列宁:《纪念赫尔岑》,《列宁全集》第十八卷,人民出版社 1959 年版,第 9 页。

会长期处于难产状态,改革运动几起几落,阶级关系和社会矛盾都呈现出特别复杂的情况,一方面新的在突破旧的,另一方面死的又拖住活的,形成历史运动的多次洄流。这些,似乎是德、俄、中这类国家在资本主义萌芽产生以后和无产阶级领导的革命兴起之前社会状况的一般特征。总结起来,正如马克思在描述德国状况时所指出的那样:"不仅苦于资本主义生产的发展,而且苦于资本主义生产的不发展。除了现代的灾难而外,压迫着我们的还有许多遗留下来的灾难,这些灾难的产生,是由于古老的陈旧的生产方式以及伴随着它们的过时的社会关系和政治关系还在苟延残喘。不仅活人使我们受苦,而且死人也使我们受苦。"[1]然而,就在这种新旧杂陈、错综复杂的历史环境中,反映资本主义萌芽发展的、反对封建蒙昧主义的启蒙思潮毕竟冲破了重重阻力而产生、发展了。尽管这些国家的哲学启蒙运动都因遭到了挫折而未能很好完成历史的任务,但却唤醒了一代代后继者。德、俄、中三国在这一时期都诞生了一批思想巨人,对人类精神文化作出巨大贡献。在德国,从路德、闵采尔到歌德、席勒、贝多芬,从莱布尼茨、康德到黑格尔、费尔巴哈,直到培育出马克思、恩格斯。在俄国,从拉辛、布加乔夫到拉吉舍夫、十二月党人,从普希金、赫尔岑到别林斯基、车尔尼雪夫斯基,直到培育出普列汉诺夫、列宁。在中国,许多事情和沙皇俄国相同或相似,封建压迫的严酷,经济文化的落后,以及先进人物为了国家的复兴,不惜艰苦奋斗,寻找革命真理,这都是相同的。[2] 但中国作为东方大国,某些方面更为落后。列宁把俄国解放运动中摸索真理的先进人物分为三代[3],

---

① [德] 马克思:《资本论》第一版序言,《资本论》第一卷,人民出版社 1975 年版,第 10—11 页。
② 参见毛泽东:《论人民民主专政》,《毛泽东选集》第四卷,人民出版社 1960 年版。
③ 参见列宁:《俄国工人报刊的历史》,《列宁全集》第二十卷,人民出版社 1958 年版。

而中国在历史难产的痛苦中觉醒的先进人物,为摸索真理而走过的道路更加艰难曲折,似乎可分为五代。单就哲学启蒙说,明清之际的黄宗羲、顾炎武、方以智、王夫之到颜元、戴震、焦循等同具人文主义思想的早期启蒙者属一代,阮元、龚自珍、魏源、林则徐等开始放眼世界的地主改革家为一代,严复、谭嗣同、康有为等努力接受西学以图自强的资产阶级维新派为一代,以孙中山、章太炎为代表的资产阶级革命民主派和后期梁启超及王国维、蔡元培等试图会通中西自立体系的资产阶级学者为一代。三百年来,一代代思想家呼唤风雷,一阵阵古今中外思潮的汇合激荡,终于在伟大的"五四"运动中,崛起了李大钊、陈独秀、毛泽东、蔡和森等由革命民主主义转到马克思主义的思想家,中国哲学革命才被推进到一个新阶段。

二

通过以上简略的对比分析,似乎可以看出,德、俄、中三国走向近代,对沉重封建包袱进行自我批判的道路,确有相同或相似之处。同时,也可以看到,民族的苦难,历史道路的曲折坎坷,也具有二重性,既留下耻辱的印记,又留下光辉的战斗业绩。恩格斯在1850年回顾德意志民族的传统时,曾严肃指出:"在历史上德意志民族也曾表现过坚韧不拔的精神","在历史上德国农民和平民所怀抱的理想和计划,常常使他们的后代为之惊惧"[1];并具体分析指出:"16世纪的德国革命的特殊神学理论性质,对于不属于此世的事物有压倒一切的兴趣。从不光彩的现实中来的抽象,构成后来从莱布尼茨到黑格尔的德国人的理论优势的基础。"[2]

[1] [德] 恩格斯:《德国农民战争》,人民出版社1962年版,第17页。
[2] [德] 恩格斯:《德国农民战争》,人民出版社1962年版,第175页。

列宁在 1914 年回顾俄罗斯民族的传统时,曾指出:"我们看到沙皇刽子手、贵族和资本家蹂躏、压迫和侮辱我们美丽的祖国而感到无限痛心",但应当满怀民族自豪感,因为在大俄罗斯人民中间"产生了拉吉舍夫、十二月党人、七十年代平民知识分子革命家",产生了工人阶级政党并"证明了它能给人类做出为自由和社会主义而斗争的伟大榜样"[①]。至于列宁对赫尔岑、车尔尼雪夫斯基、托尔斯泰的历史评价和对他们世界观矛盾的辩证分析,更达到了很高的科学水平。从经典作家这些示范性的论述中,理应得到启示,应当以什么样的历史感和科学方法来总结自己民族的历史传统,怎样分析自己民族的哲学启蒙到哲学革命所走过的特殊道路,并由此得出什么样的历史教训。

17、18 世纪中国的哲学启蒙,似应看作中国近代哲学历史准备的一个特殊阶段,它是明末清初特殊历史条件下的产物。

明末清初,封建社会末期经济、政治危机的总爆发,资本主义萌芽的新滋长,自然科学研究热潮的蓬勃兴起,反映市民要求的文学艺术的空前繁荣,表明中国封建社会及其统治思想已经走到上述马克思所说的尚未达到"崩溃时期"但已"能够进行自我批判"的历史阶段。尽管衰朽的宗法封建关系及其强固的上层建筑多方阻挠和摧残着一切新事物的生长,尽管在农民大起义失败的血泊中,以清代明的王朝更迭使旧制度得以延续,形成清初一段历史洄流,但这并不能改变历史已经形成的封建制趋向"天崩地解"(黄宗羲语)的新趋势,从而孕育着近代哲学思想"破块启蒙"(王夫之语)的新动向。姑举数例:

(1)这一时期合乎规律出现的早期启蒙思潮,曲折反映当时市民反封建特权的要求,直接受到农民大革命的风雷激荡的影响,表现出某

[①] 《论大俄罗斯人的民族自豪感》,《列宁全集》第二十一卷,人民出版社 1959 年版,第 84 页。

些越出封建藩篱的早期民主主义意识。他们提出"必循天下之公","不以天下私一人"(王夫之);要求以"天下之法"代替封建专制的"一家之法";声称"为天下之大害者,君而已矣"(黄宗羲),甚至怒斥"自秦以来,凡为帝王者皆贼也"(唐甄),在起义农民"贫富均田"口号的震动下,他们提出种种平均地权的设想,或主张土地公有、平均"授田"(黄宗羲),或主张"有其力者治其地""故平天下者均天下而已"(王夫之),或主张"呕夺富民田"(颜元)、"有田者必自耕"(李塨)。这些改革主张,与当时农民革命的理想有质的区别,却与资本主义萌芽的发展要求有着隐然的联系。至于他们反对"崇本抑末",主张"工商皆本",抨击科举制度,主张设立学校,以及要求发展科学技术和民间文艺等,更具有鲜明的启蒙性质。

(2)早期启蒙学者以特有的敏感,注意并尊重新兴的"质测之学",吸取科学发展的新成果与"核物究理"的新方法,以丰富自己的哲学。他们主张"质测即藏通几"(方以智),尊重"专家之学",认为"即物以穷理,惟质测为得之"(王夫之)。首批来华的西方传教士混合宗教宣传所译介的一些古希腊和近代的科学论著,受到启蒙学者的衷心欢迎,而当时启蒙学者强调以科学态度对待外来文化,"欲求超胜,必先会通"(徐光启),"深入西法之堂奥而规其缺漏"(梅文鼎),并正确地评价了当时传教士们传入的西方科学知识有可取之处,而神学世界观则不足道,"泰西质测颇精,通几未举"(方以智)。明清之际的自然科学研究热潮和中西科学文化的早期交流,使这一时期启蒙哲学的理论创造从内容到方法都具有新的特色。如方以智在《物理小识》中关于物质和运动不可分的理论论证,王夫之在《张子正蒙注》《俟解》中关于物质不灭和能量守恒原理的具体论证等,都由于吸取科学成果而达到新的水平。

(3)早期启蒙学者反映新的时代要求,开辟了一代重实际、重实证、重实践的新学风。他们痛斥宋明理学"空谈心性"的虚夸学风使知识界陷于唯心主义的网罗："足不出户""游谈无根""置四海之困穷不言,而终日讲'危微精一'之说"(顾炎武);平日高谈阔论,大讲为"生民立极,天地立心,万世开太平",一旦国家有事,则"蒙然张口,如坐云雾"(黄宗羲)。这种"蹈虚""空谈"的学风,被看作祸国殃民的根本。启蒙思想家们在研究哲学、历史、自然科学的过程中,无例外地注重"经世致用",提倡"事关民生国命者,必穷源溯本,讨论其所以然"(潘耒:《日知录序》),"尽废古今虚妙之说而返之实"(王敔:《姜斋公行述》)。他们提倡面向实际,注重实证的求实学风,广泛地进行社会调查、博物考察和历史研究。如顾炎武为了写《天下郡国利病书》,"足迹半天下","所至阨塞,即呼老兵退卒,询其曲折,或与平日所闻不合,则即坊肆中发书而对勘之"(全祖望:《亭林先生神道碑》)。方以智编写《通雅》《物理小识》更是"采摭所言,或无征,或试之不验。此贵质测,征其确然者耳。……适以泰西为剡子,足以证明大禹,固公之法,而更精求其故,积变以考之"(方中通:《物理小识·编录缘起》)。王夫之也是"自少喜从人间问四方事,至于江山险要、士马食贷、典制沿革,皆极意研究。读史、读注疏,于书、志、年表,考驳异同,人之所忽,必详慎搜阅之,而更以见闻证之"(王敔:《姜斋公行述》)。启蒙者的治学方法,突破汉宋,别开新途,日益孕育着近代思维方法。

以上举例似足以表明,17 世纪中国崛起的早期启蒙思潮,就其一般的政治倾向和学术倾向看,已显然区别于封建传统思想,具有了对封建专制主义和封建蒙昧主义实行自我批判的性质。这种批判之所以可能并必然出现的社会基础,是当时农民、市民反封建大起义的震荡下地主阶级内部的政治分化。一部分在野开明地主知识分子被卷进了反对明末腐朽统治和清初民族压迫的政治斗争的漩涡,他们震惊于当时的民族危机和政治变局,把先进汉民族的自取败辱引为沉痛教训,"哀其所败,原其所剧"(王夫之:《黄书·后序》),利用他们的文化教养,对他们认为导致民族衰败、社会腐化、学风堕落的封建专制主义和封建蒙昧主义,进行了检讨和批判,并把批判的矛头无例外地指向了作为封建正宗思想、统治思想界达五百年的宋明道学唯心主义。尽管每个人的自觉程度不同,批判的侧重点有异,甚至各自的思想倾向还存在着矛盾,但社会前进运动的客观要求,正是通过这些矛盾的合力,通过特定关系下的思想三棱镜,十分曲折但又十分合理地反映出来。

16世纪中叶以来的哲学运动的这种曲折反映,既有其生动的历史内容,更有其自身发展与思维规律相吻合的逻辑进程。

中世纪哲学意识发展到王阳明的心学,已走到极端。王阳明的心学唯心主义的彻底性孕育着自我否定的因素,使泰州学派必然分化,分化中必然出现"掀翻天地""非名教之所能羁络"(《明儒学案·泰州学案序》)的异端思想家。其中"异端之尤"的李贽,以他的"童心说"和对"以孔子之是非为是非"的封建独断论的怀疑和否定,标志着对封建社会自我批判的开端。中经东林、复社的政治实践,"一堂师友,冷风热血,洗涤乾坤"(《明儒学案·泰州学案序》),唤起了方以智、黄宗羲等从不同侧面去突破传统思维方式,开拓"质测即藏通几"(自然哲学)、"通儒必兼读史"(历史哲学)等哲学认识的新领域和探求真理的新途径。同一时期,合规律地涌现了一大批从不同角度剖析宋明理学的思想家,诸如陈确、朱之瑜、傅山、李颙、孙奇逢等等,各不相谋,而自相呼应。王夫之以一定的历史自觉,从哲学上总其成,"学成于聚,新故相资而新其故"(王夫之:《周易外传》卷五),不仅全面扬弃程、朱、陆、王,批判地总结了宋明道学,而且精研易理,熔铸老、庄,旁及佛、道二教,博取新兴质测之学,特别是按照"依人建极"的原则,高度重视人类史观的研究,使朴素唯物辩证法的理论形态发展到顶峰，并落足到天人、理欲关系问题上的明确的人文主义思想，预示着新的哲学胎儿已躁动于母体而即将出世。"我者，大公之理所凝也。"（王夫之：《思问录·内篇》）"自吾有生以至今日，其为鬼于天壤也多矣。已消者已鬼矣，且息者固神也，则吾今日未有'明日之吾'而能有'明日之吾'者，不远矣！""守其故物而不能日新"的中世纪僵尸"虽其未消，亦槁而死"（王夫之：《思问录·内篇》）。一个"明日之吾""大公之理所凝"的新的"自我"即将诞生！王夫之的哲学，逻辑地标志着中国封建社会哲学发展圆圈的终结。

尔后，颜元、戴震除了继续揭露宋明道学所强调的天理人欲对立的伦理异化是"以理杀人"外，颜元重"习行"、倡"实学"，戴震则重"心知"、察"分理"，分别显示了唯物主义经验论和唯物主义唯理论的哲学倾向，历史地预示着朴素形态的唯物辩证法必将代之以形而上学方法为特征的新的哲学形态。但是，由于清初历史涧流中新经济和新思想横遭窒压和摧折，这种新形态的哲学在戴震之后虽经焦循、阮元等的努力仍未能诞生。19 世纪初叶，中国以鸦片战争之后的民族苦难而转入近代。结果，明清之际早期启蒙哲学的思想成果几乎被掩埋了一百多年，而到19 世纪末才在资产阶级的变法维新运动和排满革命运动中重新复活，起着一种思想酵母的特殊作用。

三

从历史的回顾可以看出，中国确乎有过自己的哲学启蒙或文艺复兴，但决非始于宋代理学，恰好相反，它是在对整个宋明道学（包括理学和心学）的否定性批判中开始的。正因为打破了宋明道学的思想桎梏，才产生了人文主义的初步觉醒。应该说，在明清之际的社会大动荡、阶级斗争和民族斗争的大风雨中,我们民族也产生过自己的巨人。我们有自己的但丁,如汤显祖、曹雪芹,且他们唱的不是"神曲",而是"人曲";也有自己的达·芬奇、米开朗基罗,如郑燮、石涛、陈洪绶,他们画笔下的人和物都表现了倔强的异端性格;还有自己的布鲁诺式的"哲学烈士",如何心隐、李贽,他们敢于背经叛道,死而不悔;我们更有自己的弗兰西斯·培根,如徐光启、方以智、梅文鼎,他们学贯中西,开始了铸造自己"新工具"的事业。至于王夫之、黄宗羲这样博学深思、著作宏富的思想家,在世界文化史的这一阶段上可说是旷世无匹。但是,当清初历史转入洄流中,他们虽然"锋镝牢囚取次过,依然不废我弦歌"(黄宗羲:《山居杂咏》),但也只能"且劈古今薪,冷灶自烧煮"(方以智诗),"思芳春兮迢遥,谁与娱兮今朝"(王夫之:《㧑襖赋》),遥望着未来历史的春天而眼前却感到孤寂。他们的思想火花,没有能形成照亮黑夜的"火流",而他们散播火种的著作反而成为清王朝禁毁的对象。他们曾想对传统宗教神学和各种"镇压人心"的邪说"伸斧钺于定论"(王夫之语),建立起"理性法庭",但清初建立的文字狱法庭反而对理性和自由实行了严酷的审判。

这是为什么?这是因为中国近代社会新旧交替的长期难产所出现的第一次历史洄流。在洄流中,中国的哲学启蒙首次遭到摧折,步入了坎坷的道路。18世纪的历史洄流,表现为社会经济新因素由大破坏到复苏、民族关系由落后族的征服到被融合的过程中,封建专制主义回光返照地稳定了一段,伴之而来的是程朱理学的权威竟得以在"御纂""钦定"的形式下恢复。清统治者适应自身封建化要求的文化政策,起了强化封建传统惰力的作用。如侯外庐所概括:"一方面大兴文字之狱,开四库馆求书,命有触忌讳者焚之,他方面又采取了一系列的愚弄政策,重儒学、崇儒士……另一方面,雍正元年(1723年)以后,中国学术与西洋科学，因了受清廷对外政策的影响，暂时断绝关系。因此，对外的闭关封锁与对内的"钦定"封锁，相为配合，促成了所谓乾嘉时代为研古而研古的汉学，支配着当时学术界的潮流。"①这不仅掩埋了17世纪启蒙哲学的思想光芒，使之被人遗忘，濒于夭折，而且严重地延缓了整个中国历史的发展进程，使之迅速落后于世界形势，终于招致了从19世纪中叶起西方资本主义的破关入侵，进一步打断中国历史的发展进程。

鸦片战争以后的中国，以民族的苦难转入畸形的近代。面对空前的民族危机，中国人民在苦难中觉醒，集中表现为在反帝反封建的斗争中涌现出一批又一批向西方摸索救国救民真理的先进人物。他们冲决网罗，前仆后继，留下了可歌可泣的革命传统。晚生、早熟而又十分软弱的中国资产阶级，在掀起"新学"反对"旧学"的思想文化斗争中，也曾以一种朦胧的历史自觉，把明清之际的启蒙哲学看作自己的思想先驱，希图继续其未竟之业，但他们忙于引进"西学"而来不及对自己的历史遗产推陈出新。在大量吸收"西学"的过程中，也曾注意到培根、洛克、笛卡儿的哲学与科学昌明的关系，狄德罗、拉美特里的哲学与法国革命的关系，乃至康德、黑格尔哲学的进步意义等，希图吸取来"开民智""新民德"，但他们迫于应付政治事变而匆匆建立的哲学体系，却又芜杂而极不成熟。他们力图把当时西方自然科学的新成果和新概念直接纳入自己的哲学体系，用以否定传统的"宋学"和"汉学"，突破古代唯物主义的朴素性和直观性，但由于在理论思维的进程上跳越了一些环节，只能陷于简单的比附，结果他们所进行的哲学变革往往自陷迷途，乃至完全落空。中国资产阶级由于政治上软弱，文化上落后，既无力完成自己的社会革命的任务，也就更加无力完成自己的哲学革命的任务。中国的近代

---

① 侯外庐：《中国早期启蒙思想史》，人民出版社1956年版，第410—411页。

及其哲学运动,短短数十年,匆匆跨过西欧近代哲学发展几百年的历史行程,但就理性的觉醒、理性的自我批判、理性的成熟发展等,即这一历史阶段所需要完成的主要业绩而言,却并未跨过,而是处于长期"难产"。

四

"难产"作为一种历史现象,指社会运动和思想运动的新旧交替中出现新旧纠缠,新的突破旧的,死的拖住活的这种矛盾状况。它在我国历史上多次出现,似乎带有规律性。

我国原始社会向奴隶制国家过渡,考古证明从父权制出现的轩辕黄帝时代到夏禹"家天下",经历了近二十个世纪。奴隶制向封建制过渡,按许多学者把春秋战国看作"一大变革之会"的封建化时期,也经历了数百年之久。长期"难产"的古代社会,实际上走着"维新"的道路,因而诸如宗法制度、原始宗教以及氏族伦理观念等作为历史沉淀物被大量保留下来。宗族奴隶制向宗法封建制转变也走着一条演化的道路,因革损益,三统循环,于是一整套"敬天法祖""尊尊亲亲"的纲常伦理,作为宗教异化、政治异化、人性异化,凝成"天""礼"等传统观念,像梦魇一样纠缠着人们的头脑,成为历代正宗思想家进行哲学加工的主要对象。虽然天人关系、礼法关系等问题曾引起多次哲学论争,但"天""礼"等观念始终作为外部压迫力量的神圣象征,不容侵犯。以此为基石所建立的庞大的封建正宗统治思想,把一切"人本"思想、"法制"思想、"越名教而任自然"的思想、任何形式的反抗异化和要求人性复归的思想,都只能视为异端而给以排斥和打击。

这一封建正宗统治思想,在前期曾以"三纲可求于天""名教本之自然""富贵贫贱决定于三世因果"等具有宗教异化的神学理论形式表现出来；到后期，经过宋明道学家们的再次加工，更用伦理异化的哲学理论形式表现出来。宋明道学家把"根于人心"的宗法伦理意识客观化为"塞乎天地"的宇宙意识，把封建等级秩序本体化为"天理当然"，把主体认识活动伦理化为"存养省察"，于是大讲其"天人合一""民胞物与""理一分殊"，矛盾定位，而归结为"天理"与"人欲"的对立，"道心"与"人心"的对比，论证"三纲五常"是"人伦天理之至，无所逃于天地之间"（朱熹：《癸未垂拱奏札二》）。这一套所谓伦理型的唯心主义，指引人们去以"天理"诛灭"人欲"，以"道心"钳制"人心"，自觉地屈从于"命"与"分"，被愈来愈腐朽而残忍的封建制度所吞噬、所侮辱、所残害，也自觉自愿，不怒不争。道学家们讲的所谓"复性""复理"，乃是达到这种奴性的自觉，决不是什么"人性的复归"，而恰好是导致人性的严重异化。这样一套被称为"本诸人情，通乎物理"（程颢：《论十事札子》）、"其虑民之意甚精，治民之具甚备，防民之术甚周，诱民之道甚笃"（欧阳修：《本论》）的伦理政治异化的理论体系，统治了几百年，渗入上层建筑的各个部分，是一种具有极大麻醉力的封建蒙昧主义。它服务于后期封建社会的专制统治，成为束缚民族智慧、阻滞历史前进的主要精神枷锁。我国哲学启蒙道路之所以坎坷，近代哲学变革之所以难产，除了社会经济、政治原因以外，宋明道学家们长期锻造的这副精神枷锁以及装饰在这副枷锁上的所谓"孔颜乐处""极高明而道中庸""仁者浑然与物同体""四时佳兴与人同""数点梅花天地心"之类的虚幻的花朵和彩带，起了巨大的作用。

应该看到，枷锁套着的正是反抗的囚徒。近代中国资产阶级的先进人物往往由反抗传统而接受"新学"，他们所推动的以"新学"反对"旧学"为内容的哲学变革，与政治实践紧密联系而概括了社会变革中的认识的积极成果；由对比中西学术特点而广泛吸取了西方近代先进哲学，特别对 19 世纪自然科学的三大发明（在西方本是对资产阶级形而上学的大突破，并构成马克思主义哲学产生的科学基础）以及一些科学新概念（如"以太""星云""阿屯""质""力"等），大胆采入自己的哲学体系；并初步总结了中国古代哲学的优秀传统（如朴素唯物辩证法的气化论、矛盾观、知行学说等）。这就为马克思主义哲学在中国传播、生根，准备了必要的思想土壤。一些资产阶级学者还开始独立地研究中国哲学史，敏锐地注意到明清之际早期启蒙思想家的独特贡献；另一些学者认真翻译介绍西方哲学诸流派，特别是德国古典哲学，直到"五四"以后仍络绎不绝，这都对近代中国哲学革命的发展起了奠基和促进的作用。但同时更应看到，由于中国近代社会的畸形，革命形势变化急速，社会生产力长期停滞，整个科学文化大大落后，这一切决定了中国资产阶级没有也不可能创造出强大的理论武器；他们服膺的"新学""西学"，无力战胜封建主义及其与帝国主义的文化同盟。不仅如此，由于沉重的历史包袱、巨大的传统惰力，使不少曾经勇敢地奋起冲决封建思想网罗的先进思想家最终又怯懦地自陷于封建网罗，演出了一幕幕思想悲剧。龚自珍、魏源由呼唤风雷而重礼佛经。谭嗣同自叹"有心杀贼，无力回天"。康有为由维新志士一变而为保皇党，再变而为帝制复辟派。章太炎的一生，颇为典型，他是风云一时、"所向披靡"的革命家，却局限于农民意识而反对建立共和政体、发展资本主义，最后，"粹然成为儒宗"（鲁迅：《关于太炎先生二三事》），在哲学上，他早年写《菌说》《公言》等，保持清新的唯物论，经过"以分析名相始，以排遣名相终"，终于"端居深观而释《齐物》，乃与《瑜伽》《华严》相会"（章太炎：《菿汉微言》卷末），由理性主义转向了非理性的神秘主义。中国近代思想史上，充满着矛盾的人物、矛盾的思想体系以及各种形式的由趋新到复旧的转向，这决非个人品格、兴趣问题，而是反映了 19 世纪末中国的时代矛盾：资产阶级民主革命的历史课题，无论是政治的还是哲学的，都不可能由资产阶级去独立完成。

中国的近代及其哲学革命的难产，辛亥革命以后的几年，思想混乱是其直接后果。一些资产阶级革命家如孙中山、朱执信等意识到了这一点。孙中山在1917年以后开始致力于哲学理论的研究，奋力写出了《孙文学说》，其最精华部分的"知难行易学说"，反映了对理论的迫切要求。小资产阶级革命派更敏感到了这一点，1915年《新青年》等创刊后，"新文化运动"蓬勃开展，对当时复古尊孔的思想逆流进行了勇猛反击，提出要用"民主"和"科学"来"救治中国政治上、道德上、学术上、思想上一切的黑暗"①，表现了对封建主义旧思想旧文化的强烈反抗和不妥协精神。可是经过"五四"前后这一番"狂飙运动"式的努力，理论成果仍较贫乏，仍未能根本改变中国近代哲学革命的难产状态。

"五四"前后，马克思主义的思想光芒射进了风雨如磐的中国大地。在当时新旧文化思想的激烈冲突中诞生了马克思主义的文化新军。李大钊就是这支文化新军最早的旗手，是中国近代史的伟大转折时期出现的新启蒙运动中最有远见、最有深度的伟大思想家。李大钊最早从俄国十月革命的炮声中觉悟到只有马列主义的真理、十月革命的道路才能改造中国、振兴民族。他第一次用唯物史观来解剖中国历史和中国哲学史，认定"孔子为数千年前的残骸枯骨"，而"孔子的学说之所以能支配中国人心有二千余年"，不过因为它是"中国大家族制度上的表层构造，经济上有他的基础"，而其结果是"陵夷至于今日，残骸枯骨，满目黯然，民族之精英，渐灭尽矣"！他号召青年要"本其理性，加以努力""冲决过去历史之网罗，破坏陈腐学说之囹圄"，"所当信

---

① 陈独秀：《本志罪案之答辩书》，《新青年》第六卷第一号。

誓旦旦以昭示于世者,不在龈龈辩证白首中国之不死,乃在汲汲孕育青春中国之再生"①。李大钊的这些启示,唤起了整整一代青年的理性觉醒。以后,通过一系列的论战,唯物史观以不可抗拒的科学锋芒,在思想阵地摧枯拉朽,开创了中国近代哲学革命的新局面。鲁迅在"五四"以来的新文化运动中,更以其特有的深思、韧性的战斗,作出了多方面的突出贡献。其重要思想贡献之一,就在于以深沉的历史感,对17世纪以来中国哲学启蒙的坎坷道路以及多次出现历史洄流的原因,有着锐敏的观察和深刻的解剖。他清醒地看到我们民族在精神上背负着多么沉重的"因袭重担",有多么可怕的"祖传老病"。他指出,在我们民族的历史上,"有两种特别的现象:一种是新的来了好久之后而旧的又回复过来,即是反复;一种是新的来了好久之后而旧的仍不废去,而是羼杂"。他痛切地揭露"吃人的礼教""僵尸的乐观",以及各式各样的"尊孔""崇儒""儒者之泽深且远"的"老调子",主张继续展开"思想革命",并极其深刻地提出"改革国民性"的问题,认为这是长期封建传统意识的毒害所造成的社会心理的病态和畸形,应当"毫不可惜它的溃灭"。他写《狂人日记》《阿 Q 正传》等,目的在"揭出病苦,引起疗救的注意"②。鲁迅从革命民主主义者到马克思主义者,毕生为实现国民性的改造,埋葬封建主义僵尸,唤起民族精神的觉醒,作了巨大的启蒙工作。毛泽东正确地肯定:"鲁迅的方向,就是中华民族新文化的方向",并深刻地总结了"五四"以后新民主主义文化革命取得的胜利,"在哲学方面,在经济学方面,在政治学方面,在军事

---

① 以上见李大钊《孔子与宪法》《由经济上解释中国近代思想变动的原因》《青春》等文。
② 以上见鲁迅《灯下漫笔》《我们现在怎样做父亲》《中国小说的历史的变迁》《儒术》《青年必读书》《我怎么做起小说来》《两地书·八》等。

学方面，在历史学方面，在文学方面，在艺术方面……都有了极大的发展。二十年来，这个文化新军的锋芒所向，从思想到形式（文字等）无不引起了极大的革命"（毛泽东：《新民主主义论》）。这一总结，包括了哲学方面。20世纪30年代到40年代，继唯物史观的传播之后所兴起的唯物辩证法运动，在思想战线上产生了巨大的影响，开辟了中国历史上哲学革命的新纪元，这是此前的中国哲学启蒙经过三百多年坎坷曲折道路所达到的历史总结。

五

经过这一番历史的反思，自然产生一些"情瞳眬而弥鲜"的感想。

感想之一。以科学态度进行中西哲学的对比，认真地分析历史形成的国情，应当珍视自己民族遗产中固有的、真正的优秀思想传统，立足于怎样继续推进先驱者们已经开辟的中国哲学革命的航程。由于中国哲学启蒙经历了坎坷曲折的道路，哲学劳动成果的保存和传播，哲学发展链条的前后衔接，哲学思潮在运动中的分化和合流，都表现了自己的特点及其历史衍变中的客观逻辑。17世纪的启蒙哲学，穿过了18世纪的涸流而在19世纪后期的维新运动乃至20世纪初叶的新文化运动中闪耀出火光，18世纪乾嘉朴学中被扭曲了的科学方法，穿过19世纪的政治风浪而在20世纪初酝酿史学革命时发生了重要作用，至于"道器""体用""常变""一两""虚实""知行"等17世纪启蒙学者经过咀嚼、赋予新意的范畴，通过曲折的发展，保持着生命力，至今还活在人们的思维运动中。这就历史地告诉我们，似乎应当把明中叶以后到"五四"以前的中国哲学的矛盾运动，当作一个历史过程、一串思想发展的圆圈来加以研究，通观全过程，揭示其历史和逻辑一致的规律性。这对于我们弄清马克思主义哲学在我国生根、发展的思想土壤和历史形成的逻辑起点,都会有一定的意义。

感想之二。近几年哲学史界一些同志对儒家思想,特别是宋明道学的研究兴趣颇浓、评价颇高,对其性质、地位、作用等讨论颇多,新义不少。这种研究和讨论,有利于学术繁荣。从不同角度、不同范围所作的分析、评价,可以大不相同。但历史是统一的链条,历史上各种思潮、人物都必须纳入统一的发展链条才能确定其客观地位。历史科学是有党性的,马克思主义的党性当然是建立在恢复历史全貌的客观性的基础之上的。历史研究是有褒贬的,褒贬的正确与否,只能以历史运动所固有的前进性(以新代旧、由低到高)为准绳。据此,把宋明道学唯心主义思潮纳入后期封建社会的发展进程来考察,特别是联系明末清初的社会经济变动及其所引起的思想冲突来考察,则不能不肯定道学唯心主义是阻滞历史进步的精神力量。因此,对宋明道学的分析评价,究竟是跳越中国哲学启蒙运动的整个历史阶段而去重复某些学者“接着讲”的方法,还是按照哲学运动的历史轨迹来推进 16、17 世纪以来已经“破块启蒙”的批判? 这就值得思考。这是说,马克思主义历史研究的褒贬同历史本身的自我批判的方向应当是一致的,我们的批判还必须不断突破历史上已有的批判的局限性,还需要突破“五四”以来清算历史遗产中出现过的形式主义、虚无主义、简单化、公式化等等“左”的局限性,真正的清算,只能是科学的分析解剖,从粪堆中啄出珍珠,还历史以本来面目。但由于中国的近代及其哲学革命的难产,以至两千多年来积淀的封建传统意识,特别是宋明道学留下的思想包袱,至今还在起作用,还在被欣赏,还在被美化为可以“成为社会主义精神文明的一个来源”。这就更加表明,在哲学史研究中必须把继承优秀思想传统,继续推进哲学革命和清算封建主义流毒这三方面的任务,按照历史本身的联系有机地结合起来。

感想之三。中国近代哲学运动的特点,在现实中的投影是双重的。一方面,中国资产阶级哲学世界观在中外古今思潮的汇流中匆促形成、跳跃发展和急剧衰落,这为马克思主义哲学在中国的迅速胜利提供了某些顺利条件;另一方面,中国资产阶级的文化落后,理论建树颇少,在哲学上远未完成其应完成的历史任务,这又为马克思主义哲学在中国的发展带来了某些局限和困难。许多事实表明,历史给我们留下了一些应当完成而尚待完成的课题。在马克思列宁主义指导下提高全民族科学文化水平,建设以共产主义思想为核心的社会主义精神文明,勇攀现代唯物主义和现代科学技术的高峰,是当前的迫切任务。为此,在哲学领域,既要开拓新天地、研究新问题,又要注意到历史留下的补课任务。列宁在十月革命后曾经反复强调:"只有确切地了解人类全部发展过程所创造的文化,只有对这种文化加以改造,才能建设无产阶级的文化。""只有用人类创造的全部知识财富来丰富自己的头脑,才能成为共产主义者。""如果一个共产主义者不用一番极认真、极艰苦而浩繁的工夫,不理解他必须用批判的态度来对待的事物,便想根据自己学到的共产主义的现成结论来炫耀一番,这样的共产主义者是很可怜的。"[1]列宁向当时俄国青年提出的正是这样的学习和补课的任务。具体化到哲学战线,列宁还鲜明地提出过必须大量翻译和广泛传播 18 世纪战斗无神论的文献,组织系统地研究黑格尔辩证法并形成"黑格尔辩证法唯物主义之友协会"等等任务[2]。按列宁的思路来思考,根据人类认识史的客观逻辑——马克思主义哲学需要扎根在一定的思想土壤中才能得到健康的发育成长,为了马克思主义哲学的繁荣发展,应当依据各民族固

---

[1] 《青年团的任务》,《列宁选集》第四卷,人民出版社 1972 年版,第 348 页。
[2] 《论战斗唯物主义的意义》,《列宁选集》第四卷,人民出版社 1972 年版,第 609 页。

有的文化传统特点自觉地培育这样的思想土壤。在中国,古代哲学发展充分,近代哲学革命难产,这一特点制约着历史可能提供的思想土壤具有什么主要成分。就整个民族的理论思维的发展进程说,在当前社会主义精神文明的建设过程中,自觉地培育更丰富的理论思维的土壤,使马克思主义哲学这一发展着的科学真理体系得以在我国更好地生根、开花、结果,这是当前值得注意的一个课题。遵循哲学进化的客观逻辑,自觉地避免某些历史运动的洄流,把先驱者们已经开辟的哲学革命的光辉事业推向前进,是时代赋予我们的责任。

《周易》与 21 世纪

唐明邦

今天,我们面对风雷激荡的世界,正当发扬中华民族高瞻远瞩的雄伟气概,立足神州,放眼四海,酌古论今,展望 21 世纪人类的前途与命运。我们生活的这个世界,已变得日益狭小,人称"地球村"。世界经济日趋一体化。由于政治经济发展不平衡,国际间矛盾百出。强凌弱、众暴寡之事,时有发生。改善国与国之间、民族与民族之间关系的任务,迫在眉睫。不少西方有识之士把眼光转向东方,注目中华传统文化,期望从中找到涤荡污浊世界的清泉,这就是世人公认的儒学,特别是《周易》思想。《周易》思想不只属于中国,也属于世界,不只属于过去,也属于未来。《易经》和《易传》已成为世界文化宝贵经典,对于开拓 21 世纪新思想,无疑有着借鉴意义。

《周易》——儒门的经世宝典

《周易》文字古奥,言简意赅。它包含《易经》《易传》两大部分。相传前者为文王作,后者为孔子作。经与传同样被奉为经典。早在战国时期,《周易》已被列入"六经",成为中华传统文化的活水源头。古人重视《周易》,一是当作哲学教材,利用其精深哲理,锻炼理论思维能力;一是当作政治教材,从中汲取丰富的政治伦理思想,以之治国安邦、发展经济文化。其政治伦理思想的确具有永恒魅力。当今,我们站在新世纪的门槛上,对未来的世界前途,政治、经济发展模式,正进行新的探索。重温《周易》原理,会得到新的启示。正如西方哲人荣格(C. G. Jung)指出的:"谈到世界人类的智慧宝典,首推中国的《易经》。在科学方面我们所得到的定律,常常是短命的,或被后来的事实所推翻。唯独中国的《易经》,亘古常新,相延六千年之久,依然具有价值。"

"天下和平"——《周易》的崇高理想

人类的共同理想是世界大同、天下和平。世界文化史上,最早提出"天下和平"理想的就是《周易》。它写道:"天地感而万物化生,圣人感人心而天下和平。"(《周易·彖传上·咸》)《易传》的作者认为,世界上万国林立,政治、经济、文化千差万别,应有广泛的包容意识,让不同的国家和平相处,让各种学说百家争鸣,世界才有生气。《易传》写道:"天下同归而殊途,一致而百虑。天下何思何虑? 日往则月来,月往则日来,日月相推而明生焉;寒往则暑来,暑往则寒来,寒暑相推而岁成焉。"(《周易·系辞下》第五章)就国家民族来说,发展道路不一,是谓"殊途",但均可相处于世界大家庭;就思想文化而言,百家异说,是谓"百虑",但所向往的人类生活理想却是一致的。正如日月阴阳相异,却相互推移而产生光明,寒暑季节不同,却相互推移而构成一岁。世界本是相反相成、多元统一的。以《周易》睽卦为例,卦象为上离下兑,《象传》

揭示道:"上火下泽,睽。君子以同而异。"这是说:火与水(泽),看似相反(睽),实则相通,相反相成也。《象传》阐述得更加具体:"天地睽而其事同也,男女睽而其志通也,万物睽而其事类也。"这是说上天下地,一阳一阴,其性相反,却阴阳调和而生育万物,功效相同;一男一女,性格各别,男女结合而生育子女,心志相通;动物植物,形态各异,秉阴阳二气而生,其性相类。《易传》提出万国咸宁的"太和"原则,作为人类最高理想,宣称:"乾道变化,各正性命,保合太和,乃利贞。首出庶物,万国咸宁。"(《周易·象传上·乾》)这是说,天道的变化,使万物各自端正其性命,保持冲和之气,有利于正道发展,始于生育万物,终于"万国咸宁",实现"天下和平"的理想。《周易》强调的"太和"原则,和"天下和平"的理想,同孔子《论语》中讲的"和为贵",《孟子》宣扬的"天时不如地利,地利不如人和",《礼记》主张的"天下为公"、世界"大同",一脉相承。"天下和平"的光辉理想应当成为规划未来世界蓝图的首要指导思想。

"崇德广业"——《周易》的经世箴言

和平与发展,是当今人类社会两大主题。国家无论大小,民族无论强弱,无不努力追求本国本民族的富强安乐,努力发展科学文化,增强综合国力。发展的观点,符合历史潮流。《周易》哲学是讲变化的哲学,讲发展的哲学。《周易》成书的目的在于教导人们"崇德广业",即提高思想道德,开拓社会事业。它写道:"子曰:《易》,其至矣乎! 夫《易》,圣人所以崇德而广业也。"(《周易·系辞上》第七章)又说:"盛德大业至矣哉! 富有之谓大业,日新之谓盛德,生生之谓易。"(《周易·系辞上》第五章)《周易》认为日新、生生,是宇宙万物发展的规律,也是人类社会发展的规律，无论物质文明和精神文明，总是不断新旧相续，除旧布新，不断前进的。历史长河，奔腾不息，从大地的外表，到人们的内心，都在不断变化发展。正如《周易》所说："益动而巽，日进无疆，天施地生，其益无方。凡益之道，与时偕行。"（《周易·彖传下·益》）

为了社会的发展，政治的进步，《周易》强调上下相通，一心一德。"天地交而万物通也，上下交而其志同也。"（《周易·彖传上·泰》）阴阳相通，上下相交，对自然与社会都是十分重要的；否则阴阳不相通，上下不相交，危害极大。"天地不交而万物不通也，上下不交而天下无邦也。"（《周易·彖传上·否》）阴阳不相交，万物无以生长；上下不相交，言路阻塞，上情不能下达，下情不能上达，社会死气沉沉，难以健康发展，国将不国。所以《周易》主张："文明以健，中正而应，君子正也。唯君子为能通天下之志。"（《周易·彖传上·同人》）这是说：禀性文明而又刚健，行为中正而又互相应和，这是君子和同于人群的纯正美德。只有君子才能会通统一天下民众的意志。能会通统一天下之志的仁人君子，定能"明于天之道，而察于民之故"（《周易·系辞上》第十一章）。即掌握自然的规律，了解人民的意愿，然后才能"损以远害，益以兴利"（《周易·系辞上》第七章），克服自己的缺点，远离祸害，发扬优点，广兴福利，真正实现崇德广业的任务。

"顺天应人"——《周易》的革新原则

人类社会的发展，并非一帆风顺。社会制度、科学技术发展到一定程度，必会出现种种障碍，必须及时进行社会改革，扫除前进的障碍，推进事业前进。《周易》总结这一规律道："《易》，穷则变，变则通，通则久。"（《周易·系辞下》第二章）即是说，《周易》的理论表明，一种社会制度发展到它的极限,就当及时变革;经过变革,造成新的发展条件,使社会畅通,继续发展,以保持长久。《周易》指出,变通的实质在顺应时代潮流,"变通者,趣时者也"。(《周易·系辞下》第一章)时代在前进,社会制度、文化措施,当紧紧随时代潮流前进,才不致为时代所抛弃。

紧跟时代变化的原则,《周易》谓之"唯变所适"。它写道:"《易》之为书也! 不可远,为道也屡迁,变动不居,周流六虚,上下无常,刚柔相易,不可为典要,唯变所适。"(《周易·系辞下》第八章)"唯变所适",表明《周易》原理不应被看作僵死的教条,要灵活运用,一切以客观事物的运动变化为准绳。事物变化发展了,原订的规章制度、思想准则,亦当随之改变。这就是《周易》鼓励的革新精神。《周易》阐明,"革新"不是随意的行为,要有客观依据,最高指导原则是"顺天应人"。《易传》写道:"天地革,而四时成。汤、武革命,顺乎天而应乎人。革之时,大矣哉。"(《周易·彖传下·革》)"顺乎天"指顺从客观的时代潮流,"应乎人"指适应人民群众的意愿,合乎人群之需要。社会改革当遵循"顺天应人"的原则,这是革新精神的实质,是颠扑不破的真理。

社会改革中,必须果断决策,《周易》主张:"时止则止,时行则行。动静不失其时,其道光明。"(《周易·彖传下·艮》)即是说当废止的旧制度、旧法规,应及时废止;当推行的新制度、新思想,应立即推行。革故鼎新的措施,不失时机,乃有光明前途。21世纪,可以预料新思想、新科学、新技术会日新月异,层出不穷,迅猛发展,人们的思想只有跟着时代步伐前进,才能成为新事物的开拓者,新时代的弄潮儿。

自强、善世——《周易》的处世之道

当今世界,个人主义恶性膨胀,拜金主义甚嚣尘上,个人同社会处于紧张状态。封建主义极端压抑个性,抹煞人的独立性;资本主义极端推崇个人,轻视人的社会责任感。《周易》思想排除两个极端,既肯定人的独立人格,又强调人的社会责任,主张建立人己和谐的理想社会。

天生万物人为贵。人有自己的独立人格。《周易》强调这种独立性,说:"泽灭木,大过。君子以独立不惧,遁世无闷。"(《周易·象传上·大过》)实乃阐扬《周易古经》早已提倡的思想,"不事王侯,高尚其事"(《周易·蛊·上九》)。孔子也主张:"天下有道则见,无道则隐。"(《论语·泰伯》)宁肯洁身自好,不与污浊社会同流合污。《周易》说:"天地不交,否。君子以俭德辟难,不可荣以禄。"(《周易·象传上·否》)《周易》教导世人:"遏恶扬善,顺天休命。"(《周易·象传上·大有》)顺应历史潮流,不断完美自己的人格。随时"反身修德"(《周易·象传下·蹇》)"自昭明德"(《周易·象传下·晋》)。时刻警醒自己"非礼弗履"(《周易·象传下·大壮》),决不做危害社会、国家的事。面临危急关头,发扬"致命遂志"(《周易·象传下·困》)精神,坚韧奋发,不惜牺牲性命以实现崇高志愿,即孔子所谓"杀身以成仁"(《论语·卫灵公》);《周易》所高扬的"自强不息"的民族精神,已渗透到炎黄子孙的社会实践中。

人是社会的一分子,不应当亦不可能离群独居,当承担不可推卸的社会责任,努力为群体作贡献。《周易》主张人人当"居贤德善俗"(《周易·象传下·渐》),"以美利利天下"(《周易·文言传》),也就是孟子主张的"老吾老,以及人之老;幼吾幼,以及人之幼"(《孟子·梁惠王》)。《周易》强调人们在社会上应讲正气,刚正不阿,疾恶如仇,"闲邪存其诚,善世而不伐"(《周易·文言传》)。全心全意为社会作贡献,弘扬忠诚美德,抵制丑恶行为,而不自我夸耀,以达"道济天下,故不过"(《周易·系辞上》第四章)的崇高境界。亦如孔子所说:"己欲立而立人,己欲达而达人。"(《论语·雍也》)"己所不欲,勿施于人。"(《论语·颜渊》)竭力通过自己的努力去实现"安土敦乎仁,故能爱"(《周易·系辞上》第四章)的社会风尚。《周易》的最高社会理想是:"乾道变化,各正性命,保合太和,乃利贞。"(《周易·象传上·乾》)"太和"之世是谓大同。天下为公的大同理想正是孙中山的社会理想。人人公平正直、相亲相爱、团结互助、热爱社会,天下和平的理想,将实现于人间。《周易》阐述的人己关系原则,对挽救社会颓风,建设新世纪新风尚,无疑具有现实的参考价值。

"天人合一"——《周易》的世界蓝图

当今人类面临的最大忧患,是生存环境的日益恶化,出现难以摆脱的生存危机。人口爆炸、粮食紧缺、能源枯竭、森林破坏、气温变暖、水源污染、酸雨降临、废物成灾、臭氧层破坏、耕地贫瘠化、土地荒漠化,等等。由于人类肆无忌惮地对自然资源进行掠夺式开发利用,以获取眼前利益,忽视可持续发展的要求,而今物极必反,不可避免地遭到大自然的无情报复,人类已尝到自己酿成的苦酒。西方一些有识之士早已发出警告,可悲的是一些利令智昏者仍然我行我素,无动于衷,掠夺式地开发利用依然无休止地进行,千方百计把环境污染的祸水引向欠发达国家,力图转嫁于滞后民族。如何才能走出人类生存危机的困境?人们初步意识到这都同西方盛行的机械唯物主义分不开。不少西方学者把希望寄托于东方文化。儒学及《周易》思想无疑地显示了魅力。《周易》早已玄思宇宙,提出了"天人合一"的宇宙观。正如江泽民在美国哈佛大学的学术演讲中指出的:"早在公元前二千五百年,中国人就开始了仰观天文、俯察地理的活动,逐渐形成了'天人合一'的宇宙观。"(《光明日报》1997年11月2日,第1版)其基本思想,《易传》概述为"天人之际三纲领",写道:"昔者圣人之作《易》也,将以顺性命之理。是以立天之道,曰阴与阳;立地之道,曰柔与刚;立人之道,曰仁与义。兼三才而两之,故《易》六画而成卦。分阴分阳,迭用柔刚,故《易》六位而成章。"(《周易·说卦传》)"天人之际三纲领"肯定天道、地道同人道的统一,人同自然从来处于和谐统一的宇宙整体之中。人当热爱自然,尊重自然,服从自然规律,而不可任意违背它。《周易》及受其影响的道家思想,从来不主张人同自然敌对,而主张同自然和谐一致,当然也从未设想人类会受到自然报复的问题。

《周易》从宇宙整体出发,强调人们的行为与生活当受自然支配,提出:"天地变化,圣人效之。"(《周易·系辞上》第十一章)圣人如此,百姓莫不皆然。《周易》认为圣人效天,十分严格,指出:"夫'大人'者,与天地合其德,与日月合其明,与四时合其序,与鬼神合其吉凶。先天而天弗违,后天而奉天时。"(《周易·文言传·乾》)或预测天时的变化而主动配合,或遵循已成的天时变化而不失时机,顺应自然规律,利用之,控制之,为人类造福。

人在自然界面前,并非一味消极被动,只能顺从而无所作为。《周易》主张:人的主体能动作用,表现在赞天地之化育,提出了"裁成天地之道,辅相天地之宜"的原则,既顺应自然规律,又能动地改造自然。明清之际著名易学家王夫之,在阐述人与自然的辩证关系时写道:"自然者天地,主持者人。人者,天地之心也。"(王夫之:《周易内传·复》)王夫之进而提出"以人造天"思想,强调人的主体能动作用,写道:"天之所死,犹将生之;天之所愚,犹将哲之;天之所无,犹将有之;天之所乱,犹将治之……任天而无能为,无以为人。"(王夫之:《续春秋左氏传博议》卷下)这就是说,只要人掌握客观规律,就可以充分发挥主体能动作用,在自然界和人类社会创造奇迹,救死为生,教愚为哲,化无为有,靖乱成治。王夫之的思想,实是对《周易》思想的创造性发展。

同西方机械唯物论者片面的"戡天"思想相反,中国的儒家和道家,从来重视"天人合一"。孟子主张:"亲亲而仁民,仁民而爱物。"(《孟子·尽心上》)庄子强调:"天地与我并生,而万物与我为一。"(《庄子·齐物论》)号召人们"无以人灭天"(《庄子·秋水》)。北宋哲学家张载讲得更富感情:"民吾同胞,物吾与(友)也。"(张载:《张子正蒙·乾称下》)他们都强调不但人与人之间要相亲相爱,人同生物之间,亦当和谐相处。庄子和鲍敬言还十分生动地描述过人同自然和谐相处融为一体的乐趣。

"天人合一",既是中国传统文化中的一种宇宙观,同时也是一种观察处理问题的思维方法,其深邃的哲学智慧,充分显示了中华民族的思想特色。把人与自然视为统一的整体,人只是自然界的一部分。人类当时刻注意同自然融为一体。和谐共处,要爱护自己的生存环境,不可轻易破坏它,更不应与之敌对。

展望未来,我们对人类的前途应抱历史乐观态度,坚信 21 世纪必有大智大勇者出,"顺乎天而应乎人",力挽狂澜,引人类走向自由幸福的新天地。东方文化同西方文化相互补充,充分有效地利用现代科学的强大威力,"解铃还需系铃人",人类自身造成的种种难题,终将被人类自行解决。一个"天下和平""崇德广业"、人己和谐的新世界,迟早会展现出来;一个空气清新、水源洁净、山川秀丽的生态环境,终究会在人间呈现。21 世纪,将是以儒学和《周易》思想为特色的东方文化大放异彩的时代。中华民族和中华文化,定能为 21 世纪人类文明的发展作出新贡献。

《周易》论和谐

《周易》蕴含的人文精神,旨在引导人们构建和谐社会。社会生活中,不可避免存在种种主客观矛盾,导致人们的自我心态、遭遇的世态、客观的生态,极不平衡,缺乏和谐。《周易》及儒家思想力图教导人们善于克服各种矛盾,缓解面临的冲突,形成和谐的生存环境。

当今,振兴中华,构建华夏和谐社会,是炎黄子孙的崇高使命。儒家重要经典《周易》宣扬的内圣外王之道,堪称先哲构建和谐世界的论纲,哺育了一代又一代经世人才。《周易》以营建"安土敦仁"的和谐社会为终极目标,要求人们树立卓然超俗的独立人格,坚持人己和谐的宽容心态,维护人与自然和谐相处的生存环境。心性中和则神清气爽,人己和谐则得道多助,社会平和则国泰民安,天下泰和则万象昌荣。

涵养"独立不惧"的人格风范

《周易》的宗旨在教人"进德修业"(《周易·文言传·乾》)。进德在涵养"内圣"之功,培养卓然超俗的独立人格;修业在实现"外王"之道,营建"安土敦仁"的昌隆国运。独立人格的培育,崇高精神境界的涵养,乃儒士们经世宗风的首要任务。道德不崇高,人格不高尚,修业将是徒托空言。

《周易》表彰的经世人才,首须自立自强自尊。无论遭逢治世与乱世,要有"独立不惧,遁世无闷"(《周易·象传上·大过》)的志气,敢于抱大无畏精神同不良社会现象作斗争;若不为人理解,不被朝堂重用,隐遁乡里,无怨无悔。坚持正确立场,"以俭德辟难,不可荣以禄"(《周易·象传上·否》),宁肯辞官隐居,过俭朴生活,也不与乱世小人同流合污。孟子称许卓然独立的大丈夫,"富贵不能淫,贫贱不能移,威武不能屈"(《孟子·滕文公下》),表彰其独立人格。以道抗权的大丈夫,是国家的栋梁、民族的脊梁。

大丈夫必自强不息。《周易》开宗明义,倡导"天行健,君子以自强不息"(《周易·象传上·乾》)。不能自强,难以自立,休论自尊。自强者必耐时谨守两条生活准则:一要"非礼弗履"(《周易·象传下·大壮》),守正道,行正路,违反社会礼法的事,不参与、不支持、不赞同;二要"惩忿窒欲"(《周易·象传下·损》),抑制个人私忿,控制权力和物质欲望。践行孟子名言:"穷则独善其身,达则兼善天下。"(《孟子·尽心上》)有超越自我的高尚情操,言行一致,表里如一,大风大浪不动摇,生死关头不畏怯。刚正不阿,一身正气,生死荣辱置之度外。坚持《周易》明训:"泽无水,困。君子以致命遂志。"(《周易·象传下·困》)危难当头,以身殉道,"杀身以成仁,舍生以取义"。中国历史上无数志士仁人,实践斯言,名垂千古。如文天祥所说:"人生自古谁无死,留取丹心照汗青。"人人自爱自尊,经受严峻考验,保持高风亮节、独立人格,正是建立和谐社会所需要的行为准则。

坚守"同人于野"的宽容心态

人与动物不同,人生活在社会关系网络之中,要同他人交往沟通才能实现人生价值。为此,人不只当自立自强,还要善于合众,正确处理人己之间的关系。为此,《周易》启示了一系列正确准则。

合众者必爱人。《论语》写道:"樊迟问仁。子曰:爱人。"(《论语·颜渊》)有爱人之心,能以平等心态对待他人,做到"己所不欲,勿施于人"(《论语·卫灵公》),儒家经典名言,同《周易》所强调的"同人于野"(《周易·象传上·同人》)的思想境界息息相通。"同人于野",即以广阔的胸怀与人和同,孔颖达云:"言和同于人,必须宽广无所不同,用心无私。"《周易》强调:"地势坤,君子以厚德载物。"(《周易·象传上·坤》)要求人们以大地般的胸怀,宽容一切,宽容不同的文化、不同的思想、不同的宗教信仰。此种宽容精神成为中华民族精神的重要组成部分。《周易》主张，"宽以居之，仁以行之"（《周易·文言传·乾》），作为待人接物的基本信条。平日里善于"以虚受人"，谦虚谨慎，"见善则迁，有过则改"（《周易·象传下·益》），不贬抑别人之长，不文饰自己之过。还要"劳而不伐，有功而不德"（《周易·系辞上》第八章）。在大是大非面前，做到"君子和而不同"，与不同意见的人和睦相处，但绝不与奸邪小人同流合污。

宽容精神，当以诚信为本。《周易》倡导"修辞立其诚"，说话诚实，是非清楚，不口是心非、阳奉阴违。如此处世待人，自然得道多助，受人尊重，深得信任。缺乏爱心的人，待人无诚心，处事玩机巧，不能与人为善，难以"同人于野"，往往以损人开始、害己告终。

总之，以爱人之心为本，"己所不欲，勿施于人"是人己和谐的出发点；宽以待人，"厚德载物"是人己和谐的良好心态；"言有物而行有恒"（《周易·象传下·家人》），诚信无欺，是人己和谐的坚固基石。

营造"安土敦仁"的和谐社会

涵养独立人格，注重道德修养，属内圣功夫；以之经世致用，造福社会，促进国家富强、文明进步，乃外王之道。

儒家提出经邦济世的"仁政"学说，《周易》为之厘定了基本纲要。总的目标是："安土敦乎仁"（《周易·系辞上》第四章），使人民安居乐业，有田可耕，衣食无忧，引导他们敦厚仁德，相亲相爱。为使人民安居和睦，《周易》强调"理财"厚生的重要性，写道："何以聚人？曰：财。理财，正辞，禁民为非，曰义。"（《周易·系辞下》第一章）理财的要务在广辟财源，奖励农桑，节约开支，藏富于民；同时宣布法令，禁民为非，使人民安土重迁,热爱桑梓,增强凝聚力。

任何社会难免财富不均,存在贫富差别,造成社会不安定因素。孔子说过,"不患寡而患不均,不患贫而患不安"(《论语·季氏》)。财富虽少,如能保持大体均衡,各安生理,就可防范社会冲突。《周易》为此提出的原则是"哀多益寡,称物平施"(《周易·象传上·谦》),对于财富不均现象,注意加以调节;还主张"节以制度,不伤财,不害民"(《周易·象传下·节》),节约开支,不伤民财,做到人人衣食无忧,社会安定。孟子曾经描述过一种仁政局面:"五亩之宅,树立以桑,五十者可以衣帛矣;鸡豚狗彘之畜,无失其时,七十者可以食肉矣;百亩之田,勿夺其时,数口之家可以无饥矣。谨庠序之教,申之以孝悌之义,颁白者不负戴于道路矣。七十者衣帛食肉,黎民不饥不寒,然而不王者,未之有也。"(《孟子·梁惠王上》)这一丰衣足食、社会稳定的理想,在土地兼并盛行的封建社会,是难以实现的乌托邦;不过有此理想愿景,人民将理直气壮地以此作为奋斗目标。

仁政举措注重思想教育。《周易》主张考察乡风民俗,采取教育措施,即"省方,观民设教"。(《周易·象传上·观》)设教的任务有二:一是"多识前贤往行,以畜其德"(《周易·象传上·大畜》),通过传统文化教育,宣扬先贤的嘉言懿行,以提高道德修养;二是"遏恶扬善"(《周易·象传上·大有》),表彰先进典型,惩制恶人恶事。须知"善不积不足以成名,恶不积不足以灭身"(《周易·系辞下》第五章),为善去恶,非一朝一夕可奏效,全在经常性教育诱导。为了"振民育德"(《周易·象传上·蛊》),当局者首当"为政以德"。孔子说:"为政以德,譬如北辰,居其所而众星共(拱)之。"(《论语·为政》)故外王之道,首在德治。

儒家强调"为政以德",并不忽略法制。在阶级社会里,法是社会统治的工具,国不可一日无法。同法家严刑峻法的作风不同,《周易》主张

"赦过宥罪"(《周易·象传下·解》),以道德感化为主,贯彻"刑罚清而民服"(《周易·象传上·豫》)的原则,行法公正,令人信服,量刑从宽,防止滥施刑罚。《周易》的法治主张,旨在保持社会安定,减少社会冲突。

《周易》认为"革故鼎新"是社会发展的普遍规律。任何时候,对待一切事物,都应"唯变所适",趋时更新。"《易》之为书也!不可远,为道也屡迁。变动不居,周流六虚,上下无常,刚柔相易,不可为典要,唯变所适。"(《周易·系辞下》第八章)革新社会的举措,不可轻易施行,基本原则当以汤武为法:"汤、武革命,顺乎天而应乎人。"(《周易·象传下·革》)顺天,即顺应时代潮流的客观趋势;应人,指适应人民大众的总体愿望。顺天应人的变通之道,贵在"与时偕行",《周易》指出:"时止则止,时行则行,动静不失其时,其道光明。"这是说,当采取革新举措时,就雷厉风行,不可迟缓;当禁止旧制度时,要当机立断,即刻废止。做到不失时机,推陈出新,将社会推向前进。墨守成规,没有出路,难以保持稳定繁荣的和谐社会。王道仁政的最终目标,在实现"万国咸宁"的社会局面。社会安定和谐,人民安居乐业,实现"人不独亲其亲,不独子其子,使老有所终,壮有所用,幼有所长,矜寡孤独废疾者,皆有所养"(《礼记·礼运》)的大同理想。

不难看出,《周易》认为节俭理财,称物平施,是保证社会和谐的物质基础;为政以德,安土敦仁,是社会和谐的思想保证;缓刑弛禁,罚清民服,是社会和谐的法制原则;居安思危,因时革新,是社会繁荣、长治久安的必要措施。

维护"品物咸章"的生存环境

《周易》一书,广大悉备,注重天人合一。当年作易者,"仰则观象于天,俯则观法于地,观鸟兽之文与地之宜,近取诸身,远取诸物,于是始作八卦,以通神明之德,以类万物之情"。(《周易·系辞下》第二章)《易》已包含人与自然统一的思想,为后世提供了"究天人之际"的指导原则。

《周易》指明人类社会乃自然发展的产物。"有天地,然后有万物;有万物,然后有男女;有男女,然后有夫妇;有夫妇,然后有父子;有父子,然后有君臣;有君臣,然后有上下;有上下,然后礼义有所错。"(《周易·序卦传》)先有自然发展的历史,然后才有人类社会发展的历史。不言而喻人类乃自然之子,理所当然应同自然打成一片,像热爱母亲一样,热爱大自然,遵守自然之道。自然之道,说到底无非一阴一阳之道。《易》曰:"立天之道,曰阴与阳;立地之道,曰柔与刚;立人之道,曰仁与义。"(《周易·说卦传》)天地之道同人伦之道统一于阴阳之道,乃太极思维法则的基本特征。天时、地利、人和,相互制约,演化宇宙万象。人有主体能动性,能参天地之化育,"财(裁)成天地之道,辅相天地之宜,以左右民"。(《周易·象传上·泰》)天人合一思想乃《周易》核心思想,显示着东方思维的基本特征。

人欲参天地之化育,不可不掌握自然变化的规律性。《易》曰:"观乎天文,以察时变。"(《周易·象传上·贲》)观乎天文,旨在"治历明时"(《周易·象传下·革》),指导人们的生产与生活。《周易》告诫人们,要"与天地合其德,与日月合其明,与四时合其序,与鬼神合其吉凶。先天而天弗违,后天而奉天时"。(《周易·文言传·乾》)如此乃能实现天人和谐,有计划有节奏地促成万物的生长发育,不违农时,利用自然规律,造福人类。如孟子所说:"数罟不入洿池,鱼鳖不可胜食也;斧斤以时入山林,材木不可胜用也。"(《孟子·梁惠王上》)《周易》强调"顺天休命"(《周易·象传上·大有》),顺应自然变化,完美人之性命。

　　《周易》阐扬天人合一思想，并非企图将自然法则套用于人类社会，并不否认自然规律同社会规律的本质差别。其终极目的在倡导人与自然和谐相处，维护"品物咸章"（《周易·彖传·垢》）、万物昌盛繁荣的生存环境，使个体小生命同宇宙大生命融为一体，顺应自然法则，乐观自然变化。人当具有宇宙意识，"民吾同胞，物吾与也"（张载：《张子正蒙·西铭》），珍爱万物，促成万物生长，实现"品物咸章"的和谐宇宙。《周易》阐扬"乾道变化，各正性命，保合太和"。（《周易·彖传上·乾》）天人统一，物我一体，营建人类理想的生存环境，实现人生的最高价值，"为天地立心，为生民立命，为往圣继绝学，为万世开太平"。（张载：《张子正蒙·附录》）涵养和谐的人生，构建和谐的社会，维护和谐的大自然。四时行、百物生、品物咸章、天下和平，是人类的理想，是《周易》谱写的宇宙和谐奏鸣曲，为构造和谐世界提供了论纲。深入研究阐发，取其思想精华，对于当今构建社会主义和谐社会，定能获得宝贵启迪。

中国古代生命整体观及其现代价值

程静宇

中国古代思想家往往总是把人与天地万物作为一个整体来加以考察。不论在论述哲学、农学或医学等方面的问题，都贯穿这种整体思维模式。

一、古代生命整体观考察

在先秦的著作中，首先从六经之首的《周易》来看，作者在论述八卦起源时说："古者包牺氏之王天下也，仰则观象于天，俯则观法于地，观鸟兽之文与地之宜，近取诸身，远取诸物，于是始作八卦。"(《周易·系辞下》)就是说在原始社会时期，伏羲氏通过仰观俯察天地、鸟兽、草木、人身及器物等客观事物，并进行分析综合而制作出八卦，代表八种自然物，成为万物和人类生命的基础。在《说卦》中，记述了八卦所象征之事物及其符号，即乾为天，坤为地，震为雷，巽为风，坎为水，离为火，艮为山，兑为泽。

　　《易传》并将八卦比作人体的各个肢体和器官，说："乾为首，即乾为天，为宇宙的上部，最尊部位；坤为腹，为地，为柔，并载藏万物；震为足，震为动，足主行动；巽为股，股似木干，风吹木动；坎为耳，耳为头部陷洼之处，故坎为耳；离为目，离为火，为日，为明，物之明能视物；艮为手，艮为山，山为峰，手掌与指似山峰；兑为口，泽之在地如口之在身，泽吐河水如口吞吐饮食。"

　　以上是将八卦的宇宙部件比作人的整个身体各个部位之间的密不可分的关系，并各司其职，缺一不可。

　　下面《说卦》进一步又将八卦的八种自然物比作宇宙大家庭中的成员，说："乾，天也，故称父。坤，地也，故称母。震一索（数）而得男，故谓之长男；巽一索而得女，故谓之长女；坎再索而得男，故谓之中男；离再索而得女，故谓之中女；艮三索而得男，故谓之少男；兑三索而得女，故谓之少女。"这里是将天地间的八种自然物，比作宇宙大家庭中的各个成员。他们各尽其职，且紧密配合形成一个有机整体，成为地球上一切生命安乐的家园。所以《序卦》最后总结说："有天地，然后有万物；有万物，然后有男女；有男女，然后有夫妇；有夫妇，然后有父子；有父子，然后有君臣；有君臣，然后有上下；有上下，然后有礼仪有所错。"这是说在宇宙大家庭中，由于天地雷风雨露阳光的滋润抚育而产生了万物，最后产生了人类。可见人是自然的产物，人与自然有着血肉相连的亲缘关系。故在自然演化的规律中，也必然引申出人类社会伦理和行为规范，即人必须以天地之心为心，如同自然界对万物普施阳光雨露那样，人类的行事也应是大公无私，普施仁爱。比如自然节气变化是准确无误的，那么人的行为也应当诚实守信。人类必须以天德自勉，行天德，与天地参。这就是中国古代生命整体观中派生出来的生命伦理观。这种生命整体观中贯穿着伦理思想，体现在中国古代文献中是非常丰富的。

其次，从《吕氏春秋》一书来看，书中作者对宇宙系统一体化思想进行了总结和概括。全书分十二纪，宇宙一体化思想，主要表现在十二纪中，十二纪的每一纪有文五篇，每纪的第一篇均采用《礼记·月令》中的篇名，如春季有孟春、仲春、季春，夏季有孟夏、仲夏、季夏，同样秋季、冬季，都有孟仲季，分别代表一年十二个月，每一纪都将自然的天象、某一行星的位置及节气特点、草木生长发育、鸟兽虫鱼的生态状况，以及与此相应的人事和社会的生产活动等，按天人相应的原则，编排成具有系统的整体结构。并且每个季节或每个月都有与之相关的帝、神、色、虫、畜、数、音、律、臭、味、性、事……从中可见十二纪的作者所理解的宇宙，乃是一个有着统一联属和严格秩序的循环大系统。

在月令图式中，以五行为单位，以人的农业生产活动为中心内容，将时间空间结合一起，因为时间是客观事物变化的过程，空间是客观事物运动的场所，在阴阳五行的作用下，时间的节奏和空间的方位也随着不断运动转换变化，如东方与春季相结合，由木主持；南方与夏季相结合，由火主持；西方与秋季相结合，由金主持；北方与冬季相结合，由水主持。而五行中的土则监管中央与四季。也就是说，在一年四季里，时令变化过程中，人们在土地上，根据天时季节的变化进行着农业生产中的生长收藏的实践活动。这就是时间与空间、天地与人构成了一个内在联系的有机整体。

到了汉代，宇宙生命整体观的突出代表董仲舒说："天地人，万物之本也，天生之，地养之，人成之……三者相为手足，合以成体，不可一无也。"（《春秋繁露·立元神》，以下只提篇名）那么构成天地人整体构建的又是什么呢？董氏认为是阴阳五行，他说："天地之气，合而为一，分为阴阳，判为四时，列为五行。"（《五行相生》）又说："天者，万物之祖，万

物非天不生，独阴不生，独阳不生，阴阳与天地参然后生。"（《顺命》）

并且，他认为只有阴阳还不够，还必须配以五行四时相结合才能生。说："金木水火各奉其主，以从阴阳，相与一力而并功，其实非独阴阳也，然而阴阳因之以起，助其所主，故少阳因木而起，助春之生也，太阳因火而起，助夏之养也；少阴因金而起，助秋之成也；太阴因水而起，助冬之藏也。"（《天辨在人》）这里是说，阴阳两种势力，与五行中的四行，在一年四季中，各主一时之气，它们相持相助，使万物得以生长成藏。其中的"土"即大地，兼主四时，成为万物生长发展的基础。故有"五行而四时者，土兼之也。"（《五行之义》）的论断。

董仲舒不仅论述了天地阴阳五行生万物，而且认为天地也产生了万物之灵的人，他说："为人者，天也，人之人本于天，天亦人之曾祖父也。""以此见人之超然万物之上，而最为天下贵也。人下长万物，上参天地也。"（《天地阴阳》）这里董仲舒认为，人一旦产生，就发挥巨大的主观能动作用，并与天地相参相助，从而生养成就万物。这样人与天地自然就形成一个不可分割的有机整体。此外，董氏更把天、地、人、阴阳、五行称为天之十端，而且合为一体。

再次，从中国的传统医学来看，中医特别重视整体思维，认为人体自身就是一个有机整体。认为人体各个组成部分，在结构上是紧密相连相通、不可分割的，在生理功能上是互相合作协调的。《黄帝内经》认为，人体的正常生理机能，是以五脏为中心，配合六腑，通过经络，把四肢、五体、五官、九窍、百骸等组织器官联结成一个有机整体。健康人体的脏腑之间的生理功能在生命活动中，始终保持着动态平衡，如果人体这一平衡一旦失调，就要生病。

《内经·素问》中，论述了五行、四时、四方与人体五脏相对应的关系。并在该书的《五脏生成篇》中论述了五行与五脏相生相克的关系，详述了五脏同全身的血脉、肌肤、筋骨之间互相依赖制约的关系，形成不可分割的有机整体。

在《内经·灵枢·本输篇》中论述了五脏和六腑之间生理功能相互配合的关系，说："肺合大肠，大肠者，传导之腑。心合小肠，小肠者，受盛之腑。肝合胆，胆者，中精之腑。脾合胃，胃者，五谷之腑。肾合膀胱，膀胱者，津液之腑也。"此外，在《内经·素问》中更论述了饮食进入胃后，在脏腑中的转化、输布吸收和排泄过程，指出食物进入体内，除了依靠脾胃的腐熟运化外，还需有赖"肝气的疏泄，胃气的温煦。肺气的宣散，心脉的载运"等，说明五脏六腑在饮食消化功能上的协调作用，维护着人体的生命之树常青，也充分体现了人体各组织之间是分工协作的有机整体。所以医家在关于人体的病理和治疗上，都是以整体思维为指导的。

《黄帝内经》是两千多年前中国医学家只凭经验直观领悟到的生命整体观。我们还可从今天的医学科学中完全得到印证，证明它的正确性。笔者读过一位美国外科医生写的《生命的脸》，以此书为例，书中写到当一个人的身体受伤大出血时，身体的每一个细胞组织和器官都立即行动起来，力图阻止鲜血流出体外，比如：结缔组织纤维就会从伤口血管断端突出，以阻止出血，血小板也成群结队前来救援，防堵漏洞，同时身体还释放出一种荷尔蒙，使血管产生反射收缩的动作，抑制出血，心脏也随之加速跳动，使体内仅有的血液充分循环利用。为了使生命延续下去，全身各组织之间配合得天衣无缝，达成一种完美的协调。把以上各种纷繁的活动化为和谐的整体，而这种动力就是生存的本质。

由此可见，古今中外的医学理论与实践都充分证明生命是一个协调平衡发展的有机整体。中医除了强调人体自身的整体性，同时也十分重视人与自然环境的统一关系。认为自然界是人类生命活动的源泉，说："人以天地之气生，四时之法成。"(《内经·素问·宝命全形论》)"天食(饲)人以五气，地食(饲)人以五味"(《内经·素问·六节藏象论》)生命现象无非是人同自然不断进行物质、能量和信息的交换，否则生命就将枯竭，这就是万物一体观在中医学上的体现。

到了宋代，关于万物一体的哲学整体观，最突出代表首推张载，从他的《西铭》篇来看："乾称父，坤称母；予兹藐焉，乃混然中处。故天地之塞，吾其体；天地之帅，吾其性。民，吾同胞；物，吾与也，大君者，吾父母宗子……尊高年，所以长其长；慈孤弱，所以幼其幼……凡天下疲癃、残疾、惸独、鳏寡，皆吾兄弟之颠连而无告者也……贫贱忧戚，庸玉女(汝)于成也。存，吾顺事；没，吾宁也。"这大意是："宇宙天地如同一个大家族，乾坤天地好比是父母，人类好比是其中的儿女，人类作为这个大家族的成员，禀受了天地自然之性，必须与天地合德，应担负起作为大家族中的一个成员的责任与义务，就是应该把人民看作自己的同胞，把万物看作自己的伙伴，应尊重年高的长者，应体恤和爱护幼小孤苦贫病的弱者。凡天下的疲癃残疾、鳏寡孤独和颠沛流离失所的无着落的人都要给予关怀和帮助。即使自己处于忧患的逆境中，就以此来磨砺自己的意志，作为获得成功的手段。"

《西铭》中所说的，认为做一个人就应该是在家庭中成为一个孝子，在社会上要做一个仁人，认为天之所以长久不已，就在于"诚之为贵"，他要求"君子以诚为贵"，做仁人孝子所以事天诚身，而且不已于仁孝，要求永远坚持下去。这种精神境界已经与天地万物融为一体，即天地境界了。

明代王阳明万物一体的思想似乎更加彻底，他在《大学问》中说："大人者，以天地万物为一体者也。其视天下犹一家，中国犹一人焉。

若夫间形骸而分尔我者,小人矣。大人之能以天地万物为一体也,非意之也,其心之仁本若是,其与天地万物为一体也,岂惟大人,虽小人之心亦莫不然。彼顾自小之耳。是故见孺子之入井,而必有怵惕恻隐之心焉,是其仁之与孺子而为一体也。孺子犹同类者也,见鸟兽之哀鸣觳觫,而必有不忍之心,是其仁之与鸟兽而为一体也,鸟兽犹有知觉者也,见草木之摧折,而必有悯恤之心焉,是其仁之与草木而为一体也。草木犹有生意者也,见瓦石之毁坏而必有顾惜之心焉,是其仁之与瓦石而为一体也。是其一体之仁也,虽小人之心,亦必有之。是乃根于天命之性,而自然灵昭不昧者也,是故谓之明德。……故夫为大人之学者,亦惟去其私欲之蔽,以明其明德,复其天地万物一体之本然而已耳。"这里王阳明论述了什么是明德,他认为"明德"就是以"天地万物为一体"之"仁"。这正是继承了二程的思想,程颢说"学者须先识仁,仁者,浑然与物同体"。可见他们的思想是完全一致的。

由此可见,在中国古代哲学中,万物一体的思想是非常丰富的,这里仅举数例加以说明,并从中可概括为以下几方面:

首先,在哲学上认为宇宙起源、万物生成同构同源,其基本构件是阴阳五行之气,形成天地万物和人,故天地万物与人是有机统一的整体。其次,从农学上,认为只有天时、地宜、人力三者合力并功,才能完成农业生产中的生、长、成、藏的任务,才能实现整个农耕社会和平安定的生活。其三,从医学上来看,认为人体各组织包括四肢、五体、五脏、六腑、九窍、百骸之间是相互联系、依赖、制约而又协调平衡的,形成不可分割的有机整体。不仅人体本身,而且人体的生理变化与自然界的气候、时间节律、空间地域环境等都有密切关系,形成有机的不可分割的整体。其四,从伦理道德学方面来看,中国儒家认为,天地万物与人之间是"一体之仁"的关系,如同父母兄弟姐妹朋友和伙伴关系,构成宇宙大家庭,而且是彼此关爱、共生、共存、共荣、相互扶持、和谐共进的关系。

通过以上所论,虽然整体观的形式或方面不同,但都贯穿了一个共同的思想,那就是"生生",即宇宙就是一个大生命的整体。因为万物都有生的欲求,我们应该以仁爱之心去珍惜生命、尊重生命、热爱生命,让一切生命都能实现其生长、成熟、繁衍的欲望,即"遂其生"达到共生共存共荣相互扶持和谐共进。正如《周易》中所说的"天地之大德曰生""生生之谓易"。这一思想在《周易》中很突出,如《周易·象传上·乾》说"乾道变化,各正性命,保合太和,乃利贞"。这是说,在天道自然变化中,万物皆按规律运行,如四时阴晴、昼夜、风云、雷雨、霜雪、冷暖的种种变化,各种生命孕育其中,并受到天道变化规律的支配,即春暖、夏热、秋凉、冬寒四时气候调和均匀,不超越自然规律……四时更替、变化有序。这样天能保持太和景象,就能普利万物,使万物生生不息。(参见《易大传今注》)

就这样,整个自然界在"地气上齐,天气下降,阴阳相摩,天地相荡,鼓之以雷霆,奋之以风雨,动之以四时,暖之以日月,而百化兴焉"。(见《礼记·乐记》)这里体现了大自然对生命的抚爱,使大地上生机勃勃而又和谐有序,表现出生命是多么美好!正如现代新儒家方东美指出的:"在中国哲学家看来,宇宙乃是普遍生命流行的境界,天为大生,万物资始,地为广生,万物咸亨。合此天地生生之德,遂成宇宙。其中生意盎然充满,旁通统贯,毫无窒碍。我们立足宇宙之中,与天地广大和谐,与人人同情感应,与物物均调浃洽,所以无一处不能顺此普遍生命而与之全体同流。"(《广大和谐的生命精神》)这是方氏对儒家生命哲学的总结与概括。由于天之本性是大生,地之本性是广生,由此形成生生不息的宇宙。而人类融入其中与万物上下与天地同流,形成整个宇宙生命之广大和谐的局面。这是人类与万物生存的需要,也是人类精神境界的需要。在这里,儒家的生命哲学,不仅限于人类,其仁爱之情,更推广到自然界的山水、飞禽、走兽、草木、虫鱼,乃至无生命的土石,也都加以珍惜和保护。这并不是出于一种对它们的占有与控制的欲望,而是把这种普遍的关爱看作人生的一种乐趣,正如《周易·象传上·咸》所言:"天地感而万物化生,圣人感人心而天下和平,观其所感,而天地万物之情可见矣。"这是说,由于天地阴阳之气相感应而化生了万物,圣人以真情感动了人心,因而天下和平,天与地、物与物、人与人、天地与万物与人皆相互感通,各有所应,观其所感,察其所应,那么天地万物之真情就都可明了了。这里《易传》作者深刻揭示了人与天地万物之间相依相伴相感通,是作为生命整体存在的本性。

正是由于对生命的关爱,在古代我们的先人一开始对生命活动、生存与繁衍的环境与条件就很重视,所以在我国古代文献中,对于生物与生存环境的关系,以及人们如何保护生物的生存环境与条件有着大量记载。如《尚书·禹贡》说:"禹别九州,随山浚川,任土作贡。"这是说夏禹在治理洪水中,走遍中华大地。他从贡赋角度出发,将全国划分为九州,考察并描绘了九个州的水文、土壤、植被、薮泽、物产等,而每个州的地理条件、人文状况,是各不相同的,各州应按地理物产状况来进行贡赋。(《禹贡》九州地理概况表见刘长林《中国系统思维》第 426 页)。另外,在《周礼·夏官司马》中也将全国分为九州,这是从发展生产的角度出发,其中划明了山川地形,将土壤类型分为上、中、下三大类及其代表性的农作物等,即九州的农、牧、鱼、盐、矿产等资源的分布和民情是各不相同的,但它们在自然生态上又是彼此相连互补的,因而具有系统整体性,形成了一个大生态系统。

下面略举几例来说明我国早在上古时代是怎样保护自然环境、维护生态平衡的:"春三月,山林不登斧,以成草木之长;夏三月,川泽不入网罟,以成鱼鳖之长。"(见《全上古三代秦汉六朝文》卷一)这是说在春天,正当万物繁衍生殖的季节,不能任意砍伐林木,不能张网捕杀鸟兽,以遂其生养成长。这种保护生态的思想在先秦是很普遍的,在孔子、孟子、荀子等人的著作中都有大量记载。

下面讲两个保护生态的故事。其一,是《史记·殷本纪》中,记载(成)商汤看见有人在野外四面张网捕杀飞鸟,就对那人说:你可不能将天下的飞鸟一网打尽啊!说完并下令将网撤掉三面,人们见汤王对禽兽尚且如此仁慈,就都来归顺于他。其二,是《国语·鲁语》载:有一年夏天,鲁宣公在泗水上张网捕鱼,大夫里革闻讯赶来,将宣公张的渔网一刀就割断了,并且说:"春天鸟兽虫鱼正处于繁殖阶段,掌握鸟兽等禁令的官员下令禁止人们(老百姓)使用网罟捕捉,甚至夏天也禁止使用细目网捕鱼,以免将刚孵化的小鱼捕捞上来,这都是从古就有的规矩,现在正是鱼虾孕育产卵季节,你不仅不让它们生殖繁衍,还用网来捞它们捕杀,真是贪心不足。"鲁宣公听了里革的话,自知自己的行为破坏了祖宗的规矩,便虚心接受了里革的劝谏,并说把这网好好保存起来,让自己永远记住这个教训,并因此重用了里革。

保护自然资源,维护生态平衡,在古代,人们虽然不懂得许多科学大道理,但这是祖宗的规矩,所以几乎成为人人自觉的行动。这里再举一例,在《淮南子·泰族训》中,记述了孔子弟子巫马期夜间到野外观天象,考察自然界的变化时,发现一个捕鱼人将捕捞上来的小鱼全部放回河水中。这种行动,不是单凭刑法规定就能做到的,而是全靠打鱼人的自觉行动。这种保护生态的观念,在古代竟是如此深入人心,的确使人叹服!即使今天的人们,又有几个能够做到?

此外,在古代,国家更用行政手段,发布命令,要求百姓依时令季节开发自然资源,甚至更以立法的形式,将禁令固定到法律条文中。如西周时期有《伐崇令》，规定在战争期间，军队有责任、有义务保护好民居、牲畜、森林、水源。说："毋坏屋、毋填井、毋伐木、毋动六畜，有不如令者，死无赦。"这里指出，即使在战争期间，也不能随意破坏生存环境和生活设施，否则死无赦。在西周的政治体制中，已有较完备的环保和资源管理职能机构和官职，在《周礼·地官司图》中，有"山虞""泽虞""林衡""川衡"等管理官职。在同书《天官·冢宰》中，提到兽人、渔人等职务，说明我国早在三千多年前，对自然资源和环境管理就已有了相当完备的制度。

二、现代价值

然而，我们回过头来看看当今，人们对待自然资源和环境的态度，实在令人担忧。当今的人们对待森林和野生动物，采取野蛮的杀伐；对待地下矿物资源任意采掘；由于加速发展工业，结果造成三废污染了天空、大地、水域；为了增加粮食产量就毁林开荒，或围湖造田，造成了水土流失，土地沙化，甚至沙尘暴不断向城镇侵袭；由于大量使用化肥、农药，使水源土地受污染，并且这些有毒物质随着雨水流入了江河湖海，使大批水生生物受毒害甚至灭绝，并且人类自身也深受其害。据说许多人身患癌症，并被夺走了生命，就是因为食用了被毒物污染的食物（品）。特别是由于化学工业污染，使高空的臭氧层被破坏变薄，甚至出现了大空洞，使紫外线强光的巨大杀伤力，造成对人类甚至整个地球上所有的生命都是严重威胁。

出现以上严重的生存环境危机的原因何在呢？首先是由于人类的狂妄自大，把自己看成天之骄子和万物之灵，而把自然万物看作征服和役使的对象，以野蛮残暴的方式破坏大自然。其次，由于人们的无知，以为地球上的资源是无穷无尽，取之不尽，用之不竭的，可以无止境地任意开采，供其挥霍无度。再次，由于人类的私欲不断膨胀，他们不满足于人工饲养的动物肉食，更要享用珍稀的野生动物，为此就有人大量捕杀野生甚至珍稀动物，只顾满足眼前的口福，而不考虑这样吃下去，就有可能灭绝物种、砍断生物链，破坏自然生态平衡的后果，这不就成了吃祖宗饭，造子孙孽，断子孙生路的犯罪行为吗？此外，还由于人口爆炸式增长，使物质需求猛增，这一点恐怕是造成当今生态与环境危机的总根源。

虽然现在已有了国际性环保组织，一些国家的政府和有识之士，正在呼吁宣传和治理污染，但这仅仅是极少数人的行动，而绝大多数人却依然漠不关心，或有的仅停留在理论认识上，尚未感受到问题的严重性和迫切性。那么，怎样才能切实有效来拯救当前的生态危机，保护我们的生存环境呢？

首先，人类必须摆正自身在自然宇宙间的位置。应该认识到地球是全人类唯一的家园，也是其他一切生命的家园。正如张载所言：天地是人类的父母，万物是人类的朋友和伙伴，人与万物是共生共存的关系。就地球演化史表明，在没有人类以前，地球早已存在，当宇宙演化到35亿年前，地球上才有了生命，而人类的产生，只不过两三百万年的历史，至于人类有文字记载的历史只不过6 000年左右，故人类只不过是宇宙晚辈，而宇宙和其他生物才是老资格的根本存在。

大自然不仅是人类的生身父母，也是人类的衣食父母，人类的衣食住行等一切生活资料都需仰仗大自然，都是大自然无私的恩赐。自然界没有人类，到处都有鸟语花香；而人类若无自然界的关怀，将会寸步难行。按理人类应该以报恩的心情感激大自然，尊重大自然，亲近和保护大自然，来报答大自然对自己的养育之恩。正如古人云："地载万物，天垂象,取材于地,取法于天,是以尊天而亲地也,故教民美报焉。"(《礼记·郊特牲》)为了亲近和很好地报答天地的养育之恩,人的行为应该效法天地,就是要按照自然规律办事,正如曾子引孔子的话说:"断一树,杀一兽,不以其时,非孝也。"(《礼记·祭文》)原来儒家对"孝"有三种形式,认为"小孝用力,中孝用劳,大孝不匮"(同上),即人类应按时令有计划、有节制地取用自然资源,自然资源就会生长繁茂,永不枯竭,人类与其他生物的需求也就永不会匮乏。这就是对自然,对一切生命尽孝道,视为大孝。只有使大自然的广大生命欣欣向荣,永不枯竭,才是最大的孝道。这里体现了儒家对天地自然万物是以一种崇敬、亲和、包容、宽广的胸怀和远见卓识的生态伦理观,而不是像当今的人们那样对自然资源采取无限制索取的态度,但愿人们慎思之。

其次,对人为万物之灵的理解,诚然,人是智慧生命,人的才智是一般动物所没有的。人类凭借自己的智慧制造工具,延长自己的手足等器官,可以上天下海,可以深入到地球上每一个角落,甚至上太空登月球。人类的确有改造自然的巨大能力,但这些智慧和能力,说到底还不都是自然进化的产物?我国古代思想家荀子说得好,他认为人高出于一切生命之上的,就在于人有义,"故最为天下贵。"(《荀子·王制》)"义"就是说人有理性,有正义感,对自然与社会敢负责任、尽义务,推行仁义之道,珍惜生命,热爱自然,使"万物得宜,事变得应,上得天时,下得地利,中得人和"(《荀子·富国》)。只有这样去创造与客观生命世界相称的人格境界,才无愧于万物之灵的身份与地位。

再次,人类应树立法天思想。作为万物之灵的人类,是凝聚了天地的精华,是天德的微妙体现,成为与天地并列为三的三才之一。因此,人类在和自然打交道,获取生活资料时,必须树立法天思想。关于这一思想古人有精辟论述:"天地万物,一人之身也,此之谓大同。"(《吕氏春秋・有始》)又说:"人之与天地也同,万物之形虽异,其情一体也,故古之治身与治天下者,必法天地也。"(同上书《情欲篇》)这是说人与天地万物外形虽然各异,但其本质结构成分都是一样的,人是宇宙天地万物整体中的一部分,因此人在与自然打交道过程中必须认识自然,效法自然,按自然规律办事。所以《周易・文言》又说:"夫大人者,与天地合其德,与日月合其明,与四时合其序,与鬼神合其吉凶,先天而天弗违,后天而奉天时。"这里要求大人、君子,乃至所有作为万物之灵的人们都应效法天地,与天地合其德,因为天无私覆、地无私载,普爱万物,人应以天地的胸怀为怀,普爱万物,抚育万物,使万物和一切生命都能各安其生,各得其养。人应像日月那样,将日月的光辉照亮大地,把光明温暖洒向人间和万物。还要求人们像大海那样宽广而深沉,能容纳一切恩怨,涤除一切污垢,以实现人天同德,达到人与天和、人与地和、人与人和,求得人天同步发展。

然而尊重自然效法天地,并不是消极地顺应自然,而是既要遵循自然法则,又要发挥人的能动作用。正如《中庸》的"赞天地之化育"那样,即"唯天下至诚,为能尽其性,能尽其性,则能尽人之性,能尽人之性,则能尽物之性,能尽物之性,则可以赞天地之化育,可以赞天地之化育,则可以与天地参矣"。这段话的大意是:只有天下最真诚的人才能充分发展自己天赋善良的本性,也才能助他人和万物发展出其善的本性。能做到这些,那么,人类至诚的功效便可以与天地并列为三了。这段话既否定了人类中心主义,也否定了消极无为自然主义,而是"天人合一"。即人类在与自然打交道的过程中,既要尊重客观规律,又要充分发挥人的主观能动性,使天道与人力相辅相成,合而为一,以助自然万物健康地发育成长。

所以,人类要解决当今全球性的生态与环境危机,必须首先克服西方工业文明那种征服自然，使天人二元对立的观念，树立人与天地万物是一个有机的整体的观念。关于这一点，本文开篇已就中国古代哲学、农学、医学等的整体观作了简要介绍。中国哲人一贯把天人和谐，万物一体，看作人生最高理想，整个宇宙就是一个大生命整体，存在着共生、共存、共荣的关系。而且科学证明，整体组织水平愈高，共生机制愈强，其维护自身平衡稳定的功能也就愈强，因此这个整体的生命力也就愈加旺盛。

关于生命整体的共生关系，还可从生态系统中物质循环运动状况来进一步作科学说明。在生物圈中，生活着动物、植物与微生物，它们的运化规律是：首先是绿色植物从环境中吸收水分子、二氧化碳化学元素，通过光合作用，利用太阳能，将无机物转化为有机物，即植物。植物提供给人和食草动物食用，这样植物体内的营养物质就转化到人和食草动物体内，随后食肉动物对食草动物的捕食，及人类的使用，于是食草动物体内的营养，就转移到食肉动物和人体内，再往后，动植物和人死后的残骸，又由微生物将它们分解、还原，使有机物变为无机分子，再供绿色植物吸收利用，进行再循环。就这样，亿万年以来，地球上的生命，就是这样不断地在复杂的能量转换和食物链的链条上循环运转，建立了生态平衡。

而且这个生命的有机整体又必须生活在一定的适当的环境之中，即生活在山地、平原、河川、森林及大气之间。地球上有多种多样的生物，形成多种多样的生物圈和生态系统。但它们的生存环境并不是彼此隔绝的。地球上所有的江河湖海等水域，和大气环流又都是相通的，只要某一河流或某地区的上空遭受污染，都不可能永远滞留在某一隅之地，而是随着物质、能量的循环运动而流遍全球。比如生活在南极的企鹅体内也被 DDT（一种杀虫剂）所污染，使其血液中的钙含量降低，导致下软壳蛋，这就是证明。可见任何地区、任何国家所造成的环境污染，其他国家和地区都不可能幸免，人类最终只能走向一荣俱荣、一损俱损的共同命运。按照儒家强烈的忧患意识和人与自然整体和谐的最高理想，我们全球人类应该从整体思维出发，来共同重建人与自然之间的整体和谐关系。

首先，要建立人口增长数量应与地球资源产量与环境的容量相协调一致的原则。当今环境恶化，物种大量灭绝，资源锐减，人类各种新的疾病不断出现，其原因除了西方工业文明造成的环境问题外，人口猛增恐怕是其中的主要原因。因为人口多了，粮食不够吃，就要毁林开荒，围湖造田，以扩大耕地面积，结果造成水土流失，土地沙化，物种减少。人多要吃肉，就过度放牧，造成草地退化，出现沙尘暴，过度捕捞，造成水生生物锐减。人多要穿衣，就会粮棉争地，及发展化纤工业，造成环境污染、能源紧张。此外，人多要住房，于是导致土地、木材、石灰、砖瓦、玻璃、钢材、水泥，以及交通运输等一系列的问题纷纷出现。此外，人多还有教育、升学、就业等一连串的问题。可见人口的猛增竟带来那么多的社会问题，其中环境问题是最直接的后果。因此，我国把控制人口增长作为一项基本国策来抓。现今世界总人口已超过60亿，若不加强控制，必将超过地球的环境和资源的容量，造成环境的大破坏和普遍的大饥荒大灾难，甚至殃及整个人类的生存。

其次，对资源的开发与利用，必须坚持人类与其他生物、当代人与后代人共享的原则。人类必须认清自身只是自然的一部分，是与其他生物相互依赖共生共存的一员，而不是超乎其他生物之上。据人类已经掌握的情况："当今全球生长着的生物达500万—3 000万种。经过近200年的研究，已分类定名的达170多万种，其中动物134万种，植物45万种。而这数字比实际估计还要小得多。"（参见李文华《环境与发展》,科学技术文献出版社 1994 年版。)

　　既然人类和如此多样的生物相依相伴生活在同一个地球上,理所当然应和其他生物共同享用地球资源。比如在开发和利用自然资源时,应考虑其他生命对资源分配的利益的均等。又如人类在开发森林资源时,应留给鸟类和其他动物一定的栖息林;同时还必须考虑到当代人与后代人对资源分配的利益应均等,即当代人享用地球资源的同时,也要为后代子孙留下应有的足够的生存资源和发展空间;此外,再从可持续发展的眼光来看,对资源应以合理开发、有效利用为原则,对可再生资源的开发与利用,应该以不能超过它的再生速度为原则。如对鱼虾龟鳖的捕捞,应按季节、区别大小等原则。对于不可再生资源的开发与利用的速度,应不能超过其寻求代用品生产的速度。只有这样有节制、有计划地把发展与保护同时并重,生态平衡才有了保障,地球资源才有可能持续利用,人与自然的和谐关系才有可能逐步实现。

　　其三,必须节约利用地球资源。有计划开发利用资源,是全球人类共同的责任与义务。

　　既然地球是一个整体,是全球人类共同的,也是唯一的家园,因此希望全世界每一个国家,甚至每一个人都应有责任、有义务珍惜和节约利用地球上有限的资源。据自然保护专家警告说:目前有三分之二的海龟和陆龟将灭绝;由于商业捕杀,使猿猴类濒临灭绝。又据世界自然保护联盟说:有十分之一的鸟类和四分之一的哺乳动物面临灭绝,就鱼类、贝类和甲壳纲动物来说,濒临灭绝的物种也许高达三分之二。(见 2003.6.5《参考消息》)这么多物种面临灭绝,不知有多少食物链要被切断。这对地球上的生态整体系统将是一个大灾难,将给人类生存带来怎样的严重后果尚且难以预料。我们必须严肃面对,采取必要的保护和抢救措施。

另外,那些西方工业发达、经济繁荣的国家,大都是近几百年来依仗殖民主义政策在全球掠夺了大量的自然资源和人力资源,为他们提供了丰富的物质资源,使他们享受着高度豪华的物质生活,造成了自然资源的大量消耗与浪费。据统计,"只占世界人口百分之六的美国居民的消费水平就需要耗费三分之一的世界矿物产量和百分之三十四的能源。如果全世界的人都按美国人那样的消费,那么人类还缺少三个地球,都像美国人那样排放污染物,那么人类还需要九个大气层"。(见《我们只有一个地球》)因此每个国家甚至每个人,特别是那些消耗资源最多、排放污染物量最大的发达国家,应从全球一体化的角度出发,节约利用有限资源,减少浪费,使资源得到永续利用,维持可持续发展。

其四,从全球整体利益出发,世界各国应建立反污、治污大联盟。既然地球生态是无国界的,全球人类处于同一的命运之中,那么全球的人类应该联合起来建立起全球性的反污治污的大联盟。况且今天的生态灾难,与几百年来发达的资本主义国家工业化积累下来所造成的环境污染有密切关系,因此他们有责任、有义务承担防污治污的主要任务。所以,他们应该将已经开发出来的生态技术和环保技术和有关的文化科学的文明成果,与发展中国家共同使用,共同来治理污染,只有这样,那么以追求和实现人类与自然环境的和谐相处的愿望才有了可能。

(原载于《中国传统中和思想》,社会科学文献出版社 2010 年版)

中国哲学的现代转型与传统更新

——关于 19—20 世纪中国哲学史观的思考

李维武

对于鸦片战争以来的 19—20 世纪中国哲学，研究者们往往存在着不同的看法。这种看法之不同，并不在于是否承认 19—20 世纪中国哲学与以往数千年中国哲学相比，发生了巨大的变化，呈现出明显的不同；也不在于是否承认这一变化与不同的根源，来自中国从鸦片战争起被卷入以西方近现代文化为标本的全球性现代化运动，以及由此而来的西方文化及其哲学大规模传入中国；而在于如何看待、理解和评价中国哲学的这一历史性变化。这种看法之不同可大致归结为两派观点：一派认为，中国哲学在 19—20 世纪所发生的巨大变化，对中国哲学的自性、特质与传统造成了严重的冲击和破坏；近一个半世纪来，中国哲学的主流开展实际上背离了中国哲学的自性、特质与传统，大概只有现代新儒学才能算是中国哲学的自性、特质与传统的真正继承者；21 世纪中国哲学只有回归 19 世纪以前的中国哲学传统，甚至只有回归"轴心时代"的先秦哲学传统，才能接上中国哲学的正统。另一派则认为，中国哲学在 19—20 世纪所发生的巨大变化,促成了中国哲学的形态转变与传统更新;近一个半世纪来,中国哲学经历了由古代形态而近代形态而现代形态的转型,继中国哲学古代传统之后形成了中国哲学现代传统;21 世纪中国哲学应当以 19—20 世纪中国哲学的开展为起点,承继和发扬中国哲学现代传统而作新的开展。这两派不同的看法,鲜明地反映了在 19—20 世纪中国哲学研究中两种哲学史观的分歧,直接关系到对 19—20 世纪中国哲学的理解与书写,也直接关系到 21 世纪中国哲学的开展。由此可见,在 19—20 世纪中国哲学研究中,哲学史观问题是一个值得关注和探讨的重要问题。笔者赞成后一种哲学史观,但又感到这一哲学史观尚需予以深入阐发,使之具有马克思所强调的理论的彻底性以及由之而来的影响力与吸引力,因此在这里试对自己的有关思考加以阐发,以期引起研究者们对这一问题的关注与探讨。

一、19—20 世纪中国哲学的主轴线

鸦片战争以来的 19—20 世纪中国哲学,与以往数千年的中国哲学开展相比,首先在哲学文化风貌上呈现出明显的不同:在中国哲学史上,还没有一个大的历史时期,像 19—20 世纪中国哲学,吸取了那么多西方的思想,改变了那么多传统的内容,在中西古今哲学的碰撞、交流、融会中,涌现了众多的哲学人物、林立的哲学派别和纵横起伏的哲学思潮,由此而造成了中国哲学的空前大变动。这种哲学文化风貌,不仅就其复杂性、多变性言,而且就其创新性、深刻性言,都是以往时代的中国哲学开展所难以比拟的,即使是在诸子蜂起、百家争鸣的先秦哲学中也未曾出现过。这种创新性、深刻性在于,在这一个多世纪纷繁复杂的哲学格局中,存在着一以贯之的主轴线,即中国哲学由古代形态而近代形

态而现代形态的历史性转变，也就是中国哲学的现代转型。可以说，只有这种哲学形态的历史性转变，才是 19—20 世纪中国哲学的最本质、最深刻的东西。

所谓哲学的形态，是指哲学在历史发展中所呈现的一定的思维方式。这种思维方式规定了一定时期哲学的致思趋向和话语系统，规定了一定时期的哲学文化风貌，使之与以往时代的哲学呈现出明显的区别。哲学的形态具有较大的稳定性，能够在一个相当长的时间内保持基本不变，但又不是凝固的、永恒的、僵硬的，不仅有量的变化，更有质的更新。随着文化历史变迁的影响，随着由之而来的思想世界的变化，哲学的形态或迟或早总要发生变化，由旧的形态逐渐转换成新的形态。这种哲学的形态由旧而新的转变，就是哲学的转型。因此，所谓哲学的转型，是指哲学的一定的思维方式所发生的质的飞跃及其新质的展开，是指哲学的致思趋向、话语系统及其整个哲学文化风貌的转变。正是由于有哲学的形态转变，所以造成了哲学发展的大的阶段性的区分。

从世界哲学发展的视域看，不同民族的哲学思维方式在历史上都存在着转变的问题，不可能固定在一种致思趋向、话语系统及其哲学文化风貌上，因此，不同民族的哲学都有自己的转型。但这种转型，在西方哲学的发展中尤为鲜明和典型，呈现出由古代形态而近代形态而现代形态的相当分明的发展阶段，其哲学的致思趋向、话语系统及其整个哲学文化风貌表现出明显的质的差异性。自 19 世纪以来，西方哲学伴随着以西方近现代文化为标本的全球性现代化运动向前近代的非西方民族传播，不断扩大自己的影响，与这些非西方民族原有的哲学发生冲突与融合，促使这些非西方民族的哲学由古代形态转向近代形态再转向现代形态，从而促成了不同民族的哲学走向世界哲学。正是在这一过程中,西方哲学由于这种示范作用和推动作用,被赋予了一种世界性,使得前近代的非西方民族在进入全球性现代化运动后,必须引入、学习、吸纳西方哲学的思想内容。这样一来,西方哲学的转型,就往往成为研究者们衡论不同民族哲学转型的一个尺度、一个参照系。在考察19—20世纪中国哲学的转型问题时,也少不了使用这样一个尺度、这样一个参照系。而且,19—20世纪中国哲学的开展,就是通过中西古今哲学的彼此争鸣、相互激荡、重新熔铸而实现的,因此这样一个尺度、这样一个参照系与19—20世纪中国哲学就有着内在的历史的联系,并不是研究者们主观地从外部强加到中国哲学自身的进程上的。可以说,在19—20世纪中国哲学的发展中,本身就内在地历史地蕴含着这样一个尺度、这样一个参照系。

通过这样一个尺度、这样一个参照系来看中国哲学发展,可以清晰地看到鸦片战争以来19—20世纪中国哲学同样经历了现代转型,这一转型呈现出两个大的阶段:在鸦片战争后的19世纪下半叶,中国哲学实现了由古代形态向近代形态的转变;而在19世纪与20世纪之交,中国哲学又开始了由近代形态向现代形态的转变。早在鸦片战争前,龚自珍就已敏锐地意识到中国封建统治者已经不能照旧统治下去了,开始从政治哲学入手思考这种统治的合法性问题,提出了"自改革"[①]的主张。鸦片战争后,魏源首先开眼看世界,突破了中国传统的历史观与文化观,提出了"师夷长技以制夷"[②]的主张。龚、魏的新思想,深刻地影响了19世纪下半叶中国哲学的开展,使得中国人的历史观、文化观和政治哲学最终超越了古代哲学的框架与内涵,正如梁启超所说:"新

---

① 龚自珍:《乙丙之际著议第七》,载《龚自珍全集》,上海人民出版社1975年版,第6页。
② 魏源:《海国图志叙》,载《魏源集》上册,中华书局1976年版,第207页。

思想之萌蘖,其因缘固不得不远溯龚、魏。"①到了19世纪最后10年,康有为、谭嗣同、严复进一步在哲学本体论问题上取得了新突破。康、谭沿着中国古代哲学杂糅本体论与宇宙论的传统,把西方近代科学知识与中国传统哲学本体观念结合起来,建构起具有近代哲学特征的本体论体系。严复则引入西方近代经验主义传统与现代实证主义原则作为新哲学的基础,解构中国古代哲学杂糅本体论与宇宙论的传统,建立起以牛顿力学与达尔文进化论为框架的科学宇宙论,这是中国哲学史上第一个完全近代意义的哲学体系,同时又成为现代形态中国哲学的开端。这样一来,中国哲学仅仅用了短短大半个世纪的时间,就完成了从古代形态向近代形态的转变,并进而开始了向现代形态的转变。19世纪与20世纪之交,西方哲学中的不同思潮相继传入中国,中国哲学家对于西方哲学有了更深入更全面的了解,如果说严复对20世纪中国哲学中的科学主义、自由主义以及进化史观都有开启之功,那么王国维则开始把西方人文主义哲学引入中国,并敏锐地揭示了西方哲学发展中人文主义与科学主义两大思潮的分歧与对立。马克思主义哲学也在这时传入中国,受到当时向西方寻找救国救民真理的先进中国人的关注和介绍:朱执信于1906年在《民报》上发表长文《德意志社会革命家列传》,第一次把马克思作为革命家兼哲学家介绍给中国人;孙中山于1912年在上海发表公开演讲,首先在中国内地介绍马克思的经济学—哲学名著《资本论》。1915—1924年的新文化运动,对中国学术的现代转型起了积极促进作用,对中国哲学的现代转型更是意义重大。新文化运动中的东西文化问题论战、问题与主义论战、科学与玄学论战,分

---

① 梁启超:《论中国学术思想变迁之大势》,载《饮冰室合集》第1卷文集之七,中华书局1989年版,第97页。

别凸显和深化了中国人对历史观与文化观问题、政治哲学问题、本体论与认识论问题的探讨,使得现代形态中国哲学由此进入了全面发展时期。20世纪30—40年代,中国哲学家开始融会中西古今哲学资源,建构了代表不同哲学思潮、具有不同哲学风格的本体论、认识论体系,如熊十力的"新唯识论"、冯友兰的"新理学"、贺麟的"新心学"、金岳霖的"道论"与"知识论"、毛泽东的"实践论"、张岱年的"天人五论"等。这些各具个性与特色的哲学体系化创作,成为中国哲学现代转型的标志性成果,对现代形态中国哲学的进一步开展产生了深刻的历史影响。以后现代形态中国哲学的开展,都与这些标志性成果分不开,或是沿着这些成果的思路进一步拓展,或是针对这些成果的问题进一步探索,或是根据这些成果的思想资源进一步综合创新,从而从不同方面推进、深化了中国哲学的现代转型。

由此可见,19—20世纪中国哲学,与西方哲学的发展相类似,也经历了从古代形态而近代形态而现代形态的转变;正是这种中国哲学的现代转型,构成了19—20世纪中国哲学一以贯之的主轴线。只是与西方哲学的转型相比,中国哲学的转型属于后发生型,因此难以像西方哲学那样在一个相当长的时间内自然而充分地完成转型,而只能在一个相当短的时间里十分急促而紧张地实现形态的转变,其局限与不足就自然难以避免。尽管如此,中国哲学的现代转型的发生及其意义则是不可否认的。

在19—20世纪中国哲学研究中,之所以会形成两种不同的哲学史观,产生出两派不同的看法,是否认肯中国哲学的现代转型正是其关键。看不到这一主轴线或否认这一主轴线,当然只会把中国哲学在19—20世纪所发生的巨大变化,理解为对中国哲学的自性、特质与传统的冲击和破坏,否定19—20世纪中国哲学的创新性、深刻性。相反,只有抓住了这一主轴线,才能真正理解中国哲学在 19—20 世纪所发生的巨大变化,揭示其间所蕴含的创新性、深刻性,对 19—20 世纪中国哲学作出正确的看待、本质的理解和合理的书写。换言之,只有抓住了这一主轴线,才能建立起合理的 19—20 世纪中国哲学史观。

二、中国哲学现代转型的总特点

中国哲学的现代转型,尽管是在西方文化及其哲学强烈影响下发生的,参照了西方哲学的转型尺度,吸取了西方哲学的思想资源,但并不就意味着是对西方哲学发展进程的简单模仿、照抄照搬,也不意味着是用西方人的哲学思维与哲学话语来代替中国人的哲学思维与哲学话语,更不意味着是把中国哲学的发展由此纳入西方哲学的轨道,而是有着不同于西方哲学的基础、背景与传统,有着自己的特殊性。具体地说,中国哲学的现代转型,是在近代中国文化历史大变迁的基础上发生的,是在中国文化的背景下与语境中进行的,是通过由古代形态中国哲学而近代形态中国哲学而现代形态中国哲学实现的。因此,中国哲学的现代转型又有着自己的特点。这些特点主要通过两种哲学运动鲜明地呈现出来:一是西方哲学的中国化,一是中国哲学的现代化。这两种哲学运动,在实际的哲学发展中是合为一体的,共同体现了中国哲学的现代转型的总特点。

自 19 世纪下半叶以来,西方哲学中的各种理论、体系、思潮先后传入中国思想世界,对中国哲学的现代转型起了示范作用和推动作用。但这些传入中国思想世界的西方哲学思想,在影响、促进、参与中国哲学现代转型的过程中,既显示了自己的世界性的一面,又要在中国文化的背景下与语境中作一种新的理解和阐释,即需要经过一番新的思想创作,或者在古代形态中国哲学的传统中找到契合处,或者参与到19—20世纪中国哲学的发展中来。只有经过这种新的理解和阐释,经过这番新的思想创作,从而与中国哲学的传统或发展建立起一定的联系,一种外来的哲学才有可能真正为中国人所接纳,进而在中国文化土壤上生根、成长,使自己逐渐转化成为现代形态中国哲学的有机内容。可以说,这是任何一种能够在中国文化土壤上生根、成长、产生影响的西方哲学所必须经历的过程。这个过程就是西方哲学的中国化。

20世纪30年代,孙道升在《现代中国哲学界之解剖》一文中,曾把现代中国哲学开展按对待中国哲学和西方哲学的态度分为两大系统:一是"纯宗西洋哲学"①,一是"兼综中西哲学"②。前一系统是照抄照搬西方哲学,西洋现代有某派哲学,中国现代也有某派哲学,如实用主义、新实在论、新唯物论、新唯心论。后一系统则有一种创造的意味在里面,是糅合中西两种哲学而组织成功的,如唯生论、新法相宗、新陆王派、新程朱派。在这里,孙道升认为在20世纪中国哲学中有一部分派别是纯粹由外国引进的,是原封不动地照抄照搬外国人的东西的。但他所列举的"纯宗西洋哲学"诸派别,实际上都经历了中国化的过程,并不存在那种"纯宗"的性质。如实用主义哲学,在新文化运动时期由胡适引入中国思想世界后,就自觉或不自觉地在中国文化的背景下与语境中作了与其原来的意义不尽相同的变形。本来意义上的实用主义,并不是西方科学主义思潮的一个分支,也不仅仅是对科学方法的看重和强调,但胡适却极力凸显了实用主义看重和强调科学方法的方面,进

---

① 孙道升:《现代中国哲学界之解剖》,载《国闻周报》第12卷第45期(1935年),孙文第1页。
② 孙道升:《现代中国哲学界之解剖》,载《国闻周报》第12卷第45期(1935年),孙文第1页。

而把实用主义解释成为就是一种科学方法,纳入到新文化运动中的科学主义思潮中来,从而使实用主义与科学主义思潮的狂飙突进相伴随相结合而影响一时。又如被称为新唯物论的马克思主义哲学,在中国的传播和发展,更是一个不断中国化的过程。从李大钊的唯物史观,到毛泽东的"实践论",再到冯契的"智慧说",都是中国马克思主义哲学家在中国文化的背景下与语境中,结合中国实际情况,吸取中国传统哲学资源,对马克思主义哲学进行重新解读、重新创造的成果。马克思主义哲学对中国思想世界的深刻影响,正是通过不断的中国化而实现的。由此可见,中国哲学家在接引西方哲学过程中,不只是起传声筒的作用,也不仅仅充当翻译家的角色,而是显示了自己的创造性。

　　需要指出的是,西方哲学的中国化所追求的目标,是要把西方哲学中具有近代价值或现代价值的核心观念引入中国思想世界,并不是要对传入中国的西方哲学的自性、特点与传统进行大部的或基本的消解,使西方哲学只剩下与古代形态中国哲学相似相通的内容。西方哲学中具有近代价值或现代价值的核心观念,往往是西方哲学中具有世界性的内容。自鸦片战争以来,先进中国人之所以积极地学习、引入、吸纳西方哲学,正是为了从中获得这些具有近代价值或现代价值的核心观念,使中国哲学从这些新的思想资源中获得新的生命活力,从而塑造中华民族的新的时代精神与民族精神。早在20世纪初,严复就明确指出了这一点:"夫自由、平等、民主、人权、立宪、革命诸义,为吾国六经历史之不言固也,然即以其不言,见古人论治之所短。"[①]因此,在西方哲学的中国化运动中,又必然有选择地保留和自觉地吸取西方哲学的这些核心观念,使之转化为近代形态中国哲学或现代形态中国哲学的内容。

----

① 严复:《主客平议》,载《严复集》第1册,中华书局1986年版,第118页。

胡适引入实用主义,尽管根据当时中国的实际作了变形,但他所强调的"科学试验室的态度"和"历史的态度",仍然鲜明地体现了实用主义的基本观念,精辟地表达了实用主义对经验、实践、真理、历史的独特理解。马克思主义哲学中国化同样如此。尽管在百年间出现了对马克思主义哲学的多种中国化阐发,但只要这种阐发是真正立足于马克思主义哲学的,其中又总会有着共同的核心观念,如唯物史观对生产力与经济基础决定性作用的重视,唯物辩证法对实践意义的强调,社会主义对平等价值的追求。诚如艾思奇所说:"中国化决不是丢开马克思主义的立场的意思,相反地,愈更要能够中国化,就是指愈更能够正确坚决地实践马克思主义的立场的意思。"①他进而指出:"马克思主义之所以能中国化,就因为马克思主义有一般的正确性,正因为它是'放之四海而皆准'的,是'万能'的。倘若它没有这一般的正确性,倘若它仅仅是特殊的东西,那就完全谈不到'化'的问题了。"②

正是这样,西方哲学的中国化所带给中国哲学的,主要是能够为中国人所接受的西方哲学中具有近代价值或现代价值的核心观念;而这些观念为中国思想世界所接受吸纳,也就促成了中国哲学的现代化。早在明清之际,中国哲学就已经在自己的古代形态中孕育了近代形态的因素,但由于多方面的原因,这些因素并没有能够发育成熟,从古代形态中国哲学的母体中产生出独立的近代形态中国哲学。对于这一哲学文化现象,侯外庐在明清之际早期启蒙思潮研究中作过系统而深入的探讨,形象而深刻地称之为"中国近代思想难产"③。这种近代形态中国哲学的

---

① 艾思奇:《论中国的特殊性》,载《艾思奇文集》第 1 卷,人民出版社 1981 年版,第 481 页。
② 艾思奇:《论中国的特殊性》,载《艾思奇文集》第 1 卷,人民出版社 1981 年版,第 482 页。
③ 侯外庐:《近代中国思想学说史》下册,生活书店 1947 年版,第 585 页。

"难产",一直持续到 19 世纪中叶,才由于鸦片战争所开始的中国文化历史大变局而改变。鸦片战争后,随着西方哲学中具有近代价值或现代价值的核心观念先后引入中国思想世界,对中国人的精神生活与哲学思想产生了深刻影响,才使得古代形态中国哲学遇到了来自外部的强烈挑战和猛烈冲击。在西方近代和现代哲学思想的启迪下,中国哲学家开始重新认识、检讨、批判古代形态中国哲学,力图创造新形态的中国哲学,重建中华民族的时代精神与民族精神,从而开启了中国哲学的现代化进程。即使是 20 世纪中国的文化保守主义者,也在时代风潮影响下有此自觉。现代新儒学的开启者梁漱溟就说过:"我觉得我有一个最大的责任,即为替中国儒家作一个说明,开出一个与现代学术接头的机会。"①

中国哲学的现代化,固然是对古代形态中国哲学的超越,但同时又与古代形态中国哲学有着联系。中国哲学在数千年自成一系的开展中,积淀了丰厚的资源,形成了悠久的传统。这一传统具有巨大的历史惰性力、影响力、渗透力,制约着中国哲学的现代转型。这种制约性表现在两个方面:一方面,古代形态中国哲学以其传统的巨大力量,对中国哲学的现代转型有着阻碍作用,是造成"中国近代思想难产"的重要因素之一;另一方面,古代形态中国哲学中的一些因素,又会在特定的历史条件下,对中国哲学的现代转型起着积极的促进作用。这些对中国哲学的现代转型起着促进作用的传统因素,就其性质来说十分复杂。其中的一些内容,属于明清之际在古代形态中国哲学中就已孕育的近代形态的因素,如黄宗羲在《明夷待访录》中所提出的"天下为主君为客"的构想,就是这类因素的典型体现。梁启超就曾结合自己投身维新变法的亲身体验说明这种因素的存在与作用,指出:"宗羲……最有影

① 梁漱溟:《朝话》,载《梁漱溟全集》第 2 卷,山东人民出版社 1990 年版,第 136 页。

响于近代思想者,则《明夷待访录》也。……尔后此梁启超、谭嗣同辈倡民权共和之说,则将其书节抄,印数万本,秘密散布,于晚清思想之骤变,极有力焉。"①还有一些内容,则是古代形态中国哲学中很早就已存在的因素,本身并没有什么现代性可言,但却也能在特定的历史条件下对中国哲学的现代转型产生积极的促进作用,如经世致用学风、公羊三世说、民本思想,就是这类因素的典型体现。在经世致用学风的影响下,中国哲学家在鸦片战争后直面中国文化历史的大变局,冲破传统的以中国为中心的历史观与文化观,积极地向西方寻找救国救民的真理,从而引入、接受西方哲学中具有近代价值或现代价值的核心观念,促成了西方哲学的中国化和中国哲学的现代化。公羊学的三世进化观念则成为 19 世纪先进中国人主张改革、进行维新的哲学根据,中国哲学家通过公羊三世说与西方进化理论的结合,重新复活了儒家政治哲学中"小康"与"大同"观念,用以标示中国现代化进程的不同阶段,为古老的大同理想注入了全新的内容。至于中国古代民本思想,更成为中国先进思想家走向马克思主义的思想桥梁。李大钊之所以能够成为中国的第一个马克思主义者、第一个马克思主义哲学家,从他自身的思想因素上看,在于他在接受马克思主义之前,已经通过吸取儒家民本思想资源,如《诗经》所言"天生烝民,有物有则。民之秉彝,好是懿德",《尚书》所言"天视自我民视,天听自我民听",形成了重视人民大众在历史中作用的民彝史观。在他看来:"天生众民,有形下之器,必有形上之道。道即理也,斯民之生,即本此理以为性,趋于至善而止焉。"②在人民大众的自身生命中,自然地存在着一种合乎道理、努力向善的本性,这种本

---

① 梁启超:《清代学术概论》,载《饮冰室合集》第 8 卷专集之三十四,中华书局 1989 年版,第 14 页。
② 李大钊:《民彝与政治》,载《李大钊文集》第 1 卷,人民出版社 1999 年版,第 146 页。

性具有冲破蔽障、照明世界的巨大作用。所谓历史活动中的人心向背，实际上由每个普通之人自身内在的善的观念和道德的准则所支配，本身就是一种具有历史合理性的选择。正是基于对民心中理性主体和至善追求的信赖，正是基于对民心向背所体现的历史合理性的尊重，使李大钊在当时诸多先进中国人中首先敏锐地觉察到俄国十月革命的历史合理性并加以认同，认为："Bolshevism 这个字，虽为俄人所创造，但是他的精神，可是二十世纪全世界人类人人心中共同觉悟的精神。所以 Bolshevism 的胜利，就是二十世纪世界人类人人心中共同觉悟的新精神的胜利！"[①]这些哲学文化现象表明，中国哲学的现代化既是对古代形态中国哲学的超越，又是对古代形态中国哲学的继承。换言之，中国哲学的现代化实是在这种超越与继承的张力间开展的。

西方哲学的中国化与中国哲学的现代化，作为中国哲学的现代转型的总特点，清楚地显示出中国哲学的现代转型既有与西方哲学发展相似相通的一面，又有与西方哲学发展不相同的一面。相似相通的一面，反映了 19—20 世纪中国哲学改变了中国哲学原来的长期封闭状况，汇入了世界哲学进程；不相同的一面，则反映了 19—20 世纪中国哲学将继续保持中国哲学的自性、特质与传统，而与其他民族的哲学相区别。只有看到这一总特点，才能对中国哲学的现代转型有深切的了解与把握。

三、中国哲学现代转型的基本问题

中国哲学的现代转型，所造成的在致思趋向、话语系统及其哲学文

---

① 李大钊：《Bolshevism 的胜利》，载《李大钊文集》第 2 卷，人民出版社 1999 年版，第 246 页。

化风貌上的重构与转变,集中表现为哲学的提问方式和提问话语的改变。也就是说,19—20世纪中国哲学有着自己的提问方式和提问话语,由此而显示出在致思趋向、话语系统及其哲学文化风貌上的重构与转变。在这一转型中所出现的西方哲学的中国化与中国哲学的现代化两种哲学运动,首先就在于形成一种新的哲学的提问方式和提问话语。因此,对于中国哲学的现代转型,应当以哲学问题为中心来把握、来探讨。

在哲学史研究中,对哲学问题的重视与对哲学范畴演变的重视,其指向、其意义是不相同的。对哲学范畴演变的重视,所凸显的是哲学观念之间的联系;而对哲学问题的重视,所凸显的是哲学观念与文化历史之间的联系。哲学观念与文化历史之间的联系在于:文化历史确定了哲学观念的特殊性及其在哲学史上的位置。哲学观念尽管有其抽象性、思辨性,但其根源仍在于文化历史之中,是经验世界的升华物。正是这样,尽管哲学有着自身的提问方式和问题,如本体论、认识论等问题都是哲学史上的老问题,为古往今来的哲学家反复探讨、不断思考,从而形成了哲学发展的内在的逻辑环节和逻辑进程;但不同时代、不同民族的哲学家往往基于各自的时代和传统,对这些提问方式和问题作出各具文化历史特点的理解和回答,因此哲学发展的内在的逻辑环节和逻辑进程,实则是与文化历史密切联系的。在哲学发展中,除了这些哲学史上的老问题外,还有着直接来自具体时代、具体民族的文化历史的提问方式和问题。这些特殊的提问方式和问题,往往不属于哲学自身的提问方式和问题,并不是其他时代、其他民族哲学发展中都会出现的;也往往与哲学自身的提问方式和问题相比,处于一种哲学史与思想史交叉的边缘性位置,其哲学理论不那么具有思辨性,其哲学意味也不那么浓厚。但正是这些特殊的提问方式和问题,使得哲学发展呈现出不同的时代特征和各异的民族风格。这两类哲学史上的问题,从不同的方面显示了哲学观念与文化历史之间的联系,在哲学史研究中都值得重视。

在19—20世纪中国哲学开展中,可以清楚地看到存在着这两类提问方式和问题:一方面,19—20世纪中国哲学发展,对于哲学自身的提问方式和问题作出了具有时代特色和民族特色的转换,在本体论、认识论等问题上多有创获;另一方面,19—20世纪中国哲学发展,对于那些直接来自中国文化历史大变迁的特殊的提问方式和问题予以了重视和思考,如一百多年来中国哲学家反复探讨的中西古今文化关系问题、中国现代化道路问题、全球化问题、现代性问题、"中国向何处去"问题,就是这类直接来自中国文化历史大变迁的特殊的提问方式和问题。中国哲学的现代转型的基本问题,来自这两类提问方式和问题。环绕这些哲学问题所展开的哲学思考,构成了19—20世纪中国哲学发展的历史进程,使得中国哲学的现代转型,既具有内在的逻辑环节和逻辑进程,又呈现出绚丽多彩的色调和鲜活跃动的生命力。

中国哲学的现代转型的基本问题,由于来自这两类提问方式和问题,因此相互之间不都是并列的,其间存在着层次性和结构性。从逻辑上看,即从哲学观念由一般到特殊、由抽象到具体看,这些哲学问题集中在三个层面上:最抽象的是本体论与认识论问题,居中是历史观与文化观问题,最具体的是政治哲学问题。

本体论、认识论问题是哲学自身长期以来探讨的重大问题。特别是本体论问题尤为古老。随着哲学形态的发展,本体论变换自己的提问方式和提问话语。在对本体论的反复探讨中,哲学家们或建构一个个哲学体系,或解构一个个哲学体系,由此而申发理想,寄寓希望,倾注感情,寻求智慧,重建一个民族在一个时代的文化精神。西方哲学由近代形态向现代形态的转换,是环绕着本体论、认识论问题而展开的。中国哲学的现代转型,同样也是环绕着这些问题来进行的。所不同的是,中国哲学家基于自己的时代和自己的传统,对于这些问题作出了具有自己民族特点的回答,从而以抽象的形式探讨并建构中华民族的新的时代精神与民族精神。近代的中华民族,内忧外患,救亡启蒙,贞下起元,多难兴邦,激起哲学家们对本体论、认识论问题的思考和探讨,通过这种思考和探讨来寄托自己的家国情怀,通过这种思考和探讨来重建中华民族的精神生活,也通过这种思考和探讨来寻找解决中国问题的正确方法。因此,本体论、认识论问题对于中国哲学的现代转型发生了重大的影响。可以说,19—20世纪中国哲学的提问方式和问题,是以本体论及认识论问题为其中心和重心的。

历史观、文化观问题中的一些内容也可以说是哲学自身的提问方式和问题,但更主要的内容却是与19—20世纪中国历史的走向和中国文化的选择直接联系在一起的。鸦片战争后一个半世纪的中国历史,是中国被卷入以西方近现代文化为标本的全球性现代化进程而发生巨大变迁的历史,是西方近现代文化大规模传入中国而造成中西古今文化大碰撞、大交流、大融会的历史,是中国由封建社会经过半殖民地半封建社会向社会主义社会急剧转变的历史。如何看待中国文化历史这一天翻地覆大变局? 如何看待中国传统文化在全球性现代化运动中的价值和作用? 如何面对西方文化的强烈影响来选择中国文化发展的道路? 这些问题,是时代向19—20世纪中国哲学家提出的重大哲学问题,也是19—20世纪中国哲学家必须首先思考的重大哲学问题。这就使得历史观与文化观问题,在中国哲学的现代转型中占有了十分显著、十分重要的位置,引起中国哲学家的普遍关注和反复探讨。而历史观、文化观问题,又是与"中国向何处去"这一时代大问题密切地联系在一起的。这就使得 19—20 世纪中国哲学中的历史观与文化观问题,不是一种思辨的历史哲学或文化哲学,而与回答"中国向何处去"这一时代大问题相联系。

政治哲学问题在 19—20 世纪中国哲学中有着特殊的含义,所要直接回答的主要问题就是"中国向何处去"这一时代大问题。这个问题显然不是一个哲学史上的老问题,而是一个鸦片战争以来中国文化历史大变迁所直接提出的问题。在这一文化历史大变迁中,环绕"中国向何处去"而展开了一系列重大政治问题,如封闭与开放、守旧与维新、改良与革命、立宪与共和、启蒙与救亡、旧民主主义与新民主主义、资本主义与社会主义,这些都成为 19—20 世纪中国政治哲学探讨的内容。这些内容往往是西方政治哲学中所没有的,也往往与现实政治纠缠在一起而较少思辨性,但对于 19—20 世纪中国来说却是极为重要的,引起了中国哲学家反复的思考与探讨。正是通过这种反复的思考与探讨,逐渐从理论与实践的结合上回答了"中国向何处去"这一时代大问题。

除了上述三个层面的基本问题外,中国哲学的现代转型还有其他一些问题,是以社会问题或文化问题的形式出现的,而不是以纯粹哲学问题的形式出现的,但同样意义重大,不可忽视。例如,20 世纪上半叶出现的女性主义问题,原本是作为社会问题提出的,但其中有关性别意识、家庭观念、女性伦理、男女权利诸问题,都包含了哲学层面的探讨,所以实际上又成为 20 世纪中国哲学的重要问题。又如,新文化运动中凸显出的中国教育思想问题,原本是作为文化问题提出的,但其中又必然涉及人性改造、人格培养、教育民主诸问题,需要在教育哲学意义上进行总体性的探讨,而这种探讨对于中国教育的现代转型和中国哲学的现代转型都有着重要的意义。因此,在中国哲学的现代转型中,还包含这些具有哲学内容的社会问题、文化问题。这些社会问题、文化问题,实际上反映了中国哲学的现代转型与近现代中国文化历史的多方面的联系,也体现了中国哲学的现代转型的丰富内涵,是研究中国哲学的现代转型时值得注意的。

四、中国哲学现代转型的主要思潮

在 19—20 世纪中国哲学开展中,特别是在 20 世纪中国哲学开展中,涌现了诸多不同的哲学思潮,此起彼伏,相激互动,有力地推动了中国哲学的现代转型。所谓哲学思潮,是指一定时代的哲学家们由一定的致思趋向和价值认同所形成的哲学思想的开展。同一哲学思潮中,往往出现了许多哲学家,他们一方面有着个性化的哲学创造,另一方面又有着大体一致的致思趋向和价值认同。通过对哲学思潮的研究,既可以比较准确地把握这些哲学家的思想走向与学术源流,又可以从一个方面深刻地揭示一个时期的哲学发展,从而使哲学史研究获得比较明晰的线索。因此,在中国哲学的现代转型研究中,对哲学思潮的研究占有十分重要的位置。

这些哲学思潮之间,存在着相当复杂的关系:除了相互争鸣、彼此交锋外,又往往相互交叉、彼此纠缠,并不是截然分开、完全不同的。这样一来,就使得如何认识与把握 19—20 世纪中国哲学思潮,存在着很大的困难性。这种困难性集中表现在两个问题上。

第一个问题是把 19—20 世纪中国哲学思潮划分得过于简单。早在 20 世纪上半叶,在一些哲学家衡论当时的哲学思潮时,这一问题实际上就已经出现了。例如,艾思奇在 1933 年所写《二十二年来之中国哲学思潮》一文中,把自辛亥革命以来的中国哲学划分为三大思潮:一是"输入底资本主义型之哲学";二是"封建底哲学传统之不断的复归";

三是"唯物辩证法哲学"。贺麟在 1945 年所著《当代中国哲学》一书中，把近 50 年的中国哲学发展划分为三大思潮：一是实用主义，其政治背景是自由主义；二是辩证唯物论，其政治背景是共产主义；三是古典哲学的新发展，其政治背景是三民主义。在最近 30 年中，随着 20 世纪中国哲学研究的开展，很多学者又提出马克思主义、自由主义、现代新儒学是 20 世纪中国哲学三大主要思潮。笔者则在 1990 年完成的博士论文《20 世纪中国哲学本体论问题》中，提出科学主义、人文主义、马克思主义哲学是 20 世纪中国哲学三大主要思潮。以后随着对 20 世纪中国哲学研究的深入与拓展，笔者逐渐感到自己的这种思潮划分，固然仍能适用于对 20 世纪中国哲学本体论与认识论问题的解释，但要对 20 世纪中国哲学作多视角多层面的研究，就很难作周延的解释和准确的说明，需要作一种新的拓展。

第二个问题是把 19—20 世纪中国哲学的不同层面的思潮混为一谈。这个问题实际上是由第一个问题导致的。由于对 20 世纪中国哲学思潮划分得过于简单，因而往往把一些有交叉内容或近似内容的不同思潮，都视为一种思潮。如科学主义、自由主义、西化思潮，原本是三种不同性质的思潮，但由于其中存在着交叉的内容，如胡适既是科学主义者，又是自由主义者，还是西化思潮的提倡者，因而就有不少研究者把这三种思潮混而视之，以为就是一种思潮。其实，这三种思潮所探讨的问题并不是相同的：科学主义思潮对科学的意义与价值作了放大，强调哲学要走科学化、实证化的道路，最核心的问题是哲学要不要沿着本体论的路向发展；自由主义思潮追求的是以个人自由为原则的民主政治制度，讲的是一种政治哲学；西化思潮则凸显了以西方近现代文化为标本的全球性现代化运动对于中国现代化的意义，是一种关于中国文化发展的理论。在 20 世纪中国哲学发展中，像胡适那样将这三种思潮集于一身者,并不是一种普遍现象。例如,张君劢、徐复观都是20世纪中国典型的自由主义者,但他们都不赞成科学主义和西化思潮,而是哲学上的人文主义者和文化上的保守主义者。在1923—1924年科学与玄学论战中,张君劢作为玄学派的代表,与丁文江为代表的科学派展开了激烈的论争,就表现出鲜明的人文主义立场。在20世纪50—60年代中国台湾中西文化问题论战中,徐复观与胡适、殷海光、李敖等西化思潮主张者进行了激烈的论争,就表现出鲜明的文化保守主义态度。又如,金岳霖是科学主义思潮的重要代表人物,但却不是西化思潮的主张者。他在建构自己的"道论"体系时,强调"道"是中国哲学和中国文化的最核心的概念,并吸取"道"作为自己本体论的最根本的概念。在他看来,只有这样,才能使自己的本体论具有"中国味",才能真正体现自己的生命情感和理想追求。因此,把19—20世纪中国哲学中环绕不同哲学问题展开的思潮混为一谈,妨碍了对19—20世纪中国哲学的深入研究。

为了改变上述状况,笔者认为在中国哲学的现代转型研究中,应当把哲学思潮的划分同哲学问题的划分结合起来,根据各种思潮对哲学问题的探讨来区分不同性质的哲学思潮。因为某种哲学思潮,总是针对某种哲学问题而发生、而发展的。环绕不同层面的哲学问题,形成了不同的哲学思潮以及它们之间的联系。因此,根据中国哲学的现代转型的基本问题,可以把19—20世纪中国哲学的思潮作一种结构性、层次性的划分。

第一,在中国哲学的现代转型中,环绕本体论与认识论问题,形成了科学主义、人文主义、马克思主义哲学三大思潮及其它们之间的复杂联系。这三大思潮在19世纪与20世纪之交相继出现于中国思想世界。新文化运动中的科学与玄学论战,成为这三大思潮相激互动的第一个交汇点。在这场论战中,科学派代表了科学主义思潮,力主哲学走科学化、实证化的道路,其代表人物丁文江就强调哲学要沿着"科学知识论"[1]的方向发展;玄学派代表了人文主义思潮,力主为本体论的存在进行辩护,其代表人物张君劢认为现在正是"新玄学时代"[2];而中国早期马克思主义者陈独秀,则对科学派与玄学派都持批评态度,但又表现出明显的科学主义化倾向,强调只有作为社会科学的唯物史观才是哲学发展的方向。这以后,现代形态中国哲学是沿着本体论路向还是沿着认识论路向发展,以及建设怎样的本体论与认识论,就成为这三大思潮反复探讨、不断互动的重要论题。20世纪中国哲学中的有代表性的本体论、认识论体系,都是在这三大思潮的探讨与互动中建构的。

第二,在中国哲学的现代转型中,环绕历史观与文化观问题,自19世纪与20世纪之交开始,逐渐形成了进化史观、民生史观、唯物史观三大历史观以及它们之间的复杂联系,形成了西化思潮、文化保守主义、马克思主义文化观三大文化思潮以及它们之间的复杂联系。其中,文化保守主义思潮中又有十分复杂的思想派别,不可一概而论。在这些思潮的复杂联系中,中国马克思主义的历史观与文化观,对其他有关思潮产生了深刻影响,如孙中山的民生史观、前期冯友兰的历史哲学、晚年梁漱溟的文化哲学,都曾吸取唯物史观的思想资源。同时,中国马克思主义的历史观与文化观,也从这些思潮中吸取了一些合理因素,如中国马克思主义正是从文化保守主义那里批判地吸取了重视中国文化传统的思想,由早期对中国传统文化的激烈批评,转而重新评估中国传统

---

[1] 丁文江:《玄学与科学——评张君劢的〈人生观〉》,载《科学与人生观》,山东人民出版社1997年版,第48页。

[2] 张君劢:《再论人生观与科学并答丁在君》,载《科学与人生观》,山东人民出版社1997年版,第100页。

文化的价值,提出做"从孔夫子到孙中山"的总结者和继承者,从而把马克思主义与中国文化传统直接结合起来。此外,在20世纪某些特定的历史阶段,环绕历史观与文化观问题,也会形成一些存在时间并不长、但在当时却颇有影响的思潮,抗日战争时期出现的战国策派思潮即是一例。

第三,在中国哲学的现代转型中,环绕政治哲学问题形成了不同的政治哲学思潮。鸦片战争后,先进的中国人开始向西方寻找救国救民的真理,引入西方政治思想及政治哲学,提出对中国政治制度的新设计,政治哲学思潮开始出现新格局。在19世纪下半叶,前后出现了地主阶级改革派、农民阶级反抗运动与早期改良主义的政治哲学主张。19世纪与20世纪之交,更有不同政治哲学思潮相互激荡,影响一时,如以严复为代表的自由主义思潮、以康有为为代表的改良主义思潮、以孙中山为代表的三民主义思潮、以刘师培为代表的无政府主义思潮、各种非马克思主义的社会主义思潮中的政治哲学等。经过这一时期的思想论争与政治实践的选择,环绕政治哲学问题,形成了三民主义、自由主义、马克思主义政治哲学三大思潮以及它们之间的复杂联系。这三大思潮之间的关系,随着中国社会矛盾的变化及各种政治力量的不断组合,经历了十分复杂的变化,其间既有过联盟,又有过分歧;既有过对抗,又有过互动。中国马克思主义政治哲学的发展,如新民主主义理论的提出、对民主政治的追求与构想等,就包含了对三民主义、自由主义思想资源的吸取。这三大思潮之间关系的变化,对20世纪中国向何处去的历史选择,对现代中国民主政治的建设,产生了直接的影响。中国马克思主义政治哲学,也正是在与三民主义、自由主义的相激互动中,显示出了自身的优越性,对"中国向何处去"这一时代大问题作出了最有说服力的回答。

　　中国哲学的现代转型中的诸多思潮，通过这一结构性、层次性的划分，可以说得到了一个比较合理的分疏和比较清楚的展现。由此来看19—20世纪中国哲学发展，能够透过纷繁复杂、起伏纵横的哲学思潮，对其基本格局和基本框架有一个更为明晰的把握。需要说明的是，从这三个层面的哲学问题来划分哲学思潮，并不是要把这些哲学思潮作一种截然的分开。一些不同层面的思潮，在实际的历史中本是一个统一的思潮，如马克思主义哲学、现代新儒学就是如此。但为了能够更清晰地说明20世纪中国哲学进程的复杂性，在这里作了不同问题层面的划分：马克思主义哲学分作了三个问题层面上的展开；现代新儒学在本体论问题上作为人文主义思潮的主流，而在文化观问题上则成为文化保守主义的一派。不同层面问题上的思潮，其间当然也存在着联系，有的甚至还存在着十分密切的联系。例如，科学主义思潮与进化史观之间就存在着密切的联系，正是科学主义思潮以进化论为科学方法，以此解释历史、说明现实，导致了进化史观风行一时；又如，现代新儒学的人文主义立场与文化保守主义的态度也是一致的，他们建立的本体论体系分别称之为"新唯识论""新理学""新心学"，就很直观地反映了两者间的联系；再如，孙中山的民生史观与由他创立而后成为国民党政治哲学的三民主义之间，也有着密切而复杂的联系。

　　除了这三个层面的哲学思潮外，在19—20世纪中国思想世界，还存在着各种具有哲学内核的社会思潮。与作为观念形态的哲学思想相比，这些社会思潮与实际生活、社会实践、下层民众有着更为密切的联系，吸引了广大民众的认同、响应与参与，甚至演变为声势浩大的群众运动，而不只是少数哲学家的学问，不只是局限于哲学家的课堂上和书本中。但就这些社会思潮最核心的内容看，往往仍然是以哲学家思想家的思想创造为其主体，而非仅为群体性的心理认同和心理表达。特别是一些持续时间长、社会影响大、具有鲜明奋斗目标的社会思潮,其间都存在着经过哲学家思想家的自觉创造而形成的哲学内核。这些具有哲学内核的社会思潮,往往是环绕某一具有哲学内容的社会问题或文化问题产生的,如环绕女性主义问题产生了女性主义思潮,环绕教育哲学问题产生了教育哲学思潮。在一些有很大影响力的社会思潮中,还包含着对多方面哲学问题的思考,如在19世纪末的湖南维新思潮中,就包含着有关本体论、文化观、历史观、政治哲学的多层面哲学思考。这些思潮既有许多非哲学的成分,同时又具有哲学的内核,构成了中国哲学的现代转型中的一些边缘性思潮。这些思潮尽管在19—20世纪中国哲学开展中处于边缘的位置,但却在中国哲学的现代转型中有其自身的活力与价值,并在19—20世纪中国文化历史进程中留下了深刻的影响,同样值得重视和研究。

总之,在19—20世纪中国哲学研究中,对哲学思潮的研究与对哲学问题的探讨需要有机地结合起来。如果说哲学问题是19—20世纪中国哲学之网的网上纽结,那么哲学思潮就是19—20世纪中国哲学之网的网上主线。以问题为中心,以思潮为线索,这样一来,就可以比较好地把握19—20世纪中国哲学之网,比较好地展开中国哲学现代转型的研究空间了。

五、中国哲学现代传统的形成

中国哲学在自商周之际至鸦片战争前的自成一系、源远流长的开展中,形成了自己的古代传统。这一传统固然有着巨大的历史惰性力,但随着19—20世纪中国文化历史与思想世界的大变动,特别是在中国哲学现代转型的深刻影响下,也必然发生变化,以至更新。这就形成了中国哲学的新传统，即与中国哲学古代传统相区别的中国哲学现代传统，也可称之为 20 世纪中国哲学传统。

由于中国哲学的现代转型是以西方哲学的中国化与中国哲学的现代化为其总特点，因此，中国哲学传统的更新与中国哲学现代传统的形成是在中西古今文化及其哲学的碰撞、交流、融会中实现的。这就使得中国哲学现代传统，从内容上看，包括了三个方面的因素。

第一，一些属于中国哲学古代传统的因素，在中国哲学的现代转型中发挥了积极的作用，促成了中国哲学的现代转型的实现。这些古老的哲学因素，因其巨大的影响力与旺盛的生命力，在中国哲学传统的更新过程中积淀保存下来，转化成为中国哲学现代传统的有机内容。经世致用学风重实际、重现实、重实践的求实精神，公羊三世说所讲的"小康"与"大同"的历史演进，民本思想所强调的对"民"的重视、尊重与爱护，就是这样的因素。这些属于中国哲学古代传统的因素，积淀并保留在中国哲学现代传统中，表明中国哲学现代传统与中国哲学古代传统之间绝非截然的断裂与对立，而是有着直接的内在的联系。

第二，中国哲学的现代转型，又是在西方近现代文化及哲学的强烈影响下实现的。西方哲学中那些对中国哲学现代转型产生过深刻影响的内容，特别是那些能够为中国人所接受的西方哲学中具有近代价值或现代价值的核心观念，经过中国化过程后，逐渐为中国思想世界所吸纳和融会，成为 19—20 世纪中国哲学的重要组成部分。严复所说的"为吾国六经历史之不言"的"自由、平等、民主、人权、立宪、革命诸义"，就是这样的内容。这些外来的因素，构成了中国哲学现代传统中与中国哲学古代传统不相同的重要内容，表明中国哲学传统确实在 19—20 世纪中国哲学开展中获得了更新。

第三，中国哲学家在 19—20 世纪中国文化历史条件下，通过吸取、消化、综合、融贯中西古今哲学资源,进行了自己的新的哲学创造,通过近代形态哲学体系,特别是现代形态哲学体系的建构,彰显了19—20世纪中国哲学家的原创性智慧,标示了中国哲学现代转型的实现。这些新的哲学创造,当然是中国哲学现代传统的最为重要的内容。正是这些内容,构成了中国哲学的现代转型的主体。

上述三个方面的因素,使得在中国哲学现代传统中,既有对中国哲学古代传统的继承,也有对中国哲学古代传统的更新。也就是说,中国哲学现代传统并不是脱离了数千年中国哲学发展大道的思想歧出,而是与中国哲学古代传统有着直接的内在的联系。只是在中国哲学现代传统中,中国哲学传统的更新与中国哲学传统的继承相比,处于主导性的位置,有着更多的内容和更大的影响。这种状况的出现,其实也不足怪。如非这样,有着数千年厚重历史的中国哲学,要在短短一百多年间实现由古代形态向现代形态的转变,无疑是十分困难的。

中国哲学现代传统的这一特点,使人们在看待它、理解它的时候,往往不易作出准确的把握。正是这样,在如何看待、理解、把握中国哲学现代传统与中国哲学古代传统的关系上,存在着不同的看法。具体地看,这些不同的看法可大致归纳为两种观点。

一种看法是竭力否认中国哲学现代传统的存在及其合理性。这种观点认为,从商周之际一直到鸦片战争前,中国哲学是自成一系发展起来的,孔子开启的儒家思想是中国哲学的主流,这就是中国哲学传统。至于鸦片战争后西方文化及哲学的大量传入中国,中西古今文化及哲学发生碰撞、交流、融合,特别是新文化运动以来新哲学的蓬勃开展,则是对中国哲学传统的冲击、破坏和背离。也就是说,中国哲学只存在着一种传统。这种观点多为文化保守主义者所主张。早在新文化运动初始之时,杜亚泉就已明确地表达了这一观点。他强调中国思想数千年来有着自成一系的传统，认为："我国先民，于思想之统整一方面，最为精神所集注。周公之兼三王，孔子之集大成，孟子之拒邪说，皆致力于统整者。后世大儒亦大都绍述前闻，未闻独创异说；即或耽黄老之学，究释氏之典，亦皆吸收其精义，与儒术醇化。"[①]因此，他坚决反对引入西方思想来冲击和破坏中国思想传统，认为："吾人往时羡慕西洋人之富强，乃谓彼之主义主张，取其一即足以救济吾人，于是拾其一二断片，以击破己国固有之文明。此等主义主张之输入，直与猩红热、梅毒等之输入无异。"[②]这一观点，到今天仍为文化保守主义者所认同和延续，以反对"激进"、反对"西化"、反对"反传统"为旗帜，形成对中国哲学现代传统的否定性批判。按照这些观点，中国哲学的现代转型中的大多数思潮，不是属于激进主义就是属于全盘西化，因此中国哲学现代传统的合理性是难以成立的；在这些思潮中，大概只有现代新儒学才是唯一在激进主义与全盘西化之外而与中国哲学古代传统相接续的，才体现了中国哲学在19—20世纪开展的正确方向。总之，按照这种看法，中国哲学的现代转型似乎只是对以往中国哲学传统的大破坏大断裂，中国哲学的传统更新其实只是"反传统"。

　　另一种看法，则是认肯中国哲学现代传统的存在及其合理性。这种看法认为，中国哲学在数千年的开展中固然形成了自己的古代传统，但这种传统并不是永远如此、凝固不变的。自鸦片战争以来，中国哲学经历了由古代形态而近代形态而现代形态的转变，从而促使中国哲学的传统出现了改造与更新，形成了不同于中国哲学古代传统的中国哲

---

① 杜亚泉：《迷乱之现代人心》，载《杜亚泉文选》，华东师范大学出版社 1993 年版，第 307—308 页。
② 杜亚泉：《迷乱之现代人心》，载《杜亚泉文选》，华东师范大学出版社 1993 年版，第 311—312 页。

学现代传统。也就是说,中国哲学并不是只有一种传统,而实际上由于传统的变迁、转化和更新,存在着两种传统。主张这一观点的,是文化保守主义的批评者,特别是中国马克思主义哲学家。毛泽东指出:"自从 1840 年鸦片战争失败那时起,先进的中国人,经过千辛万苦,向西方国家寻找真理。洪秀全、康有为、严复和孙中山,代表了在中国共产党出世以前向西方寻找真理的一派人物。……这些是西方资产阶级民主主义的文化,即所谓新学,包括那时的社会学说和自然科学,和中国封建主义的文化即所谓旧学是对立的。"①在这里,他从总的文化变迁上立论,指出了中国学术和思想传统在鸦片战争后有一个更新问题,揭示了 19 世纪中叶至 20 世纪初期这一新传统形成的代表人物与主要环节。冯契在对近代中国的哲学历史进行反思时,更明确地提出了中国文化与中国哲学的近代传统问题,指出:"现在人们一谈到传统,往往专指古代传统。我们有五千年民族文化传统,这是足以自豪和需要批判地加以继承的,但是,构成当代人直接精神背景的,却不是原封不动的古代传统。古代文化中那些在当代仍然有生命力的东西,大多是经过近代历史的筛选,并发生了不同程度变形的东西。所以,批判继承民族文化传统的问题,首先应该注意的是自 1840 年以来一百余年间(主要是 20 世纪)形成的近代传统。"②在这里,他明确地强调了中国文化发展中存在着古代传统与近代传统,主张在重视中国文化古代传统的同时也要重视中国文化近代传统。冯契进而认为,伴随中国文化传统的转变,中国哲学传统也经历了由古代传统而近代传统的历史性转变。

---

① 毛泽东:《论人民民主专政》,载《毛泽东选集》第 4 卷,人民出版社 1991 年版,第 1469—1470 页。

② 冯契:《"通古今之变"与回顾 20 世纪中国哲学》,载《冯契文集》第 8 卷,华东师范大学出版社 1997 年版,第 608 页。

他反复指出："中国近代哲学既是古代哲学的延续,又发生了革命性的变革,形成了新的近代传统。"[1]"民族文化传统,包括哲学传统,在近代、在 20 世纪,已发生了很大变化。"[2]冯契所说的中国哲学近代传统,也就是笔者所说的中国哲学现代传统或 20 世纪中国哲学传统。

这两种看法,不仅涉及对中国哲学历史的理解,而且还关涉中国哲学未来的发展。在今天谈论 21 世纪中国哲学的开展时,实际上存在着一个如何看待中国哲学传统的问题。如果持前一种看法,就会把 21 世纪中国哲学的出发点定位于古代形态中国哲学或现代新儒学,要求 21 世纪中国哲学只是接着 19 世纪前的古代形态中国哲学讲,或至多只是接着 20 世纪中的现代新儒学讲。如果持后一种看法,则会把 21 世纪中国哲学的出发点定位于中国哲学现代传统,要求 21 世纪中国哲学沿着现代形态中国哲学的发展道路继续走下去,而不是置 19—20 世纪中国哲学于不顾而以 19 世纪前的古代形态中国哲学作为出发点。这两个不同的出发点,将深刻地影响到 21 世纪中国哲学的开展。

当然,以中国哲学现代传统作为 21 世纪中国哲学的出发点,需要对这一传统作具体的了解和深刻的把握,需要有历史主义的实事求是的态度。在这里,包含了两方面的内容:一方面是对 19—20 世纪中国哲学全部积极成果的继承,另一方面是对 19—20 世纪中国哲学不足与局限的改造与克服。所谓对 19—20 世纪中国哲学全部积极成果的继承,就是从中国哲学的现代转型的视域出发,从西方哲学的中国化与中国哲学的现代化两种相关联的哲学运动中,发现、肯定、继承对促成这

① 冯契:《〈中国近代哲学史史料学简编〉序》,载《冯契文集》第 9 卷,华东师范大学出版社 1998 年版,第 513 页。
② 冯契:《"通古今之变"与回顾 20 世纪中国哲学》,载《冯契文集》第 8 卷,华东师范大学出版社 1997 年版,第 608 页。

一转型起过积极作用的全部哲学探索和思想创作，不仅发现、肯定、继承其中的那些中国古已有之的因素，而且要发现、肯定、继承其中的那些中国今才有之的因素。西方哲学的中国化，尤其是马克思主义哲学的中国化，都是 20 世纪中国哲学全部积极成果中的重要内容，都是值得 21 世纪中国哲学重视和继承的中国今才有之的因素。把这些内容和因素都视为"激进""西化""反传统"而加以拒斥和抛弃，仅从中国古代哲学资源出发，在儒家哲学中打圈圈，是不可能建构出能够回答 21 世纪诸多重大哲学问题的新的中国哲学理论形态的。所谓对 19—20 世纪中国哲学不足与局限的改造与克服，即要求对中国哲学现代传统取历史批判的态度，看到由于时代条件和哲学家自身条件的诸多限制，中国哲学现代传统也存在着不足和局限。这种不足和局限，其最为主要者，一是在于中国哲学的现代转型过于急迫和短促，一些在今天看来值得认真探讨的重要哲学问题未能深入展开，如价值问题、自由问题、民主问题、平等问题、个性发展问题、社会正义问题等都还没有引起足够的重视、得到充分的探讨；二是在于中国哲学的现代转型是在西方近现代文化及哲学的直接影响下实现的，因而对于中国古代文化及哲学的吸取与继承尚有许多不足，中国古代哲学的一些核心的和精华的内容及其现代意义没有得到有效的阐释与充分的显发，即使是现代新儒学所建构的一系列本体论体系也存在未能与中国人的生活世界打成一片的困境。这样一来，就有一个在 21 世纪中国哲学发展中对中国哲学现代传统进行完善、加以发展的问题。

因此，以中国哲学现代传统作为 21 世纪中国哲学的出发点，既是对 19—20 世纪中国哲学的继承，也是对 19—20 世纪中国哲学的更新；既是直承中国哲学的现代转型而作新开展与再创造，也是对全部中国哲学传统的新阐释与再继承。

六、19—20 世纪中国哲学研究中的历史主义原则

以上关于 19—20 世纪中国哲学史观的思考,归结起来,就是在 19—20 世纪中国哲学研究中坚持和贯彻历史主义原则。这一原则表现为时间向度与空间向度两个方面。从时间向度看,19—20 世纪中国哲学研究,首先要处理好中国哲学开展的过去与现在之间的联系。在这里,需要有"通古今之变"的历史意识,尤其需要把握好一个"变"的问题,不仅要看到 19—20 世纪中国哲学在一百多年间的变化发展,而且要看到这种变化发展中还有哲学形态的转变与哲学传统的更新。这种哲学形态的转变与哲学传统的更新,可以说是一种更值得重视的"古今之变"。从空间向度看,19—20 世纪中国哲学研究,还要处理好哲学史与文化历史之间的联系。在这里,需要有"近代中国"的历史意识,要重视鸦片战争后中国文化历史大变迁与 19—20 世纪中国哲学开展的密切关联,要重视那些直接来自中国文化历史大变迁的特殊的提问方式和问题,要重视环绕这些问题所出现的不同哲学思潮间的相激互动,要重视在中国文化历史大变迁基础上所出现的西方哲学的中国化与中国哲学的现代化。如能在这两个方面都坚持和贯彻历史主义原则,那么关于 19—20 世纪中国哲学研究就能获得一种真实厚重的历史感,既能深刻把握这一段哲学史的主轴与脉络,又能为这一段哲学史开拓出广阔的研究空间。

（本文压缩稿载《哲学研究》2012 年第 4 期；原稿载李维武著《中国哲学的传统更新》,人民出版社 2012 年版。收入本书的是原稿。）

严复与中国哲学本体论的古今之变

李维武

在中国哲学史上，严复是一位站在中西古今哲学交汇点上的大哲学家，对于鸦片战争后开始的中国哲学现代转型作出了多方面的贡献。1895 年，他在天津《直报》上连续发表《论世变之亟》《原强》《辟韩》《救亡决论》四文，由此而登上 19 世纪与 20 世纪之交中国哲学舞台，成为那个时代最具思想性和影响力的大哲学家。他在文化观上所展开的西化思潮，在历史观上所力倡的进化史观，在政治哲学上所引入的自由主义，都对中国哲学现代转型产生了深刻的影响，具有十分重要的意义。而在本体论问题上，他引入西方近代经验主义传统和现代实证主义原则，解构传统哲学本体论，建构新的科学宇宙论，走出了 19 世纪与 20 世纪之交新形态中国哲学本体论的困境，深刻影响了 20 世纪中国哲学本体论的开展，成为中国哲学本体论古今之变的关节点，最为鲜明地显示出超越时贤的气度和划时代的性质。然而，由于人们习惯于从"西学"与"中学"关系的视域来看待和理解严复的思想，而不是着重从中国哲学现代转型的视域来看待和理解严复的哲学，因而所见者往往是他对西方哲学的翻译与介绍,而遮蔽了他在中国哲学本体论问题上的重要思想贡献。本文试图弥补这一不足,从中国哲学现代转型的视域出发,对严复的有关哲学思想作一梳理和阐释,以说明这位大哲学家对中国哲学本体论古今之变的贡献及其意义。

一、19 世纪与 20 世纪之交新形态中国哲学本体论的困境

当严复在本体论问题上进行思考和探索的时候,他所要解决的主要问题,是 19 世纪与 20 世纪之交新形态中国哲学本体论的困境。这一困境的出现,当然也表现为"中学"与"西学"在那个时代特有的纠结,但实质上是中国哲学由古代形态转变为近代形态的产物,集中反映了中国哲学本体论古今之变的内在矛盾,而其根源则可以追溯到中国传统哲学本体论的发生形态。

中国哲学的形上追求和本体观念,以《老子》书中对"道"的提出和阐发为其源头。严复在《〈老子〉评语》中,对《老子》开篇所言"道可道,非常道;名可名,非常名"作出评语曰:"常道,常名,无对待故,无有文字言说故,不可思议故。"[①]这里所说的"无对待""无有文字言说""不可思议",点明了《老子》之"道"的本体观念性质。然而,《老子》的"道"论在明确地区分本体与现象二重世界的同时,又鲜明地呈现出本体论与宇宙论相结合的特点:一方面,"道"在现实世界之上开辟出一个超越的形上世界,标志着中国哲学出现了本体论观念;另一方面,"道"又是现实世界发生的根源,派生出天地万物,形成了"道生一,一生二,二生三,

---

① 严复:《〈老子〉评语》,载《严复集》第 4 册,中华书局 1986 年版,第 1075 页。

三生万物"的宇宙演化过程。本体论是哲学的内容,不具有实证性;宇宙论则最终要成为科学的内容,而具有实证性。这种本体论与宇宙论的结合,反映了中国古代哲学开展中哲学与科学相杂糅的状况,是中国古代形而上学力图缓和形上世界与现实世界相分离而导致世界二重化的一种思维方式。这对以后的中国传统哲学本体论开展产生了深刻影响,经历史积淀而逐渐演变成一个传统,不仅在中国古代哲学发展中一直存在,而且对中国哲学由古代形态向近代形态的转型投下了深刻影响。19 世纪末,与严复同时代的康有为、谭嗣同,率先吸取西方近代科学思想资源,建构具有近代特点的中国哲学本体论,力图推进中国哲学由古代形态转变为近代形态。但这种本体论与宇宙论相结合的传统,仍然纠缠着这些先进哲学家的头脑,使他们难以走出哲学与科学相杂糅的思维定势,从而使他们建构的新形态中国哲学本体论成为一种传统哲学本体论与近代科学宇宙论的混合物,并由此得出了在哲学上和科学上都似是而非的结论,这就导致了 19 世纪与 20 世纪之交新形态中国哲学本体论的困境。

19 世纪与 20 世纪之交,康有为首先自觉地吸取西方近代科学资源,致力建构具有近代特点的哲学本体论。他一方面以中国古代哲学的"元"即"元气"为本体观念,主张:"其道以元为体,以阴阳为用"[①];另一方面又引入康德-拉普拉斯星云假说来重新解释"元气",赋予"元气"观念以近代自然科学的新内容,认为:"德之韩图(即康德——引者注)、法之立拉士(即拉普拉斯——引者注)发星云之说,谓各天体创成以前是朦胧之瓦斯(即 Gas,气——引者注)体,浮游于宇宙之间,其分子互相引集,是谓星云,实则瓦斯之一大块也。"[②]他进而指出,由于星云分

---

① 康有为:《康南海自编年谱》,中华书局 1992 年版,第 12 页。
② 康有为:《诸天讲》,中华书局 1990 年版,第 14 页。

子间的互相引集,而逐渐生成了宇宙天体乃至人文世界:"积气而成为天,摩励之久,热重之力生矣,光电生矣,原质变化而成焉,于是生日,日生地,地生物。物质有相生之性,在于人则曰仁;充其力所能至,有限制矣,在于人则曰义。人道争则不能相处,欺则不能相行,于是有信形,为仁之后,有礼与信矣。"①但他又认为,"元气"之所以能吸摄、能引集,关键在于有"觉知",具有精神性,表现为"知气""神气",是一种变化莫测、无所不至的"有知之电"。他说:"神者有知之电也,光电能无所不传,神气能无所不感。……无物无电,无物无神。夫神者,知气也,魂知也,精爽也,灵明也,明德也,数者异名而同实。"②在这个基础上,他进一步认为近代物理学所讲的"电""以太",与儒家所讲的"不忍人之心"可以统一起来,由此得出结论说:"不忍人之心,仁也,电也,以太也,人人皆有之,故谓人性皆善。"③他进而强调"不忍人之心"对人类社会的本源性:"一切仁政,皆从不忍之心生……人道之仁爱,人道之文明,人道之进化,至于太平大同,皆从此出。"④这样一来,不论是他所讲的"元气",还是他所讲的"不忍人之心",都成了似是而非的东西。究其原因,就在于康有为没有能够走出中国传统哲学本体论的哲学与科学相杂糅的思维定势,所建构的具有近代特点的哲学本体论仍然是本体论与宇宙论相结合的产物,中国古代形而上学的世界二重化问题也并未得到解决。

谭嗣同深受康有为的影响,也力图建构具有近代特点的哲学本体论。但在他的哲学本体论中,同样呈现出哲学与科学相杂糅、本体论与

---

① 康有为:《康子内外篇》,中华书局 1988 年版,第 28 页。
② 康有为:《大同书》,古籍出版社 1956 年版,第 3 页。
③ 康有为:《孟子微》,中华书局 1987 年版,第 9 页。
④ 康有为:《孟子微》,中华书局 1987 年版,第 9 页。

宇宙论相结合的特点。其中突出一点,就在于他把西方近代科学中的"以太"观念与中国儒家哲学中的"仁"观念糅合起来,作为哲学本体论的基础。他指出:"原质(即化学元素——引者注)犹有六十四之异,至于原质之原,则一'以太'而已矣。"①在他看来,"以太"是比"原质"更为根本的"原质之原",是构成世界的不可再分、不生不灭、无所不在的基本物质,当时已发现的64种化学元素都统一于"以太"。光、声、气、电之所以能像水波一样振荡传播,构成地球及万物的质点之所以能粘砌凝结,宇宙中各星团的天体之所以能互相吸引而不离不散,都在于有"以太"的存在和作用。他说:"遍法界、虚空界、众生界,有至大、至精微,无所不胶粘、不贯洽、不管络而充满之一物焉,目不得而色,耳不得而声,口鼻不得而臭味,无以名之,名之曰'以太'。"②但他又认为,"以太"不仅构成了物质宇宙,而且还通过中西古今的各种本体观念体现出来:"其显于用也,孔谓之'仁',谓之'元',谓之'性';墨谓之'兼爱';佛谓之'性海',谓之'慈悲';耶谓之'灵魂',谓之'爱人如己'、'视敌如友';格致家谓之'爱力''吸力';咸是物也。"③这样一来,"以太"就由科学观念而讲成了玄学观念。在这些本体观念中,他特别强调孔子提出的"仁",认为:"仁为天地万物之源"④;同时又把"仁"与"以太""电"混为一说,认为:"仁以通为第一义。以太也,电也,心力也,皆指出所以通之具。"⑤这样一来,不论是他所讲的"以太",还是他所讲的"仁",也都成了似是而非的东西。而究其原因,在于谭嗣同与康有为一样,没有能够走出中国传统哲学本体论的哲学与科学相杂糅的思维定势,所建构

① 谭嗣同:《仁学》,载《谭嗣同全集》下册,中华书局1981年版,第306页。
② 谭嗣同:《仁学》,载《谭嗣同全集》下册,中华书局1981年版,第293页。
③ 谭嗣同:《仁学》,载《谭嗣同全集》下册,中华书局1981年版,第293—294页。
④ 谭嗣同:《仁学》,载《谭嗣同全集》下册,中华书局1981年版,第292页。
⑤ 谭嗣同:《仁学》,载《谭嗣同全集》下册,中华书局1981年版,第291页。

的具有近代特点的哲学本体论仍然是一种本体论与宇宙论相结合的产物,中国古代形而上学的世界二重化问题也同样未得到解决。

总之,尽管康有为、谭嗣同在建构具有近代特征的哲学本体论时,比以往任何中国哲学家都注意吸取西方近代科学思想资源,甚至开始运用西方近代科学理论改造以至替代中国古代哲学观念,但他们毕竟未能脱离中国传统哲学本体论的哲学与科学相杂糅的思维定势,甚至把这一思维定势推向了极端,由此得出了在哲学上和科学上都似是而非的结论。这种状况,不仅没有能够实现中国哲学本体论的古今之变,反而导致了 19 世纪与 20 世纪之交新形态中国哲学本体论的困境。晚年梁启超在回顾康有为、谭嗣同及自己这一时期的思想探索时,已对这一问题有所反思。他在《清代学术概论》中说:"康有为、梁启超、谭嗣同辈,即生育于此种'学问饥荒'之环境中,冥思枯索,欲以构成一种'不中不西即中即西'之新学派,而已为时代所不容。盖固有之旧思想,既深根固蒂,而外来之新思想,又来源浅觳,汲而易竭。其支绌灭裂,固宜然矣。"①这里所说的"不中不西即中即西",虽然是指他们思想中"中学"与"西学"的纠结,但实际上也包括了近代特点的哲学本体论建构与中国传统哲学本体论的思维定势之间的纠结,以及由此而来的本体论与宇宙论相结合、哲学与科学相杂糅的思维特点。梁启超在评论康有为《诸天讲》一书时,就对此作过更明确的说明。他说:"《诸天书》多科学家言,而不尽为科学家言。庄子《逍遥游》不言科学,《诸天书》兼言科学,后人或不以《逍遥游》视之,而议先师(即康有为——引者注)科学之言为未完也。"②这里所说的"兼言科学""不尽为科学家言"及"先师科

---

① 梁启超:《清代学术概论》,载《饮冰室合集》第 8 卷专集之三十四,中华书局 1989 年版,第 71 页。
② 引自伍庄:《序》,载《诸天讲》,中华书局 1990 年版,序第 1 页。

学之言为未完也",就鲜明地点出了康有为的本体论与宇宙论相结合、哲学与科学相杂糅的思维特点。晚年梁启超已对这种思维特点表示出不尽赞同的态度。

二、严复对西方经验主义的引入

与康有为、谭嗣同同时代的严复,正是面对19世纪与20世纪之交新形态中国哲学本体论的困境,来开展自己对哲学本体论问题的探讨的。严复与康有为、谭嗣同在哲学上的最大不同处,在于他不仅重视吸取西方近代科学思想资源,而且更重视吸取产生这些科学成果的哲学基础,并以此来建构新形态的中国哲学。这个哲学基础就是西方经验主义,包括近代经验主义传统和现代实证主义原则。

严复对这个哲学基础的重视,来源于他对西方近世以来学术发达盛兴缘由的历史考察。他认为,西方学术的这些成就,是与培根所开创的西方近代经验主义传统相联系的。他说:"是以制器之备,可求其本于奈端(即牛顿——引者注);舟车之神,可推其原于瓦德(即瓦特——引者注);用电之利,则法拉第之功也;民生之寿,则哈尔斐(即哈维——引者注)之业也。而二百年学运昌明,则又不得不以柏庚氏(即培根——引者注)之摧陷廓清之功为称首。学问之士,倡其新理,事功之士,窃之为术,而大有功焉。"[①]又说:"夫西洋之于学,自明以前,与中土亦相埒耳。至于晚近,言学则先物理而后文词,重达用而薄藻饰。且其教子弟也,尤必使自竭其耳目,自致其心思,贵自得而贱因人,喜善疑而慎信古。"[②]他所说的学问上的"新理",所强调的从"竭其耳目"到"致其心

① 严复:《原强修订稿》,载《严复集》第1册,中华书局1986年版,第29页。
② 严复:《原强修订稿》,载《严复集》第1册,中华书局1986年版,第29页。

思"的认知途径和致思方法，就是培根于 16 世纪以《新工具》所开创的西方近代经验主义传统。在他看来，正是这种"新理"的采用，正是这种认知途径和致思方法，使得自明代以降中国与西方在学术及事功上拉开了距离。因此，他认为西方近代科学思想资源固然值得吸取，但产生这些科学成果的哲学基础更应当值得重视。他感叹地说："赫胥黎曰：'读书得智，是第二手事，唯能以宇宙为我简编，民物为我文字者，斯真学耳。'此西洋教民要术也。而回观中国则何如？夫朱子以即物穷理释格物致知，是也；至以读书穷理言之，风斯在下矣。"[①]在他看来，朱熹把"读书穷理"作为"格物穷理"的重要内容，是离开了经验而做"第二手事"，势必造成学风的败坏。

为什么西方近代经验主义传统具有如此重要的作用与意义呢？严复对西方近代经验主义传统中的经验问题进行了探讨，认为人认识外部世界需要有一个由外而内的联系和贯通，而经验作为人以感官接触、了解外部世界的产物，使主体世界与外部世界之间建立了联系与贯通，使外部世界能够由此而进入主体世界，从而使人能够正确地认知外部世界，进而能够积极地改造外部世界。他对人的认识程序及其经验在其中的作用进行了说明，指出："官与物尘相接，由涅伏（俗曰脑气筋）以达脑成觉，即觉成思，因思起欲，由欲命动，自欲以前，亦皆点力之事。"[②]这里所说的"涅伏"，是英语"Nerve"一词的音译，即神经。在他看来，人的感官（"官"）与外界事物（"物尘"）相接触，形成感觉经验，由神经（"涅伏"）将这些感觉经验传达到人脑，形成人的意识（"觉"）、思维（"思"）、希望或计划（"欲"），并进而按照希望或计划来从事实践活动（"动"），能动地改变客观环境。人的意识、思维以及希望或计划，尽管

① 严复：《原强修订稿》，载《严复集》第 1 册，中华书局 1986 年版，第 29 页。
② 严复译：《天演论》，载《严复集》第 5 册，中华书局 1986 年版，第 1328 页。

是主体世界的东西,但都是立基于对外部世界的认识而形成的,因此他说"自欲以前,亦皆点力之事"。这里的"点",指牛顿力学意义上的"质点";这里的"力",指质点运动中产生的"抵力"和"吸力";所谓"点力之事",即自然界的事物及其运动,是主体世界之外的东西。而在人的认识程序中,感觉经验成为极重要的环节,否则"点力之事"不可能由外部世界而进入主体世界。

严复又指出,近代经验科学中的实验,对于检验认识和理论的真理性十分重要。他具体地比较了中西方在"学以穷理"问题上的同与异,指出中西方古代学术都是先采用"考订"方法,"聚列同类事物而各著其实",再采用"贯通"方法,"类异观同,道通为一",从而形成"大法公例",这两层方法都是一致的;而不一致的地方在于,西方近代经验科学还采用了"试验",作为这两层方法之后的第三层方法。他说:"中西古学,其中穷理之家,其事或善或否,大致仅此两层。故所得之大法公例,往往多误,于是近世格致家乃救之以第三层,谓之试验。试验愈周,理愈靠实矣,此其大要也。"①这里的"试验",属于经验的内容,是一种依靠科学手段的经验,能够对"所得之大法公例"的真理性起检验的作用。

因此,严复强调经验(包括观察、实验)在人的认识活动中的作用和意义,认为人是通过经验来认知对象世界的;只有感觉经验才能真正保证认识的真理性,离开了感觉经验就不可能保证认识的真理性。在《天演论》和《穆勒名学》两书中,他通过译文及相关按语,表达了自己的这些思想。

在《天演论·真幻》的译文中,就有关于经验对于人认识外部世界的作用与意义的阐述:"人为形气中物,以官接象,即意成知,所了然者,无法非幻已耳。至于幻还有真与否,则断断乎不可得而明也。前人已

---

① 严复:《西学门径功用》,载《严复集》第1册,中华书局1986年版,第93页。

云：舍相求实，不可得见矣。可知所谓真实，所谓不变长存之主，若舍其接时生心者以为言，则亦无从以指实。……名学家穆勒氏喻之曰：今有一物于此，视之泽然而黄，臭之郁然而香，抚之挛然而员，食之滋然而甘者，吾知其为橘也。设今去其泽然黄者，而无施以他色；夺其郁然香者，而无界以他臭；毁其挛然员者，而无赋以他形；绝其滋然甘者，而无予以他味，举凡可以根尘接者，皆襫之而无被以其他，则是橘所余留为何物耶？名相固皆妄矣，而去妄以求其真，其真又不可见，则安用此茫昧不可见者，独宝贵之以为性真为哉？"①在这段译文中，强调了人的真理性认识对感觉经验的依赖性，"以官接象，即意成知"是从正面立论，"舍相求实，不可得见"则是从反面说明，认为如果离开了人通过视、嗅、抚、食所获得的色、香、形、味等感觉经验，是不可能认识外界事物的；离开感觉经验的"所谓真实，所谓不变长存之主"，也是无法认识的。严复很赞成这一看法，在按语中给予了高度评价，称："此篇及前篇所诠观物之理，最为精微。"②

在《穆勒名学》的译文中，同样阐述了经验对于人认识外部世界的作用与意义："诚者非他，真实无妄之知是已。人之得是知也，有二道焉：有径而知者，有纡而知者。径而知者谓之元知，谓之觉性；纡而知者谓之推知，谓之证悟。故元知为智慧之本始，一切智识，皆由此推。闻一言而断其为诚妄，考一事而分其为虚实，能此者正赖有元知为之首基，有觉性为之根据。设其无此，则事理无从以推，而吾人智识之事废矣。"③在这段译文中，指出了人的知识有两个来源，一是直接来源于感觉经验的"元知"，另一是根据推理间接而来的"推知"，两者中只有"元

① 严复译：《天演论》，载《严复集》第 5 册，中华书局 1986 年版，第 1375 页。
② 严复译：《天演论》，载《严复集》第 5 册，中华书局 1986 年版，第 1376 页。
③ 严复：《〈穆勒名学〉按语》，载《严复集》第 4 册，中华书局 1986 年版，第 1028 页。

知"才是人的知识的真正来源,"推知"实际上也是以"元知"作为基础和出发点的。其中所说的"元知为智慧之本始,一切智识,皆由此推",明确地指出了只有感觉经验才是人的知识的最初来源。严复在按语中对这一观点表达了赞同之意,指出:"穆勒氏举此,其旨在诫人勿以推知为元知,此事最关诚妄。"①

这些都表明,严复强调人的思想和理论必须以感觉经验为其最初来源,认为那些离开感觉经验而主观推想出来的各种观念都是没有根据的。在他看来,中国人讲的"幽冥",西方人讲的"上帝",以及附会在这些观念上面的具有中国特色或西方特色的种种想象,都是这样的没有根据的东西。他说:"世人之说幽冥,宗教之言上帝,大抵皆随其成心而师之之说也。曰神善祸淫而不容,事偶而赦罪宥眚;中国之想像,则衮冕而圭璋;西人之为容,则袒裸而傅翼。凡此者,皆随其成心以为之说。至其真实,则皆无据。"②对于这些"随其成心以为之说",他从经验主义出发予以了断然否定。

从推崇培根、重视经验出发,严复十分注意西方科学逻辑方法的引入和运用。他认为,西方近世科学成就不断出现,日新月异,一个根本点,就是重视科学逻辑方法的运用。逻辑学的方法主要有两种,一是"内籀之术",即归纳方法;另一是"外籀之术",即演绎方法。这两个方法,作为"即物穷理之最要途术"③,对西方近世科学发展意义甚大。而在两者之间,他从经验主义出发,更重视经验归纳方法。在他所译的《名学浅说》中就指出:"格致真术,存乎内籀。"④这是因为,"夫外籀之

---

① 严复:《〈穆勒名学〉按语》,载《严复集》第4册,中华书局1986年版,第1028页。
② 严复:《〈庄子〉评语》,载《严复集》第4册,中华书局1986年版,第1107页。
③ 严复译:《天演论》,载《严复集》第5册,中华书局1986年版,第1320页。
④ 严复译:《名学浅说》,商务印书馆1981年版,第66页。

术,自是思辨范围。但若纯向思辨中讨生活,便是将古人所已得之理,如一桶水倾向这桶,倾来倾去,总是这水,何处有新智识来?"①这就是说,只有归纳方法才能立足于经验而获得新的知识,演绎方法只能是对已有知识的进一步分析。不仅如此,他还认为演绎方法不能离开归纳方法,必须以归纳方法为其基础和前提。他说:"科学正鹄在成外籀之故。穆勒言成学程途虽由实测而趋外籀,然不得以既成外籀,遂与内籀无涉;特例之所苞者广,可执一以御其余。此言可谓见极。"②

　　严复由此进行了中西学术方法比较,分析了西方学术何以能够超越中国学术的方法论根据。他认为,16 世纪以前的西方与中国在学术上并无大的差异,而正是由于从 16 世纪起培根倡导"内籀之术",方才促成了西方学术的突飞猛进、日新月异。他说:"盖自西人言理以来,其立论树义,与中土儒者所明最为相近者,雅里氏(即亚里士多德——引者注)一家而已。元、明以前,新学未出,泰西言物性、人事、天道者,皆折中于雅里氏。其为学者崇奉笃信,殆与中国孔子侔矣。洎有明中叶,柏庚起英,特嘉尔(即笛卡儿——引者注)起法,倡为实测内籀之学,而奈端、加理列倭(即伽俐略——引者注)、哈尔维(即哈维——引者注)诸子,踵用其术,因之大有所明,而古学之失日著。"③他又指出,中国传统学术方法中虽然也运用演绎方法,但这种演绎方法其实只是从主观出发的推理,而不是以经验和归纳方法为基础和出发点,因此获得不了真理性的知识。他说:"西学之所以翔实,天函日启,民智滋开,而一切皆归于有用者,正以此耳。旧学之所以多无补者,其外籀非不为也,为之又未尝不如法也,第其所本者大抵心成之说,持之似有故,言之似成理,

---

① 严复译:《名学浅说》,商务印书馆 1981 年版,第 65 页。
② 严复:《〈穆勒名学〉按语》,载《严复集》第 4 册,中华书局 1986 年版,第 1047 页。
③ 严复译:《天演论》,载《严复集》第 5 册,中华书局 1986 年版,第 1385 页。

媛姝者以古训而严之,初何尝取其公例而一考其所推概者之诚妄乎?此学术之所以多诬,而国计民生之所以病也。中国九流之学,如堪舆、如医药、如星卜,若从其绪而观之,莫不顺序;第若穷其最初之所据,若五行支干之所分配,若九星吉凶之各有主,则虽极思,有不能言其所以然者矣。无他,其例之立根于臆造,而非实测之所会通故也。"①在这里,他批评中国传统学术方法中的所谓"外籀",实为"大抵心成之说","立根于臆造",所做的只能是"持之似有故,言之似成理"的假学问,尤其尖锐透辟。

严复对这些"心成之说"的尖锐批评,显示出他引入的西方经验主义对中国传统哲学观念的批判性和冲击力。这种批判性和冲击力在中国哲学史上是空前的,为严复走出19世纪与20世纪之交新形态中国哲学本体论的困境开辟了道路,使得他能够解构传统哲学本体论、建构新的科学宇宙论,有力地推进中国哲学本体论的古今之变。

三、严复以经验主义为基础解构传统哲学本体论

严复在引入西方经验主义的时候,不仅重视西方近代经验主义传统,而且强调现代实证主义原则。现代实证主义原则是孔德在经验主义的基础上提出的,强调哲学只讨论与经验有关的东西,不讨论经验之外的东西。在孔德看来,自然界的规律都是可以在经验范围内加以证实的,是不能否定的,必须加以研究;而那种超现象超经验的本体问题,是不能在经验范围内加以证实或证伪的,因而是人类精神无法解决的问题,没有必要进行研究。他说:"不难看出:古希腊学派本体论的争

---

① 严复:《〈穆勒名学〉按语》,载《严复集》第4册,中华书局1986年版,第1047页。

论以不同形式在中世纪的经院哲学家当中基本上再度出现,而今天我们在心理学家或观念学者当中又见到了相当的东西。经历长达二千年的无谓论辩,有争议的学说没有任何一个得到最终证实,不仅关于外物存在方面是如此,而且连近代的论据乃至更古代的论据也都成了问题。"①他由此宣告传统哲学本体论已经过时,成为以后逻辑实证主义拒斥形而上学的先声。

严复依据实证主义原则,强调感觉经验以外的东西,是不可能证实也不可能证伪的,无法认识和把握。他借用佛教语言,将这种不可能证实也不可能证伪的东西,称为"不可思议"之物。所谓"不可思议",指由于超出感觉经验范围,而为人的认识能力(包括语言、思维)所不可及。在《天演论》的译文中,就表达了这种观点:"人之生也,形气限之,物之无对待而不可以根尘接者,本为思议所不可及。是故物之本体,既不敢言其有,亦不得遽言其无。"②在《天演论》的按语中,他对于"不可思议"作了进一步解释,指出:"'不可思议'四字,乃佛书最为精微之语。……夫'不可思议'之云,与云'不可名言''不可言喻'者迥别,亦与云'不能思议'者大异。假如人言见奇境怪物,此谓'不可名言';又如深喜极悲,如当身所觉,如得心应手之巧,此谓'不可言喻';又如居热地人,生未见冰,忽闻水上可行,如不知通吸力理人,初闻地员对足底之说,茫然而疑,翻谓世间无此理实,告者妄言,此谓'不能思议'。至于不可思议之物,则如云世间有圆形之方,有无生而死,有不质之力,一物同时能在两地诸语,方为'不可思议'。"③在这里,他用举例的方式,以"有圆形之方""有无生而死""有不质之力""一物同时能在两地"等命题,具体而形

①［法］奥古斯特·孔德:《论实证精神》,商务印书馆1996年版,第41—42页。
② 严复译:《天演论》,载《严复集》第5册,中华书局1986年版,第1375—1376页。
③ 严复译:《天演论》,载《严复集》第5册,中华书局1986年版,第1379—1380页。

象地说明了何谓"不可思议"。通过这些命题可以看出,所谓"不可思议"实际上是指人类在抽象思维中所遭遇的矛盾性,这种矛盾性在超越感觉经验的形而上学中最为突出地显现出来。

严复认为,传统哲学本体论是人将世界二重化的产物,其本体观念和形上追求都是超越于经验的,因而存在着许多"不可思议"之物。他在《天演论》的按语中说:"谈理见极时,乃必至不可思议之一境,既不可谓谬,而理又难知,此则真佛书所谓'不可思议'。而'不可思议'一言,专为此设者也。佛所称涅槃,即其不可思议之一。他如理学中不可思议之理,亦多有之,如天地元始、造化真宰、万物本体是已。"①这里所说的"理学",即哲学(Philosophy);这里所说的"谈理见极",即讲到哲学的本体问题。对于"理学"的形而上学性质,严复有过进一步的说明:"理学,其西文本名,谓之出形气学,与格物诸形气学为对,故亦翻神学、智学、爱智学。日本人谓之哲学。"②他所说的"形气学",即亚里士多德所说的"物理学",也就是研究自然世界的科学;他所说的"出形气学",即亚里士多德所说的"物理学之后",也就是研究形而上学的哲学。这里的"不可谓谬",即不能证伪;这里的"理又难知",即不能证实。在严复看来,哲学总要讲形而上的本体,而这种形而上的本体,既不能证实,又不能证伪,都是"不可思议"的。

严复又指出,传统哲学本体论中的这些"不可思议"之物,由于超出感觉经验的范围,因而总是以绝对的、无对待的形式呈现出来,而不像感觉经验中的事物,总是以相对的、有对待的形式呈现出来。他说:"形气之物,无非对待。非对待,则不可思议。故对待为心知止境。"③他进

① 严复译:《天演论》,载《严复集》第5册,中华书局1986年版,第1380页。
② 严复:《〈穆勒名学〉按语》,载《严复集》第4册,中华书局1986年版,第1029页。
③ 严复:《〈老子〉评语》,载《严复集》第4册,中华书局1986年版,第1076页。

一步分析说,相对的、有对待的事物总是可以用人们的语言来加以言说和传达的,而绝对的、无对待的本体则是无法用人们的语言来加以言说和传达的。"不可思议"之物,正在于无法用人们的语言来加以言说和传达。他说:"不可思议云者,谓不可以名理论证也。"①在他看来,《老子》所提出的"道"就是如此。他在解释《老子》首句"道可道,非常道;名可名,非常名"时,即言:"常道,常名,无对待故,无有文字言说故,不可思议故。"②又说:"其物本不可思议,人谓之道,非自名也。"③在他看来,这些绝对的、无对待的本体,既然无法用人们的语言来加以言说和传达,而人们却又要用各种哲学本体论来对此加以言说和传达,这就存在着自身的矛盾,那么这些本体就必然"不可思议"。

由此出发,严复对中国的和西方的传统哲学本体观念进行了批判,指出了这些观念的"不可思议"的性质。其中,他对中国传统哲学本体论的"理"观念和西方传统哲学本体论的"存在(Being)"观念的批判,就颇具有代表性。

"理"是宋明以来中国传统哲学本体论的最高范畴。在宋明理学家那里,强调"万物皆只是一个天理",强调"宇宙之间,一理而已",强调"万一山河大地都陷了,毕竟理却只在这里"。严复则针锋相对地指出:"盖天下事理,如木之分条,水之分派,求解则追溯本源。故理之可解者,在通众异为一同,更进则此所谓同,又成为异,而与他异通于大同。当其可通,皆为可解。如是渐进,至于诸理会归最上之一理,孤立无对,既无不冒,自无与通。无与通则不可解。不可解者,不可思议也。"④在

---

① 严复译:《天演论》,载《严复集》第 5 册,中华书局 1986 年版,第 1360 页。
② 严复:《〈老子〉评语》,载《严复集》第 4 册,中华书局 1986 年版,第 1075 页。
③ 严复:《〈老子〉评语》,载《严复集》第 4 册,中华书局 1986 年版,第 1085 页。
④ 严复译:《天演论》,载《严复集》第 5 册,中华书局 1986 年版,第 1381 页。

他看来,这种"孤立无对"的"一理",实际上是"无与通则不可解"的东西,因此是"不可思议"之物。

"存在(Being)"是西方传统形而上学的最高范畴。在西方传统形而上学中,总是把"存在"视为超验的、绝对的、无对待的本体。严复紧紧抓住这一点,力图通过对"存在"的分析,揭示其自身的矛盾性。他指出:"今名家所谓庇音(即 Being——引者注),以统凡有名之物者,果何物耶?盖一言其物为无对,即无可言,而莫能指。故言无对、太极,而犹设言诠者,其于言下已矛盾矣。"①在他看来,如果把"存在"作为最高本体,统摄所有的有名之物,那么就应当把它规定为无对待的绝对之物。但这样一来,就立即陷入了自身的逻辑矛盾:既是无对待的绝对之物,就是不可言说的;而指出其为无对待的绝对之物,又离不开言说。他进而对黑格尔提出批评:"昔者德儒希格尔(即黑格尔——引者注)亦以不知此义,遂谓太极、庇音既称统冒万物,自不应有一切形相德感,至使有著不浑;如无一切形相德感,则太极、庇音,理同无物。以统摄群有之名为等于无,文义违反至于如此。"②在中国哲学史上,这是第一次对西方哲学的"存在"问题的探讨,显示出中国哲学家的智慧。

对于传统哲学本体论中的这些"不可思议"的本体观念,严复的态度包括两个方面:一方面,他认为必须对传统哲学本体论予以重视,不能简单地宣布为胡说和谬误,因为这毕竟是人类在哲学思维领域中艰苦探索的成果。他说:"仆往尝谓理至见极,必将不可思议。故诸家之说皆不可轻非,而希格尔之言尤为精妙。"③另一方面,他又认为传统哲学本体论由于超越了感觉经验,带有强烈的主观性,毕竟在理论上难以

---

① 严复:《〈穆勒名学〉按语》,载《严复集》第 4 册,中华书局 1986 年版,第 1039 页。
② 严复:《〈穆勒名学〉按语》,载《严复集》第 4 册,中华书局 1986 年版,第 1039 页。
③ 严复:《〈穆勒名学〉按语》,载《严复集》第 4 册,中华书局 1986 年版,第 1040 页。

稳固立足。他说："古之言万物本体也，以其不可见，则取一切所附著而发见者，如物之色相，如心之意识而妄之"①。因此，他明确表示赞同穆勒的观点："人心于物，所谓知者，尽于觉意；至其本体，本无所知，亦无由知。"②"自吾人有生以后，常为气质之拘，于物本体，断无可接而知之理，则纽美诺（即 Noumenon，本体——引者注）终为神閟之事而已矣。"③这两个方面的态度，其实并不矛盾，在严复的哲学思想中实是统一的。因为在前一个方面，他强调的是对传统哲学本体论"不可轻非"，反对简单的否定；而在后一个方面，他则是以实证主义原则为依据，对传统哲学本体论进行批判。正是这样，他得出了结论："窃尝谓万物本体虽不可知，而可知者止于感觉"④，认为不能超越感觉经验的范围来谈认识的可靠性，哲学家们长期探讨的万物本体就属于这类不能被可靠认识的东西。他坚决反对任何背离实证主义原则的主张，说："不实验于事物，而师心自用，抑笃信其古人之说者，可惧也夫！"⑤在他看来，不论是"师心自用"，还是"笃信其古人之说"，由于离开了感觉经验的范围，所得出的认识结论都是值得警惕的。

　　严复以经验主义为基础对传统哲学本体论所进行的这些批判，是对传统哲学本体论的一种深刻解构，使得中国传统哲学本体论的哲学与科学相杂糅的思维定势也随之而解构了，从而走出了 19 世纪与 20 世纪之交新形态中国哲学本体论的困境。然而，长期以来许多研究者却对严复的这一思想持批评态度，认为严复陷入了怀疑论和不可知论。如贺麟虽然对严复批判传统哲学本体论多有肯定，但仍然把他看作是

① 严复：《〈穆勒名学〉按语》，载《严复集》第 4 册，中华书局 1986 年版，第 1036 页。
② 严复：《〈穆勒名学〉按语》，载《严复集》第 4 册，中华书局 1986 年版，第 1035 页。
③ 严复：《〈穆勒名学〉按语》，载《严复集》第 4 册，中华书局 1986 年版，第 1034 页。
④ 严复：《〈穆勒名学〉按语》，载《严复集》第 4 册，中华书局 1986 年版，第 1036 页。
⑤ 严复：《〈穆勒名学〉按语》，载《严复集》第 4 册，中华书局 1986 年版，第 1032 页。

不可知论的主张者,认为:"最有趣的是严复和康德一样,通过不可知论,把造物主、灵魂不灭、生死轮回、涅槃佛性放入不可知的彼岸世界,我们只能'姑存其说','存而不论'(《天演论》卷下按语)。……这在当时反对封建宗教迷信是有一定进步作用的。"①冯友兰也是这样看待严复对传统哲学本体论的批判的,指出:"严复的哲学思想是以英国的经验主义为基础的。从这个基础出发,他得出了三个方面的理论。第一个方面是快乐主义的伦理学,第二个方面是感觉主义的认识论,第三个方面是不可知主义的本体论。"②产生这种看法的原因,在于这些批评者是立足于近代哲学思维,而不是立足于现代哲学思维,因而不了解经验主义以实证主义原则批判传统哲学本体论的意义。严复这一思想的意义与贡献在于:在中国哲学史上第一次运用现代哲学的眼光,对传统哲学本体论进行了冷静的审视和深刻的批判,敏锐地指出了传统形而上学本体观念的超经验性质导致了本体的不可证明性;因而要真正解决中国古代形而上学的世界二重化问题,就必须解构传统哲学本体论,使哲学以经验或现象作为自己的立足点。

四、严复以经验主义为基础建构新的科学宇宙论

通过对传统哲学本体论的批判,严复提出了中国哲学发展的新方向——把宇宙论从本体论中剥离出来,在近代经验科学的基础上建立新的科学宇宙论,取代传统哲学本体论,使中国哲学走上科学化、实证化的道路。严复首先沿着这个新方向努力探索,建构起一个新的科学宇宙论体系。《天演论》的译文说:"自吾党观之,物变所趋,皆由简入

① 贺麟:《五十年来的中国哲学》,商务印书馆 2002 年版,第 83 页。
② 冯友兰:《中国哲学史新编》第 6 册,人民出版社 1989 年版,第 173 页。

繁,由微生著。……小之极于跂行倒生,大之放乎日星天地;隐之则神思智识之所以圣狂,显之则政俗文章之所以沿革。言其要道,皆可一言蔽之,曰:天演是已。"①这段译文实际上也体现了严复的哲学思想。因此,他所建构的科学宇宙论体系可以称之为"天演之学"。所谓"天演",也就是宇宙进化的意思。

何谓"宇宙"?严复认为有两种不同的宇宙观念:一种是哲学意义上的超经验的"宇宙"观念,这样的"宇宙"观念也就成了"不可思议"之物。在他看来,《庄子·庚桑楚》所说的"有实而无乎处者,宇也;有长而无本剽者,宙也",就是这样的"宇宙"观念。他在《天演论》的按语中对此解释说:"至于物理之不可思议,则如宇如宙。宇者,太虚也(庄子谓之有实而无夫处。处,界域也。谓其有物而无界域,有内而无外者也);宙者,时也(庄子谓之有长而无本剽。剽,末也。谓其有物而无起讫也。二皆甚精界说)。"②另一种是近代科学意义上的以经验为基础的"宇宙"观念,这样的"宇宙"观念也就是牛顿力学意义上的空间和时间。在《〈庄子〉评语》中,他在解释《庄子》的这段话时,就是阐发的这种"宇宙"观念。他说:"宇宙,即今西学所谓空间时间。空无尽处,但见其内容,故曰有实而无乎处;时不可以起讫言,故曰有长而无本剽。宇者,三前之物,故曰有实;宙者,一亘之物,故曰有长。"③以空间为三维,以时间为一维,都鲜明地体现了牛顿力学意义上的时空观念。因此,他特别强调"宇宙"的经验性和建立在经验基础上的物质实在性,认为:"宇宙,皆无形者也。宇之所以可言,以有形者列于其中,而后可以指似,使无一物,则所谓方向远近皆亡;宙

---

① 严复译:《天演论》,载《严复集》第 5 册,中华书局 1986 年版,第 1326 页。
② 严复译:《天演论》,载《严复集》第 5 册,中华书局 1986 年版,第 1380 页。
③ 严复:《〈庄子〉评语》,载《严复集》第 4 册,中华书局 1986 年版,第 1139 页。

之所以可言,以有形者变于其际,而后可以历数,使无一事,则所谓先后久暂亦亡。"①在这里,不论是"以有形者列于其中,而后可以指似",还是"以有形者变于其际,而后可以历数",都是强调"宇宙"观念是不能离开客观事物的,是不能离开以经验为基础的物质实在性的。这样的"宇宙"观念,当然不是"不可思议"之物。严复主张后一种"宇宙"观念。对于自己与庄子在"宇宙"观念上的不同,他从学术背景和知识来源上作了说明:"今科学中有天文、地质两科,少年治之,乃有以实知宇宙之博大而悠久,回观大地与夫历史所著之数千年,真若一唊。庄未尝治此两学也,而所言如此,则其心虑之超越常人,真万万也。"②这就明确指出了,庄子的"宇宙"观念,是来自"心虑之超越常人";而严复自己的"宇宙"观念,则是来自"科学中有天文、地质两科"。至于宇宙本原或宇宙起源问题,由于当时自然科学发展的限制,严复认为不可能在经验范围内探讨并得出结论,因而也将其等同于"不可思议"之物。他说:"大抵宇宙究竟,与其元始,同于不可思议。"③正是这种基于经验科学的"宇宙"观念,构成了严复的科学宇宙论的基本点。

在西方近代科学思想资源中,严复尤其重视牛顿力学和达尔文进化论。他认为,从人类的思想史看,达尔文进化论的意义更胜于牛顿力学的意义,称:"论者谓达氏之学,其彰人耳目,改易思理,甚于奈端氏之天算格致,殆非溢美之言也。"④因此,他在阐发科学宇宙论时,直接采用了牛顿力学和达尔文进化论作为基本理论框架,以前者说明宇宙发生和地球形成,以后者说明地球生成后的生命进化和社会进化。

---

① 严复:《〈庄子〉评语》,载《严复集》第 4 册,中华书局 1986 年版,第 1139 页。
② 严复:《〈庄子〉评语》,载《严复集》第 4 册,中华书局 1986 年版,第 1142—1143 页。
③ 严复译:《天演论》,载《严复集》第 5 册,中华书局 1986 年版,第 1360 页。
④ 严复:《原强》,载《严复集》第 1 册,中华书局 1986 年版,第 5 页。

从牛顿力学出发,严复把整个宇宙的发生和演变,看作是牛顿力学意义上的物理运动过程。他说:"大宇之内,质力相推,非质无以见力,非力无以呈质。……奈端动之例三(即牛顿力学三大定律——引者注),其一曰:'静者不自动,动者不自止;动路必直,速率必均。'此所谓旷古之虑。自其例出,而后天学明,人事利者也。"①这里所说的"质",指牛顿力学意义上的质点,泛指物质;所说的"力",既指质点所具有的吸引力与排斥力,又指机械运动所产生的能量,泛指运动。他指出,依牛顿力学理论,物质与运动是统一的、不可分割的。没有物质,即没有运动;没有运动,物质也不能显示其存在。整个宇宙就是运动着的物质和物质的运动。正是"质"与"力"的相互作用,构成了"天演"进程。

严复认为,斯宾塞在牛顿之后又提出"天演界说"②,对"质力相推"理论作了进一步发挥,从而对"天演"进程予以了更具体的描绘。按照斯宾塞的说法:"天演者,翕以聚质,辟以散力。方其用事也,物由纯而之杂,由流而之凝,由浑而之画,质力杂糅,相济为变者也。"③这里的"翕"与"辟",是"质"与"力"的相互作用所呈现出来的两种态势。"翕"是指质点在相互吸引力的作用下集聚起来形成各种刚体;"辟"是指质点在集聚过程中产生热、光、声、运动,散发出能量。正是通过"质"与"力"、"翕"与"辟"的运动,使得宇宙间的事物由简单到复杂、由流动到凝固、由混沌到分明,构成了生生不息、动动不已的宇宙演化过程。这一"翕以聚质,辟以散力"的"天演"进程,在太阳系的形成中得到了集中体现。太阳系的形成,一方面是"翕以聚质"的过程:"日局(即太阳系——引者注)太始,乃为星气,名涅菩剌斯(即 Nebula,星云——引者

① 严复译:《天演论》,载《严复集》第 5 册,中华书局 1986 年版,第 1320 页。
② 严复译:《天演论》,载《严复集》第 5 册,中华书局 1986 年版,第 1320 页。
③ 严复译:《天演论》,载《严复集》第 5 册,中华书局 1986 年版,第 1327 页。

注），布濩六合，其质点本热至大，其抵力亦多，过于吸力。继乃由通吸力收摄成珠，太阳居中，八纬外绕，各各聚质，如今是也"①；另一方面又是"辟以散力"的过程："质聚而为热、为光、为声、为动，未有不耗本力者，此所以今日不如古日之热。地球则日缩，彗星则渐迟，八纬之周天皆日缓，久将进入而与太阳合体。"②从太阳系演变的前景看，这两方面的过程至今都在继续之中，远未结束："居今之时，日局不徒散力，即合质之事，亦方未艾也。"③严复从中得出的结论是："所谓质力杂糅，相剂为变者，亦天演最要之义，不可忽而漏之也。"④

严复吸取了达尔文进化论，来说明地球上的生命演化。在他看来，"天演之称为成学专科，断于十九世纪英国之达尔文为始"⑤。他对达尔文的名著《物种起源》及其所阐发的进化论甚为推崇，称："先是言生理者，皆主异物分造之说。近今百年格物诸家，稍疑古说之不可通。……至咸丰九年，达氏书出，众论翕然。自兹厥后，欧、美二洲治生学者，大抵宗达氏。而矿事日辟，掘地开山，多得古禽兽遗蜕，其种已灭，为今所无。于是虫鱼禽互兽人之间，衔接迤演之物，日以渐密，而达氏之言乃愈有征。"⑥在他看来，达尔文进化论的正确性，不仅在于达尔文这一理论的创立是以实地考察为依据的，而且更在于这一理论为日后的古地质学和古生物学发现所证明。在这个意义上，他又提出："天演之学，肇端于地学之僵石古兽。"⑦他赞成赫胥黎的观点，认为达尔文提出进化论与哥白尼创立日心说具有相同的重要意义，都是人类思想史上的划

---

① 严复译：《天演论》，载《严复集》第 5 册，中华书局 1986 年版，第 1327 页。
② 严复译：《天演论》，载《严复集》第 5 册，中华书局 1986 年版，第 1327 页。
③ 严复译：《天演论》，载《严复集》第 5 册，中华书局 1986 年版，第 1327 页。
④ 严复译：《天演论》，载《严复集》第 5 册，中华书局 1986 年版，第 1328 页。
⑤ 严复：《进化天演》，载《〈严复集〉补编》，福建人民出版社 2004 年版，第 135 页。
⑥ 严复译：《天演论》，载《严复集》第 5 册，中华书局 1986 年版，第 1325 页。
⑦ 严复译：《天演论》，载《严复集》第 5 册，中华书局 1986 年版，第 1354 页。

时代变革。他说:"古者以大地为静居天中,而日月星辰,拱绕周流,以地为主。自歌白尼(即哥白尼——引者注)出,乃知地本行星,系日而运。古者以人类为首出庶物,肖天而生,与万物绝异。自达尔文出,知人为天演中一境,且演且进,来者方将,而教宗抟土之说,必不可信。盖自有歌白尼而后天学明,亦自有达尔文而后生理确也。"①

在强调达尔文的同时,严复又很看重斯宾塞。他认为:"达尔文独以天演言生理者也,而大盛于斯宾塞尔(即斯宾塞——引者注)。斯宾塞尔者,以天演言宇宙一切法者也。"②在他看来,斯宾塞把达尔文进化论加以放大和推广,引入社会历史领域,形成一个由自然而社会的统一进化链条,"贯天地人而一理之"③,是对达尔文进化论的推进、扩充和完善。他尤其推崇斯宾塞的《天人会通论》(今译为《综合哲学》),在《天演论》的按语中对于该书所包括的五个部分——《第一原理》《生物学原理》《心理学原理》《社会学原理》和《伦理学原理》,都作了一一介绍。他说:"斯宾塞尔者,与达同时,亦本天演著《天人会通论》,举天、地、人、形气、心性、动植之事而一贯之,其说尤为精辟宏富。其第一书开宗明义,集格致之大成,以发明天演之旨。第二书以天演言生学。第三书以天演言性灵。第四书以天演言群理。最后第五书,乃考道德之本源,明政教之条贯,而以保种进化之公例要术终焉。呜呼! 欧洲自有生民以来,无此作也。"④严复由此强调,斯宾塞在《天人会通论》中把宇宙、生命、社会、人生都纳入"天演"的框架而予以统一的说明,在西方学术史上是一大创见。他所翻译的斯宾塞著作《群学肄言》,即是其中的一部分。

---

① 严复译:《天演论》,载《严复集》第5册,中华书局1986年版,第1325页。
② 严复:《进化天演》,载《〈严复集〉补编》,福建人民出版社2004年版,第135页。
③ 严复译:《天演论》,载《严复集》第5册,中华书局1986年版,第1320页。
④ 严复译:《天演论》,载《严复集》第5册,中华书局1986年版,第1325页。

严复对斯宾塞的推崇当然还有更深一层的原因,就是斯宾塞所建立的由自然而社会的统一进化链条集中体现了实证主义原则,是以经验科学为基础的系统化概括,而不是离开经验科学的形而上学思辨,即斯宾塞所言:"当科学这样做时,它不过是把我们的经验系统化,并没有扩大我们经验的限度。我们并不能比以前说出更多的东西。……必须记住,由于现象的次序和本体的次序之间的联系是永远不可理解的,所以存在的有条件形式和存在的无条件形式之间的联系也是永远不可理解的"①。斯宾塞所说的"永远不可理解",也就是严复所说的"不可思议"。在对待哲学本体论的态度上,严复与斯宾塞是一致的。

严复指出,生命世界的进化有其规律性,这就是由达尔文所揭示的"物竞天择"原理。所谓"物竞天择",就是"物竞者,物争自存也;天择者,存其宜种也"②,即生存竞争,优胜劣败。这种"物竞天择"的原理在生命世界是普遍适用的,"此微禽兽为然,草木亦犹是也;微动植二物为然,而人民亦犹是也"③。在人类社会中,也同在动植物中一样,存在着严酷的生存竞争。这是因为,"人民者,固动物之一类也"④,人类本来就是由动物进化而来的,属于生命世界进化的一个环节。在《原强》一文中,他首先向中国人介绍了生物界和人类社会竞争的激烈性:"民物之于世也,樊然并生,同享天地自然之利。与接为构,民民物物,各争有以自存。其始也,种与种争,及其成群成国,则群与群争,国与国争。而弱者当为强肉,愚者当为智役焉。"⑤在《天演论》的按语中,他更尖锐更

---

① 引自夏基松:《斯宾塞》,载《西方著名哲学家评传》第 7 卷,山东人民出版社 1985 年版,第 293 页。
② 严复:《原强修订稿》,载《严复集》第 1 册,中华书局 1986 年版,第 16 页。
③ 严复:《原强》,载《严复集》第 1 册,中华书局 1986 年版,第 6 页。
④ 严复:《原强》,载《严复集》第 1 册,中华书局 1986 年版,第 6 页。
⑤ 严复:《原强》,载《严复集》第 1 册,中华书局 1986 年版,第 5 页。

具体地描述了这种生存竞争的严酷性:"物类之生乳者至多,存者至寡,存亡之间,间不容发,其种愈下,其存弥难。此不仅物然而已,墨、澳二洲(指美洲和澳洲——引者注),其中土人日益萧瑟,此岂必虔刘朘削之而后然哉! 资生之物所加多者有限,有术者既多取之而丰,无具者自少取焉而啬;丰者近昌,啬者邻灭。"① 由于 19 世纪与 20 世纪之交的中国在西方列强侵略压迫下正处于生死存亡之际,严复对"物竞天择"原理所作的这些阐发,成为他的科学宇宙论中最具有震撼力的内容,深刻地影响了当时的中国思想世界。诚如胡汉民在《民报》上著文所称:"自严氏书出,而物竞天择之理,厘然当于人心,而中国民气为之一变。"②

　　严复所建构的新的科学宇宙论,由于其基本点和思想框架都具有鲜明的科学性和实证性,因而不再与中国传统哲学本体论的哲学与科学相杂糅的思维定势相纠缠,解构了从《老子》直到康有为、谭嗣同哲学中都存在的本体论与宇宙论的结合,中国古代形而上学中的世界二重化问题也由此而得到解决。如果说康有为、谭嗣同所建构的具有近代特点的中国哲学本体论还带有许多中国古代哲学的色彩,那么严复所建构的科学宇宙论则是中国哲学史上第一个完全近代意义的哲学体系。套用梁启超的话说,这一科学宇宙论已不再是"不中不西即中即西"的体系。在严复译《名学浅说》中,明确地提出以"精深严确之科学、哲学"③作为科学和哲学发展的目标,这一科学宇宙论的建立正是他为之所作的努力。

① 严复译:《天演论》,载《严复集》第 5 册,中华书局 1986 年版,第 1331 页。
② 胡汉民:《述侯官严氏最近政见》,载《辛亥革命前十年间时论选集》第 2 卷上册,生活·读书·新知三联书店 1963 年版,第 146 页。
③ 严复译:《名学浅说》,商务印书馆 1981 年版,第 19 页。

五、严复：中国哲学本体论古今之变的关节点

中国哲学本体论的古今之变，开启于康有为、谭嗣同；而走出他们所导致的 19 世纪与 20 世纪之交新形态中国哲学本体论的困境，对 20 世纪中国哲学本体论开展投下深刻影响的哲学家，则是严复。严复的影响包括两个方面：一个方面，是他从经验主义出发对传统哲学本体论的解构，这往往容易为人们所关注；另一个方面，则是由之而来的对建构新的中国哲学本体论的启示，这往往不易为人们所看到。如贺麟认为："他（指严复——引者注）把康德的不可知和佛学的不可思议等同起来，只满足于实证主义重经验归纳的感性知识，而拒绝从哲学方面来深入研究宇宙根本问题，确是受到他的学识和时代的局限。"①在这一评价中，指出了严复在哲学本体论问题上的思想局限，但却遮蔽了严复在这个问题上的积极影响。

严复从经验主义出发对传统哲学本体论的解构，在 20 世纪中国哲学中主要由科学主义思潮加以了继承和发挥。20 世纪 20 年代，以胡适、丁文江、王星拱为代表的经验论科学主义，进一步以经验主义为基础，解构传统哲学本体论，建构新的科学宇宙论。他们从 20 世纪初的现代西方哲学不同思潮出发，对经验作了各自不同的新理解，胡适强调实用主义意义上的经验，丁文江、王星拱则强调马赫主义意义上的经验，但他们又都认同于经验对认识和知识的决定性意义，反对离开经验的范围去追求形而上的本体，从而以经验主义为基础对传统哲学本体论作了比严复更坚决、更彻底的批判。胡适依据实用主义所讲的经验说："我们人类所

---

① 贺麟：《五十年来的中国哲学》，商务印书馆 2002 年版，第 83—84 页。

要的知识，并不是那绝对存立的'道'哪，'理'哪，乃是这个时间、这个境地、这个我的这个真理。那绝对的真理是悬空的，是抽象的，是拢统的，是没有凭据的，是不能证实的。因此古来的哲学家可以随便乱说：这个人说是'道'，那个人说是'理'，第三人说是'气'，第四人说是'无'，第五人说是'上帝'，第六人说是'太极'，第七人说是'无极'。你和我都不能断定那一个说的是，那一个说的不是，只好由他们乱说罢了。"①王星拱依据马赫主义所讲的经验说："唯实派（即马赫派——引者注）说：心也不是实在的，物也不是实在的，只有感触——目所见的，耳所闻的，手所摸的——是实在的。即以桌子而论，桌子的本体不是实在的，它的形式、颜色、声音、坚度等等性质，是实在的。这些性质，是直接底由感触得来的，若桌子之体——康德所谓物中之物——乃是由这些感触得来的张本推论而来。凡由推论而来的，都不能算作实在。它是逻辑的构造，不是客观的实质。我们所能直接知道的，只有器官的感触，纵然我们拿头和墙碰一碰，所得的结果，仍然是一种感触——痛而已矣，——仍然不能证实墙之物质之本体。这些感触，从客观的方面看来，就是现象。所以唯实论又可以叫做现象论。"②丁文江认为，西方哲学在进入 20 世纪后，已由探讨本体论转向探讨科学知识论。这些科学知识论，尽管分属不同哲学派别，具有各自理论特色，但都可以称之为"存疑的唯心论"，"因为他们以觉官感触为我们知道物体唯一的方法，物体的概念为心理上的现象，所以说是唯心；觉官感触的外界，自觉的后面，有没有物，物体本质是什么东西，他们都认为不知，应该存而不论，所以说是存疑。"③

---

① 胡适：《实验主义》，载《胡适文集》第 2 卷，北京大学出版社 1998 年版，第 211—212 页。
② 王星拱：《科学概论》，商务印书馆 1930 年版，第 67 页。
③ 丁文江：《玄学与科学——评张君劢的〈人生观〉》，载《科学与人生观》，山东人民出版社 1997 年版，第 48 页。

这种"存疑的唯心论"正是玄学家的最大的敌人,"因为玄学家吃饭的家伙,就是存疑唯心论者所认为不可知的、存而不论的、离心理而独立的本体"①。这样一来,自古以来的形而上学已经过时,即使在本体论这块地盘中,玄学也混不下去了。他由此宣称:"在知识界内,科学方法是万能,不怕玄学终久不投降。"②正是由于丁文江对传统哲学本体论的激烈批判,引发了 1923—1924 年的科学与玄学论战。

严复对传统哲学本体论的解构,对 20 世纪中国哲学中的人文主义思潮重建中国哲学本体论也发生了启示作用。这种启示作用在于,在经历了严复和 20 世纪 20 年代经验论科学主义对传统哲学本体论的解构之后,人文主义哲学家重建中国哲学本体论需要重新确立出发点;这个新的出发点,不应再是康有为、谭嗣同所建构的具有近代特点的中国哲学本体论,而应当是严复对这种本体论与宇宙论相结合、哲学与科学相杂糅的思维特点所作的解构。20 世纪 30—40 年代,人文主义思潮中相继产生了熊十力的"新唯识论"、冯友兰的"新理学"、贺麟的"新心学"几个有代表性的哲学本体论体系,成为中国哲学现代转型的标志性成果。这些新的哲学本体论,虽然各具个性特色,但也有共同之点,这就是都以区分科学与哲学为其前提,不再是本体论与宇宙论相结合、哲学与科学相杂糅的混合物,因而有熊十力提出"科学"与"哲学"的划界,冯友兰主张"实际"与"真际"的区分,贺麟强调"心理意义的心"与"逻辑意义的心"的不同。冯友兰还就此把形而上学分为两类,一类是传统的"坏底形上学",另一类是他所要建构的"真正底形上学"。他吸取了维

---

① 丁文江:《玄学与科学——评张君劢的〈人生观〉》,载《科学与人生观》,山东人民出版社 1997 年版,第 48 页。
② 丁文江:《玄学与科学——评张君劢的〈人生观〉》,载《科学与人生观》,山东人民出版社 1997 年版,第 51 页。

也纳学派关于命题意义的理论,对"坏底形上学"提出批评说:"形上学中底命题,都是综合命题,又都无可证实性,所以形上学中底命题,都是无意义底。从知识的观点看,形上学中底命题,都是如'砚台是道德','桌子是爱情'之类,只是一堆好看好听底名词而已。其中底命题既是如此,所以形上学可以取消。"①这与本文前引严复所说的"至于不可思议之物,则如云世间有圆形之方,有无生而死,有不质之力,一物同时能在两地诸语,方为'不可思议'",可以说是一致的。由此可见,人文主义思潮对中国哲学本体论的重建,固然显示出不同于严复的哲学发展方向,但同时也受到了严复的启示。正是因为吸取了严复的启示,人文主义思潮对中国哲学本体论的重建,才避免了像康有为、谭嗣同那样导致新形态中国哲学本体论的困境,从而取得了划时代的重要成果。在这方面,不仅应当看到严复的思想局限,而且更应当看到严复的积极影响。②

　　20世纪30年代后期,由于受到人文主义思潮的影响,科学主义思潮也出现了由拒斥形而上学向重建哲学本体论的转变,产生了金岳霖建构的"道论"体系。在金岳霖的哲学本体论中,保留了自严复以来科学主义思潮重视经验主义的传统。他在论证自己本体论的核心命题"道是式—能"③时,就反复强调本体与经验之间的联系。他认为,"能"作为世界的质料,尽管不能用言说来表述,但却"可以在宽义的经验中(有推论有想像的经验)抓住它"④;而"式"作为世界的形式,其间有基于经验的"能"不断出入,从而成就了"道"的现实开展。"它们的现实并

---

① 冯友兰:《新知言》,载《三松堂全集》第5卷,河南人民出版社1986年版,第217—218页。
② 参见李维武:《心理之间:本体的主体性与本体的理想性——以熊十力、冯友兰、贺麟为中心》,载《社会科学战线》2018年第2期。
③ 金岳霖:《论道》,商务印书馆1985年版,第19页。
④ 金岳霖:《论道》,商务印书馆1985年版,第19页。

不是由于纯粹的逻辑方面的原因,而是由于所与或硬性和现实的核心,这是我们在经验中经常碰到的。不管我们怎么努力都不可能摆脱它们的。"①但与之同时,金岳霖又对本体论与知识论采取了两分的态度,认为:"我现在要表示我对于元学的态度与对于知识论的态度不同。研究知识论我可以站在知识底对象范围之外,我可以暂时忘记我是人。凡问题之直接牵扯到人者我可以用冷静的态度去研究它,片面地忘记我是人适所以冷静我底态度。研究元学则不然,我虽可以忘记我是人,而我不能忘记'天地与我并生,万物与我为一',我不仅在研究对象上求理智的了解,而且在研究底结果上求情感的满足。……知识论底裁判者是理智,而元学底裁判者是整个的人。"②这种"元学的态度"与"知识论的态度"之不同,也就是哲学与科学之不同;在"元学的态度"中,强调的是主体的情感满足而不是科学的客观冷静。这也就是说,金岳霖在重建哲学本体论问题上,同样以区分科学与哲学为其出发点,而不再像康有为、谭嗣同那样从哲学与科学相杂糅的思维定势出发,去建构与宇宙论相结合的本体论。

20世纪中国哲学家在哲学本体论问题上的这些探讨,尽管分属于科学主义和人文主义两大思潮,但在这两大思潮的开展中都鲜明地显示出严复所投下的深刻影响。这也就清楚地表明,严复在本体论问题上的探索与思考,以其超越时贤的气度和划时代的性质,成为中国哲学本体论古今之变的关节点。

(原载于《天津社会科学》2018年第9期)

---

① 金岳霖:《道、自然与人》,载《道、自然与人——金岳霖英文论著全译》,生活·读书·新知三联书店2005年版,第103—104页。
② 金岳霖:《论道》,商务印书馆1985年版,第16页。

中国哲学的当代阐释

道家·隐者·思想异端

萧萐父

　　江瑔《读子卮言》中有《论道家为百家所从出》一篇，谓："上古三代之世，学在官而不在民，草野之民莫由登大雅之堂。唯老子世为史官，得以掌数千年学库之管钥而司其启闭，故《老子》一出，遂尽泄天地之秘藏，集古今之大成，学者宗之，天下风靡，道家之学遂普及于民间。……道家之徒既众，遂分途而趋，各得其师之一端，演而为九家之学，而九流之名以兴焉。"江氏之言颇夸张，谓道家之徒演为九流，乃臆测；唯论到道家之学出于史官，后来流行于民间，徒众而分趋等，亦非全然无据。黑格尔在其《哲学史讲演录》卷首概述"中国古代哲学"时，虽甚简略但颇中肯地指出："孔子的哲学就是国家哲学，构成中国人教育、文化和实际活动的基础。但中国人尚有另一特异的宗派，这派叫做道家。属于这一派的人大都不是官员，与国家宗教没有联系，也不属于佛教。这派的主要概念是'道'，这就是'理性'。这派哲学和与哲学密切联系的生活方式的发挥者是老子，他生于基督前第七世纪末，曾在周朝的宫廷内作过史官。"黑格尔在这里既肯定了道家的理论贡献，也指出了道家思想的非官方性质。

关于老子其人其书和道家的起源，关于道家思想所依存的社会基础及其在中国传说文化中的地位和作用，长期以来已有过许多争论和各种歧解，至今难以得出定论。但有一种流行的偏见，即认为儒家文化似乎可以代替或代表整个中国传统文化，把传统文化单一化、凝固化和儒家化。这显然是不符合历史实际的。本文拟就上述问题略抒己见，以就正于方家。

一、传统文化的多维与两分

从文化发生学的角度来审视整个人类文化，从来是多源发生、多元并存、多维发展的。这从全世界的考古成果中已得到充分证明。旧石器和新石器时代的文化遗址，遍布五大洲，由史前多根系文化汇合而成的埃及、两河流域、印度、希腊、中国和墨西哥等大的文化系统，各自发展，各具特色，都曾达到高度繁荣。人类文化有趋同现象。但文化传播中的辐射、迁徙、涵化、融合等等，实际上都是以文化发生的多根系和文化发展的多向度为前提。

就中国作为东方大国而言，我们祖先从猿分化出来在亚洲东部这大片土地上战天斗地的文化创造，也是多源发生、多维发展的。且不说新石器文化遗址已发现 7 000 多个，遍布全国，经过长期斗争、融合，早形成海岱、河洛、江汉等三大史前文化区，又经过夏、殷、周三代的进一步发展，更形成了燕齐、邹鲁、三晋、秦陇、荆楚、巴蜀、吴越以及辽阳、西域等地区性文化，其传统文化心理的特点，至今在民俗、文风中尚有遗存。仅就上述区域性文化所凝结、交织而成的学术派别而言，在周秦之际已展现为诸子蜂起、百家争鸣的局面，当时的学者对各家思想的特点已有过简明的概括和总结。值得注意的是,在当时学者的概述中,如《庄子·天下》括为八家,除讲"阴阳数度"之学的阴阳家,讲"诗书礼乐"之学的儒家,以墨翟、禽滑厘为代表的墨家,以惠施及辩者为代表的名家外,其余四家——宋钘、尹文之学,彭蒙、田骈、慎到之学,关尹、老聃之学,庄周之学,皆属道家。《荀子·解蔽》所列六家,道家居三;《尸子·广泽》所列六家,道家亦居三;《吕氏春秋·不二》所列十家,道家居五。① 足见先秦诸子中道家独盛,徒众而分趋,同属道家而衍为数派,故比重特大。至汉初,司马谈首次综括先秦学术,归结为"阴阳、儒、墨、名、法、道"六家,在评论中也特别推崇道家。② 后班固依刘歆《七略》撰《汉书·艺文志》,在《诸子略》之外别出《六艺略》《兵书略》等,而将诸子括为"九流"(别增"小说",合为"十家"),而"九流"中道家的文献著录特多,达993篇(且不计其误列入他家者),数量为诸子各家之冠。③

　　《史》《汉》所括"六家""九流",撮其要旨,论其特点,似较先秦书为确;且已论到"九家之术,蜂出并作,各引一端,崇其所善,以此驰说,取合诸侯。其言虽殊,辟犹水火,相灭亦相生也"(《汉书·艺文志·诸子略》)。触及诸子各家多维并存和矛盾两分的关系,但对各家的兴衰、绝续、分合之故,未加细说。

---

① 《荀子·解蔽》云:"墨子蔽于用而不知文,宋子蔽于欲而不知得,慎子蔽于法而不知贤,申子蔽于势而不知智,惠子蔽于词而不知实,庄子蔽于天而不知人。"《尸子·广泽》云:"墨子贵兼,孔子贵公,皇子贵衷,田子贵均,列子贵虚,料子贵别囿。"《吕氏春秋·不二》云:"老聃贵柔,孔子贵仁,墨翟贵廉[兼],关尹贵清,子列子贵虚,陈骈贵齐,阳生贵己,孙膑贵势,王廖贵先,倪良贵后。"

② 司马谈所推崇的道家,实为总结了先秦道家各派,又吸取了阴阳、儒、墨、名、法思想的新道家,即流行于战国末、秦汉间的"黄老道家"。

③ 据《汉书·艺文志》所列,儒家836篇,杂家403篇,阴阳家369篇,法家211篇,农家114篇,纵横家107篇,墨家86篇,名家36篇。

就先秦诸子各家的具体的历史发展而言,阴阳家产生最早,集大成于战国末的邹衍;道家继起,凝成《老子》一书,衍为杨朱、宋钘、尹文、田骈、庄周等南北诸流派;儒、墨渐盛,且有"儒分为八,墨离为三"的蓬勃发展;名家出入于各家之中,法家成熟于各家之后;兵、农、纵横诸家应时勃兴而皆统摄于法家,流行于秦、晋。"李悝撰次诸国法著《法经》,商君受之以相秦。"(《晋书·刑法志》)秦依法家为政,兼用兵、农、纵横,因而能够"振长策而御宇内,吞二周而亡诸侯"(贾谊:《过秦论》上),实现封建主义的政治统一。汉承秦制,为惩亡秦之弊而一度重用黄老道家,继又独尊儒术而实为儒法合流,因而得以稳定和强化宗法封建制的政治统治。就理论思维水平的深广度而言,兵、农、纵横以至阴阳、名家,都以其理论上固有的局限而只能依附于儒、道、墨、法四家;而墨家在秦汉之际,以其所代表的"农与工肆之人"的政治地位的失落而归于中绝。真能独立发展,体用皆备,统之有宗的,实有儒、法、道三家。如以多维并存、矛盾两分的观点分别考察,则其离合变化的基本格局似可概括如下:

(一) 道、法由相依而分驰

道、法相依,源于齐学传统。周初,姜太公治齐,既因循齐俗,又注重法治,"尊贤而上功","通工商之业,便鱼盐之利",雷厉风行,五月报政。(参见《史记·齐太公世家》《吕氏春秋·长见》《史记·鲁周公世家》)相传姜太公著书甚多,《汉书·艺文志》"道家"著录《太公》二百三十七篇,包括《谋》八十一篇,《言》七十一篇,《兵》八十五篇,皆亡;但太公思想影响及于管仲。管仲相齐桓公,重贤任能,实行改革,"九合诸侯,一匡天下"(《论语·宪问》),今存《管子》书虽非全是管仲遗说,但其中多道、法合一思想,如:"明王在上,道法行于国","事督乎法,法出乎权,权出乎道","法者,天下之至道也,圣君之宝用也","治民有常道,而生财有常法,……明君之重道法而轻其国也"(《管子》:《法法》《心术上》《任法》《君臣上》)等。战国时,邹忌相齐威王,进一步实行封建化改革,为礼贤下士而创建"稷下学宫"。"稷下"学者中,不少人兼通黄老刑名,提倡道、法合一,以黄老道德为体,以刑名法术为用。故《史记》以老、庄、申、韩合传,自非偶然;其称"申子之学,出于黄老而主刑名",韩非"喜刑名法术之学,而归本于黄老"(《史记·老庄申韩列传》),更是明证。

但道、法两家在思想上本有分歧,尤其三晋法家与南方崛起的荆楚道家如庄子等更多舛背。集法家思想之大成的韩非,虽曾著《解老》《喻老》,史称其学"本于黄老",但韩非直斥"为恬淡之学而理恍惚之言"的道家为"天下之惑术",把道家推崇的"许由让天下"与"盗跖犯刑趋利"两者,同等地斥为破坏刑赏的"殆物";断然反对"不以天下大利易其胫一毛"的"轻物重生之士",认为这直接违反了"重殉上事"的忠君原则(《韩非子》:《忠孝》《显学》)。在秦统一前后的社会大变革中,法家依附于封建统治集团,以乘势夺利的当权派立场,迷信权势法术,在实践上一度取得成功;而道家则基本上植根于没落贵族下降而形成的逸民或隐士集团,以失势退隐的在野派自居,"全性保真,不以物累形"(《淮南子·氾论训》),"其学以自隐无名为务",主张"无为自化,清静自正"(《史记·老庄申韩列传》)。因而既反对"礼治"也反对"法治",更轻视权势刑赏,《老》《庄》都猛烈抨击依靠法家变革而上台的新统治者是"盗竽"(《老子·第五十三章》),是"窃国者"(《庄子·外篇·胠箧》)。现实中激化的政治分化,促成了学术思想上的日趋对立,愈往后发展,愈发生尖锐冲突。当儒、法两家政治合流而跃居统治思想的正宗地位,道、法两家则更是背道分驰。

(二) 儒、法由相乖而合流

儒、法相乖,源于春秋战国时期社会变革中的对立势力,一主"礼治"、一主"法治",路线不同,针锋相对。孟轲猛烈攻击秦孝公、商鞅等的社会变革是"漫其经界"的"暴君、污吏",抨击法家,兼斥兵、农、纵横,主张"善战者服上刑,连诸侯者次之,辟草莱、任土地者次之"(《孟子》:《滕文公上》《离娄上》),反对法家主张的兼并战争和土地私有化。反之,商鞅则把儒家提倡的"礼、乐"《诗》《书》"孝、弟""仁、义"等斥为足以"亡国"的"六虱"(《商君书·靳令》);韩非也直斥儒家学说是"疑当世之法而贰人主之心"的"邦之蠹"(《韩非子·五蠹》),并称儒家推尊尧舜、颂美三代是"非愚则诬"(《韩非子·显学》)。儒家亲亲而尚仁,宣扬德教仁政;法家尊尊而尚功,强调刑赏法治,在社会变革时期两者似乎冰炭不相容。

但到战国末年,荀况为封建统一所提供的政治理论,已强调了"法后王""美当今",兼重礼与刑。儒、法思想开始走向融合。秦汉之际的儒生们面对着"秦并海内,兼诸侯,南面称帝,以养四海,天下之士,靡然向风",而由于"仁义不施,攻守势异"(贾谊《过秦论》上、中),仅二世而亡的大变局,不得不总结秦政得失,继承秦制,融摄法家。如韩非所云:"臣事君、子事父、妻事夫,三者顺则天下治,三者逆则天下乱,此天下之常道也。"(《韩非子·忠孝》)此类思想被汉初董仲舒等吸入儒家伦理政治体系,而形成"王道之三纲",建立起"杂霸、王道用之"或"阳儒阴法"的"汉家法度",并一直沿袭下去,成为历代封建专制主义政统的轴心。章太炎论及此事颇有见地,云:"至汉,公孙弘、董仲舒辈本是经师,其时经师与儒已无分别。弘习文法吏事,而缘饰以儒术,仲舒为《春秋决狱》二百三十二事,以应廷尉张汤之问。儒家法家,于此稍合。……儒者自耻无用,则援引法家以为己有。南宋以后,尊诸葛为圣贤,亦可闵已。

然至今日,则儒、法、纵横殆后世之将合而为一也。"(章太炎:《论诸子学》)其实,我国传统正宗思想并非儒门一系而是儒法合流,对此,近世先进学者已多有论述。如王夫之指出:所谓"君子儒""言治道者","于老庄则远之惟恐不夙,于申韩则暗袭其所为而阴挟其心","言则圣人而行则申韩也",他称之为"以申韩之酷政文饰儒术,以重毒天下"的"申韩之儒",并痛切揭露:"下至于申韩之儒,而贼天下以贼其心者甚矣!后世之天下死于申韩之儒者,积焉!"(王夫之:《姜斋文集·老庄申韩论》《尚书引义·舜典二》)戴震也痛切揭发:宋儒所谓"理欲之辨,适成忍而残杀之具","酷吏以法杀人,后儒以理杀人,浸浸乎舍法而论理,死矣,更无可救矣"!(戴震:《孟子字义疏证》《与某书》)谭嗣同更尖锐地指出:"自秦垂暴法,于会稽刻石,宋儒炀之。……独夫民贼,固甚乐三纲之名,一切刑律制度皆依此为率"(谭嗣同:《仁学·三十七》),"数千年来,三纲五伦之惨祸烈毒,由是酷焉矣"(谭嗣同:《仁学·八》)!他进而概括言之:"二千年之政,秦政也,皆大盗也;二千年之学,荀学也,皆乡愿也。惟大盗利用乡愿,惟乡愿工媚大盗!"(谭嗣同:《仁学·二十九》)痛愤之词,不免偏激,却深刻揭示了二千年封建专制政统中儒、法合流的本质。

(三) 儒、道由相黜而互补

儒、道异说,源于齐、鲁异政,更衍为荆楚学风与邹鲁学风之取向不同。战国时,孟子力辟杨、墨,庄子则剽剥儒、墨,孟、庄同时而未谋面,但思想路线早已形成对立。到汉初,儒、道互黜,在政治、思想领域的冲突更是尖锐。儒林博士辕固生与好黄老道的窦太后争论《老子》一书的评价,竟被令入圈刺豕,几乎丧生;申培公被迎来议明堂事,触怒了窦太后等,导致"隆推儒术,贬道家言"的赵绾、王臧等竟因而被政治诛杀(《史记·儒林列传》)。司马迁曾总括:"世之学老子者则黜儒学,儒学亦黜老子。道不同不相为谋,岂谓是邪?!"(《史记·老庄申韩列传》)此后,司马迁被斥为"论大道,则先黄老而后六经",因而《史记》一书竟有"谤书"之嫌(《汉书·司马迁传》,《后汉书·蔡邕传》);而王充则自命"虽违儒家之说,但合黄老之义",因而《论衡》一书长期被斥为"异端"(王充:《论衡·自然》;纪昀:《四库全书总目提要》)。

两汉时期在政见上儒道互黜,深化为"圣人(孔子)贵名教,老庄明自然"的学派分歧和思想对立;而东汉时由于大批伪名士的出现,使儒家名教大为贬值,需要起用"自然"观念来滋补其生机,于是夏侯玄、何晏、王弼等煽起玄风,强调"天地以'自然'运,圣人以'自然'用"(何晏:《无名论》引夏侯玄语。)[1],"君亲自然,匪由名教,爱敬既同,情理兼到"(袁宏:《三国名臣颂》)。在玄学思潮的发展中,曾自觉讨论过儒、道的异同和离合问题,而大体归宿于"儒道合",或"将无同"[2]。无论是偏重于"以儒合道",或偏重于"以道合儒",其主旨都在"儒道兼综""情理兼到",以企求"自然"和"名教"的统一。玄学正宗,可以说是从学派形式上初步实现了儒道两家的兼容和互补。以后,经过佛道二教的激荡而形成宋明道学新思潮。中国化了的佛教哲学和道家及道教思想的渗透,实为宋明道学的哲理化思辨得以形成和发展的基本学术条件。历代学者多已指明,如王夫之认定:周、邵、程、朱"器外求道"(王夫之:《周易外传》卷二),乃老氏之旨;陆、王之学,"消所入能",乃阳儒阴释(王夫之:《张子正蒙注·序论》)。潘平格更一语道破:"朱子道,陆子禅。"[3]所谓"朱子道",乃指程朱一系思想多承袭于道家及道教理论,所谓"陆子

---

[1] 参见张湛:《列子注·仲尼》,载于《诸子集成(三)》,中华书局1954年版。

[2] 《晋书·阮籍传》:"(阮瞻)见司徒王戎,戎问曰:'圣人贵名教,老庄明自然,其旨同异?'瞻曰:'将无同。'"(房玄龄等撰:《晋书》卷四十九,中华书局1974年版,第1363页。)

[3] 《万季野小传》引潘平格语,李塨:《恕谷后集》卷六,中华书局1985年版,第72页。

禅"，乃指陆王一系思想多来自禅宗，而中国禅宗思想实直承庄子之学。宋明道学正宗，可以说从理论内容上实现了较深层的儒道互补。

学术思想上所实现的儒道互补，反映了现实生活中某种社会心理的需要。中国封建社会中的士人一直有在朝和在野之分。但随着科举制的发展，朝野之间的流动性也不断加大，每个人随时都面临着所谓"穷达""出处"、跻身庙堂或退处山林的不同命运，因而决定其立身处世态度乃至价值观念等的不同选择。而儒道两家分别提供的思想体系及价值取向，恰好足以适应人们在不同境遇中的精神需要，可以维持人们在处境变化中的心理平衡。冯友兰先生颇有实感地指明："因为儒家'游方之内'，显得比道家入世一些；因为道家'游方之外'，显得比儒家出世一些。这两种趋势彼此对立，但是也互相补充。两者演习着一种力的平衡。这使得中国人对于入世和出世具有良好的平衡感。"他还认为"中国哲学的这两种趋势，约略相当于西方思想中的古典主义和浪漫主义这两种传统"，并举杜甫与李白的诗，作为显例①。似乎也可以说，正如西方文化中有"日神"精神和"酒神"精神的对立和互补一样，中国文化主流中也有儒、道精神的对立和互补。

以上从三个层面对传统文化的多维与两分所作的简析，仅系一种宏观角度鸟瞰其基本格局，实际存在的许多过渡形态和中介环节，未遑细论。

二、道家·史官·隐者

单就道家，论其起源，似可概括地表述为出于史官的文化背景而基

---

① 冯友兰著，涂又光译：《中国哲学简史》，北京大学出版社 1985 年版，第 26 页。

于隐者的社会实践,前者指其思想理论渊源,后者指其依存的社会基础。

此在史志中似已言之凿凿。如《史记·老子列传》云:"老聃,周守藏室之史也"(同书《张汤传》又谓"老子为柱下史",《庄子·天道》又称"周之徵藏史有老聃者"),盖周室史官兼管图籍文献。故《汉志·诸子略》称:"道家者流,盖出于史官。历记成败、存亡、祸福、古今之道,然后知秉要执本,清虚以自守,卑弱以自持……"此所谓"盖出于史官",乃概指之词,非仅实指老聃作为道家创始人曾做过周守藏史,而且泛指道家思想的重心乃渊源于对以往"成败、存亡、祸福、古今之道"的研究和总结。而《史记·老子列传》又称:"老子修道德,其学以自隐无名为务","居周久之,见周之衰,乃遂去,至关,关令尹喜曰:子将隐矣,强为我著书。于是老子乃著书上下篇,言道德之意五千余言而去,莫知其所终"。"老子,隐君子也"。此所谓"以自隐无名为务"的"隐君子",非仅实指老聃见周之衰而自隐去或庄周拒楚威王之聘而宁愿"曳尾于涂中"等具体史实,且泛指一部分古代士人自愿或被迫从统治层的政治斗争漩涡中跳出来,成为在野者,他们既具有博古通今的历史教养,又与现实权力斗争保持一定距离,因而有可能深观社会矛盾运动,冷静分析和总结历史经验;同时,他们退隐在野,贵己养生,不慕荣利,乃至傲视王侯,因而有可能较多地接触社会现实,了解民间疾苦,关心生产科学,乃至成为时代忧患意识、社会批判意识的承担者,或"以德抗权""以道抑尊"的代表人物。这类隐者代表人物,在《论语》里已成批出现。既有批评、讽刺孔子的长沮、桀溺、石门晨门、荷蒉者、荷蓧丈人、楚狂接舆等;也有孔子所称道的许多"逸民",如较早的伯夷、叔齐,同时代的虞仲、夷逸、柳下惠、朱张、少连、蘧伯玉等。对蘧伯玉,孔子赞扬说:"君子哉蘧伯玉!邦有道则仕,邦无道则可卷而怀之。"(《论语·卫灵公》)对虞仲、夷逸,孔子赞扬他们"隐居放言,身中清,废中权"(《论语·微子》),说他们隐居不仕而放言高论,处身清高,废退合乎权变之道。战国时,齐国有位陈仲,义不食兄禄,逃隐於陵,为人灌园,号"於陵仲子"。被称为"上不臣于王,下不治其家,中不索交于诸侯"(《战国策·齐策》),但知名度很高。孟、荀都对他有所评论(《孟子·滕文公下》;《荀子》:《不苟》《非十二子》),也是当时隐者之一。这类隐者,正是道家产生和依存的社会基础。老聃、老莱子、杨朱、子华子、列子、庄周,以及《庄子》书中听记北昏瞀人、南郭子綦等等道家人物,乃是这类隐者中的思想代表。

早期隐者发展为道家思想群,再发展为稷下学者群,日益充分而明晰地体现出道家的思想特征。稷下学宫虽为齐国君所设,集中反映了战国诸侯的养士之风;但游于稷下的学者群中,有不少人崇信道家思想,所谓"稷下先生喜议政事""不任职而论国事"(刘向:《新序·杂事第二》;桓宽:《盐铁论·论儒》),但他们始终恪守隐者风范,不事王侯,高尚其事。"在布衣之位,荡然肆志,不诎于诸侯,谈说于当世,折卿相之权"(《史记·鲁仲连列传》),他们的议政,是"不治而议论",只是"各著书言治乱之事"(《史记》:《田敬仲完世家》《孟荀列传》),并不希图进入政治权力结构,反而力求与之保持一定的距离,因而能够表现某种"以德抗权""以道抑尊"的精神,并对现实政治保持一定的独立不阿的批判态度。诸如,颜斶以"士贵于王"的气概面折齐宣王的故事(《战国策·齐策》),鲁仲连为国立功而拒绝封赏、逃隐海上的故事[①],田巴在稷下讲学敢于"毁五帝,罪三王,訾五伯,一日而服千人",以及他去世时有三千弟子来送葬的故事[②],都被传为千古美谈。李白诗中就有一首赞美鲁仲连的名作:"齐有倜傥生,鲁连特高妙。明月出海底,一朝开光曜。却秦振英声,后世仰末照。意轻千金赠,顾向平原笑。吾亦澹荡

---

① 《史记·鲁仲连传》及正义引《鲁连子》,又《太平御览》卷 464。
② 《史记·鲁仲连传》及正义引《鲁连子》,又《太平御览》卷 464。

人，拂衣可同调！"（李白：《古风》）

　　战国时期在社会变动中涌现的"士"阶层，处于不断沉浮分化之中，或仕或隐，或出或处，或上升为贵族，或下降为庶民，其间界限当难划定，故史籍中常称之为"游士"。而到了秦汉以后相对稳定的封建社会，士人则明显地分化为在朝与在野两大集团，总有一部分士人游离于封建统治集团之外，成为或自觉或不自觉的隐者。他们退隐不仕的原因容或不同，或自愿"蝉蜕嚣埃之中，自致寰区之外"（《后汉书·逸民列传·叙》），或被迫"红颜弃轩冕，白首卧松云"（李白：《赠孟浩然》）；其退隐后的心态也不一样，有的失意消沉，有的诗酒自娱，有的穷居著书而尚友古人，有的身在江湖而心忧天下，也有个别走"终南捷径"以谋取高官的假隐士（《新唐书·卢藏用传》），还有所谓"小隐隐陵薮，大隐隐朝市"（《文选》卷二十二，王康琚《反招隐诗一首》）的说法。但总体来说，隐者或隐士（亦称"处士""徵君""逸民""高士""山林隐逸""避世之士""不宾之士"等），构成中国封建社会中一个特殊的阶层或集团，一种特殊的社会势力。从范晔《后汉书》开始，便在正史中专门增设《逸民列传》，录本朝引起朝廷注意的隐士二十人，其叙论云："《易》称'《遯》之时义大矣哉！'又曰：'不事王侯，高尚其事。'是以尧称则天，不屈颍阳之高；武尽美矣，终全孤竹之洁。自兹以降，风流弥繁，长往之轨未殊，而感致之数匪一：或隐居以求其志，或回避以全其道，或静己以镇其躁，或去危以图其安，或垢俗以动其概，或疵物以激其清。然观其甘心畎亩之中，憔悴江海之上，岂必亲鱼鸟、乐林草哉？亦云性分所至而已。""汉室中微，王莽篡位，士之蕴藉义愤甚矣，是时裂冠毁冕，相携持而去之者，盖不可胜数。……光武侧席幽人，求之若不及。旌帛蒲车之所征贲，相望于岩中矣。……群方咸遂，志士怀仁，斯固所谓'举逸民，天下归心'者乎！"（《后汉书·逸民列传》）这篇史论，概述了形成隐士集团的社会的、政治的以及心理的因素,并指出了光武帝等笼络这些隐士的政策及其用心。其后,唐修《晋书》《隋书》,宋修《唐书》直至清修《明史》等,均专设《隐逸列传》,将各朝代著名隐士的事迹载入国史,语多褒扬。私家著作的专史中,更有晋皇甫谧撰《高士传》,录许由以下知名度最高的隐逸之士九十六人,而汉代约占一半。清代高兆又撰有《续高士传》,录魏至明的著名隐士一百四十三人。这些入选的知名隐士中,按其思想倾向,大多数都属于道家或道家所赞美的人物。

隐者中的道家,以巢父、许由为最高典范①。洁身自好,蔑弃荣利,傲视王侯,所谓"欲洁其身而乱大伦"(《论语·微子》记子路对隐者的评语),"天子不得臣,诸侯不得友"(《后汉书·逸民列传》),在政治上不依附、不屈从于权力结构,"羞与卿相等列,至乃抗愤而不顾"(《后汉书·逸民列传》),试图保持人格的独立和尊严;在思想上按道家的理想人格和价值尺度来立身处世、讲学议政,并试图以"不治而议论"的特殊方式,影响时代思潮,干预现实政治。战国初已盛传魏文侯师事卜子夏、段干木、田子方的故事,《吕览》《淮南》等新道家论著特加渲染(见《史记·魏世家》《吕氏春秋·下贤》《淮南子·修务训》),如《淮南子·修务训》在论述魏文侯敬重段干木事迹时,借魏文侯之口说出了"段干木光于德,寡人光于势,段干木富于义,寡人富于财。势不若德尊,财不若义高"的论断,并强调段干木等不居官、不受禄,所以他们与魏文侯的关系不是君臣关系而是师友关系。《庄子》提示以"大宗师"去"应帝王"的理想,历代道家颇欣赏"为帝王师"这一特殊的议政方式。诸如,黄石公授

---

① 巢父、许由的传说,散见于先秦诸子,略谓:许由,尧时高士,隐于沛泽,尧以天下让之,逃隐箕山。尧又召为九州长,许由闻之,乃洗耳于颍水之滨。时其友巢父牵犊欲饮,问其故,许由告之。巢父急牵犊赴上游饮之,曰,勿污吾犊。《庄子》等书中更多增益,塑造出道家隐士的典型。

书张良，教其为王者师，果助刘邦取天下，后张良又计邀"义不为汉臣"的"商山四皓"傅刘盈，稳定了汉初新政局（《史记·留侯世家》）；隐居胶东、传黄老学的盖公，指点曹参治齐，其所教"治道贵清静而民自定"一语，竟成为汉初推行黄老治术的指导方针，并取得文景之治的最佳效益（《史记·曹相国世家》）。黄石公、盖公、商山四皓，以及张良（以开国重臣而辞三万户之封，愿从赤松子游，自学道家养生术）等，便成为基于隐者的道家所向往的理想人格。退而思其次，不屈于汉光武的严光，"不为五斗米折腰"的陶潜，不愿意"卖论取官"的范缜，隐居茅山而被称为"山中宰相"的陶弘景，"天子呼来不上船"的酒中仙李白，虽被帝王礼重而拒绝走"终南捷径"的司马承祯等等，也是道家的理想人物。他们可称作封建时代有意与当权者保持一定距离的自觉的在野派，不同程度地体现了道家的风骨和隐士文化的传统。

道家隐者们的言行和他们在各个文化领域中的创造活动，形成了中国历史上与历代庙堂文化相并立或对峙的山林文化传统。"山林"与"庙堂"，在中国文化史上成为一对特殊的范畴。在文学艺术的创作风格、审美情趣等方面，从来有"庙堂文艺"与"山林文艺"之分；在学术思想的理论重心和价值取向上，则有"方外"与"方内""任自然"与"重名教"的明显区别；佛教初传入，依靠贵族上层，而在中国化的过程中也出现了与宫廷佛教立异的"山林佛教"[1]；道教的发展也有类似情况，与贵族金丹道教相并立的有民间符水道教，宋元以来崛起的"全真道派"与山林隐逸相结合，被称为"有古逸民之遗风"[2]。当然，山林与庙堂、山林民间文化与庙堂贵族文化，并非截然分离绝缘，而是可以互相流动转

---

① 参吕澂：《中国佛学源流略讲》，中华书局 1979 年版第九讲，《南北宗禅学的流行》。
② 陈垣：《全真教之起源第一》，《南宋初河北新道教考》卷一，中华书局 1962 年版，第 2 页。

化的,乃至在一个人的生活道路、思想、创作中也表现出这两种文化精神的流动转化。陶渊明在弃官归隐以后,刘禹锡、柳宗元在遭到"八司马冤狱""万死投荒"以后,苏轼、杨慎等在被长期流贬以后,由于受到山林民间文化的陶冶,他们的思想、创作都发生了重大的变化。

与山林民间文化相联系,还有"布衣"这一奇异的称号,似乎标志着一种特殊的社会身份,在等级森严的封建社会里竟被普遍地看作一种褒称。"布衣",本指平民俭朴衣着,后转为一般平民之代称,而在具有山林文化自觉的道家隐者口中,则变为一种颇足自豪的尊称。《庄子·山木》中描写庄子以贫自豪,称:"庄子衣大布而补之,正緳系履而过魏王,魏王曰:'何先生之惫邪?'庄子曰:'贫也,非惫也。''士有道德不能行,惫也;衣弊履穿,贫也,非惫也。'"庄子丝毫不以布衣为耻。至于诸葛亮《出师表》中首称"臣本布衣,躬耕于南阳,苟全性命于乱世,不求闻达于诸侯",李白《与韩荆州书》中自荐"白,陇西布衣,流落楚、汉,十五好剑术,遍干诸侯,三十成文章,历抵卿相。虽长不满七尺,而心雄万夫"等,均已成为脍炙人口的名句。直到龚自珍,仍以"近来不信长安隘,城曲深藏此布衣"①的美辞,来赞扬他的好友志士潘咨。他又曾撰《布衣传》一卷,并有诗云"登乙科则亡姓氏,官七品则亡姓氏。夜奠三十九布衣,秋灯忽吐苍虹气"(自注:撰《布衣传》一卷,起康熙,迄嘉庆凡三十九人)。②

作为道家思想主要社会基础的布衣——隐者群中,常有一些"学而优却不仕"的各种奇才。他们的动向常引起封建朝廷的密切注意,聪明的统治者采取一些特别手段(如遣使征辟、旌表,以安车蒲轮卑辞礼聘,乃至皇帝亲自拜访等),加以网罗和控制。在封建盛世,"招隐""举逸

① 龚自珍撰,刘逸生注:《龚自珍己亥杂诗注·三三》,中华书局1980年版,第43页。
② 龚自珍撰,刘逸生注:《龚自珍己亥杂诗注·七四》,中华书局1980年版,第108页。

民"或"入山林访隐逸",成为一项重要的政策措施;而在衰世,不仅统治者无心"招隐",而且政治腐败,必有大批失意士人遁入山林,从而会增强布衣——隐者群这一特殊的社会势力,乃至改变"山林"与"庙堂"的互补关系和各方面的力量对比。中国历史上每当王朝末叶,政局昏乱,民心解纽,就必然出现上述情况。龚自珍处于"日之将夕,悲风骤至"的晚清衰世,他以特有的时代敏感,注意到"山中隐者"这一社会势力的迅速增强,为此而写了《尊隐》一文,并慨然自许:"少年《尊隐》有高文,猿鹤真堪张一军"①,即二十几岁时所写《尊隐》高文已指出,"猿鹤"即"山中隐者"这一在野势力已足以组成一个方面军。在《尊隐》这篇奇文中,他极为深刻地指出:由于清廷腐败不能广纳人才,反而扼杀人才,"圣智心肝,人功精英,百工魁杰所成,如京师,京师弗受也;非但不受,又裂而磔之",结果是"百宝咸怨,怨则反其野矣"。于是,形成了"京师"与"山中"的对立。文章又从政治经济实力、精神文化风貌各方面把双方进行对比,结论是:"京师贫"而"四山实矣","京师贱"而"山中之势重矣","京师之日苦短"而"山中之日长矣",京师朝士"寡助失亲"而"山中之民,一啸百吟,一呻百问矣"。因而预计不久的将来,"山中之民,有大声音起,天地为之钟鼓,神人为之波涛矣"!龚自珍这一大胆的预言,果然被 19 世纪后半叶中国社会变革的大震荡所证实。

三、道家传统与思想异端

有正宗而后有异端。在西欧,如恩格斯所论:"一般针对封建制度发出的一切攻击必然首先就是对教会的攻击,而一切革命的社会政治

---

① 龚自珍撰,刘逸生注:《龚自珍己亥杂诗注·二四一》中华书局 1980 年版,第 311 页。

理论大体上必然同时就是神学异端。"(《德国农民战争》二)在中国，自秦汉统一，汉承秦制，儒术渐尊，儒法合流，形成了封建法统与学统的正宗以后，道家思想以其被罢黜、受排斥的现实遭遇，更以其固执天道自然、抗议伦理异化的理论趋向，便一直被视为思想异端。秦皇、汉武的雄才大略，百年之中以思想罪兴两次大狱，一诛吕不韦集团，一诛刘安集团，株连镇压大批优秀学者，尤其道家（如"淮南八公"等）遭到严酷打击(《史记·吕不韦列传》《汉书·淮南王传》)。但道家并未因此而偃旗息鼓，相反地，历代道家学者仍然以与封建正宗相对立的异端身份，倔强地从事于学术、文化的创造活动和批判活动，不断地取得许多重要成果，尤其在发展科学、文艺和哲学思辨方面作出了超迈儒家的独特贡献，从而形成了我国历史上别树一帜的道家文化传统。

两汉时期，封建皇权缘饰儒术，依靠大批酷吏和循吏交织成封建专制主义的政治网罗与思想网罗，在大批儒林博士们"曲学阿世"、奔竞利禄、"天下学士靡然向风"(《汉书·儒林传》)的情况下，班固承认"自武帝立五经博士，开弟子员，设科射策，劝以官禄，讫于元始，百有余年，传业者浸盛，支叶蕃滋，一经说至百余万言，大师众至千余人，盖禄利之路然也"(《汉书·儒林传》)，顾炎武判为"汉自孝武表彰六经之后，师儒虽盛而大义未明"(《日知录》卷十三)。而当时独有身受腐刑的司马迁，卖卜为生的严君平，投阁几死的扬雄，"废退穷居"的王充等，这些卓尔不群的道家学者，正因为他们被斥为异端而他们也慨然以异端自居，故能在各自从事的学术领域奋力创造，取得辉煌成就。仅以王充为例，他在儒林博士们"高论白虎，深言日食"的气氛中，勇于举起"疾虚妄"的批判旗帜，自觉地"依道家"立论，"伐孔子之说"(《论衡·问孔》)，"奋其笔端以与圣贤相轧"(纪昀：《四库全书总目提要》)，"作为《论衡》，趣以正虚妄,审乡背,怀疑之论,分析百端,有所摘发,不避孔氏"!(章太炎:《訄书·学变》)乾隆帝愤斥为"背经离道","已犯非圣无法之诛"(乾隆:《读〈论衡〉后》)。而章太炎则衷心赞美王充:"汉得一人焉,足以振耻。至于今,亦未有能逮者也!"(章太炎:《訄书·学变》)

魏晋时期,当朝名士所宣扬的玄学正宗,莫不主张"以儒融道",故坚持"圣人体无""孔优于老",强调"名教""礼制"的首要意义。而固执道家思想的在野名士,笑傲山林,则主张"非汤武而薄周孔""越名教而任自然",乃至直斥"六经为芜秽,仁义为臭腐"(嵇康:《与山巨源绝交书》《难自然好学论》),如嵇康、阮籍等则不可逃避地被斥为异端。玄学名士钟会向朝廷告发嵇康:"言论放荡,非毁典谟,帝王者所不宜容","轻时傲世,不为物用,无益于今,有败于俗。……今不诛康,无以清洁王道"!(见《晋书·嵇康传》《世说新语》注引《文士传》)嵇康竟因此而被杀。嵇、阮等原本贵族,但受道家思想的影响,走上了思想异端的道路,拒绝与当权者合作,而求友于当时著名隐士孙登,真心向往"采薇山阿,散发岩岫,永啸长吟,颐情养寿"(嵇康:《幽愤诗》)的隐士生活。虽未实现,却留下了奇妙的憧憬。这一时期,近似嵇、阮坚持道家思路的异端学者尚有不少,诸如,"清操自然"、征聘不就的杨泉(吴会稽处士,著有《物理论》《太玄经》等,发展了道家传统的气论),盛倡无君论的鲍敬言(被葛洪尊称为鲍生,其系统的无君思想,与阮籍、陶潜等相呼应),隐居著论、驳斥报应的戴逵(东晋处士,著名艺术家,著有《释疑论》等,存《弘明集》中),不惧围剿、坚持神灭的范缜(梁时处士,以"布衣穷贱之人"自居,著《神灭论》,坚持道家的自然观、形神观以驳斥佛教),等等,大都在当时的学术前沿和整个思想文化战线上能够开拓创新,作出贡献。

隋唐时期,在儒学正宗的统摄之下。佛、道两家均有发展。唐太宗虽然宣布："朕所好者唯尧舜周孔之道，以为如鸟有翼，如鱼有水，失之则死，不可暂无耳！"(《贞观政要》卷六)但是唐王朝实行了三教平衡的宽松政策，道家思想得以因缘道教的兴盛而流行一时。唐王朝尊宠道教，崇道之风席卷朝野，信道术仙成为时髦，一些道士因走"终南捷径"而得官爵，成为皇权的附着物。但真心坚持道家思想风骨的士人，或自甘隐退，或总被排斥，他们中间出现了不少优秀学者、诗人、科学家，例如：赵蕤、孙思邈、成玄英、李荃、王玄览、刘蜕、李白、孟浩然、元结、罗隐、皮日休、陆龟蒙、谭峭，等等，他们的著作幸得保留，在中国传统文化的宝库中各有其独特的贡献。他们中的一些人虽非全属道家思想，但其批判锋芒却显示了明朗的异端性格。

宋元明时期，理学正宗居于统治地位，儒家关于伦理异化的说教，被强化到"人死于理，其谁怜之"的地步；而科举考试制的普遍化，更以严密的"文网世法"禁锢和毒化着整个知识界。但在当时，除了理学正宗、庙堂文化之外，异端学术、山林文化仍有较大的发展。例如，两宋之际的郑樵，隐居夹漈山中三十年，著书一千卷，其中《通志》二百卷，具有很高的学术价值；宋元之际的马端临，放弃举业，隐居不仕，著《文献通考》三百多卷，并批判流行的"欺天之学"与"欺人之学"。郑、马两人是当时最渊博的学者，其所开辟的"通史家风"，远超宋元诸儒，影响尤为深远。又如，宋元之际的邓牧，隐居九漈山，终身不仕，自号"三教外人"，著《伯牙琴》，富有社会批判内容；元末明初的刘基、叶子奇，隐伏民间时分别著《郁离子》《草木子》等，吸取道家思想而显示出异端性格。明代，在阳明心学的发展、分化和自我否定的潮流中，出现了颜钧、何心隐、李贽等活动于民间的许多思想家。他们大都把阳明心学中昂扬主体自觉的"狂者"意识，发展到对封建纲常名教的权威的否定。他们狂傲不羁，揭露"假人"，呼唤"童心"，主张个性解放，反对伦理异化的许多言论,虽属时代要求的反映,也有道家思想的渊源。

明清之际,"天崩地解"的社会震荡,"破块启蒙"的思想异动,在中国历史上是空前的。在这空前的变局中,学术思想出现了新的整合,活跃于整个中世纪的思想异端,开始蜕化为力图冲决网罗、走出中世纪的新的启蒙意识。这一思想的重新整合和蜕变的过程,是极为复杂的,但先秦子学的复甦,长期被目为异端的《老》《庄》《列》思想的引起重视和重新咀嚼,无疑是一个促进的重要因素。明末清初在时代风涛里涌现出的一大批灿若群星的思想家,大都富于历史教养,有过政治流亡或甘当遗民的生活经历,因而能够顺应时代思潮的动向,远继历史上的异端批判思想,开拓出新的启蒙意识。他们中间,就其思想蜕变与以往道家传统和异端性格的深刻联系而言,傅山可说是一个典型。

傅山思想的最大特点是自觉地继承道家,鲜明地批判"奴儒"。他明确宣称:"老夫学《庄》《列》者也。于此间诸仁义事,实羞道之。即强言之,亦不工!"(全祖望:《阳曲傅先生事略》)并直斥理学家们"一味板拗",全是"奴儒","后世之奴儒,尊其奴师之说,闭之不能解,结之不能觿"(傅山:《霜红龛集》卷三十一),主张坚决扫荡"奴性""奴物",表现了鲜明的启蒙意识。傅山于明亡后自隐岩洞,曾以抗清被逮入狱,不屈,几死;又被康熙强征入朝,峻拒,亦几死;终以"黄冠自放"得脱,遂着道流衣冠,自称"朱衣道人",行医卖字为生,俨然道家隐者。顾炎武赞之为"萧然物外,自得天机"(顾炎武:《广师篇》)。傅山的《霜红龛集》及《荀子评》等子学著作,《红罗镜》等通俗传奇,则充分体现了 17 世纪中国早期启蒙者的思想锋芒和感情升华。傅山,可说是继承道家传统的思想异端挣脱封建囚缚而转化为早期启蒙者的典型人物。

中国历史上的异端思想和批判意识的承担者,虽非全出于道家,但确有不少是具有道家思想风骨的隐逸人物。这些人物及其思想，在中国传统文化中怎样定位？在中国文化的发展中起过什么历史作用？在中国走向近代化的文化历程中发挥过什么功能？对今天的社会主义文化建设有何借鉴意义？这些问题似乎值得进一步探索。

传统·儒家·伦理异化

萧萐父

一

传统，是一个沉重而模糊的概念。"古愁莽莽不可说"（龚自珍诗句），"青史凭谁定是非"（林则徐诗句）。传统在历史之流的滚滚风涛里形成，一个古老民族的历史传统，总给人以混茫幽窅的印象，似乎无比丰厚，而又无从把握。概念的模糊性并不妨碍它的认识功能。传统一词广泛流行，但人们对于传统的理解，往往流于把它过去化、凝固化。似乎传统仅仅属于过去，而与现代相距很远，只有离开现代的立足点，才能回头去理解或重现传统。所以，对传统，有恢复或抛弃之说。恢复论者视传统为民族旧文化中某种"一脉相承之统绪"，即三代以来"原于中国文化之一本性"而形成的"道统之相传"，并悲叹其在中国走向近代的文化历程中发生了"断裂"；因而大声疾呼，要以孔子作《春秋》之"存亡继绝"的精神来恢复中国文化中"一贯之传统"①。抛弃论者视传统为"沉重的枷锁",为"陈旧的过时物",强调必须挣脱传统之束缚,才能彻底重建新文化,因此,同样大声疾呼,为了实现现代化,中国的传统文化"最好后继无人"②。

果真如此吗?不尽然。

传统,并非已经死去的历史陈迹,而是至今活着的文化生命。它渊源于过去,汇注于现在(经过现实一代人的参与),又奔流向未来。人,作为类存在的社会人,其类特性就在于自由自觉地参与创造历史的活动,人只能生活和思考在他自己不断创造的历史之中,而不可能"遗世而独立",也就只能承先启后地处在某种传统之中。"全盘西化"论和"保存国粹"论之所以必然落空,就因为两者都把自己身处于其中的历史传统误解为凝固化了的异己的外在物,似乎可以随意抛弃或须加抢救。事实上,传统内在于现实的人们及其对传统的心态中,并不断地被人们评判、理解、复制和重构而成为动态的流程。老黑格尔说:"传统并不是一尊不动的石像,而是生命洋溢的,有如一道洪流,离开它的源头愈远,它就膨胀得愈大。"③

传统既然流动,必非铁板一块而是多元的。历史的长河宽容"殊途百虑之学"。所谓"罢黜百家""裁判异端"的嚎叫,正证明了"百家"和"异端"的顽强存在。纵观历史,正宗与异端,精英与大众,主流与支流,神奇与腐朽,从来是相待而有,并行不悖。故粗分为"两种文化"或"大、小传统"④

① 唐君毅、牟宗三、徐复观、张君劢四人于 1958 年联名发表的《我们对中国学术研究及中国文化与世界文化前途之共同认识》,见唐君毅《中华人文与当今世界(下)》附录。
② 刘晓波:《与李泽厚对话——感性、个人、我的选择》。
③ [德] 黑格尔著,贺麟、王太庆译:《哲学史讲演录·导言》,商务印书馆 1959 年版,第 8 页。
④ 列宁:《关于民族问题的批评意见》,《列宁全集》第二十卷,人民出版社 1958 年版;雷德斐(Robert Redfield):《农民社会与文化》。

者有之，旷观为"圣贤之血路，散殊于百家"①者有之。譬如水火，相反相生，龙血玄黄，杂以成文。因此，对传统文化整体泛观、单维进化的模式，势必为二分（或三分）剖判、多元衍变的模式所代替。

传统既然多元，总是新旧杂陈，或已死而未僵，或初生而尚丑，或托古以护新，或假新以复旧。正因为情态多样，所以主体参与的历史选择，文化上的整合、重组、熔铸、涵化、破旧立新或推陈出新，乃有可能。在主体自觉地参与下，历史沉积物中的"璞"与"鼠"、"砒"与"蜜"可能糅混，但不是不可分的，并非只能宿命地接受。传统既然与主体的参与意识相依存，就不可能"后继无人"。某些传统思想似乎感染了整个民族，化为民族性格，浸入了无意识深层，但也会因人而异、因事而异、因时而异地发生着分解和变异。

多元的传统在不同的历史条件下形成，也只能随历史条件的变化而产生变革和发展。因此，传统的继承，并非文物的保管，也不是古学的复兴，更不是对古今文化的肤浅认同，而是按"人事有代谢，往来成古今"这一历史的客观进程，基于主体的自觉对历史中形成的传统去进行筛选和评判，去发现自己视为先驱者的开拓的足迹，去探索新旧文化代谢发展的机制、条件和历史根据，从而找到传统文化与现代化之间的历史接合点。对传统文化的选择和继承，与对现今文化的创建和对未来文化的设计及追求，三者是密切结合在一起的。

二

试以上述传统观来观察儒家传统，则应看到多元的、流动的传统文

---

① 黄宗羲：《朝议大夫奉敕提督山东学政布政司右参议兼按察司金事》，《南雷文定》三集卷二，商务印书馆 1936 年版，第 26 页。

化洋溢于中国，源远而流长，儒家仅其中一环。儒家产生以前，中国文化已历史地形成若干文化区，各自创建又互相汇合，已蓬勃发展数千年。儒家产生以后，虽曾列为"显学"，实与并世诸家（如阴阳、墨、法、名、道等）并行，且互为采获；汉唐以来，所谓儒之独尊，乃指官学而言，且代有变迁，而其间佛、道屡盛，纂著宏富，仅唐代流行于朝野的佛教经论，已达八千余卷，超出当时儒家经典若干倍。至墨侠、阴阳、神仙、方术一直在民间流行，绵延不绝。

儒家及儒家传统等词，论者习用之，其实名实颇多龃龉。因为历史上并不存在统一的儒家，也不存在一脉相承的儒家传统。儒门有所谓"道统"之说，假托孔子预言"董仲舒，乱我书"（王充：《论衡·实知》），算是最早的神学谶记；韩愈自觉编造的"道统"（韩愈：《原道》），尊孟贬荀，于史无据，与汉儒皆尊荀、传经多出荀门（汪中：《述学》补遗《荀卿子通论》）之史实全然相背。韩愈编造的"道统"名单，到宋初石介、孙复等，还在孟轲之后加上荀卿、董仲舒、扬雄、王通、韩愈，并不全然排斥汉唐诸儒（见石介《徂徕集》卷十二，《宋元学案》卷二《泰山学案》）。而到了南宋朱熹手里，则一方面上溯伏羲，又牵强附会地把"道统"内容规定为所谓"十六字心传"；另一方面又全然撇开汉唐诸儒包括韩愈，而在孟子之后直继以二程，后又稍扩充为周敦颐、邵雍、张载、司马光等所谓"伊洛渊源"，而他自己当然以"道统"嫡传者自居（见朱熹《中庸章句·序》《沧州精舍告先圣文》《六先生画象赞》等）。从此，由朱熹所虚构，由元明清三代皇权所钦定的所谓儒家道统，成为一种强制推行的思想史范式，遮蔽了历史的真实。

其实，儒家夙以"杂"见称。《荀子·法行》记南郭惠子早称"夫子之门，何其杂也"！《韩非子·显学》谓孔子死后儒分为八："有子张之儒，有子思之儒，有颜氏之儒，有孟氏之儒，有漆雕氏之儒，有仲良氏之儒，有孙氏之儒,有乐正氏之儒。"再加上子夏在西河和曾子在武城也各立门庭,各有创建[或以为仲良氏乃仲梁子,传曾子之学,或以为乐正氏乃乐正子春,乃曾子弟子,或以为子夏为"传经"人物,或以为子夏乃"法家宗师"(见《礼记·檀弓上》《后汉书·徐防传》、郭沫若《十批判书》)]。反正各自成家,取舍不同;荀况后起,直斥子张、子夏、子游为"贱儒",对子思、孟轲更猛烈抨击,把他们斥为"偷儒惮事,无廉耻而嗜乎饮食","术谬学杂,呼先王以欺愚者"(《荀子》:《修身》《儒效》)。可见孔子之后的儒门各派,互相攻讦,势不两立。韩非所列八派中有"漆雕氏之儒",被称为"不色挠,不目逃,行曲则违于臧获,行直则怒于诸侯",以其"廉""暴"学风与孟、荀都敬重的宋钘的"宽""恕"学风相对立;章太炎尊"儒侠"一派,称其"刚毅特立",别树一帜。(《韩非子·显学》、章太炎《訄书·儒侠》)试问,如溯及先秦而论儒家传统,究何所指? 是指孟轲氏之儒,抑或指与孟轲持论相反的荀卿氏之儒? 或是指与孟、荀都大不一样的漆雕氏之儒? 如果概指各家,应绎其共性,如果仅指某一家,则举一废百,名不符实。

到汉代,初有儒、道互黜,稍后儒得独尊,且儒林与经师合一,似乎有儒经可据,易于趋同;事实上大不然,儒经一开始流传,就发生了文字训解、师说家法、思想原则等方面的种种分歧。突出的是经分今、古文,在一系列重大问题上互不相容。诸如对孔子的评价、对孔子与六经的关系、对六经的排列次序、对六经是孔子所作或是古代文献,都有截然不同的解释,而同是今文经学派内也有分歧,如"三家诗义"与"公羊春秋"在政治主张上就互相对立,学术争论动辄发展为政治诛杀。汉廷尊儒,所尊者乃投其所好之儒,凡固执儒学原旨者,如申培公、辕固生等反遭拒斥,而赵绾、王臧、眭弘、盖宽饶等竟以思想罪被迫害致死。至于被儒门斥为"曲学阿世"者如公孙弘等人,则得贵显(《史记·儒林列传》,

《汉书》卷七十五《眭弘传》与卷七十七《盖宽饶传》）。与此交织，稳定汉王朝的大批"酷吏"和"循吏"，倒堪称儒法合流的汉家法度的真正实践者（《史记》：《酷吏列传》《循吏列传》），而大批标榜名教的"儒生""名士"，反而成为儒学培养出的伪君子（如《后汉书·陈菩传》附赵宜事等）。如论汉代儒家传统，究指申培公、辕固生之儒？或指公孙弘、董仲舒之儒？抑或指眭弘、盖宽饶之儒？如依孙复等独尊董仲舒为使"圣道晦而复明"的汉儒代表（见孙复《眭阳子集·与张调书》《宋元学案》卷二《泰山学案》），也难以排除传统中别有尊韩婴、尊刘歆、尊扬雄、尊王充而斥董仲舒为"淫巫瞽史""义和团之远祖"（参柳宗元《贞符》、章太炎《蓟汉微言》）等等说法。

至于宋元明清时期，似乎三教分立，名成一系；儒家由经学发展为理学，不断得到皇权支撑；作为科举考试定本，俨然成为思想正宗。明初编出三本《大全》——《五经大全》《四书大全》《性理大全》，诏颁天下，所谓"合众途于一轨，会万理于一原"（胡广：《进书表》）[1]，似乎达到空前的稳定与统一。其实大谬不然，仅就北宋儒学而言，就有王安石的新学、司马光的朔学、张载的关学、二程的洛学、三苏的蜀学……诸学派之间，各种观点形成复杂的多角对立；到南宋，既有朱熹、陆九渊、吕祖谦之间的激烈争论，别有陈亮、叶适等从根本上反对理学家们的心性空谈；郑樵、马端临等更以空前的博学，别创文化史研究新风，而独步当时。明朝王阳明以对朱陆的双向扬弃而另创新说，王学又以良知说的内在矛盾而导致王门各派的多向展开；通过泰州学派的分化而由何心隐、李贽引向"异端"，再通过东林学派的实践工夫而由黄宗羲完成对王学的自我否定；明清之际的特殊历史条件下更崛起一代早期启蒙学者，

---

[1] 黄宗羲编：《明文海》卷六十六，中华书局 1987 年版，第 589 页。

各有师承,各具特色,但大都超越出儒家的藩篱。仅就儒门一家而论,已是异说纷纭,单是朱、陆之争,就势同水火。如黄宗羲所云:"师门宗旨,或析之为数家","大类释氏之源流,五宗水火,遂使杏坛块土,为一哄之市"(《明儒学案·自序》)。所谓《圣学宗传》《理学宗传》《皇明道统录》之类,当然不足为据。事实上,人们无不是按各自的先入之见和历史意识去建构、去诠释自己的儒家传统。

三

诠释的多样性不排斥诠释的对象仍有其历史的统一性。因为诠释者总是生活、思考在统一的历史的行程中,而被诠释的对象总有其历史的继承性;而历史又总是以自己固有的严峻方式,检验着、筛选着各式各样的诠释,增减其存在的历史合理性。

历史上所谓儒家思想,从晚周到清末,经过与中华固有的道、法、墨、名、阴阳家思想,蒙、满、藏、回等各族传统思想交相融合,又与外来的印度佛教各派思想、西方各家思想,先后汇合,屡经变异,分殊发展,但毕竟摄取各家,为我所用,而自有重心,蔚为中华文化中的主流学派之一,形成一个多向度而可供诠释者自我选择的丰富传统。

"历史,如果它有意义而并非空洞的回声,那它就都是当代的历史。"(克罗齐语)对历史上儒家传统的当代诠释,虽纷然杂陈,但某种诠释得以流行则并非偶然,往往由许多历史因素的结合而据有一定的客观根据。按流行的说法,由孔子奠基、以六艺为法的儒家学说,自汉至清,二千余年,确乎形成了传统。儒家传统的发展,自有其历史变化的原生、衍生、变异、衰落诸阶段。

儒学在其原生阶段,立论朴实,旨在重视人伦和人的实践智慧,追求理想的社会和谐秩序。孔子博学好古,总结三代文明的盛衰,提出"仁""礼"结合、"孝悌"为本的伦理原则;孔门各派多元发挥,而颜(回)、曾(参)、孟(轲)、荀(况),颇能以人伦为中心,各有侧重而又互补地完成了"修己治人"的"仁义"之学体系的建构。所谓"以仁为恩,以义为理,以礼为行,以乐为和,熏然慈仁,谓之君子"(《庄子·天下》);所谓"列君臣父子之礼,序夫妇长幼之别,虽百家弗能易也"(《史记·自序·司马谈论六家要旨》),可说是对原始儒家独特贡献的切实概括。这一概括实际表明,儒家思想的根基,乃是宗法伦理关系及其所产生的宗法伦理意识,由宗法家庭的道德行为规范推广到宗法等级制的礼法名教等社会政治规范,就是儒家所谓"成己成人""内圣外王"的思想体系的重心。宗法制的历史沉淀就是这一思想重心的扎根处。

儒家传统在其衍生、变异阶段,形成多层的结构,并随时代发展而不断变化其内容。如:

(1) 儒经的传统。孔子在文化下移中搜辑、整理、编纂了《诗》《书》《易》《礼》《春秋》等古文献,功绩不朽,孔门子夏、荀卿及以后儒者多以传经著称,所谓"儒者以六艺为法,六艺经传以千万数"(《史记·太史公自序》)。儒家以丰富的古文献作思想载体,吸聚了历代知识精英,发挥了特有的文化优势,无论是"我注六经"还是"六经注我"(两者实不可分),都同样在参与儒经传统的历史延续。从秦博士浮丘伯、伏胜……直到皮锡瑞、廖平、章太炎,绵延二千余年,文分今、古,学别汉、宋,各种笺注疏解,更是汗牛充栋,成为中国传统文化中最丰腴、最庞杂的一份遗产。

(2) 儒行的传统。儒重行,"非知之艰,行之惟艰","行有余力,则以学文"(《古文尚书·说命中》《论语·学而》)。"冠、婚、丧、祭"等基本宗法礼仪和"入则孝、出则悌"等基本行为规范,本依存于以小农为基础、以血缘为纽带的宗法制遗留,与群体生活实践和群体价值意识脉息相通,这是儒家传统特具再生力的深层社会基础。至于《荀子·儒效》《小戴礼记·儒行》中所申论,乃战国末到秦汉之际的儒者,对新人行为模式的理想设计,昂扬主体的自觉性,颇有"强哉矫"的生气。而往后儒者对"视、听,言、动"的强制规范,如程颐的《四箴》、朱熹的《家礼》等,则以"克己复礼""灭欲存理"为价值取向,使一切道德行为因主体沦丧而失去活力。

(3)儒学的传统。儒重文,"博学于文""好古敏求"被看作"修己治人""化民成俗"的首要一环;所谓"观乎天文,以察时变,观乎人文,以化成天下"(《周易·贲卦象辞》),故儒者强调文治教化的作用,主张"尊德性而道问学,致广大而尽精微,极高明而道中庸"(《小戴礼记·中庸》),注意对历史遗产的继承,对外来文化的汲取,对自身理论的加工,对异端思想的涵化,从而使儒学思想体系具有较大的包容性,得以长期居于统摄的正宗地位。

(4)儒治的传统。儒学的包容性体现在政治上既可以儒法合流、儒道互补;而儒行的内容尤重"安上治民""以天下为己任"的从政意识,从"三纲八目"到经世致用,从维护"皇极"到赞美"循吏",构成儒家传统的政治内核。治统与学统,政统与道统,相互依存,相辅而行,遂使历代王权既可以缘饰儒术、宣扬德治、自称圣王,又可以用卫道名义兴文字狱、诛心中贼,以理杀人。

上述几个层面,各成系统而又紧密相结合,故所谓儒家传统,并不仅是一种学术思想或精神资源,而是依附于一定的经济政治制度的伦理规范、社会风习、文化心态、价值理想等的综合体,涵盖面广,渗透力强,在历史上曾起过重大的支配作用,尽管经过近百余年的历史沧桑,它在民族文化的深层结构中仍具有不可忽视的再生活力。

四

传统并不仅是一种精神力。当传统与一定社会制度相融合就会产生特殊的社会功能。儒家传统，主要依存又服务于以自然经济与血缘纽带为支柱的宗法封建制，这种宗法封建制是由宗法农业家庭以及这样的家庭、宗族细胞分层隶属而构成。所以儒家思想传统的主要内容是以维护宗法关系及其等级秩序，确定和限制封建特权、调节宗族内外矛盾为中心的"礼教"——"所以定亲疏、决嫌疑、别同异、明是非"（《礼记・曲礼》）的一套价值规范。

这一套礼教规范，其源，可以远溯到古代血缘氏族的父系家长制；其流，更长期绵延，与文明同步。作为历史沉淀物的宗法制度，在进入文明时代即与国家体制及政治、法权、宗教等深相结合，形成中国特有的宗族奴隶制。到晚周时期的礼崩乐坏、社会蜕变过程中，原始儒家适时地对"郁郁乎文哉"的周代礼教进行了一番理论加工。礼，不单指器物、礼仪、制度，而是一种人文价值。因此，实之以仁，充之以孝，扩之为仁政、德治，证之以"明分使群"。孟、荀互补，孟主性善，"仁义礼智根于心"，"非由外铄，我固有之"（《孟子》：《尽心上》《告子上》），把礼教内化为修己之道；荀主性恶，强调"人道有辨""礼以定伦""国之命在礼"（《荀子》：《大略》《王制》），把礼教外化为治人之经。原始儒家既论证宗法伦理根于人心，为人的类特征所固有，又强调宗法伦理规范为圣人所制定，是人类所必需。尽管孔、孟、荀还保留了某些天命神权或神道设教的传统思想，但从伦理实践的角度却肯定了人作为主体的道德自觉的意义，并没有把作为客体的社会必需的伦理规范绝对化。故有"邦无道则隐""闻诛一夫纣""从道不从君"（《论语・卫灵公》《孟子・梁惠王下》

《荀子·大略》)之论。

秦汉新儒家摄取阴阳家言,融合道法刑名思想,服务于宗法封建制的统一法度,实现了儒法的政治合流。韩非的"三纲"思想被纳入儒家的礼教体系,宗法伦理由相互的道德感情转变为绝对的伦常义务,由自觉的道德要求逐步变为强制的行为规范。于是,由董仲舒开始形成了"王道之三纲,可求于天""屈民而伸君,屈君而伸天"的神学理论。往后,发展为"名教本之自然"的玄学正宗,再发展为"明体达用""理一分殊"的理学正宗,始终都在论证宗法伦理及其政治推广的纲常名教的神圣性和绝对性。绝对化的纲常名教,日益成为丧失了主体自觉道德的异化的伦理教条,其所维护的宗法等级隶属关系,日益变为人性的桎梏,变为道德自觉的反面,人的真正价值被全面否定。

这一历史事实,可以被理解为类似宗教异化的伦理异化现象。

人,为了实现人的本质,结为群体,组成家庭,创立社会,建构人际之间必要的伦理关系及其他社会政治关系,为调节这些关系而产生了自律和他律的行为规范。人的价值正是在这些关系中自觉实践一定的道德规范而得以实现的,但是,当这些规范被架空,脱离了现实的人际关系,脱离了人的自我道德意识,而异化为一种强制、奴役、愚弄人的"天生铁定底道理";这"道理"反过来箝制人心,革尽人欲,直到"身心收敛","坐如尸,立如斋,头容直,目容端……"(《朱子语类》卷十二)使人成为非人,结果,人在实践道德规范中反而丧失了人的本质。

儒家传统的礼教思想、伦理至上主义,有其重视道德自觉、强调教化作用、追求人际关系和谐等可取因素。但因其植根于我国奴隶制社会和封建制社会长期顽固保存的宗法关系之中,一开始对理想人格的设计,就以客观化的等级名分制度和人际依附关系为基准,而使个体的主体性消融于其中;个体的存在和价值完系隶属于超个体的整体,只有事父事君,尽伦尽职,才可能获得个人存在的意义和价值。因此,一个人的道德自觉性愈高,愈是最大限度地尽到伦理义务,也就愈是自觉地否定自我,乃至扼杀个人的道德意识。同时,把人之所以为人的本质归结为道德活动,蔑视人的其他一切价值,人不必去追求成为独立的认识主体、审美主体,政治、经济、科技、生产活动的主体等等,而只需成为纲常名教的工具。这种伦理至上主义,绝非人文精神;相反地,乃是一种维护伦理异化、抹杀人文意识的伦文主义。它不仅取消了人的主体性,尤其抹杀了人的个体性,把个体消解于异化了的群体人伦关系之中。只有冲破伦文主义的网罗,才可能唤起人文主义的觉醒。

伦理异化,是中国封建社会特有的历史现象。为之辩护者历代多有,前期多采神学说教,后期多采哲学论证。董仲舒、朱熹,堪称典型。抗议者亦不少,前期多梦游远古,后期始瞩望未来,鲍敬言、黄宗羲,可作显例。至于李贽歌颂"童心",揭露"假人"(《焚书·童心说》),龚自珍呼唤"众人之宰,自名曰我"(《龚自珍文集·壬癸之际胎观第一》),王夫之反对"灭情而息其生"(《周易外传》卷三《掘》),戴震怒斥"后儒以理杀人"(《孟子字义疏证》卷上《与某书》),谭嗣同声讨"无实之名"造成"三纲五常之惨祸烈毒"(《仁学》八),章太炎强调"依自不依他""一切虚伪,唯人是真"(章太炎:《答铁铮》《国家论》),全是一派反抗伦理异化的叱咤声。五四时期"哀其不幸,怒其不争"的反传统,并非什么传统文化的"断裂",而正是四百年来文化代谢中这一优秀传统的继承。

至于儒家传统中的积极因素,早已裂变为文化代谢中的新生面孔。"谢朝花于已披,启夕秀于未振"(陆机:《文赋》),"春兰秋菊,千古永存"(屈原:《九歌·礼魂》)。

庄子超越精神赏析

李德永

　　庄子思想中最启发心智,令人神往的,是那富有诗情哲理的超越精神。打开《庄子》中的千古名篇《逍遥游》,你的思绪便不期然地被一幅气势磅礴的海天腾飞图吸引住了。你好像化为飞鹏,为了飞向光明的"南天池",深深躁动于"北冥"之渊:首先由曳尾之鱼化为插翅之鸟,然后鼓动双翼,掀起洪波,乘着天风海涛,腾跃而上,自由翱翔于蓝天白云之间,你的视野也随着无限伸展,投向"远向无所至极"的广阔世界。这样,你身居斗室,神视九天,片刻获得一种"遗物离人而立独"(《庄子·田子方》,本文凡引《庄子》处,只注篇名)的超越感。作为诗人哲学家的庄子是通过什么样的思维途径来作他的超尘拔俗、凭虚凌空的逍遥游呢?这种超越现实的逍遥对现实人生是否有其积极意义呢?这是值得进一步探讨的问题。

一、从有情到无情

　　庄子是一位具有深沉的忧患意识的思想家。他面临"无动而不变,无时而不移"(《秋水》)的社会大变动，"蒿目而忧世之患"(《骈拇》)，首次对人的自然本性、现实遭遇和命运前途作了全面考察和理性思考。

与儒家的"明乎礼义而陋于知人心"(《田子方》)不同，他非常重视被礼义规范所掩盖、限制了的人的最基本的自然欲求："目欲视色，耳欲听声，口欲察味，志气欲盈。"(《盗跖》)他所代表的小生产者中的隐士阶层不可能有那种目欲视五色、耳欲听五声、口欲察五味的过高的物质要求，便转而追求一种"素朴"生活条件下的精神志气的充盈和自由。以马性为例："夫马，陆居则食草饮水，喜则交颈相靡，怒分背相踶，马知止此矣。"(《马蹄》)只要任其喜怒就够了，此外别无所求。庄子强调的是"自适""自得"(《马蹄》)、"自取""自喻"(《齐物论》)、"自事"(《人间世》)，即"任其性命之情"(《骈拇》)的自己而然，而不是通过外力"矫饰""扰化"(《荀子·性恶》)的"使之然"(《荀子·劝学》)。这是庄子追求个性自由的自然人性论观点。

然而，自由幻想却陷于现实的困境之中。首先，作为"万化"之一的人，不能声称"人耳人耳"(《大宗师》)而自我特殊。在"以天地为大炉，以造化为大冶"的宇宙大环境下，不得不承认这一辛辣的真理："死生，命也，其有夜旦之常，天也。人之有所不得与，皆物之情也。"(《大宗师》)其次，作为群体之中的个体，在礼乐刑政的社会制约下，有两个压顶"大戒"：其一是"不可解"的"爱亲"的亲子之"命"，其二是"无所逃"的"事君"的君臣之"义"。正是在自然和社会两大异己的压力下，芸芸众生，困苦颠连呼叫于"不是规乎其前"的坎坷命运之中(《田子方》)："天乎！人乎！""君乎！牧乎！""父邪！母邪！"(《齐物论》《大宗师》)陷于天人、君臣、亲子等层层网络中的人还有什么个性自由可言："一受其成形，不忘(亡)以待尽。与物相刃相靡，其行进如驰，而莫之能止，不亦悲乎！终身役役而不见其成功，苶然疲役而不知其所归，可不哀邪！人谓之不死，奚益！其形化，其心与之然,可不谓大哀乎!"(《齐物论》)钩心斗角的人事摩擦,劳而无功的终身奔波,形化心亡的最终结局,这一人生悲剧使庄子一再感叹。

然而悲愤的极端就是亡情的开始。为了解开生死恨(或生死恋)的情结,庄子冷静思考生死命运问题。认为被尊为灵长类个体生命的人不过是"假于异物,托于同体"的暂时存在(《大宗师》)。或寿或夭,谁贵谁贱,孰美孰丑,等等,虽万有不齐,但都是宇宙自然的"伟哉造化"(《大宗师》)。这种造化,无情意,无计度,完全是冷冰冰的客观必然性的偶然性在起作用,对之而有感激、怨恨之心,都是自作多情,庸人自扰。不管你的主观好恶如何,结局终归要统一于这种"不可奈何"的必然性。只有"知其不可奈何而安之若命,德之至也"(《人间世》)。一旦自觉认识到这一点,就会主动抛弃幻想,积极面对现实:既然"未生不可忌(禁)",就痛痛快快地生;既然"已死不可徂(止)",就坦坦荡荡地死(《则阳》)。这不是"无人之情"吗?是的,但这是跳出了"以好恶内伤其身"的人情小圈子,而"謷乎大哉,独成其天",在思想境界中获得一种与宇宙乾坤同其悠久的"无乐"之乐,名之曰"至乐"(《德充符》《至乐》)。有了这种觉解,就会欣然面对死亡,"鼓盆而歌"或"临尸而歌",以无限宽广的心怀,赞美"变而有生""变而有死"的转化之理,反思"大块载我以形,劳我以生,佚我以老,息我以死"的生死之义(《大宗师》),从而在更高的层次上"悬解"人生困惑,重估生存价值,开展理想生活:"故善吾生者,乃所以善吾死也。"(《大宗师》)用伟大的生,迎接伟大的死,到伟大的宇宙大家庭报到,此之谓"大归"(《知北游》)。

二、从有限到无限

庄子把人们的视野从苦难深重的现实人生引向海阔天空的理想世

界,在从有限向无限的思想漫游中,充满了诗人哲学家的激情和幻想。

对于事物,庄子不像惠施那样"弱于德,强于物",缺乏审美情操,专注物理分析,给予人的只是一些名言知识,而不是"备天地之美,称神明之容"的美感享受(《天下》);庄子对世界则充满了审美感。他抱着"与天为徒"(《大宗师》)的宽广胸怀,怀着"与物为春"(《德充符》)的喜悦心情来"乘物以游心"(《人间世》)——乘其所见所闻之凡物,游其所思所想之春心。他用"恣纵而不傥"(《天下》)的大手笔勾勒出生动活泼、仪态万千的谐趣图。鹪鹩巢林图突出的是"不过一枝",鼹鼠饮河图突出的是"不过满腹",斥鴳腾跃图突出的是"不过数仞",它们在狭小的天地里食息蠕动,毫无他慕之心。他的鲲鹏展翅图,水击三千里,高飞九万里,旅程六月息,由陆到空,由北到南,所高扬的是"负山岳而舍故,扬舟壑以趋新"(成玄英疏)的英勇奋搏精神(《逍遥游》)。他的河伯望洋图更是意趣横生,发人深思。当秋水灌河,涯岸旷阔,"不辨牛马"时,河伯"欣然自喜,以为天下之美为尽在己",及至"顺流而东行,至于北海",看到了"不见水端"的一片汪洋时,"乃知尔丑",深惭自己的气量原来如"崖涘"之小(《秋水》)。他的万窍怒呺图谱是不同凡响的风、穴协奏曲,那天地无意发出的气息(风)吹入形状不同的孔窍,发出音色不同的声响,在"前者唱于而随者唱喁"的感应协奏下,"泠风则小和",若有"大地微微暖气吹";"飘风则大和",恍如"高天滚滚寒流急";忽然,"厉风济,则众窍为虚",天籁静寂了,欲把人们引入深沉的哲学反思:"咸其自取,怒者其谁邪!"(《齐物论》)还有影子问答的短剧,"罔两"(影外之影)埋怨影子道:"行而止,坐而起",你怎么这样"无特操"呢! 影子回答道:"我是'所待'而然啊! 但我之'所待'又有'所待',我之'所待'如蛇蚹蝉翼捉摸不定,我哪里作得了主啊!"听起来,多么诙谐,但又多么令人同情。(《齐物论》)更有别出心裁的"无端崖之辞";独脚之夔羡慕多足之蚿,蚿又羡慕无脚之蛇,蛇又羡慕无形之风,风又羡慕能见之目,目又羡慕能思之心。(《秋水》)这种物物相慕的苦恼反衬的则是庄子所渴求的自得之乐。总之,庄子是用多情之眼玩赏自在之物,赋予它们以人格、气质、情趣,使"万物复情"。(《天地》)这与其叫作"物化",不如叫作"化物",把原来无情无思的自在之物转化为有情有思的为我之物。鱼游而已,但经过庄子一"观",则赞不绝口:"鲦鱼出游从容,是鱼之乐也。"(《秋水》)蝶飞而已,但经过庄周一"梦",则"栩栩然胡蝶也,自喻适志欤"!(《齐物论》)庄子确有"腐朽复化为神奇"(《知北游》)的手法,要把他所见所闻的有限世界化为他所思所想的理想世界。

但庄子的情思不止于此,他眼望天地有形外,思人飘渺无影中,向更为广阔深远的无限时空超越飞升。

孔子"登东山而小鲁,登泰山而小天下"(《孟子·尽心上》)气魄够雄伟了,但抬头一望,"巍巍乎,唯天为大"(《论语·泰伯》),就此止步了。孟子所养的"至大至刚"之气"充塞天地之间",也够"浩乎沛然"了(《孟子·公孙丑上》),但终止点也只是"天之高也,星辰之远也"(《孟子·离娄下》)、荀子"登高山""临深谿",慨然有感于"天之高""地之厚"(《荀子·劝学》),但他明确提出"将有所止",反对漫无边际地"穷无穷,逐无极"(《荀子·修身》)。惠施在"逐万物而不反"的基础上抽象出"至大无外,谓之大一;至小无内,谓小之一"(《天下》)的最高命题,但以"无外""无内"定其"至大""至小"之限,仍然是个"至此止步"的封闭体系。"善言天"的邹衍"推而大之,至于无垠"(空间),"推而远之,至于天地未生"(时间)的"先验后推"之"术"(《史记·孟荀列伟》),是一个无限延伸的开放体系,但他的兴奋点主要在于具有现实意义的"大小九州的"和"五德终始论",对时空无限论没有进行理论探讨。只有《老子》才自觉探索有限与无限的关系,提出"有生于无"(《老子》第四十章)、"复归于无极"(《老子》第二十八章)的最高哲学命题。"无"既"无"矣,不可再"无";"无"已"极"矣,"无"外无"极"。《老子》攀登的高峰是否已到"绝顶","至矣,尽矣,不可以加矣"了呢?"游心于无穷"(《则阳》)的庄子把《老子》的终点作为继续前进的起点,他认为世界"莫知所归"(《天下》)、"无所终穷"(《大宗师》),没有最终的归结点。"无极"到顶了吗?没有!"无极之外复无极"(据闻一多考证为《齐物论》佚文)。就时间而论,"其往(过去)无穷"而"其来(未来)无止"。就空间而论,也是"四方上下"而"无穷"。(《则阳》)因此,寻找开端,确定终点的封顶法是无法封死"未始有封"的无限世界的。因为,"有始也者,有未始有始也者,有未始有夫未始有始也者。有有也者,有无也者,有未始有无也者,有未始有夫未始有无也者"。(《齐物论》)不管你所开之端、所定之点如何自封为到了"无极",但仍然有"未始"为你所终之点。因而这篇"未始"论实际上做的无始无终,永远开卷,永远无法交卷的宇宙论:"有实而无乎处者,宇也;有长而无本剽(末)者,宙也。"(《庚桑楚》)"无"者,强调只有超越具体有限性才能显示"宇宙"之无限。《墨经》的"宇宙"论则是:"宇,弥异所也。""久(宙),弥异时也。""弥"者,强调只有遍及具体有限物始能成就"宇宙"之无限。同一"宇宙",而所观不同:《墨经·经说》是"宇,莫东、西、家、南、北","古、今、旦、莫(暮)",目视于方内;庄子是"天地并钦! 神明往钦"(《天下》),神游于方外。他"乘天正而高兴,游无穷于放浪"(《世说新语·文学》注引支道林《逍遥论》)。纵使高处不胜寒,也要望长空,梦寥廓,"旁日月,挟宇宙"(《齐物论》),向无限的远方飞去。多么积极开放,富有青春活力的逍遥游啊!

庄子虽"以天下为沈浊,不可与庄语",怒而飞,向无限上升,但他还是"独与天地精神往来,而不敖倪于万物,不遣(拘泥)是非,以与世俗处"(《天下》)。他从天外飞回了,突破了"以俗观之"的局限性,换上"以道观之"的眼镜,从无限与有限统一的视角高度,多侧面、多层次地观察事物,重新评估其地位和价值。泰山与秋毫不是大小相异太悬殊了吗?但是与比泰山更大者比较起来,泰山为小;与比秋毫更小者比较起来,秋毫为大。因此,两者都具有二重性,它们的差异性是相对的。这种相对性,夸张一点来说:"天下莫大于秋毫之末,而泰山为小。"这不是弄颠倒了吗?是的,但这正是一个翻天覆地的大颠倒,它长大了秋毫的志气,大灭了泰山的威风。思想的解放,认识的深入,精神境界的提高,大大需要这种极富辩证思维的颠倒法!别自高自大吧,与无穷大比较起来,"天地"小如"稊米";别自卑自贱吧,与无穷小比较起来,"秋毫"大如"丘山"。比上不足,比下有余。经过这样一比划,则大中有小,小中有大,"差数睹矣",各种思想包袱卸掉,心理重新得到平衡,也好向新的领域轻装前进了(参见《秋水》《齐物论》)。这是什么精神?是阿 Q 精神吗?值得商榷。

三、从有我到无我

人总得有点精神。从有我到无我,勇于舍弃,乐于追求,在对小我的否定中成就大我,实现更高级的思想追求。这是庄子"无已"论中值得剥取的积极内容。

庄子揭露那些"满苟得"式人物的丑恶灵魂。他们认为"富之于人,无所不利",只要掌握了财富,就可以"侠(挟)人之勇力而以为威强,秉人之知(智)谋以为明察,因人之德以为贤良"。既然"勇力""智谋",甚至"贤良"都可以利得之,就不择手段地牟取暴利,公开宣称:"无耻者富,多信(言)者显。夫名利之大者,几在无耻而信(言)。"庄子把这种"无耻"之言、"无足"之心名为"贪",而把那种"动以百姓,不违其度"的作风尊为"廉",并进一步分析:"廉贪之实,非以迫外也,反监之度。"同一外部条件,思想境界高者,"势为天子而不以贵骄人,富有天下而不以财戏人"(《盗跖》)。因此,反贪倡廉,要从思想入手。而人人"相与吾之"(《大宗师》)的自我中心思想则是问题症结之所在。如果"其为人太多,其自为太小",那当然是"图傲(高大)乎救世之士哉!"(《天下》);如果"拘(借为'取')一世之利以为己私分(有)"(《天地》),就会利欲熏心,无所不用其极。"其耆欲深者,其天机浅"(《大宗师》),发展到"舐痔"以邀宠,"诵诗书以发冢"(《外物》),连起码的人格都不顾了,还谈什么妙契自然的"天机"!

针对过分膨胀的自我中心主义者,庄子倡导"至人无己"论。既然只有"至人"才能"无己",不免陈义过高,多有"不近人情"之处(《逍遥游》);但它对于净化心灵,解放思想,确有独到之处。

庄子以寓言形式讲了许多神仙式的修养之道。女偊的"撄宁"之道,歌颂的是置身纷繁境地,还能保持心情安宁的坚定性。但这绝非一日之功,而是勇破三关的结果:"三日"而"外天下","七日"而"外物","九日"而"外生"。一关比一关难,但一破再破,最后突破生死关,就一朝解脱,豁然开朗,从小我圈子中独立出来,获得精神上的绝对自由(《大师宗》)。"三外"之中,"外物"最关紧要,因为物质生活条件一项最为切己,喜怒哀乐之情,有我无我之分,每每萦怀于此。庄子认为,虽然,"养形必先之以物"(《达生》),但要"不以物挫志"(《天地》)。因为"有大物者,不可以物,物而不物,故能物物"(《在宥》)。过分追求难得的"大物",则物愈大而身愈小,不免身为物役;只有不为物役,才能超然物外,保持"独往独来"的主宰地位(《在宥》)。故"不物"不是否定必要的物质生活条件;因此,颜回的"坐忘"不是忘怀一切,他要忘却的,一曰"仁义",二曰"礼乐";因为他信守"克己复礼为仁"(《论语·颜渊》),"其心三月不违仁"(《论语·雍也》),儒家思想包袱较重。至于物质生活条件,仅有"箪食""瓢饮""陋巷"这最后防身"三宝"而已;并此"荀简"而"外"之,身且不养,遑论"物物"! 故"坐忘"之中不包括"外物"。物质生活条件之必不可少,庄子是有切身体会的。他家贫,向监河侯借米而不得,曾"忿然作色",以鱼自况:如果"斗升之水"都喝不到了,不就成了摆在市场上的"枯鱼"了吗? 因此,庄子的"外物"之说,仅在抑制过分膨胀的物欲追求,把人们的视野从小我引向大我,跃进到更高的理想目标。

但"人卒未有不兴名就利者",当其奔命于名利之场,争行犹恐后,岂能等闲"忘"而"外"之? 于是庄子精心设计一种心理上的封闭-开放疗法。这就是假托仲尼教诲颜回的"心斋",其要诀有三:

其一,止念。念由心生,心由物动,而物之来通过感官渠道的传导,故首要"无听之以耳",使"听止于耳";耳已失听,而心犹思,故次要"无听之以心",使"心止于符"(停止心与境会而起计度之念)。这样"离开去知"(《天运》),把感觉器官和思维器官全部封闭,不就麻木痴呆,"白黑在前而目不见,雷鼓在侧而耳不闻"(《盗跖》)了吗? 荀子所欲解除的认识缺陷,正是庄子所欲达到的情致心态。他所描绘的有道之士都具有"形如槁木,心如死灰""苔焉(相恋)似丧其耦"(《齐物论》),"然(不动貌)似非人(木偶)"(《田子方》)等外貌特征,他们似失去反应能力,但因减少精力消耗而得保"神全"。如"醉者之坠车",正因其"无知",故"虽疾不死"。又如养鸡,凡虚骄昂首、盛气易怒、见影打鸣者均不堪斗;独有始终"无变""望之似木鸡"者,众鸡望之却步,荣获"斗鸡"桂冠(《达生》)。为人亦然,到了"忘其肝胆,遗其耳目",失去了对事物的敏感时,也就减少了对事物的依从性,增强了超然于事物之外的"自行"度(《达生》)。"夫无所县(牵挂)者,可以有哀乎? 彼视三釜、三千钟,如观雀蚊虻相过乎前也。"(《寓言》)

其二，集虚。消极封闭，难以做到心"无所县"："夫且不止，是之谓坐驰。"如果形虽枯坐而心却外驰，怎么办？办法是把意念转移到"听之以气"，"徇（使）耳目内通而外于心知"（《人间世》）。这就是耳目内敛，任气出入而无所用其心的"集虚"之法。因为气是冲漠封朕，故目之所视，"视乎冥冥"，耳之所听，"听乎无声"，不断积累的结果，而"冥冥之中，独见晓焉；无声之中，独闻和焉（《天地》）"。不知不觉间发现了曙光，听到了和音。这种奇异景观的出现并不奇怪，这乃是"游心于淡，合气于漠"（《应帝王》）而自然产生的结果。在庄子看来，潜心默守清虚淡漠之气可以积累无限的能量。这是智慧、勇气等等取之不尽、用之不竭的深厚来源；而这些原来是被功名利禄等情结窒息了的，只要持之以恒，心与气合，这些意想不到的能量就会被释放出来，这叫作"解心释神"（《在宥》）。同时，"通天下一气耳"（《知北游》）。借助于清虚之气的流贯，就会使人的"精神四达并流，无所不极"（《刻意》）。所以，"唯道集虚"（《人间世》），功夫全在积累清虚之气。到了"纯粹而不杂，静一而不变，淡而无为，动而以天行"的火候，洗涤出来的一缕清虚高洁的灵魂就可以"上际于天，下蟠于地"（《刻意》）。但这种心灵的开放并非一放即至的闪光，而是"虚而待物"（《人间世》），契机潜藏。物之未至，虚以待之，经常保持至虚静之心而静观默视，于无有所为之中蕴藏着大有可为的潜能。这种心态被庄子描绘为"尸居而龙见，渊默而雷声"（《在宥》）。这是居而未飞的潜龙，默而未响的闷雷，恰如握而未出的拳头，引而未发的弦箭，力量含藏，随时可以应机而出。这种"集虚"而出的潜能，其内涵如老子之"虚极静笃"，其功能同样可以达到孟子浩然之气的"至大至刚"。不过孟子的"集义"，其"扩而充之"的道德情操，刚烈之气外扬；而庄子的"集虚"，其"虚而待物"的淡泊情怀表现为柔弱中的坚定，潇洒中的激烈，有更大的韧性和耐力。

其三，一志。止念是止其所不止，积虚是虚其所不虚，不止而止之，不虚而虚之，没有极大的韧性和耐力不行。故"心斋"之要贵在"一志"。"虚而待物"是物之未至，虚以待之；而目的是为了物之已至，顺而应之，做到"感而后应，迫而后动"（《刻意》），不是被动地被推着走，而是主动地顺物行。"无所于忤，虚之至也"（《刻意》），要使物我之间减少对撞，必须主客之度明确掌握，才能"明则虚，虚则无为而无不为也"（《庚桑楚》）。这种"无为而无不为"的绝招是从专心一志的勤苦磨练中得来的，庖丁解牛："奏刀騞然，莫不中音"，"技"够高超的了；解牛成功，"提刀而立，为之四顾，为之踌躇满志"，气够自豪的了；但"以无厚入有间"的精妙契合恐怕还是从"岁更刀""月更刀"的无数失败中总结出来的（《养生主》）。驼背老人黏蝉如地上拾物之易，这一"巧"招也是经过五六个月的苦练得来的。当其举竿黏蝉时，"虽天地之大，万物之多，而唯蜩翼之知"，思想多么集中。总结经验，就是"用志不分，乃凝于神"（《达生》）。吕梁能在"悬水三十仞，流沫四十里"的激流中游泳，"与永（漩涡）俱入，与汩（涌流）偕出"，其虚己以"从小"的自如感也非得自一朝。开始是"生于陵而安于陵"，毫无下水经验；以后"长于水而安于水"，不知喝了多少水，最后才"不知吾所以然而然"，从必然王国进入到出没从容的自由王国。名匠庆削木为镰（乐器），见者惊为鬼斧神工。其创作过程，首先是"斋以静心"，务使"其巧专而外滑消"，做到专心于技艺之巧而消除外念之杂；然后进入深山老林细心观察，直到发现有"天性"好木近似于其所欲得者，稍一"加手"，即成神镰。其妙合天然（"以天合天"）之巧也是从"凝神"苦求中得来的（上引材料见《达生》）。

综上以观，庄子的逍遥不是轻松的潇洒，其超越也不是随心所欲的纵身一跃。"水之积也不厚，则其负大舟也无力"，"风之积也不厚，则其负大翼也无力"（《逍遥游》），这是有待于客观条件。还有主观条件："以瓦注(作赌注)者巧,以钩注者惮(胆怯),以黄金注者殙(昏乱)。"这是因为越是贵重之物就越"有所矜(顾惜)"而产生"重外"心理。"凡外重者内拙"(《达生》),主观上不能超越外在压力,就只有胆怯心慌,无灵巧之可言。独有那种"无人"式的神箭手,虽"登高山,履危石,临百仞之渊……背逡巡(背渊退行),足二分垂(悬)在外",而发射自如,毫无"恂(眩)目之志"(《田子方》)。但这种无畏之勇恐怕还是"有待"而然。如果没有诸如"止念""集虚""一志"等磨练之功,从何而来如此高超、胆大的智慧和勇气!"夫至人者,上窥青天,下潜黄泉,挥斥八极,神气不变"(《田子方》),这当然是超越一切的"无待"了。但这种"无待"恐怕还得有待于"有待",即"无己"的思想准备和刻苦的实际磨练。没有这两条,爬行而已,敢于自由翱翔而面不改色心不跳吗?而且也不可能"泠然(飘然)善也"地永远翱翔下去。以鲲鹏之远举,至多也只能起自北冥,止于南冥,不能常保其飘飘然,"时则(或)不至而控于地而已矣",和斥鴳一样——这就是我的超越观。

（原载于《道家文化研究》第八辑,上海古籍出版社1995年版）

百家争鸣与荀况"解蔽"

李德永

荀子名况,字卿,世称荀况、荀卿或孙卿(古代荀、孙二字同音),战国末期赵国(今山西南部)人。关于他的生平事迹,史籍记载较简略。据推定,约生于周慎靓王五年(公元前 316 年)前后,卒于楚考烈王二十五年(公元前 238 年)春申君死后不久。这时正当诸侯纷争走向封建大统一的前夜。在这个大转变时期,他讲学于齐,访问于秦,议兵于赵,著书于楚,在吞吐诸子、更新儒家的基础上,建立了独具一格的思想体系,成为百家争鸣的理论总结者。他的思想不仅在内容上别开生面,而且在方法论上亦颇具特色,在先秦辩证法史上独放异彩,值得进一步研究。

一、荀况思维方法的理论特征

论者常以"环之无端"(《荀子·王制》。本文凡引《荀子》,只注篇名)的宇宙循环论、"尽伦尽制"(《解蔽》)的儒家圣王说、"学有所止"(《儒效》)的真理凝止观等为论据,判定形而上学是荀子哲学的骨架,而把他的辩证法看成"倏忽即逝"的思想闪光。这恐怕是停留在荀子思想的表层而未深究其底蕴之所致,其原因盖在于就思想论思想,而未结合历史背景、学派特征、生活经历等方面来综合考察其思想,因而抓不住他的致思趋向和理论特征。

就历史背景而论,整个春秋战国时期,由于社会发展不平衡,客观矛盾大暴露,学术思想大解放,无疑为辩证法思想的开展和深入提供了前所未有的大好条件,但这种发展是有阶段性的。春秋末期到战国前期,社会由统一走向分裂,在"礼坏乐崩"(《论语·阳货》),旧的濒于崩解的形势下,被老子揭示的"反者道之动"(《老子》第四十章)的矛盾转化规律得到了普遍印证:政治制度上,"社稷无常奉,君臣无常位"(《左传·昭公三十二年》,史墨语);国际人际关系上,"邦无定交,士无定主"(顾炎武:《日知录》卷十三论周末风俗);思想作风上,"言无定术,行无常议"(《韩非子·显学》);学派关系上,"儒分为八,墨离为三"(《韩非子·显学》)。真正是"无动而不变,无时而不移"(《庄子·秋水》),一切都在冲突和碰撞中发生裂变、推移。但到了战国中期和末期情况就不同了。在"立禁""立官""立君"(《商君书·开塞篇》),新的制度纷纷建立以后,通过"以德兼人""以富兼人""以力兼人"等方式的反复拼搏较量,新的中心逐步形成,新的统治者要求实现"兼并"胜利后的"坚凝"稳定局面(《议兵》)。正是在社会由分裂走向统一的新形势下,邹衍的"五德转移"论(《史记·孟荀列传》),《易传》的"穷变通久"论(《易传·系辞下》),荀子的"环之无端"论纷纷出笼了。如果说《老子》的转化无常论的客观作用是摧旧,那么荀子的始终循环论的主观愿望则是迎新。"天地则已易矣,四时则已无矣,其在宇中者莫不更始矣。"(《礼论》)正是怀抱着更新开始的无限喜悦心情,他发出了对于"今""始""后王"的颂歌:"天地始者,今日是也;百王之道,后王是也。"(《不苟》)不要再去追求无限的"未始有始"的那个最先的开始吧,伟大的开始就在"今日";不要再去"略法先王而不知其统"(《非十二子》)吧,先王之统就具体体现在"后王"的"粲然"业迹中(《非相》)。"始则终,终则始,若环之无端也"(《王制》),无非宣告旧的已经终结,新的重新开始;虽然新旧如环,莫辨其端,但旧的"贤人""善政"毕竟是"文久而灭,节族久而绝"(《非相》),千古风流,只看今朝了。这种古今一贯而又今胜于古的循环论,寓创新于循旧之中,着重考虑现实与传统的联系,而又把重心转移到"善言古者必有节于今"(《性恶》)的当代现实问题上,在"法先王"(孟子)与"美当今"(韩非)的两极对立的争论中保持一定的张力。这种历史辩证法的现实性和理论思维的深刻性是有待于深入发掘而不能轻易加以否定的。

　　就学派特征而论,荀子推重"仲尼、子弓",自称"雅儒""大儒",但他的思想经过诸子的争鸣洗礼,虽保留了儒学的本色,但又感染了百家的异彩,已不是纯儒了。如在天人关系上,他明确宣布:"道者,非天之道,非地之道,人之所以道也,君子之所道也。"(《儒效》)虽然把哲学视野从道家谈论得比较玄远的天道问题转向切合现实的人道问题,并把他所追求的理想人物从道家"超然方外"的"真人",现实化为"尽伦尽制",即精通社会伦理制度并能加以完满实现的"君王"。但他并不是只谈人道而不谈天道,而是主张"善言天者必有征于人"(《性恶》),一方面克服庄子"蔽于天而不知人"(《解蔽》)的片面性,另一方面又善于运用道家天道观中的自然主义,对复杂的社会问题,即所谓人道问题重新进行理性思考,从而深化了儒家关于"仁"与"礼"的社会政治伦理学说。春秋末期的孔子在旧的礼治崩解之际主张以"仁"复"礼",战国中期的孟子在新的法治兴起之际主张以"仁心"实行"仁政"(即礼治),都不免从主体动机出发来解释社会问题。而荀子则从冷静观察(即道家的静观玄览)物质供求的客观矛盾出发,比较深刻地揭示出人性要求与社会规范既对立又统一的辩证关系,认为"礼"的作用在于"既得其养,又好其别"。即一方面是为了"养人之欲,给人之求",承认满足物质要求的合理性;但正是为了满足这一要求,另一方面又要克服"欲而不得,则不能无求。求而无度量分界,则不能不争;争则乱,乱则穷"的后果,从而从总体长远利益出发的"圣王"就"制礼义以分之",用社会规范对自发的物质要求加以人为限制(《礼论》)。这样,荀子就把天道自然观,从道家用来反对人道有为的武器,转化为论证人道有为的依据,作为社会规范性的"礼"就从"忠信之薄而乱之首"(《老子》第三十八章),变质为为了"救患除祸"而"明分使群"的一种历史发展之必然(《富国》)。这样一种具有必然性的"礼",由于融摄了道家关于"道"的自然性而接近于法家关于"法"的强制性,真所谓"礼之理诚深矣"(《礼论》),深化了儒家社会政治伦理学说的辩证思维内容。因此,从学派交融衍化的角度看,荀子是通过融道于儒,从而由儒转法的具有过渡性的儒家思想家,是一位善于接纳信息、更新理论的具有开创性的儒家思想家。

就生活经历而论,荀子终生从事学术活动,更可看出他是一位善于总结百家争鸣来更新、发展儒家理论的思想家。他15岁游学于齐,不可能一开始就是定型化了的儒家门徒。在诸子荟萃的稷下学宫,他三次蝉联"祭酒",取得了"最为老师"的权威地位(《史记·孟荀列传》),也不可能是"末世穷年"固守一经的"陋儒"(《劝学》);但他通过既"疑疑",又"信信"的反思和选择(《非十二子》),在猛烈抨击"俗儒""贱儒"乃至"沟瞀儒"的同时,仍标榜"大儒"、宣扬"儒效",又确乎是一位由疑到信,终于坚定了学派立场的儒学思想家。

稷下学宫中"持之有故,言之成理"(《非十二子》)的论辩环境固然促进了哲学思辨的多方开展,但也因此产生了一些带有片面性的哲学偏见。正是这种卓见与偏见纠缠在一起而又争论不休的学术环境,为儒家"执两用中"（《中庸》第六章）的中庸之道提供了理论上的用武之地；而荀子则在这个理论阵地上比较自觉地用"中庸"来"解蔽"，从方法论上发展了古代辩证法思想。本来百家争鸣中"天下多（各）得一察焉以自好"（《庄子·天下》）那种崇拜片面性的学风由来已久，而反对片面性，要求"执中"（《孟子·尽心上》）、"贵虚"（《尸子·广泽》）、"别宥"（《庄子·天下》）的呼声也日益迫切，但真正从认识根源和思想方法上对这种片面性进行理论解释并试图解决的则是荀子的"解蔽"论。如果说五行、阴阳学说中的辩证法思想主要是对自然矛盾的总结，《易经》《老子》《易传》的辩证法思想主要是殷周之际、春秋战国之际、周秦之际等历史阶段社会矛盾的总结，《孙子兵法》《孙膑兵法》的辩证法思想主要是对军事斗争的总结，那么，《尸子·广泽》《庄子·天下》《荀子·解蔽》《吕氏春秋·不二》等的辩证法思想则主要是对学术思想矛盾发展的概括和总结。而在以上诸篇中，《荀子·解蔽》的辩证法思想最具有方法论的意义。

《庄子·天下》认为"一曲之士"，"不该不偏"，"不见""大体"。《荀子·解蔽》认为"乱家之人""蔽于一曲而暗于大理"。两者对认识的片面性都作了同样的概括，但前者只是从诸子学说的内容及其派别演变作了比较细微翔实的历史描述，后者则是在更高的层次上着重对诸子学说的实质及其理论得失作了比较简明深入的评估分析。如从诸子学说错综复杂的现象形态中分别概括其片面性的各自特征为："墨子蔽于用而不知文。宋子蔽于欲而不知得。慎子蔽于法而不知贤。申子蔽于执而不知知。惠子蔽于辞而不知实。庄子蔽于天而不知人。"（《解蔽》）"慎子有见于后，无见于先。老子有见于诎，无见于信（伸）。墨子有见于齐，无见于畸。宋子有见于少，无见于多。"（《天论》）这种点睛之笔显示了荀子对片面性的理论透视的高度和深度。就其批判方式而言，这种"蔽于此而不知彼"以及"有见于此,无见于彼"的理论概括,既指出了各家的"蔽",又肯定了各家的"见",既不因其有所"蔽"而抹杀其所"见",从而全盘否定,也不因其有所"见"而掩盖其所"蔽",从而全盘肯定。这体现了中庸方法在观察问题时注意叩发其两端而掌握其整体的认识的全面性。就其批判内容而言,他对于诸子学说虽只有一句简短的评语,但由于抓住了诸如"用"与"文"、"法"与"贤"、"势"与"智"、"辞"与"实"、"天"与"人"、"后"与"先"、"屈"与"信"(伸)、"齐"与"畸"、"少"与"多"等本质范畴,并从范畴之间既对立又统一的辩证关系加以考察,就抓住了现象之网的网上纽结,从以上诸子学说中,从一"蔽"一"见"的得失中点出了形而上学的实质。正因其有所"蔽",所以有必要进行批判;正因其有所"见",所以有可能加以继承。可以这样说,荀子对百家争鸣中各种哲学问题的总结,就是力图通过对"两端"的扬弃找到"允执其中"的理想答案,建立起既有所"见"而又无所"蔽"的思想体系。所谓"唯其当之为贵"(《不苟》)的"当",除了遵守"礼义之中"(《不苟》)的政治内容外,从方法论上还包含反对过激、偏蔽,追求恰当、适中的哲学内容。正因为如此,"当是非"的"圣人"是由于其觉解之"明":"明之为圣人。"——这是理论上超越于"一曲"之"蔽"而掌握了"大理"之"见"的最高标准。

荀子同时分析了片面性产生的根源。当时多把认识的片面性归于"成心"(《庄子·齐物》)、"私心"(《尸子·广泽》)等主观因素。荀子也指出:"私其所积,唯恐闻其恶也。倚其所私,以观异术,唯恐闻其美也。是以与治虽走,而是己不辍也。"(《解蔽》)他同样认为肯定自我、否定对方是把认识引向偏离正道的一种顽固的积习和私见。此外,他还指出:"今诸侯异政,百家异说,则必或是或非,或治或乱。"(《解蔽》)认为学说依赖于政治,"异政"是造成"是非"不一、"异说"纷纭的社会根源。更为深刻的是,他还从认识对象方面探讨了片面性产生的根源。他说:"欲为蔽,恶为蔽,始为蔽,终为蔽,远为蔽,近为蔽,博为蔽,浅为蔽,古为蔽,今为蔽。凡万物异则莫不相为蔽,此心术之公患也。"(《解蔽》)每一事物由于条件不同都与其他事物处在"同宇而异体"(《富国》)的矛盾关系之中。感情方面的"欲"与"恶",时间方面的"始"与"终",空间方面的"远"与"近",认识方面的"博"与"浅",历史方面的"古"与"今",它们都因各具特殊性("异")而共处一体("同")。虽然事物都处在这种矛盾依存关系之中,但人们在认识事物时往往只看到矛盾的一方,而看不到矛盾的另一方,结果就会把"欲"与"恶"、"始"与"终"、"远"与"近"、"博"与"浅"、"古"与"今"的辩证统一关系割裂开来,用矛盾的一方排斥矛盾的另一方。这就叫做"蔽于一曲而暗于大理",即被事物的一个方面所蒙蔽而看不清事物的全体,从而使认识片面化;而认识的片面化则来自方法的绝对化,这就是所谓的"尽",即把矛盾的一方尽量夸大为独一无二的绝对,从而看不到矛盾的另一方。例如天人之间本来存在着客观规律性与主观能动性之间的对立统一关系。但庄子认为"由天谓之道,尽因矣",即把客观规律性的一方面尽量夸大,以至于否认实现能动性的作用。这就只能消极地"因",而不能主动地"制"了。由此类推,"由用谓之道,尽利矣。由俗(欲)谓之道,尽嗛矣。由法谓之道,尽数矣。由势谓之道,尽便矣"(《解蔽》)。所有这些认识的片面性都是由于方法的绝对化而把自己所依据("由")的一方面("一偶")夸饰为完满自足的整体("以为足而饰之")所造成的。问题在于这种由绝对化导致的片面性除主观因素外,还有"万物异则莫不相为蔽"的客观因素。因为客观事物不只一个方面,而总是多方面的矛盾统一体。但人们只能在一定条件下,习惯于从一个角度去观察这个矛盾的统一体,结果看到的只是它的"一曲"而不是它的"大理"(即全体),而可哀之处就在于人们在没有掌握正确的认识方法以前,都各以所见之"一曲"为完满自足的"大理"。这样,主观上都是"诚心"以"求正",但客观上却"蔽于一曲而失正求"(《解蔽》)。这种认识过程中主观动机与客观效果的差异和矛盾,荀子就把它归结为"心术之公患"(《解蔽》),突出了完善思想方法对克服主观片面性的作用。只有像荀子这样久居学宫,对稷下"学士""先生"们的争鸣情况和思想活动深有体察的学术领导人,才能感到主观片面性的普遍性和危害性,去深入发掘它所以产生的认识根源。

荀子从对主观片面性的分析中找到了用全面性克服片面性的思想方法:"圣人知心术之患,见蔽塞之祸,故无欲、无恶,无始、无终,无远、无近,无博、无浅,无古、无今。兼陈万物而中悬衡焉。是故众异不得相蔽以乱其伦。"(《解蔽》)与"蔽于一曲而暗于大理"的片面性对立,"兼陈万物而中悬衡"是指对事物既要进行多方面具体考察,又要加以总体性全面权衡,把认识的具体性和全面性结合起来。因此,"无欲无恶"云云不是主张对事物采取既无所欲又无所恶的忘情主义,而只是反对"见其可欲也,则不虑其可恶也者,见其可利也,则不顾其可害也者"的"偏伤"之蔽,即片面性,主张"见其可欲也,则必前后虑其可恶也者;见其可利也,则必前后虑其可害也者"的"兼权"与"熟计",即权衡谋虑的全面性(《不苟》)。这种对事物既"兼陈"又"兼权"的思想方法实际上是一种把具体分析(分)与总体综合(合)统一起来的辩证思维方法。对于"欲恶"等矛盾的双方,荀子既反对分而不合,夸大"欲恶"的对立,从而"蔽于欲而不知恶";也不主张合而不分,混淆甚至取消"欲恶"的对立,从而"既无所欲又无所恶";同时也不同于分合混杂,从而"欲恶并存,无所取舍";而是主张分合统一,对其利弊分别考察之后,然后从总体上决定"欲恶取舍之权"(《不苟》)。值得注意的是荀子的辩证思维方法是在分的基础上的合,是在分别"兼陈"的基础上的总体"悬衡"(或"兼权"),也就是在承认、肯定、强调事物的矛盾对立的基础上来考虑它们之间的联系、统一,然后采取恰当方式,争取最佳效果,即经过"叩其两端"的多方考察和启发,然后找到"允执其中"的理想答案。这是荀子通过对百家争鸣中各种思维方法的批判总结出来的,从而在更高的理论水准上发展了儒家的中庸观。这不同于非此即彼的绝对主义,也不同于亦此亦彼的相对主义,同时也区别于两者兼收并蓄、不分主从的折中主义,而是分合统一,对彼此的对立和统一关系进行全面、总体、综合考虑的辩证思维方法。荀子正是运用这一方法对百家争鸣的哲学问题进行了理论总结。

二、对天人问题的总结

自然界自产生人类以后,客观上就存在天人关系问题。一方面,由于"不识不知,顺帝之则"(《诗经·大雅·皇矣》)的认识局限或"以天为宗,以德为本"(《庄子·天下》)的政治需要,天人合一成为一种传统的思维方式;另一方面,在自然灾害严重、社会矛盾激化的时刻也曾激发人们产生移山填海的征服幻想,"不畏于天"(《诗经·小雅·雨无正》)的反抗意识或"天道远,人道迩"(《左传·昭公十八年》)的理性思考,多少认识到人的地位和力量。正是在这种认识发展和社会矛盾的推动下,春秋战国时期才开始提出具有哲学意义的天人关系问题并成为诸子辩论的中心。孔子突出"命"与"仁",墨子突出"命"与"力",都意识到天人之间的矛盾,并强调人的道德修养,直到《老子》突出"无为"与"有为"的矛盾,天人关系问题才深入到客观规律性与主观能动性之间的关系问题。稷下道家把《老子》"道法自然"(《老子》第二十五章)的天道观发展为"舍己而以物为法"的唯物主义认识论;但由于他们主张"其应也,非所设也;其动也,非所取也"(《管子·心术上》),把观察的客观性与认识的能动性绝对地对立起来,就走向否认认识主体作用的消极反映论。这样,尊重客观规律是不是要排斥人的能动作用,发挥人的能动作用是不是要违背客观规律,就成为天人关系问题中争论的焦点和难点,而庄子和孟子对这个问题则沿着不同的思路走向了片面化的两个极端。

庄子在生死观上通过分而不合的思维方式,解决天人关系问题,把必然(天)和自由(人)绝对地对立起来。首先,他认为:"死生,命也;其有夜旦之常,天也。人之有所不得与,皆物之情也。"(《庄子·大宗师》)就是说,生死转化犹如昼夜交替一样具有不可抗拒的必然性,人们对此没有任何选择的自由,因此,必然是绝对排斥自由的,但是庄子对此不甘心,他要追求"不死不生"的绝对自由,而条件则是通过"外天地"直到"无古今",即对具有必然性的各种矛盾的超脱"而后能入于不死不生"(《庄子·大宗师》),获得精神上的绝对自由。因此,精神上的绝对自由建立在绝对排斥必然性的基础之上,但是,这种绝对自由只能寄托于"无何有之乡",在现实界是不能实现的,于是最后的归宿只能是"知其不可奈何而安之若命"(《庄子·人间世》),认识到必然的不可抗拒性而安心于投降必然、放弃自由。这样,庄子从必然排斥自由的前提开始,经过自由排斥必然的中间环节,又重新回到必然排斥自由的起点上,终于得出了"无以人灭天,无以故灭命"(《庄子·秋水》)的结论。

孟子在养气论中通过合而不分的思维方式解决天人关系问题,把物质(气)与精神(志)统一在"诚"的基础之上。"诚"是专一集中的状态。孟子认为,进入这种状态,那么,"志壹则动气,气壹则动志"(《孟子·公孙丑上》)。两者可以互相推动影响,但互相影响的双方却有主从关系:"夫志,气之帅也;气,体之充也。夫志至焉,气次焉。故曰:持其志,无暴其气。"(《孟子·公孙丑上》)"志"可以指挥"气","志"指向哪里,"气"就跟随到哪里。再夸大一步,"志"就不仅是"气"的指挥者,而且是"气"的创造者:"其为气也,配义与道,无是,馁也。是集义所生者,非义袭而取之也。行有不慊于心,则馁矣。"(《孟子·公孙丑上》)这样,"气"之"所生"是生于"集义"与"明道";而"义"之"集"、"道"之"明",也就是"志"之"壹",也就是"诚":"诚者,天之道也,思诚者,人之道也。至诚而不动者,未之有也,不诚,未有能动者也。"(《孟子·离娄上》)一方面,由天到人,首先预定一个具有伦理道德属性(诚)的"天"(即主体精神的对象化),由它赋予人们以"尽心""知性""知天"的"心之官";另一方面,由人到天,通过"心之官则思"(《孟子·告子上》)的能动作用去"明道""集义""思诚",就可以内充外扩,通过"存心""养性""事天"的统一序列,达到"上下与天地同流"(《孟子·尽心上》)的境界。如果说,在解决天人关系问题上,庄子的"分而不合"夸大了规律的必然性,走向了自我否定,以"天"为中心的消极反映论,那么孟子的"合而不分"则夸大了精神的能动性,走向了自我扩充,以"诚"为中心的主观唯心论。

庄子以"天"为中心,其片面性在于"蔽于天而不知人",孟子以"诚"为中心,其片面性也可以说在于"蔽于人而不知天"。荀子针对这两种片面性,运用分合统一的思维方式,提出"明于天人之分"(《天论》)的辩证矛盾观,强调在明确天人差异的基础上来全面考察天人关系问题,实现"制天命而用之"的自觉能动性。首先,他吸取道家的天道无为观,对天不同于人的客观自然性作了多方面的描述和规定。① "天"表现为有形可见的"天功":"万物莫形而不见,莫见而不论(伦),莫论而失位。"(《解蔽》)充满在整个自然界中的就是具有固定形态(形)、属于不同类型(伦)、处于一定场位(位)的"万物"。对于林林总总的万物,"皆知其所以成,莫知其无形,夫是之谓天功。唯圣人为不求知天"(《天论》)。

在这里,否认的只是孟子通过"尽心""知性"的主观内省来体验的那种"无形"而又具有道德属性(诚)的伦理之天,至于已经成形,显现自然功能(天功)的物质之天则是人们认识的客观对象:"所志于天者,已其见象之可以期者矣。所志于地者,已其见宜之可以息者矣。所志于四时者,已其见数之可以事者矣。所志于阴阳者,已其见知(和)之可以治者矣。官人守天,而自为守道也。"(《天论》)"已"同于"已乎行之矣"(《儒效》)之"已",解作"止","见"同"现"。就是说,认识的对象和范围,只限于"可期"的"天象"、"可息"的"地宜"、"可事"的"时数"和"可治"的阴阳之"和气"。所以能够"守天""守道"就是因为这些自然现象的功能(天功)及其规律(天道)是有形可见而又有道可依的。此外的一切就"不求知",也就不可"守"了。② "天"表现为运动变化的"天行":"列星随旋,日月递照,四时代御,阴阳大化,风雨博施,万物各得其和以生,各得其养以成,不见其事,而见其功,夫是之谓神。"(《天论》)整个自然界就是物质的运动和运动的物质。所谓"神"并不是什么神秘的外在的第一推动力,而只是神妙地引起事物变化的内在的自然生机:"天地合而万物生,阴阳接而变化起"(《礼论》)。正是由于"阴阳大化"的矛盾运动产生了由天到人的自然发生过程:"水火有气而无生,草木有生而无知,禽兽有知而无义,人有气、有生、有知,亦且有义,故最为天下贵也。"(《王制》)从"水火"到"人",从无生物到生物中之"最为天下贵"者,既各有其同具的物质基础(气),又各有其独具的种类特征(气、生、知、义),而作为人类社会特征的"义"(或"礼义")虽是由于"圣人"的创作,但也是建立在人的自然性(性)与社会性(伪)这种客观发展的基础之上的,"圣人"不可能随心所欲地"生礼义而起法度"(《性恶》)。从"礼义"产生的物质基础来看,人从万物中分化出来也是属于"天行"的一个自然发生阶段。因此,③ 从"天行"的客观性来看,"天"又具有自然无为的"天职":"不为而成,不求而得,夫是之谓天职。"(《天论》)成者自成,得者自得,没有任何主观的作为与追求参与其间。这是自然之天具有的内在规定性,是"天"区别于"人"的最本质的特征。既然"天职"的内涵在于独立于主观意识之外的客观性,那么,"如是者,虽深,其人不加虑焉;虽大,不加能焉;虽精,不加察焉;夫是之谓不与天争职"(《天论》)。荀子并未怀疑人们深虑精察的认识能力,反对人们运用自己的认识能力来探求自然法则,而只是强调一点:人的认识能力即使"精""深""大"到了极点也不能超越、违背自然法则的客观性去作任何主观的附加。这是因为:"天行有常,不为尧存,不为桀亡。应之以治则吉,应之以乱则凶""天不为人之恶寒也辍冬;地不为人之恶辽远也辍广。"(《天论》)自然法则具有铁定不移的常规性,它不以任何人的主观意志为转移。对于这种常规,人们只能采取实事求是的态度去遵从、适应,而不能主观主义地"与天争职"。既然"天有常道矣,地有常数矣",那就应该"君子道其常"(《天论》),按常规办事。这个"常"指"道"与"数"作为客观规律所具有的恒常如此、绝对不变的客观必然性。他有时用"诚"来形容这种必然性:"天不言而人推高焉,地不言而人推厚焉,四时不言而百姓期焉。夫此有常,以至其诚也。"(《不苟》)天、地、四时之所以"常高""常厚""常期"具有这种恒常性,就在于"至诚则无它事矣"(《不苟》),即不为他事所转移;如被人们"恶寒""恶远"等主观愿望所转移而改变"常道""常数",那就"天行无常",人们也就无法"常期"了。本来,子思、孟轲的"诚"是把主体精神对象化为"天之道",通过人(主体)之"诚"去"思"天(客体)之"诚",用"诚"来"成己成物"(《中庸》第二十五章)、"参赞化育"(《中庸》第二十二章),把天人关系在主观精神的基础上神秘地沟通起来;荀子虽借用"诚"的范畴,但未把"诚"的主观意识对象化为伦理之天,强化"诚"的精神性。相反,他是借用"养心"之"诚"的集中、专一状态来比譬、形容、强调"天道"之"常",即具有恒常性、绝对性、必然性,就在于它的集中、专一而不改其常。"天地为大矣,不诚则不能化万物"(《不苟》)。"天道"之所以变化万物,就在于它的"诚",即忠实,固守自身固有的自然法则而不为任何主观意识所转移。这样,被思、孟用来论证天人之合的"诚"就变质为论证天人之分了。

其次,荀子"天人之分"的观点,一方面强调天不同于人的客观规律性;另一方面,他如此强调主要是为了突出而不是排斥(如庄子那样)人不同于天的主观能动性。他对人的主观能动性又作了多方面的描述和规定:① 能治:"天有其时,地有其财,人有其治,夫是之谓能参。舍其所以参,而愿其所参,则惑矣。"(《天论》)寒来暑往的天时,水火动植的地财,本来是"同宇而异体,无宜而有用为(于)人"(《富国》)的物质财富,但要把这些天生地就的自然存在之物转化为为我所用之物,则要通过人们的创造活动。这就是所谓"治"(或"理")。例如,"土之生五谷"本是一种自然功能,即所谓"天功",但如果"人善治之,则亩数盆,一岁而再获之"(《富国》),这种"数盆""再获"的产额就是"人治"巧夺("善治")"天功"的结果。所谓"善治",一方面固然要根据所治的天时地财,即"所参",这是有其客观的规定性而不以人的意识为转移;另一方面又要发挥能治的人力,即"所以参",这是人类才具有的"善用其材"(《君道》)、"善假于物"(《劝学》)的自觉能动性。单纯依靠自然的恩赐,舍弃主动索取,荀子认为这是一种"惑",即"错人而思天,则失万物之情"(《天论》)。就是说,其"惑"不仅在于"蔽于天而不知人",而且也不知天。因为从实际情况看,万物生发的自然法则固然不能违背,但人们却可以利用其法则,"骋能而化之",改变万物的自然状况。因此,"物之所以生"在天,应"不争";而"物之所以成"在人,则能"参"(《天论》),这种"天生"与"人成"、"不争"与"能参"的辩证统一是根据"物之所以"的客观情况。这种根据"物之所以"来改变物质本身的创造活动不是对物质世界的主观附加,而是人为的加工。"治"或"理"就是人力对自然的加工。"天地生君子,君子理天地"(《王制》),"天地"不仅是生命的来源,而且又是被治理加工的对象。人是否具有这种治理加工的能力呢?荀子认为有,这就是②:能知。荀子所讲的"知"就是人从动物状态中独立出来的标志,但他认为人之独立于动物不是一次完成的,因此反映人的自觉能动性的"知"也是人类不断进行自觉创造的结果。"禽兽有知而无义,人有气、有生、有知,亦且有义"(《富国》)之"知"是人与动物同具的知觉本领,如知饥知寒等,这是"凡生于天地之间者,有血气之属必有知"(《礼论》)之"知";有此"知",人还不能区别于物,只有具备了"性质美而心辨知"(《性恶》)这种美好的素质和辨知能力,人才不同于物。因为"天能生物,不能辨物也;地能载人,不能治人也"(《礼论》)。只有人才具有这种认识自然(辨物)和治理社会(治人)的理性辨知能力。荀子认为,这种能力也是天生人成的结果。"天职既立,天功既成,形具而神生,好恶喜怒哀乐臧焉,夫是之谓天情。耳目鼻口形能各有接而不相能也,夫是之谓天官;心居中虚,以治五官,夫是之谓天君。"(《天论》)虽然这些人所具有的形体、精神、原始情欲、感觉器官和思维器官都是在自然发生过程中由"不为""不求"的自然界赋予的,但这种"材性知能,君子小人一也"(《荣辱》)。即使同具这种"材性知能"也可能出现两种情况:一种情况是"暗其天君,乱其天官,弃其天养,逆其天政,背其天情,以丧天功,夫是之谓大凶",这是由于思维器官的昏暗所致;一种情况是"圣人清其天君,正其天官,备其天养,顺其天政,养其天情,以全其天功"(《天论》),这是由于思维器官的清明所致。因此,君子之高于小人,从而区别于动物,还需要自觉地控制、发挥思维器官的能动作用。荀子相当强调"心"的主体能动性:"心者,形之君也,而神明之主也,出令而无所受令。自禁也,自使也,自夺也,自取也,自行也,自止也。故口可劫而使墨(默)云,形可劫而使诎申,心不可劫而使易意,是之则受,非之则辞。"(《解蔽》)首先能够主宰自我,然后才能对于客观必然性从被动(受令)转为主动(出令)。但这种能动性不是随心所欲,因为"所以知之在人者谓之知,知有所合谓之智。所以能之在人者谓之能,能有所合谓之能"。要把"所以知""所以能"这种本能的"知"与"能"变成"有所合",即符合于"物"从而又能作用于"物"的现实的"知"与"能",就需要"虑积焉,能习焉,而后成谓之伪"(《正名》)。只有在与客观事物的接触中,不断地积累思虑和行为经验,主体才能"有所合"于客体,实现自觉的能动性。"精于物者以物物,精于道者兼物物",对于物及其规律"有所合"的程度越大,这种能动性也就越大。如果"疏观万物而知其情,参稽治乱而通其度",对自然和社会有更多更深的认识,人们就可能"经纬天地而材官万物,制割大理而宇宙里矣"(《解蔽》)。但要把这种可能性变为现实性,除了需要解决人与物之间的认识矛盾,即"辨物"外,还要解决人与人之间的社会矛盾。荀子认为这种人不同于天的自觉能动性就是③:"人能群"。孟子在以"诚"为中心的理论前提下,强调个体意志的力量和作用:"充实之谓美,充实而有光辉之谓大,大而化之之谓圣,圣而不可知之之谓神。"(《孟子·尽心下》)因为天人本来同体,所以只要自我充实,扩展开来,就可以"上下与天地同流",发挥"不可知"的神秘作用。荀子把伦理之天还原为自然之天,认为其中的"水火""草木""禽兽"和"人"都处在"财(裁)非其类以养其类"(《天论》)的客观规律支配下以"力"相争,无法以"诚"相通。在此情况下,作为个体的人,"力不若牛,走不若马",毫无"美、大、神、圣"之可言。但"牛马为用,何也"?他认为这不是由于个体之"诚"而是由于群体之"力":"和则一,一则多力,多力则强,强则胜物。"(《王制》)但是,从人的个体本性来看,"同求而异道,同欲而异知"(《富国》)。自发发展下去必然由于矛盾内耗而陷于争、乱、穷。这样,为了"胜物"还得首先"治人",变争为和。其办法既不是以仁心行仁政的"德"(孟子),也不是无为而不争的"道"(老子),而是"明分使群"(《富国》)的"礼"。这个"分",主要不是伦理道德意义上的思想分野,而是"以财物为用,以贵贱为文,以多少为异,以隆杀为要"(《礼论》);即政治、经济、职业等方面的等级划分。荀子所设计的这套等级体制,一方面一以制多,把掌管"分之枢要"的权力归于统治者,对个体加以限制;另一方面又是以分求一,在分工的基础上实行统一。为此,在体制问题上,他反对墨子的"均事业,齐功劳",主张根据人民之"所愿欲""所畏恐"的心态来制定赏罚制度(《富国》)。他认为通过差别调动起来的积极性,可以创造出"浑浑如泉源""汸汸如河海""暴暴如丘山"的"财货"(《富国》)。因此,"明分使群"的观点,立足于天人相胜,强调人的自我调节,用社会力量来战胜自然。这是通过群体而体现的人的主体能动性。

最后,荀子通过分合统一的思维方法考察天之所职与人之所能的本质特征,目的在于分清"知其所为,知其所不为"(《天论》)的界限,把人的能动性从两种片面性的极端中解放出来。如果说庄子的"蔽于天而不知人"是看到了"所不为"(主观性)而放弃了"所为"(能动性),那么,孟子的"蔽于人而不知天"(就其思想实质而言)则是看到了"所为"(能动性)而忘记了"所不为"(主观性)。他们在无为与有为的关系问题上,都各有所"见"而又各有所"蔽"。荀子通过总结提炼出来的"天人之分"的辩证观点,一方面把道家"自然""无为"的思想改造为"不与天争职",强调"天行有常"的客观性,反对"倍(背)道而妄行"的主观唯心论;另一方面,又把思、孟"成己成物"的思想改造为"人有其治"而"能参",强调"制天命而用之"的能动性,反对"错(措)人而思天"的自然命定论。

这样,"天职"与"人治"、"不争"与"能参"、"无为"与"有为",在更高的理论水平上得到了辩证的统一,发展了儒家辩证法中关于主体能动性的思想。

"善言天者必有征于人。"(《性恶》)"人"是荀子哲学的中心,发挥人的主体能动性又是其中心之中心。为此,他研究了人在宇宙中的地位(以人制天),探讨了人类认识世界(制名指实)、改造自我(化性起伪)、组织社会(明分使群)、更新历史(循旧作新)的能力。

三、对名实问题的总结

春秋战国时期新旧制度的交替反映为"名实之相怨"(《管子·宙合》)。这种旧名与新实"绝而无交"(《管子·宙合》)的差距与脱节引起了诸子百家关于名实问题的热烈争论。从认识论的角度来看,名是认识主体制定的概念,实是概念反映的客观实际。因此,名实关系问题涉及的是主体如何反映客体的问题。首先明确从认识论角度提出这一问题的是稷下道家。"人皆欲知而莫索之,其所以知,彼也;其所以知,此也。不修之此,焉能知彼? 修之此,莫能虚矣。"(《管子·心术上》)此问题的提出开启了人们从客体转向主体,探索自我认识能力的兴趣,但问题的解决则是把主体与客体的差异绝对化,过分强调"舍己而以物为法"的"虚",为了反对主观性而把认识能动性也反对掉了,其蔽在于分而不合;而孟子则以"诚"代"虚",认为只要"反身而诚",就可以"万物皆备于我"(《孟子·尽心上》),为了发挥主体能动性,把认识的客体也主体化了,其蔽在于合而不分。荀子总结这两种片面性思维的理论教训,运用分合统一的辩证思维方法,对主体反映客体这一复杂的认识运动进行了较为全面深入的探索,发展了儒家关于主体能动性的认识辩证法。

（一）能知与所知

能所统一是个复杂的认识过程。庄子以自然之天为中心，但怀疑主体有"知天"的能力；孟子虽肯定人能"知天"，但主张天人以"诚"相通，又混淆了主客界限，他们都没有正确解决能所关系问题。针对这一情况，荀子不仅指出："凡以知，人之性也；可以知，物之理也。"（《解蔽》）把"所以知"的能力归于主体，把"可以知"的对象归于客体，明确划清能所界限。而且认为："所以知之在人者谓之知，知有所合谓之智。"（《正名》）即只有在主体（所以知）符合客体（可以知）的条件下才能获得正确的知识。这种能"合"于所的思想同孟子以"诚"通天，以能代所的认识路线是根本对立的。荀子虽强调能所统一，但他是在承认能所之分的基础上来实现这种统一的。既然主客异体，那么"名闻而实喻"就需要经过一定的认识过程才能实现。因为"名也者所以期累（异）实也"，名词、概念是用来表示各种事物的，而"同字而异体"的事物又存在着质与量的差别，要反映这些差别，就要"稽实定数"，既要"使异实者莫不异名""使同实者莫不同名"，区别事物之"实"的同异，又要"单足以喻则单，单不足以喻则兼，单与兼无所相避则共"，确定事物之"数"的多寡；但即使如此，主体的认识也不可能一次反映事物的各个方面，于是"实不喻然后命，命不喻然后期，期不喻然后说，说不喻然后辨"（《正名》）。这样，为了"喻实"就要依次运用"命""期""说""辨"等形式对认识对象加以命名（命）、界定（期）、解说（说）、论证（辨），直到"辨则尽故"，主体才能由表到里，穷尽客体的底蕴。因此，能所统一不是简单的"以名举实"，而是运用一系列推理形式来"以名喻实"；而所谓"喻"又不是"画虎"式的外貌摹拟、描绘，而是"喻动静之道"（《正名》），涉及更为深层的理性分析和价值判断。所以，能所统一是一个认识过程，是主体对客体认识的不断深化。荀子从能所统一的前提出发，进一步对这一深化过程进行了探讨。

（二）天君与天官

荀子把认识过程区分为"天官簿类"和"心有征知"两个阶段（《正名》），前者指人们天然具备的感觉器官（天官）接触各类事物，（簿类）后形成的感性认识阶段；后者指人们天然具备的思维器官（天君或心）对感性认识进行加工后获得正确知识（征知）的理性认识阶段。他运用分合统一的思想方法从这两个阶段的不同功能（分）来论证两者互相依赖（合）的辩证关系，揭示了认识的深化过程。

孟子把"心之官"与"耳目之官"的差异性绝对地对立起来，认为前者的作用在于"思"，后者只具有"蔽于物"的消极作用（《孟子·告子上》）。与此相反，荀子充分肯定了"耳目之官"在统一的认识过程中不可缺少的基础作用。他认为，认识的目的在于"辨同异"，而"异形""异物"的辨别则首先依赖于"缘天官"，因为"天官"的功能在于"簿类"，即与不同的事物接触后以形成对于这些事物的不同的感觉印象，而这些不同的功能又"能各有接而不相能"（《天论》），即它们的功能具有独特性，缺一不可、不可替代，如形体之异缘于目，声音之异缘于耳，甘苦之异缘于口，香臭之异缘于鼻，痛痒之异缘于体，如无所缘，则主客之间缺少了渠道，无以相通。所以他十分强调，要发挥"天君"的主导作用还"必将待天官之当簿其类然后可"（《正名》）。从此出发，他对那些"闲居静思则通"的冥想主义者进行了辛辣讽刺，认为他们的根本错误在于"辟耳目之欲，而远蚊虻之声"，既然断绝了通向外界的渠道，自以为"通"的所谓"思"只能是"善射以好思"（《解蔽》），即把那些没有感性认识作基础的胡思乱想当作爱好思考，这样的思考是无缘认识世界的。至于那些从实际活动获取感性经验的人，他却予以相当重视，认为即使是"精于道"的"君子",如比起经验来,则"相高下,视硗肥,序五种,君子不如农人。通货财,相美恶,辩贵贱,君子不如贾人。设规矩,陈绳墨,便备用,君子不如工人"(《儒效》)。其所以"不如",就在于"君子"们的"天官"没有在农、工、商贾等领域中去"各有所接",因此要形成关于农、工、商贾等专业知识就缺少了源头和基础。荀子把"天官"的"簿类"作用看成认识的源头和基础,把人们的视野通过"耳目之官"的窗口引向"登高山"以"知天之高"、"临深谿"以"知地之厚"(《劝学》)。这种从儒家以伦理为中心的认识中闪现出的重视感性认识的思想光辉是十分珍贵的。

在强调感性经验是理性认识基础的同时,荀子还较为细致地考察了感性经验的局限性,提出"心有征知"的观点,强调理性思维在认识过程中的指导作用。例如,"心忧恐,则口衔刍豢而不知其味,耳听钟鼓而不知其声,目视黼黻而不知其状,轻暖平簟而体不知其安"。这叫做"五官簿之而不知"。如要"缘耳而知声""缘目而知形"(《正名》),就需要发挥思维器官在发动和支配感觉器官以追求知识、进行认识活动中的能动作用。另外,感觉器官发动了,由于无可替代(无以代)的不同功能(异任),还会出现"视不得其所坚而得其所白者,拊不得其所白而得其所坚"的情况。公孙龙正是利用感官的差异性得出了"离坚白"的结论(《公孙龙子·坚白论》)。在此情况下,就需要发挥思维器官对"缘目""缘手"得来的感性材料进行综合整理以形成整体认识的能动作用。又如,客观事物在不同条件下表现出来的现象是复杂的,光看表面现象,可能被假象迷惑,产生错觉。单就视觉而论,由于"冥冥蔽其明""酒乱其神""势乱其官""远蔽其大""高蔽其长"等主客观条件的影响,就可能产生以石为虎,以大为小,以一为两,以牛为羊,以木为箸(筷)的错觉(《解蔽》)。在此情况下就需要发挥思维器官对感性材料的真伪进行甄别、检验、校正的能动作用。再如,对于由感官需要而产生的物质欲望也不能由感官去自发解决，而只能由"天官"来自觉调节："欲过之而动不及，心止之也"，"欲不及而动过之，心使之也。"(《正名》)要在"过"与"不及"的两极对立中保持一定的张力，求得行动对于欲望的协调、平衡、控制，就需要发挥思维器官根据理性原则进行独立判断、选择的自觉能动性。

荀子正是在明确考察"天君"与"天官"的职能之分的前提下，提出了以"薄类"为基础、以"征知"为指导的辩证观点，克服了孟子先验论和墨子经验论的局限性，对主体认知的自觉能动性作了进一步的考察。

(三)"虚壹而静"与"藏两而动"

荀子认为，主体认知的自觉能动性主要表现在"心"能够对认识事物的整体和规律——"知道"，但"心"所以能够"知道"是因为"心"具有"虚壹而静"的认识能力。"虚壹而静"是稷下道家为了反对主观成见而提出来的，但由于方法的片面性，他们过分强调认识的客观性而排斥了认识的能动性。荀子运用分合统一的思想方法，把"虚"与"藏"、"壹"与"两"、"静"与"动"的心态当作认识活动中既互相矛盾又互相依存的两个方面而予以辩证地考察。

就"虚"与"藏"的关系而论，稷下道家认为："虚者，无藏也，故曰去知则奚求矣，无藏则奚设矣。无求无设则无虑，无虑则反复(乎)虚矣。"(《管子·心术上》)要"虚"就不能"藏"，要"藏"就不能"虚"，结果是取消一切认知活动来保证"虚"，所谓"虚"就成了限制认识活动的手段。与此相反，荀子认为："心未尝不臧(藏)也，然而有所谓虚……人生而有知，知而有志(记忆)。志也者，臧也，然而有所谓虚。不以所已臧害所将受谓之虚。"(《解蔽》)认识的目的是通过记忆来多"藏"知，但所"藏"之知一多就可能把自己封闭起来，用已知排斥新知，因此需要"虚"。这种"虚"恰恰是在已知的基础上不断容纳新知,因此,荀子的"虚"不是"无藏",而是"有藏""多藏""无尽藏",是用开放心态来迎接新知、发展知识的手段。

就"壹"与"两"的关系而论,稷下道家所讲的"壹"是"专于意,一于心,耳目端,知远若近"(《管子·心术下》),本来指的是集中注意力以知远近;但由于以"灵气"为智慧之源,所谓"壹"就成了"抟气如神"(《管子·内业》),即集中注意力去培养精气神。荀子对"壹"作了新的解释。他说:"心未尝不满(两)也,然而有所谓壹……心生而有知,知而有异。异也者,同时兼知之。同时兼知之,两也;然而有所谓一。不以夫(彼)一害此一谓之壹。"(《解蔽》)"两"是指认识的广度,"壹"是指认识的深度。由于"目不能两视而明,耳不能两听而聪"(《劝学》),为了避免因对彼事物的认识,妨碍对此事物的认识,只有首先集中注意力认识此事物,然后才能继续对彼事物进行认识。这样,从认识过程来看,"一知"正是"两知"、多知的手段。这就是所谓"能积微者速成"(《强国》)。就无限的认识来讲,"一知"是够微小的了;但今日"积"一知,明日"积"一知,就会由少知到多知;如果妄想"同时兼知",就会互相干扰,连"一知"也不可得。这种认识方法蕴含着一与多、深与广能够互相转化的辩证思想内容。

就"静"与"动"的关系而论,稷下道家认为"静"就是"其处己也若无知,其应物也若偶之"(《管子·心术上》),即以我之"无知"来消极"应物"。针对这种取消认知活动的"静因之道",荀子指出:"心未尝不动也,然而有所谓静……心卧则梦,偷则自行,使之则谋。故心未尝不动也;然而有所谓静。不以梦剧乱知谓之静。"(《解蔽》)这不是稷下道家的静态之心,而是无时而不动的动态之心,但心之动却有自发与自觉之分。所谓"不以梦剧乱知"的"静"就是"使之则谋",即自我控制,限制自

发的胡思乱想,进行自觉的思考谋虑:"情然而心为之择谓之虑,心虑而
能为之动谓之伪,虑积焉,能习焉,而后成谓之伪,正利而为谓之事,正
义而为谓之行。"(《正名》)情感欲求的选择考虑,考虑之后的有目的的
行为活动,活动中对于事功与道义的价值评估,贯彻始终的是一种时时
处处都保持冷静清醒状态的自觉活动。因此,荀子的"静"不是以静止
动,而是以静制动,是对认知主体进行自我控制使之更好地进行认知活
动,这本身就是一种具有高度自觉性的能动性。

荀子对认知活动的三对矛盾进行辩证分析后,满怀信心地指出:
"虚则入""壹则尽""静则察"(《解蔽》),只要全面处理"虚壹而静"与"藏
两而动"的对立依存关系,就可以用开放的心态引入新知,用专一的精
神尽力专业,用冷静的头脑明察事理,做一个"明参日月,大满八极"的
"大人"(《解蔽》)。

(四)"学有所止"与"知通统类"

荀子虽肯定人的认识能力,但他认为认识主体与认识客体之间存
在着有限与无限的矛盾。"凡以知,人之性也;可以知,物之理也。以可
以知人之性,求可以知物之理,而无所凝止之,则没世穷年不能无也。
其所以贯理焉虽亿万,已不足浃万物之变,与愚者若一"(《解蔽》),这里
尖锐地突出了万物之变的无限性与主体之知的有限性。为了解决这一
矛盾,他提出了"学有所止"的观点。"止"有两义:一是指向学为"圣
王"的方向,一是限定所学知识的范围。后者具有极为重要的方法论内
容。"夫骥一日而千里,驽马十驾则亦及之矣。将以穷无穷,逐无极与?
其折骨绝筋,终身不可以相及也;将有所止之,则千里虽远,亦或迟或
速、或先或后,胡为乎其不可以相及也!不识步道者,将以穷无穷、逐无
极与?意亦有所止之与?"(《修身》)荀子与庄子同样感受到有限与无限

的矛盾与痛苦,但庄子执着于有限与无限之分而不见其合,从而否定主体认识客体的可能性,荀子却把无限划分为有序可循的部分、阶段,加快对有限目的的追赶步伐,奔向认识的长途,用有限来接近无限。他认为,与其高悬无限而自限,不如紧抓有限而自立:"君子之所谓贤者,非能遍能人之所能之谓也;君子之所谓知者,非能遍知人之所知之谓也;君子之所谓辩者,非能遍辩人之所辩之谓也;君子之所谓察者,非能遍察人之所察之谓也,有所止矣。"(《儒效》)不要疲筋劳神于认识广度上的"遍能""遍知""遍辩""遍察",而是止限于一定范围,在专业上去力求精深。就方法而论,荀子的"止"是强调对专业的"壹"。所谓"壹则尽"的"尽"是以分工为前提、以专业为界限的,不是漫无边际地穷尽一切,而是尽力于分工明确的专业:"农以力尽田,贾以察尽财,百工以巧尽械器,士大夫以上至于公侯,莫不以仁厚知能尽官职。"(《荣辱》)强调认识能动性的荀子为什么又划定认识的范围呢? 因为"类不可两也,故知(智)者择一而壹焉"(《解蔽》)。有限的精力不可能穷尽无限的物理,只有壹于一,才能专而精。强调专业的选择,把人们的认识引向深入,达到"精于物者以物物"(《解蔽》)的目的。这种"学有所止"的方法论具有从伦理型转向知识型的契机。

　　荀子虽然划定了认识的范围,但他并没有否定而且十分强调认识事物之间的联系。"知通统类"就是要认识事物之间的联系,是从广度上认识事物的又一方法。这个方法就是"以类行杂"(《王制》)的"操术"(《不苟》)。荀子的"类"概念是从"天官"向"天君"的认识深化过程中形成的:"凡同类同情者,其天官之意物也同,故比方之,疑似而通,是所以共其约名以相期也。"(《正名》)通过比较,对于相近的事物,去其差异性,求其大体相似之处,就可以找到彼此相通的共性,制定出具有概括性的"约名"。"约名"以概念形式简约地反映同类事物的共同本质,即共性。事物的现象是"杂博"的,千变万化的,而事物的"统类",即共性,却是简约的、始终如一的。这样,抓住了事物的"统类"就可以"以近知远,以一知万,以微知明"(《非相》)。如果掌握的"统类"越简约,根据"统类"来推论的事物也就越广泛,这就叫作"操弥约而事弥大"(《不苟》)。这是一般掌握个别的又一认识方法。这里涉及共性与个性、一般与个别的关系问题。荀子运用分合统一的思想方法,考察了两者之间能够推移转化的认识过程。他认为对于"杂博"的"万物",认识的能动性表现在:"有时而欲无举之,故谓之物。物也者,大共名也。推而共之,共则有(又)共,至于无共然后止。"(《正名》)这是由个别向一般的概括过程,这种概括是由浅入深的抽象化。"有时而欲偏举之,故谓之鸟兽。鸟兽也者,大别名也。推而别之,别则有(又)别,至于无别然后至"(《正名》)。这是由一般向个别的限定过程,这种限定是由微向明的具体化。如果说"学有所止"是强调认识的深度,那么"知通统类"则是强调认识的广度。他既区别于先验论,强调"推而别之",落脚于对具体事物的笃实考察;但也区别于经验论,更强调"推而共之",从"精于物",上升到"精于道",追求对事物规律的理性认识。所谓"疏观万物而知其情(物理),参稽治乱而通其度(伦理)"(《解蔽》),就是从"物"到"理"、从特殊到一般、从感性认识到理性认识。有了这种认识,即使碰到"所未尝闻""所未尝见"的事变,也可以"举统类而应之"(《儒效》)。荀子的别共兼重的认识方法为他的"制天命而用之"思想提供了理论依据。同时,"推而共之""推而别之"的两推法说明一般与个别的差异不仅是相对的,而且是可以互相转化的。正是通过"共则有(又)共""别则有(又)别"的逐步推移转化,加深了对事物之间的联系与差别关系的认识,使主体与客体(即能与所、名与实)在认知活动中得到有条件的统一。这种用分合统一观点处理别共关系的辩证思维方法,与惠施、公孙龙把一般与个别的关系绝对化,从而混淆事物差别或割裂事物联系的形而上学方法是根本不同的。

(五) 闻、见、知、行

荀子还运用分合统一的思想方法考察了"闻、见、知、行"即经验(闻见)、知识与行为之间的辩证统一关系:"不闻不若闻之,闻之不若见之,见之不若知之,知之不若行之,学至于行之而止矣。"(《儒效》)

认识从何而来? 一由"闻之"的间接经验,一由"见之"的直接经验。他从"缘天官"的观点出发,强调亲身观察得来的直接经验,但也不否认借鉴间接得来的历史经验:"不闻先王之遗言,不知学向之大也。"(《劝学》)不过指出:"闻之而不见,虽博必谬。"(《儒效》)因为没有亲身的经验,抵挡不住那些材料"杂博"的"往旧造说"(《非十二子》)。对此,荀子主张:"是非疑,则度之以远事,验之以近物,参之以平心。"(《大略》)即开动脑筋,对耳闻的"远事"和目见的"近物"进行推度和论证,而最主要的则是耳闻不如目见,这就是所谓"见物然后知其是非之所在"(《尧问》)。

但是,他又认为:"见之而不知,虽识必妄。"(《儒效》)因为以眼见为知,会产生错觉,如只以眼识为据来决定行动,就会闹出把自己的身影错当成鬼魅,弄得神经紧张,结果"失气而死"那一类的笑话来(《解蔽》)。所以他又认为"见之不若知之",主张通过学习做到"知明而行无过"(《劝学》),而所谓学习,不是"学杂识(志),顺诗书",做一个死啃书本的"陋儒",而是"诵数以贯之,思索以通之"(《劝学》),熟读深思,求其融会贯通,而贯通的标准在于"知则明通而类"(《不苟》),即只有通过理性推度找到事物"统类"之间的联系与差异才叫作"通"。因此经验有待于理性的检验整理才能成为真正的"知"。

学以致知,而求得知识则是为了更好地"行"。所谓"行之,明也"(《儒效》),不仅说明"知"对于"行"的指导作用,而且更主要的是说明只有通过"行"才能证明"知"之"明"。"知之而不行,虽敦必困"(《不苟》),就证明不能付诸实行的"知"虽多而实困。根据这种认识,他主张:"善言古者,必有节于今,善言天者,必有征于人。凡论者贵其有辨合,有符验,故坐而言之,起而可设,张而可施行。"(《性恶》)在他看来,真知不仅要符合事实,而且要能够实际"施行"。他虽不反对谈历史(言古),也不反对谈天道(言天),但他反对脱离实际需要来空谈。他认为谈历史的目的是为了对现实有用,谈天道的目的也是为了对人生有用。这种"有节于今""有征于人"的出发点和归宿,使他对名实关系问题的考察,从天道转向人道,从物理转向伦理,从纯粹理性转向实践理性,体现了儒家伦理本位的固有立场。"知道:察,知道;行,体道者也"(《解蔽》)。只有把明察认知付诸躬行体验才具备了对人伦之道的"知"。

四、对性伪问题的总结

春秋战国时期社会制度的大变革动摇了传统的价值观念和道德观念,引起了关于人性问题的热烈争论。人性善恶的问题以及如何改变人性的问题成为当时各学派论争的焦点。据《孟子》和《论衡》的记载,这一时期关于人性问题的不同主张,有告子的性无善恶论,或人的性可善可恶论,世硕、宓子贱、漆雕开、公孙尼子等的性有善有恶论,孟轲的性善论。这些关于性之善恶的辩诘涉及人的自然性与社会性之间的关系问题,而对于这一关系的考察存在着方法论上的严重分歧。荀子运用分合统一的思想方法,明确提出"性""伪"范畴,对人的自然性与社会性的区别和联系,以及如何改变人的自然性以形成人的社会性的问题,作了辩证考察。

（一）性伪之分

在孟子同告子关于人性善恶问题的争论中，告子曾以杞柳与桮棬的关系比譬人性与仁义的关系，认为"以人性为仁义，犹以杞柳为桮棬"。其意在于说明道德观念并不同于人的自然本性，以此否认道德观念来自天赋本性的可能性。孟子意识到这种分而不合的方法将导致严重的社会后果，反驳道："子能顺杞柳之性而以为桮棬乎？将戕贼杞柳而后以为桮棬也？如将戕贼杞柳而以为桮棬，则亦将戕贼人以为仁义与？率天下之人而祸仁义者，必子之言夫！"（《孟子·告子上》）朱熹解释孟子这段话的意思，"大概只是言杞柳桮棬不可比性与仁义，杞柳必矫揉而为桮棬，性非矫揉而为仁义"（《朱子语类》卷第五十九）。既然如此，仁义等道德观念就是"非由外铄我也，我固有之也"（《孟子·告子上》）。这样就把人的自然性道德化，而把自然性与社会性等同起来。针对这种合而不分的思想方法，荀子提出"察乎人之性伪之分"（《性恶》）的观点，主张在人性问题上首先应把属于自然的本性和人为的加工这两者区分开来："凡性者，天之就也，不可学，不可事。礼义者，圣人之所生也，人之所学而能，所事而成者也。不可学，不可事，而（之）在人者，谓之性；可学而能，可事而成之在人者，谓之伪；是性伪之分也。"（《性恶》）为什么人的自然性"不可学，不可事"？因为"饥而欲食，寒而欲煖，劳而欲休"等是基于生理机能而产生的对于物质生活的自发欲求；为什么人的社会性必须"学而能，事而成"？因为"饥而不敢先食""劳而不敢求息"等是道德意识对生活欲求的自觉控制（《性恶》）。既然如此，孟子要论证"理义之悦我心，犹刍豢之悦我口"（《孟子·告子上》），就应根据自然本性的特点来说明"理义"等道德意识是出自生理本能的自发欲求,但事实上则是"顺情性则不辞让矣,辞让则悖于情性矣",两者处于尖锐的矛盾冲突之中。这样,"性伪之分"的观点抽掉了天赋性善的理论基础。

(二) 化性起伪

否认孟子把人的自然性等同于人的社会性,承认两者的差异,可以导致两种结论:一是只承认人的自然性而抹煞人的社会性,一是力图把人的自然性和社会性统一起来。庄子持前者,荀子主后者。

庄子十分重视人的自然性,主张一切听其"自然",保其"常然","任其性命之情""曲者不以钩,直者不以绳"(《骈拇》)。一切事物都是本性如此,非由他律。由于走到"蔽于天而不知人"的另一极端,他强烈反抗社会伦理道德的约束,认为这如同"钩绳规矩"之"削其性""侵其德",伤害了人的自然本性(《骈拇》)。从方法论的角度来看,如果说孟子的合而不分是为了论证接受礼义的可能性,庄子的分而不合是为了论证反抗礼义的必然性,那么荀子的分合统一则是着眼于"生礼义而起法度"的现实性。在他看来,礼义法度的制立既非出于爱人的好心,也非出于害人的恶意,而是基于这样一种社会矛盾:"今人之性,生而有好利焉,顺是,故争夺生而辞让亡焉;生而有疾恶焉,顺是,故残贼生而忠信亡焉;生而有耳目之欲,有好声色焉,顺是,故淫乱生而礼义文理亡焉。"(《性恶》)既然如此,"从人之性,顺人之情",既不可能从此找到"善端",也不可能由此获得"至乐",而是"必出于争夺,合于犯分乱理而归于暴"(《性恶》)。出于现实的考虑,就"必将有师法之化,礼义之道,然后出于辞让,合于文理而归于治"(《性恶》)。这样,人性的自然发展导致社会的混乱,产生了自己的对立面——礼义,而礼义的自觉建立又是为了维持社会必要的秩序,成为有限度地满足人性要求之所必需,"性"与"伪"

两者恰恰是既相背而又不可相无："无性则伪之无所加,无伪则性不能自美。"(《礼论》)如果不是由于性之恶,就用不着礼义的加工;如果没有礼义的加工,性就不可能自发地趋向美善。正是由于"性"与"伪"的矛盾导致两者的必然结合,不是庄子理想化了的去伪而任性;而"性"与"伪"的结合产生两者的矛盾、冲突和斗争,也不是孟子理想化的顺性而成礼;既然性伪之合建立于性伪之分,那这种矛盾结合的客观要求就是"化性而起伪"(《性恶》)。而所谓"化"虽也令人感到"劝勉"而"化善"的微醺(《富国》),但毕竟由于它是用性恶论酿制出来的烈性苦酒,喝下去免不了感到"矫饰"和"扰化"的阵痛。荀子之所以常见诟于正统的儒家,其秘密盖在于此。

(三) 可为、能为、肯为

庄子从分而不合的观点出发,主张去伪而任性,强调发展人的自然本性;孟子从合而不分的观点出发,主张顺性而成礼,强调扩充人的天赋善端,他们都没有触及人性转化问题。荀子为了论证"化性而起伪",比较自觉地运用分合统一的方法,来试图解决如何改变人的自然性以形成人的社会性的一系列问题,即人性的改造和转化的问题。

人性转化是否可能? 孟子把仁义礼智等"四德"寄生在处于胚胎、萌芽状态中的"四端"上,这只是同一本性从可能性向现实性的发展。荀子则不然,他认为:"性也者,吾所不能为也,然而可化也,情(积)也者,非吾所有也,然而可为也。"(《儒效》)这就提出了需要辩证论证的难题:为什么不是后天人为的自然本性可以成为改造变化的对象? 为什么不是天生固有的社会伦理可以成为人为创造的结果? 他在回答"涂之人可以为禹"的问题时从两个方面论证了这种可能性。一种可能性是客观上作为伦理规范的"仁义法正有可知可能之理"(《性恶》)。"可知"是可被认识（知），"可能"是可被实行（能）。这两种可能性是他从对社会矛盾的分析中得出来的。从性恶论观点看来，他认为对物质财富的无限追求是"人情之所必不免者也"（《王霸》），而可以为人所"用"以满足这一欲求的"万物"又具有"数"的限定性。这种"欲多而物寡"的供求矛盾必然导致"争""乱""穷"的严重后果（《富国》）。为此就有必要用具有"度量分界"（《礼论》)作用的"仁义法正"对人们的物质欲求加以制约限定。只有通过对欲求的必要限制才能实现对欲求的适当满足。这种相反相成的辩证关系之"理"既不是由于外来天赋，也不是出自内心固有，而是来自社会历史发展之势所必至。这种试图从客观矛盾发展的必然性中去探求"可知可能"性，把这种可能性与客观必然性联系起来的思想是相当深刻的。同时，人们的主观能动性也使"涂之人""皆有可以知仁义法正之质，皆有可以能仁义法正之具"（《性恶》）。这是因为从认识论的角度来看，人的思维器官（"心"或"天君"）具有"思索熟察"的认识作用。当人们的欲求与满足欲求的物质条件发生矛盾的时候，"心"通过"长虑顾后"（《荣辱》）的整体考虑，能对人的自然的生理机能和物质欲求起调节和控制的作用，使"所受乎天之一欲，制于所受乎心之多计"（《正名》），即使自然的单纯欲求受到多方考虑后的理性制约：在物质条件超过人们欲求的情况下，它就使人们的欲求从"寡"到"多"；在人们的欲求超过物质条件的情况下，它又使人们的欲求从"多"到"寡"（《正名》）。这种作用叫作"正权"，即正确权衡，调整供求之间的矛盾和比例关系——"度量分界"。他认为，在从发动欲求到制定礼义以控制欲求的整个过程中都脱离不了"心"的权衡作用。如果把"可学而能，可事而成之在人者谓之伪"的"事"与"正利而为谓之事"（《正名》）的"事"联系起来看，就可知道礼义的产生不是由于天赋的道德本能，而是由于纯粹的利害考虑，即"心"所具有的一种权衡利害关系的聪明才智。

由此可知，任何人"皆有可以知仁义法正之质"的"质"，也就是"性质美而心辩知"的"质"(《性恶》)，它不是指人性的道德本质，而是指"心"的认识能力。这种认识能力是在社会矛盾运动中不断调节主客关系(即供求关系)的过程中学来的，体现了主体认知的能动性。这样，社会既存在物质与欲求之间的客观矛盾，人们又具有能够克服这一矛盾的认知能力。荀子正是从客观必然性与主体能动性两个方面论证了人性改造转化的可能性。

但是，如何使"化性起伪"由可能变为现实，实现由恶而善，由朴而美的转化，最终成为"圣人"呢？这是荀子更为关注的问题。

孟子也注重成圣，但他认为"尧舜，性之也"(《孟子·尽心上》)，圣人是天生的。荀子则认为成圣的关键在于一个"积"字："涂之人百姓积善而全尽谓之圣人。彼求之而后得，为之而后成，积之而后高，尽之而后圣。故圣人也者，人之所积也。"(《儒效》)荀子进一步从主观和客观两方面考察了积善而成圣的条件。

荀子相当重视外因，即客观条件在事物发展中的作用。例如：木形之由直变曲，"鞣使之然也"；金质之由钝变利，"砺使之然也"；鸟巢之由完而毁，"所系者然也"；香草之由香而臭，"所渐者然也"；人声之由同而异，"教使之然也"。事物从原来的状态转变为现在的状态，其条件不是由于本性的自我发展扩充，而是由于客观环境"使之而然"。荀子由此提出"善假于物"(《劝学》)的观点，把善于利用客观环境作为人性转化的重要条件："注错习俗，所以化性也"(《儒效》)。只要创造良好的社会环境，就可以"习俗移志，安久移质"(《儒效》)，在潜移默化中使人性本质得到改变。

但荀子更重视内因，即主观条件在事物发展中的作用："凡物有乘而来，乘其出者，是其反者也"(《大略》)。任何事物都因有隙可乘而来，所以出现如此情况的原因应该反求于自身。例如"荣辱之来,必象其德。肉腐出虫,鱼枯生蠹。怠慢忘身,祸灾乃作。强自取柱,柔自取束。邪秽在身,怨之所构"(《劝学》),等等。处于同样的社会环境,又同样具有"可以为禹"的可能性,但为什么或为"君子"、或为"小人"呢?关键在于"自取",应从主观上找原因:"故小人可以为君子,而不肯为君子;君子可以为小人,而不肯为小人。小人君子者,未尝不可以相为也;然而不相为者,可以而不可使也。故涂之人可以为禹,则然;涂之人能为禹,则未必然也。虽不能为禹,无害可以……然则可以为,未必能也;虽不能,无害可以为。"(《性恶》)从变化发展的可能性来看,君子和小人是可以互相转化(相为)的;但从现实性来看,具备了这种可能性(可为)并不一定能够变为现实(能为)。不过从强调主观能动性的作用出发,荀子特别指出不要因为没有转化为现实性就取消了可能性。现实性与可能性("能不能之与可不可")之间还有一段距离,不过这是一段可以缩小的距离,关键在于是否"肯为",即充分发挥能动作用来缩小这段距离。尧、禹的自然本性与众人一样,他们成圣的秘诀在于"起于变故,成乎修为"(《荣辱》),即开始于自然本性的改变,完成于后天人为的积累。这个过程既不是孟子从先验论出发的扩充自我,也不是庄子从无为论出发的复归自然,而是从自然与人为、先天与后天的矛盾统一观出发的人性自我改造。荀子认为,通过客观环境的"积靡"和主观努力的"修为",不仅人的自然本性由于"长迁而不反其初,则化矣"(《不苟》),而且由于"强学而求有之""思虑而求知之",自然本性中"固无"的"礼义"可以主动创造出来,即"苟无之(于)中者,必求于外"(《性恶》)。这种已成"可化",未有"可为"的思想,生动而又深刻地描述了人的自觉的能动性。剔除他的人性改造论的阶级内容,单从他对于可能性与现实性关系问题的考察而论,他不把现实性看成可以不经过主观努力而自然形成的事实,而把它看成可能性的实现,即创造活动的结果。因此,主观能动性是把可能性转化为现实性的必要条件。他把这种"化性起伪"的能动思想运用于社会矛盾运动的分析,又提出了"明分使群"的社会起源论。

五、对群分问题的总结

荀子从"人之性恶,其善者伪也"(《性恶》)的人性论出发,进一步运用分合统一的思维方法探讨人类社会的矛盾及其解决办法,提出了"明分使群"的社会起源论。

首先,荀子主张"群"必"分",认为"分"是人类社会发展的必由之路。

自从进入阶级社会以来,人类社会就交织着激烈复杂的矛盾和斗争。在如何解决社会矛盾这个问题上,战国时期的各派思想家从不同的立场出发提出了不同的主张。

庄周深感社会分化之苦,并把这种分化之苦的根源归于儒家提倡的仁义礼乐:"蹩躠为仁,踶跂为义,而天下始疑矣;澶漫为乐,摘僻为礼,而天下始分矣。"(《庄子·马蹄》)他希望能返回到无君主、无国家的原始社会,"同与禽兽居,族与万物并,恶乎知君子小人哉!同乎无知,其德不离。同乎无欲,是谓素朴。素朴而民性得矣"(《庄子·马蹄》)。这种用无知无欲的混沌观来主观泯灭社会矛盾、否定社会文明的主张是一种极端虚无主义的历史倒退论。

与此相反,荀子认为"制礼义以分之"(《礼论》)是历史发展的客观要求,人类就是从"水火""草木""禽兽"的进化序列中逐步分化出来的,"人之所以为人者,何已(以)也?曰:以其有辨也……故人道莫不有辨,辨莫大于分,分莫大于礼"(《非相》)。就是说,人区别于动物的自觉能动性就在于以礼定分,明分使群,把充满着矛盾和斗争的社会组成分而能合的统一整体。他从两个方面论证"群"必"分"的辩证关系:一方面,"万物同宇而异体,无宜而有用为(于)人,数也。人伦并处,同求而异道,同欲而异知,生(性)也"(《富国》)。满足多方要求的物质供应既为"数"所限定,贪得无厌的主观欲求又为"性"所必具,这就势必由于"欲多而物寡"(《富国》)的供求矛盾而产生"争"的离心倾向;但另一方面,"百技所成,所以养一人也。而能不能兼技,人不能兼官"(《富国》)。既然能力不能兼备于"一人",供养需求于"百技",这就由于职业分工,需要互通有无而产生"群"的向心倾向。荀子正是从这种经济利益的对立统一关系中揭示了人类社会面临的两难矛盾:"离居不相待则穷,群而无分则争。"(《富国》)个人若离开群体,"力不若牛,走不若马",无法生存,于是需要"合";简单结合,无数异向的个体难于形成有机统一的群体,于是需要"分"。这种"明分使群"的群体观反映了战国后期新兴地主阶级用新的等级制度"经国定分"(《非十二子》)的利益和要求,与庄子那种去分离群的个体超越感是根本对立的。

第二,荀子进一步提出"分"能"群"的观点,强调"分"对社会发展的重大作用。

荀子主张以封建"礼义"为标准的"分"包含着丰富的内容,是一个多层次的范畴。

"分"在经济关系上是士农工商的社会分工分职关系。如"农分田而耕,贾分货而贩,百工分事而劝,士大夫分职而听,建国诸侯之君分土而守,三公总方而议,则天子共己而已矣"(《王霸》)。细微的职业分工为政治统治提供了经济基础。

"分"在政治关系上是封建制的等级关系。他认为:"分均则不偏,势齐则不一,众齐则不使。"(《王制》)名分相等就无法统属,权势相等就无法统一，地位相等就无法役使；只有"制礼义以分之，使有贫富贵贱之等，足以相兼临者，是养天下之本也"（《王制》）。自上而下的等级序列为政治统治提供了组织保证。

"分"在社会伦理关系上表现为确立君臣、父子、兄弟、夫妇之间的亲疏贵贱关系，规定彼此之间各自应尽的职分。这些关系和职分的政治效用是"上以饰贤良而明贵贱，下以饰长幼而明亲疏。上在王公之朝，下在百姓之家，天下晓然皆知其所以为异也，将以明分达治而保万世也"（《君道》）。

"分"在分配关系上表现为以"礼"来确定物质财富份额的"度量分界"，它体现为"以财物为用，以贵贱为文，以多少为异，以隆杀为要"的不同待遇（《礼论》）。按照这一规定，"或禄天下而不自以为多，或监门御旅，抱关击柝而不自以为寡"。这种"谷禄多少厚薄之称"的差距不是太不均平了吗？但他认为，正是由于这种等级差距才能使"人载其事而各得其宜"，才能使人们过着"群居和一"的生活。因此，他说："斩而齐，枉而顺，不同而一，夫是之谓人伦。"（《荣辱》）参差而后整齐，枉曲而后顺直，不同而后一致，一句话，不平而后"至平"，这就是以封建等级为特征建立起来的伦常秩序——"人伦"。

荀子"明分使群"的思想既然是为了解决财产、权力等的分配问题，就不可避免地涉及如何解决"物"与"欲"之间的矛盾问题。在这方面，当时许多思想家苦于"欲多而物寡"（《富国》）的矛盾，多半主张消极地限制人们对于物质财富的欲求。对此，荀子认为："凡语治而待去欲者，无以道（导）欲而困于有欲者也；凡语治而待寡欲者，无以节欲而困于多欲者也。"（《正名》）就是说，人们的主观欲求既然是天生固有的，那就"有"之而不可"去"，"多"之而不可"寡"，关键在于积极地引导（道）和调节（节）。他反对从贫困观点出发的"去欲"和"寡欲"，提倡从富有观点出发的"养人之欲,给人之求",认为满足欲求正是以"分"为核心的"礼之所起";如果用"礼"来引导、调节,就可以"使欲必不穷于物,物必不屈于欲,两者相持而长"(《礼论》)。这样,人们不断增长的物质欲求不仅不会把物质财富消耗光,而且可以成为一种增进、发展物质财富的动力。他吸取法家"御民之志而立所欲"(《商君书·错法》)的思想,即对于人们的物质欲求不是消极限制,而是制定章法制度,在满足、实现(立)其欲求的前提下主动加以驾驭(御)。从此出发,荀子主张用"分割而等异之"的政策来增进财富,满足欲求。他认为,墨子从绝对平均主义出发的"非乐"与"节用",主观动机是"昭昭然为天下忧不足",而客观效果则"使天下乱""使天下贫"。因而把人们的消费限制在"衣粗食恶"的最低水平,彼此"均事业,齐功劳",没有等级差别的区分,不仅会泯灭物质欲求,取消进取精神,带来社会的贫困,而且由于片面推崇"上功劳苦"而不实行物质报偿原则,就会赏罚不行,贤不肖不可得而进退,能不能不可得而区别任用(《富国》),造成社会混乱。为此,他提出"无分者,人之大害也,有分者,天下之本利也"的观点,一方面强调用扩大差距、刺激欲求的办法来增加用以满足欲求的物质财富;一方面又强调分工明确,职责清楚,使人们从严格的赏罚制度中得到"己之所愿欲",而避免得到"己之所畏恐"。这样,社会就会由乱而治,经济也因"上得天时,下得地利,中得人和"而由贫到富了(《富国》)。至于以礼定分,扩大差距,会不会加剧社会矛盾呢?他认为可以用"乐"来加以调剂。为此,他批判墨子"蔽于用而不知文"(单纯经济观点)的"非乐"主张,强调"乐"在调剂社会矛盾、凝聚人际关系方面的特殊作用:"故乐在宗庙之中,君臣上下同听之,则莫不和敬;闺门之内,父子兄弟同听之,则莫不和亲;乡里族长之中,长少同听之,则莫不和顺。"这样,"乐合同,礼别异;礼乐之统,管乎人心矣"(《乐论》)。这种礼乐互补的辩证统一就把人们编织在"不同而一"的等级体制中,形成分而不争、合而不同的矛盾统一体。这就是荀子理想化了的区别于自然状态的社会结构——"群"。

最后,荀子用分合统一的思想方法解释了"群"与"分"的关系后,又提出"群"胜"物"的观点,探讨"群"与"物"的关系。这是他的"明于天人之分"的观点在社会观方面的运用。

在天人关系问题上,庄子的"蔽于天而不知人"(《解蔽》),其所"不知",从认识论的角度来分析是否认人的能动性,从社会学的角度来分析则是否认人的群体性。这样,去分离群的个体只能"知其不可奈何而安之若命"(《庄子·人间世》),消极接受命运的安排。孟子的"蔽于人而不知天"(就其思想实质而言),其所"蔽",从认识论的角度来分析是夸大人的能动性,从社会学的角度来分析,同样也是否认了人的群体性。这样,"出类拔萃"的个体也不能正确发挥能动性,只能幻想从主观的"诚"中去参赞化育,"上下与天地同流"(《孟子·尽心上》)。荀子不然,他把"天"还原为物质之"天",把"人"社会化为群体之"人",把天人关系如实地看成客观自然与社会群体之间的关系,对于"天",只能以力胜而不可以诚通。人的主观欲求是想"财(裁)非其类以养其类"(《天论》),向自然界索取"天养"(《天论》),但单个的人却无法以体力取胜,只有"义以分则和,和则一,一则多力,多力则强,强则胜物"(《王制》)。墨子也主张"非命""尚力",把人之所以异于禽兽者归于"赖其力则生,不赖其力则不生"(《墨子·非乐上》)。但这个"力"怎样由少到多,由弱到强呢? 只有荀子才明确指出人力之"多"而且"强"来自分合统一的"群"。这在认识史上是一个重大的发现。正因为荀子看到了群体力量的强大,他的思想才能真正从天命神权论中解放出来,发出了人定胜天的最强音:"大天而思之,孰与物畜而制之! 从天而颂之,孰与制天命而用之! 望时而待之,孰与应时而使之! 因物而多之,孰与聘能而化之!

思物而物之,孰与理物而勿失之也!愿于物之所以生,孰与有(佑)物之所以成!"(《天论》)一声赶一声,一调高一调,奔腾激越,汹涌澎湃,"人",在"天"的面前站立起来了!

但是,"物"从何而"理"?"命"如何可"制"?"能"何由得"聘"?荀子认识的深刻性在于他认为要解决这些问题还得首先解决人如何能群的"群道"问题:"群道当则万物皆得其宜,六畜皆得其长,群生皆得其命。"(《王制》)只有"群道"问题处理得当,人们才能"莫不骋其能,得其志,安乐其事"(《君道》),发挥集体的能量去战胜自然界。正是从此出发,他用社会分工来论证"以官人为能"的"人主"统治"以自能为能"的"匹夫"之合理性(《王霸》),这当然鲜明地反映了他为特权者服务的阶级偏见,但从社会管理的角度来看,他认为"百姓之力,待之而后功,百姓之群,待之而后和,百姓之财,待之而后聚,百姓之埶,待之而后安,百姓之寿,待之而后长"(《富国》)。在如何化分为和、明分使群的问题上强调管理者不可替代的独特作用;他还认为统治者应该善于"生养人""班治人""显设人""藩饰人"(《君道》),把经济管理、职能分工、人事安排、等级待遇视为组织者不可缺一的"四统"任务;而为了实现这些任务,他还认为"天下者,至重也,非至强莫之能任;至大也,非至辨莫之能分;至众也,非至明莫之能和。此三至者,非圣人莫之能尽,故非圣王莫之能王"(《正论》)。这"三至"标准("至强"以"任""至重","至辨"以"分""至大","至明"以"和""至众")是社会管理者不可缺少的最高要求。能够符合这些要求的,荀子认为就是能够活跃于古今历史舞台上的"先王"和"后王"。

六、对古今问题的总结

战国诸子,颇热衷于古今之辩,先王后王之争。他们出于不同的现实需要,对古老的先王传统采取了不同的态度,或厚古薄今,或厚今薄古,或托古改制,或反古求新,各执一端,争论得不可开交。荀子从"兼陈"古今的全局出发,为了防止"古为蔽",故主张"法后王";为了防止"今为蔽",又主张"法先王"。这种"法后王"以类同"先王"的古今一统论,是荀子运用分合统一方法解决古今矛盾的一个最显著的思想特征。

荀子为什么第一次提出"法后王"的观点,但又反对把"后王"与"先王"绝对对立起来,反对用"法后王"来反对"法先王",而主张"法后王"以类同"先王"呢? 这只有从先秦社会变革中先王观念之复杂演变的历史进程中探求其原因。

随着宗族奴隶制的形成、发展以至崩溃,先秦先王史经历了从肯定、怀疑直到最后否定的曲折发展过程。

从殷代的宗教先王到西周的道德先王是其发展的肯定阶段,从西周的道德先王到春秋至战国前期的理想先王则进入到怀疑阶段。这时虽然"礼坏乐崩"已成必然之势,但"祖孝先王"(《宗周钟》)的传统观念仍未彻底动摇。人们不可能随心所欲地创造历史,而只能限于条件,利用旧传统,导演新场面。在托古改制之风的吹拂下,先王任人打扮。或因政见不同,而使先王各异其趣(如孔、墨、许行、庄周的先王);或因地域民俗不同,也使先王各异其性:"鲁人宿敦礼义,故说汤武俱为圣贤;晋人宿学功利,故说舜禹皆同篡窃;楚人宿好鬼神,故称虞夏极其灵怪。"[蒙文通:《古史甄微》,转引自《古史辩》七(上),第88页]即使是同一先王,也是言人人殊。如果说尧、舜是理想的化身,那么,"儒家之尧、舜美备,墨家之尧、舜质野""道家之尧、舜天神,农家之尧、舜并耕,兵家之尧、舜战争,法家之尧、舜明察"[廖平:《书经大统凡列》,转引自《古史辩》七(上),第78页]。这种以新扮旧,而又以旧窒新的理想先王观说明新的因素还不能突破旧的传统。只有到了新兴地主势力发展到足以"兼天下",能够在全国建立统一新政权的时候,激进的思想家才敢于呼唤"疾风大雨"去"折木坏墙"(《韩非子·亡征》)。既不乞求亡灵,也不编制理想,这就产生了"超五帝,侔三王"(《韩非子·五蠹》)的新的历史观。

但是,历史的发展并不是那么径情直遂的。从对先王的理想不可能直接发展到它的对立面——对先王的否定,还必须经过对先王历史还原的中间阶段。因为当时在先王问题上存在着两种倾向:一是由于寓新于旧的理想化而走向弄假成真的信史化,如儒家后学把对尧、舜的理想当成了历史的尧、舜,捏造《尧典》《舜典》而膜拜之;一是从反对弄假成真的信史化而走向以假乱真的漫画化,如庄周学派为了破除对尧、舜的迷信竟否认尧、舜的存在。前者因崇拜理想而用迷信代替了历史,后者因嘲弄迷信又把历史看成了迷信。只有克服这两种非历史的倾向才能在还原历史的基础上过渡到对先王传统的否定。荀子正是在这种历史条件下提出了他的颇具特色的先王观:

首先,反"造说"而不否认"往旧"。

孟子"言必称尧舜"(《孟子·滕文公上》),是"法先王"的积极鼓吹者。为了表明其持之有故,不免援引《诗》《书》,但为了自圆其说,又主张"以意逆志"(《孟子·万章上》),有时不顾《诗》《书》原意,随意猜度、引申、发挥。对于古代的某些制度,也往往"阐其略"就加以"润泽",描绘得详细周备,若有其事(《孟子·万章下》)。为了诱发当权者对"行仁政"的积极性,还编造什么"公刘好货""太王好色""文王之勇"的逸闻轶事(《孟子·梁惠王下》)。荀子对这种随意编造历史的学风进行了揭露和批判,说这种臆造之说荒唐而毫无统类,隐秘而无法说明,闭塞而不可理解(《非十二子》)。但他并非像庄子那样,把历史视为任人"以趣观之"(《庄子·秋水》)的主观创造,从而怀疑"往旧"历史的客观存在。相反,他极力声辩:"五帝之外无传人,非无贤人也,久故也。五帝之中无传政,非无善政也,久故也。禹、汤有传政而不若周之察也,非无善政也,久故也。"(《非相》)这是用分合统一的方法来解释历史与传闻的关系。"贤人"与"善政"是历史的客观存在,"传人"与"传政"则是客观历史之反映于口耳传说和文物记载者。荀子认为,无"贤人"固无法反映为"传人",无"善政"亦无法反映为"传政";但不能因此而说,有"传人"就一定有其"人",甚至"贤人",有"传政"就一定有其"政",甚至"善政"。因为在托古成风的情况下可能无中生有地制造假古董;同时也不能因此而说,无"传人"必无"贤人",无"传政"必无"善政"。因为"人"与"政"之是否"贤"与"善"不以主观之"有传"与"无传"为转移,否则就会化有为无,走向否认"往旧"的虚无主义。荀子认为这两种偏向所以产生的历史条件是因为在文明发展的初期和早期,"往旧"历史或因无文字记载可资参考,或虽有记载而又年"久"失"传"。正是在此情况下,"呼先王以欺愚者"的"造说"得以欺人。荀子认为在历史问题上要从"可欺"转化为"不可欺",必须在认识水平上从拘于闻见上升为知其"统类"(《非相》)。

其次,"壹统类"而不混淆是非。

荀子敏锐地看到,那些"略法先王而不知其统"的学说多半具有"闻见杂博"(《非十二子》)、"术谬学杂"(《儒效》)的思想特征,其理论秘密是从肤浅的经验论出发,利用一些片断杂乱的口耳传说来编造千古奇谈。听者如果"愚而无说,陋而无度"(《非相》),对古史材料就无法进行合理解释和理性推度。他认为要摆脱这种状态,唯一的办法是"以己度"(《非相》)。这个"度",以对自然现象和社会历史的通观和考察为依据,通过"疏观万物而知其情,参稽治乱而通其度"(《解蔽》)。一旦从"杂"中概括出"类",就可以"以人度人,以情度情,以类度类,以说度功,

以道观尽"(《非相》)。即根据一般来推度个别,获得独立判断的主动
性。如"先王""后王",就其个别人物来看是"圣王有百",表现为"杂";
但就其"类"而论,又同属"圣王",可统之为"壹"。这样,从"壹统类"
(《非相》)的观点出发,就可以"以今推古"(《非十二子》),根据今日"闻
见之所至"而推度过去"闻见之所未至"(《儒效》)。如关于"古先圣王"
的其"人"其"情",虽年久失传,无可闻见,但由于他们与"后王"同属"圣
王"一类,就可以根据今日可见的"后王"业迹来判断关于"先王"传说的
是非,摆脱狭隘经验的局限。但是荀子的"壹统类"观点又是以"辨同
异"(《儒效》)为基础的,与庄子那种"类与不类,相与为类"(《正名》)的
无差别论是根本不同的。庄子否定对种属包含关系的限定,视不同类
者为同类,不仅在先王观上主张"与其誉尧而非桀也,不如两忘而化其
道"(《庄子·齐物论》)。否定对尧、桀是非的规定,而且主张"同与禽兽
居,族与万物并"(《庄子·大宗师》),把人类混同于物类。荀子则认为,
"辨异而不过,推类而不悖"(《正名》),只有辨别事物的差异而无过失,
才能根据"类"的同异关系进行推理而不悖乱。如抓住"仁义"这个类别
标志,那么"苟仁义之类也,虽在鸟兽之中若别白黑"(《儒效》)。因此,
荀子的"壹统类"观点既强调统类之同,又强调是非之分,主张"推礼义
之统,分是非之分,总天下之要,治海内之众"(《不苟》)。这是他的分合
统一方法在历史观方面的又一运用。

最后,别古今而不否认传统。

荀子通过对古今问题的总结,进一步对社会制度的继承和变革的
关系问题进行了探讨。他从发挥主体能动性的思想出发,不仅认为天
命可制,人性可化,社会制度也应根据时代变化而进行因革损益。他反
对"古今异情"的形而上学观点。这种观点把古今绝对对立起来,或者
蔽于古而不知今,因而强调继承,否认变革;或者蔽于今而不知古,因而

强调变革,否认继承。他比较辩证地处理古今关系问题。一方面,他从"变化代兴"(《不苟》)的观点出发来看问题,认为过去由"先王"制定的礼乐制度因年代久远,早已废弛失传了,而代之而起的"后王"则建立了比过去更为"粲然"的礼乐制度。因此,要看到古与今的差距,要承认今胜于古,不要"舍后王而道上古"(《非相》),把希望寄托于既往,而要"欲观千岁,则数今日"(《非相》),把眼光转向当代的"后王"。为此,他提出"善言古者必有节于今"(《性恶》)的观点,强调根据现实的需要去研究历史;还提出"处于今而论久远"(《解蔽》)的观点,强调站在今天的角度去衡量古人。这就有力地驳斥了"呼先王以欺愚者"(《儒效》)的复古滥调。另一方面,他又主张"以道观尽,古今一也"(《非相》),认为反映历史发展的普遍规律(道)是无时无处而不常在的。从普遍规律来看,古与今虽具有差异性,但更具有一致性。只有这种一致性,才能保证"百王之无变,足以为道贯"(《天论》)。这乃是无分"先王"和"后王"都应该共同遵循、无法改变的普遍的、永恒的"真理"(常道)。因此,从古今一致的角度来看,荀子的"后王"不是韩非的与"先王"绝然对立的"新圣",而是与"先王"同道贯、共传统,但又具有某些时代特征的"圣王"。正是从这种古今一贯、先后同体的观点出发,他主张当时新兴的统治者在改革社会制度时,要"有循于旧名,有作于新名"(《正名》)。这是荀子在宗法制传统的重重束缚下透露出来的一种以继承为主的温和改革思想,反映了从奴隶制向封建制缓慢过渡的历史特征。

　　荀子思想在中国哲学史上具有重要地位。他适应封建大一统的历史趋势,运用分合统一的"解蔽"方法,在对战国以来的百家之说进行全面总结的基础上建立了自己的思想体系,对先秦朴素唯物辩证法的发展作出了重要贡献。但由于时代的限制,他的理论贡献中包含着严重的历史局限。他强调"天可制""人能群",但把征服自然、组织社会的主体归于少数"圣人""君子",他强调"化性起伪""循旧作新",但把维护封建等级的"礼义法度"永恒化为"百王之无变"的"道贯"。这就使他的哲学体系中存在着有待进一步克服的唯心主义和形而上学的杂质。

荀子作为先秦哲学发展的集大成者,其思想对后世产生了深远影响。从韩非到王充再到柳宗元、刘禹锡、王夫之,乃至近代资产阶级革命民主派,莫不从他的思想体系中吸取积极营养;而另一些哲学家则在诋毁之余,从唯心主义和形而上学角度来片面发展他思想中的消极因素。从此可以看出荀子思想的二重性对以后哲学思想的发展具有多方面的影响。

(原载于《中国辩证法史稿》第一卷,武汉大学出版社 1990 年版)

道家、道教注重直觉思维之真谛

唐明邦

探讨科学与神秘文化的关系，不得不涉及直觉思维这一哲学问题。道家道教对发展中国哲学思维有着多方面贡献，关于直觉思维的论述，是其突出贡献之一。这一贡献，正日益显示其不可低估的意义。

先秦时期，孔墨并称显学。孔子在认识论上，主张"不语怪力乱神"，提倡"勿意、勿必、勿固、勿我"（《论语·子罕》），要求一切从现实出发，强调理性思维；墨家主张，思考一切问题，均须"原察百姓耳目之实""观其中国家百姓人民之利"（《墨子·非命上》），倡导经验主义。这两大学派的思想，同道家道教倡导的直觉思维可谓针锋相对，判若水火。

《老子》主张"绝圣弃智"（《老子》第十九章）"涤除玄览"（《老子》第十章），去体认"玄之又玄""众妙之门"的"道"，以同儒墨两家截然相反的思路，把中国人的智慧推向一个新高度，为尔后道家道教高扬直觉思维展示了广阔前景。为使中国传统思维方法更好地与西方现代科学思维的新思潮接轨，对直觉思维问题进行深入探讨，不失为一个可取的切入点。

一、直觉思维对传统哲学的贡献

在中国古代思想史上，对直觉思维的探讨，发端于老、庄，人所共知。

《老子》和《庄子》对直觉思维的贡献亦有区别。《老子》最先提出问题，打开思路；《庄子》进一步详加论述，使之深化。

道家的最高哲学范畴是"道"。老、庄关于"道"的认知方式，显然非孔、墨思想所能理会。

《老子》云："道可道，非常道；名可名，非常名。无，名天地之始；有，名万物之母。"（《老子》第一章）"道"不可言说，不可名状。"视之不见"，"听之不闻"，"搏之不得"。它却是"天地之根""众妙之门"。

对于"众妙之门"的"道"如何认知，老子提出了令人瞠目的认知方式。

《老子》主张："致虚极，守静笃。万物并作，吾以观复。"（《老子》第十六章）即排除一切已有的知识，保持清虚寂静的心态，才能真正体认"道"。

还主张"不出户，知天下"，认为"其出弥远，其知弥少"（《老子》第四十七章）。即不假感官的调查访问，无须获取感性认识，就能达到对"道"的体认。

《老子》主张："绝圣弃智"，将圣人的名教完全抛弃，不以现存知识作为思考问题的根据，才能体会"道"的奥妙。

总之老子主张"塞其兑，闭其门"（《老子》第五十二章），"涤除玄览"，使自己的思想完全处于一种清虚寂静的境界，去洞察"道"的奥秘，这叫做无知之知，是为"大智"。取得大智，可与认识客观事物的"小智"截然对立，与人们的世俗之见划清界限。

《老子》提出的问题,的确令人深思。尽管它"玄之又玄",却是"众妙之门"。

道家思想的后继者——庄周,沿着老子思路继续前进,对直觉思维问题作了深入探讨,特别对直觉思维的特征,有更加深刻的见解。经过庄子论述,直觉思维更易于为人所领会。

首先,《庄子》同样肯定"道"是一个超经验的存在,它无形无象,不可能凭感觉经验去认知。"夫道,有情有信,无为无形,可传而不可受,可得而不可见,自本自根,未有天地,自古以固存。神鬼神帝,生天生地。在太极之先而不为高,在六极之下而不为深,先天地生而不为久,长于上古而不为老。"(《庄子·大宗师》)"道"是天地万物的原始,又无为无形,不可被耳目感官所认识,只能是直觉思维体认的对象。

如何才能体认"道"的存在呢?《庄子》提出令人神往的三部曲——心斋、坐忘、朝彻。

所谓"心斋",就是保持心灵虚静,使心灵专一而纯洁,不为物欲所污染。"若一志,无听之以耳而听之以心,无听之以心而听之以气。听止于耳,心止于符,气也者,虚而待物者也。唯道集虚,虚者,心斋也。"(《庄子·人间世》)"心斋"是人们保持虚静空寂的心灵境界,它不为世俗生活中名、利、色等物质欲望所迷惑。即人们在"体道"过程中,首先凝神静思,不去想任何现实世界的问题,要雷鼓在前而不惊,专心一志,排除世俗烦恼,保持无思无欲的心态,使心灵成为一面"天地之鉴",清清朗朗,什么也不去反映,唯一凝神于"道"。心灵若被物欲、情感玷污,对"道"就不可能有正确的体认;听凭感官驱遣,人不是日益接近"道",而是日益远离"道"。

所谓"坐忘",就是排除一切已有的感性知识和理性知识,不用感官去接触外物,也不用理性思维去考虑除"道"之外的别的对象。"堕肢体，黜聪明，离形去知，同于大通。"(《庄子·大宗师》)在《庄子》看来，人的肢体感官，耳目聪明，一旦接触外物，就会为外物所引诱，而想入非非，就要去判断哪是真，哪是假；哪是善，哪是恶；哪是美，哪是丑。人们成天忙于分辨事物的是非、真假、善恶、曲直，思想就会渗入种种价值观念，使心志纷乱而自寻烦恼，丧失人的自然本性，就会像世俗社会的芸芸众生，陷于昏乱而不能自拔；只有"离形去知"，不要有感性活动，头脑中也不要保留任何间接知识，心地空明纯净，才能与"道"冥合为一，主体与客体融成一体，个体小生命同宇宙大生命合而为一，齐是非，一彼此，泯灭物我界限，是谓"同于大通"。

所谓"朝彻"，是指达到大彻大悟的精神境界，忘去天地万物，忘去死生大事，"独与天地精神相往来"。《庄子》对达到"朝彻"心态的过程，从外天下、外物到外生，有过细致描绘："吾犹守而告之，参日而后能外天下；已外天下矣，吾又守之，七日而后能外物；已外物矣，吾又守之，九日而后能外生；已外生矣，而后能朝彻。朝彻而后能见独。见独而后能无古今，无古今而后能入于不死不生。"(《庄子·大宗师》)达到"朝彻"，好似朝日丽天，万象空明透亮；人之心胸亦空明透亮，彻里彻外，无挂无牵，无古无今，忘生忘死，物我一体，洞见宇宙之本真一"独"。"独"也称"一"，亦即"道"。这是直觉思维所追求的终极目标，人所觉知的最高的宇宙本源，一个超经验世界的独立存在。

达到"朝彻而见独"，既不执着于外界物质欲望、功名利禄，又不执着于珍生恶死的世俗之见，不为名教所牵挂，不辨别是非、得失、美丑、善恶，超然物外，纯白在胸，机心不生，"独与天地精神往来"，达到"天地与我并生，万物与我为一"(《庄子·齐物论》)的崇高自然境界，成为大智之人。

《庄子》认为大智之人，谓之"至人"。"至人"的特点是"无己"。"充

实,不可以已。上与造物者游,而下与外死生、无终始者为友,其于本也,弘大而辟,深闳而肆。"(《庄子·天下篇》)

庄子在中国思想史上的卓越贡献,在于他以怀疑论原则,抨击了儒家坚持的礼教。礼教原则早已在社会生活中流于形式,成为庸俗虚伪的言辞,无异禁锢人们思想的教条。庄子同老子一样,无情地抨击虚伪礼教,高扬直觉思维方法,引导人们追求一个超自然、超经验的"道",作为安身立命的指针;净化人们的思想,纯洁人们的心灵,提高人们的精神境界,使人成为超人、至人、真人、神人。庄子认为:"至人无己,神人于功,圣人无名。"(《庄子·逍遥游》)泯灭物我界限,摆脱功利得失,超出名教是非,遵循"道法自然"的原则,做一个圣凡无别、我物一体的自然人。在名教弥漫天下的人世,庄子提倡超经验的直觉思维,无疑是对人性的一大解放,是人的认识的一大升华,引导人们脱离庸俗生活而追求一个崇高无比的终极目标。它诱导人们不靠天,不靠神,全靠自己超脱自己,自己纯化自己。老、庄思想在尔虞我诈的封建社会,成为自恃清高者的知音,不是没有道理的。

二、直觉思维是打开神秘殿堂的金钥匙

同"不语怪力乱神"的儒家思想相反,道家和道教十分专心探讨宇宙和生命的奥秘。同上古的巫术文化、秦汉的方士文化一脉相承,道家与道教热衷于数术的研究。这同道家道教强调直觉思维有着内在联系。道家道教所着意阐扬的直觉思维,是打开神秘文化殿堂的一把金钥匙。人在直觉思维所诱导的心理状态下,可能领会神秘的数术,并产生一些特异功能,道家道教对这一点是直言不讳的。神秘数术及其特异效应,千百年来一直是理性思维所不可理喻的。

《老子》明确指出,在某种特异功能状态下:"陆行不遇兕虎,入军不被甲兵。兕无所投其角,虎无所用其爪,兵无所容其刃。夫何故? 以其无死地。"(《老子》第五十章)这表明有着特异功能的人,在陆地走路,不怕遇到凶猛的兕牛和老虎,在战场上不怕锐利的武器。因为兕牛、猛虎与戈矛,都不能置他于死地。

《庄子》同样认为"至人"可以进入一种神异无比的功能态:"至人神矣。大泽焚而不能热,河汉沍而不能寒,疾雷破山、飘风振海而不能惊。若然者,乘云气,骑日月,而游乎四海之外,死生无变于己,而况利害之端乎!"(《庄子·齐物论》)这种特殊功能态的形成,不是依靠人的理智,而是依靠神秘的直觉。因此,老、庄而后,历代道家和道教人物,都竭力阐发这种直觉思维对神秘数术的体认及其所取得的妙用。直觉思维向人们敞开另一扇心扉,诱导人们探讨人天科学达到天人合一境界。

汉晋时期,严君平、魏伯阳、葛洪等竭力宣扬神秘数术,同时也是直觉思维的竭力宣传者。

严君平指出:直觉思维是体道的阶梯,它是不能靠别人传授的。他说:"故达于道者,独见独闻,独为独存,父不能以授子,臣不能以授君。"(严遵:《道德真经指归》卷十)要体道,只能是"捐聪明,弃智虑,返归真朴,游于太素"(《道德真经指归》卷七)。一旦成为体道的"盛德之人",就会进入一种特殊功能态。"无形无容,简情易性,化为童蒙。无为无事,若痴若聋,身体居一,神明千里,变化不可见,喜欲不可闻,若闭若塞,独与道存。"(《道德真经指归》卷七)这是说,体道之人,大彻大悟,大巧若拙,大智若愚,身体为一,而"神明千里",无事不通,无所不达。

魏伯阳在《周易参同契》中描绘了直觉所导致的内丹妙术。"惟斯之妙术兮,审谛不……神明忽告人兮,心灵乍自悟。"直觉导致顿悟,不可言传,全靠心灵在偶然一瞬间的妙语。

葛洪在《抱朴子·畅玄》中论及"思玄"之妙云："玄道者,得之乎内,守之者外,用之者神,忘之者器。此思玄道之要言也。"表明证悟"玄道"不能靠感觉器官,从外物中求得,全靠"得之乎内",由个人内心清静专一寂照。

唐代道教盛行,道教学者司马承祯、成玄英、李荣等都沿着老、庄和汉晋道教学者的思路,阐发直觉思维理论。

司马承祯专门写了《坐忘论》,发挥庄子"坐忘"思想,指出："心者一身之主,静则生慧,动则成昏。"他提出修心悟道,须经过断缘、收心、简事、真观、泰定等阶段,才能达到"慧彻空有"。他论泰定云："夫定者,尽俗之极地,致道之初基。习静之成功,持安之毕事。形如槁木,心若死灰,无感无求,寂泊之至。无心于定,而无所不定,故曰泰定。"达到泰定之时,"同归于定,咸若自然,疾雷破山而不惊,白刃交前而无惧,视名利如过隙,知生死若溃痈"(《坐忘论·泰定》)。他认为"寂泊之至"的直觉认识,把人的智慧推进一大步,取得大智,足以"慧彻空有"。

成玄英主张,人要首先收拾好驰竞之"妄心",然后才可能返本于"道心"。成仙的要妙全在"心冥至道"。

李荣认为至道是不可说的,"玄道或有说,玄道或无说。微妙至道中,无说无不说。"(道宣：《集古今佛道论衡》卷四)他在《老子注》中,反复申述此思想,指出："(道)不可以言,言之者非道。"(李荣：《老子注》雟上,严灵峰辑《无求备斋老子集成初编》本)"不假筌蹄得鱼兔,无劳言教悟至理。"(《老子注》卷下)"慧彻空有,知通其俗,知也。所照之境,触境皆空,能鉴之智,无智不寂;能所俱泯,境智同忘,不知也。照如无照,知如无知,此为上德也。"(《老子注》卷下)李荣提出直觉思维的要旨在于"得意忘象,悟理遗教"(《老子注》卷下)。反之,执着于圣人"名教",则难以彻悟人生之至理。

宋元时期的道教学者,无不反复重申"冥心凝神"(陈抟)、"澄心遗欲"(王重阳)在体悟至道过程中的重要性。"清心寡欲"乃成为中国知识分子领会和实践圣道的座右铭。直觉思维的关键在"泊心于无"而达到"朝彻",这是一种灵感、顿悟。不难理解,无"朝彻"之功,老子写不出五千言哲理妙文,庄子写不出《逍遥游》,屈原写不出《天问》,张衡写不出《思玄赋》。无"朝彻"之功,数术之士难以获得神异妙悟。古之内丹、气功、易占、易数等数术,属于迷信和科学因素纽结在一起的潜科学形态,均为数千年口耳相传的神秘文化。俗称神秘文化"真传一句话,假传万卷书",是真是假,全在修持者有无妙悟。有悟乃成真,无悟必是伪。古代数术之学,均以阴阳、五行、八卦等象数图式,陈述各门数术的操作程序,如不加上术士的直觉妙悟,难以作出灵异判断。故领会神秘文化,必须依靠直觉思维。精思善疑之人,对神秘文化有天然拒斥作用,很难悟其精髓。

道家道教关于直觉思维的阐述,一般人要想掌握它,必然遇到三大难关:一难忘外物,二难忘情欲,三难忘成见。如不超越此关,难以进入"朝彻见独"的心灵境界,达到物我双忘、其合大道的妙境,因此必须做到"绝圣弃智""澄心遗欲"。

三、直觉思维是激发创造性思维的催化剂

直觉是只可意会不可言传的一种突如其来的心理体验,它是人们常说的一种顿悟、灵感式的认知活动。它的特点是不借助于逻辑推论,而把平常的理性认识活动撇开。它超越人们习以为常的感性认识和理性认识的规范。直觉思维对于科学探讨,对于新的科学规律的发现,往往起着妙手催生的助产婆的作用,或类似化学中的催化剂作用。它可

以帮助科学家们在创造性科学思维中,由于某种条件的触发,异想天开地突破一个关节点,使认识发生突变,捕捉到难得的机遇,从而对研究的课题获得带结论性的正确解决,导致科学上的重大发现。

直觉思维并不是人们有意造成的,而是经过长期潜心探索,"梦里寻它千百度";借助于多种知识、多种方法,反复实践或实验,未能获得突破性进展,在偶然因素激发下,"豁然开朗","得来全不费工夫",取得最后成功。许多著名科学家通过切身体会,都认同直觉思维在科学探索过程中的巨大作用。爱因斯坦说:"我相信直觉和灵感。"他认为在科学发现的成功道路上,"真正可贵的因素是直觉"。这的确是他在科学探索中的经验之谈。玻尔也说过:"实验物理的全部伟大发现都是来源于一些人的直觉。"这绝非夸张之词。

彭加勒对直觉在科学发展中的意义和作用,论述最为周详。他说:"逻辑是证明的工具,直觉是发现的工具。"为什么这么说呢? 他认为:在科学研究中可能同时存在无数条路可供选择,这时逻辑思维与直觉思维的作用大不相同。"逻辑可以告诉我们走这条路或那条路保证不遇见任何障碍,但是它不能告诉我们哪一条路能引导我们到达目的地。为此,必须从远处眺望目标。教导我们瞭望的本领是直觉;没有直觉,数学家就像这样一个作家,他只能按语法写诗,但是却毫无思想。"①

熟悉科学史的人都会记得,居里夫人对镭的发现,得力于直觉。她在镭的原子量测定出来之前 4 年,已"预感到它的性状",可以毫无夸张地说:"正是以直觉的预感击中了正确的目标。"

日本理论物理学家、诺贝尔奖获得者汤川秀树在其著作《创造力和直觉》中,明确论及他的科学发现,得力于中国道家所倡导的直觉思维。

---

① [法]潘加勒著,郑太朴译:《科学与方法》,商务印书馆 1933 年版,第 438 页。

他对老子和庄子深为佩服。《老子》说"道可道,非常道"这句名言,对汤川秀树深有启发。他说:"二十世纪的物理学,是以超越常道,发展新道开始的。""二千多年前的老子的话,使人能获得非凡的新意。"他认为:"中国人和日本人所擅长的并以他们的擅长而自豪的,就在于直觉的领域。"直觉把人与自然看作和谐的整体,发挥高度想象力的作用,足以弥补现代科学中高度抽象化所带来的缺陷。所以汤川秀树指出:"单靠逻辑是什么也干不成的。唯一的道路就是直觉地把握整体,并且洞察到正确的东西。"不难看出,一旦把直觉引入科学研究,就好比给思想增加了强有力的翅膀;它鼓励人们打破一切现有条框的束缚,去探索事物的底蕴,打开科学的新领域,以致不可阻挡地影响科学的未来。科学地认识事物,从现象中发现本质,从来不是直线式的,而是十分曲折的过程;既要靠长期苦心沉思,尤其不可忽视突发性的顿悟,直觉思维正是经过长期冥思苦想而出现的智力大飞跃。这种认识上的大突破,却又"得来全不费功夫",往往是在长期冥思苦想之后的暂时松弛状态下出现的。杰出科学家钱学森教授对这一点深有体会;他在《关于思维科学》一书中说:"(直觉)它不是我们意识中能够求得的,而常常是把意识放开了,比如,睡觉啦,干别的事啦,忽然来了,就是来去无踪。"这正如《庄子》中说的:"无思无虑始知道。"正因如此,英国科学史家李约瑟博士在比较儒家思想和道家思想的特点之后,正确地指出:"在中国古代十分清楚的是,儒家的伦理学的唯理论,是与科学的发展不相容的;而道家的经验主义神秘论(按:指直觉思维)则对科学有利。"[1]

难怪美国有位化学家,明确论定直觉思维堪称科学发现的本质特征之一。他认为"科学上每一项重大进展,都牵涉到一种不合理的、不合

① 〔英〕李约瑟著,潘吉星主编:《李约瑟文集》,辽宁科学技术出版社 1986 年版,第 43 页。

逻辑的因素,一种理性的失败,伴之以创造性见解的一个思想飞跃"①。不言而喻,这里说的"伴随理性失败"而来的思想飞跃,正是指的不可言说、不合逻辑的直觉思维。这实际上并非个别科学家的体会,而是许多杰出科学家切身经验之谈。直觉思维是催生创造性思维的助产婆,这一点已得到广大科学家的认同。只有固守习以为常的理性思维,把逻辑思维作为发展科学的唯一思维形式的人,才会对非理性或超理性主义的直觉思维抱鄙视态度。

现代科学发展趋势表明,有远见、有气魄的科学家,都对直觉思维特别青睐,普遍肯定它对创造性科学思维起着催化作用。对于直觉思维认识最早,论述最充分,态度最坚定的,在中国思想史上,首推道家。这是道家文化对中国传统文化的卓越贡献,也是道家文化较之其他学派文化更优越的地方。如果说李约瑟博士论定的"中国如果没有道家,就像大树没有根一样"这话是真理,那么我们还可补充一点,道家如果失去了直觉思维就会失去它的生命线;研究道家和道教文化,如果不认真研究它所高扬的直觉思维,宛如:一个进入道家思想宝库的人,却未能获得其中最神奇的珍宝。

道家和道教之所以强调直觉思维,同它决意研究"怪力乱神"的倔强性格分不开。道家和道教高举直觉思维的旗帜,其用意大体有三:第一,以之抨击儒家者流把名教视为神圣的教条主义行径;第二,以之作为打开神秘文化殿堂的钥匙;第三,以之纯化人们的思想,把人们引向追求超现实的终极目标,这恰好是儒家文化所缺乏的东西,这是道教文化之所以兴盛而左右中国传统文化的重要原因,或许这也正是鲁迅先生认为"中国根柢全在道教"的由来。

————————————

① 参见美国《化学研究杂志》。

我们今天研究直觉思维，肯定道家道教对直觉思维发展的贡献，并不是发思古之幽情，主要是为了在中国文化的转型期，更好地与西方现代科学文化思潮接轨，而不致把许多著名科学家论述直觉思维的宏论，当作耳边风。再不能按中国人以往那种故步自封的心态去对待西方文化中有生命力的思潮，甚至将其看作不值一提的奇谈怪论。不少人对西方非现实主义思潮，一直抱着鄙弃态度；至今，这种错误态度该是有所收敛的时候了。

前些年，曾把西方的存在主义、弗洛伊德主义、直觉主义，看作中国思想世界的不速之客。我认为，最好遵循《易经》的原则："有不速之客三人来，敬之终吉"，再不应将其视作一股西方幽灵，而总想将其驱出国门。正确的态度：是注意开发中国传统文化中的某些误区，使之与西方思潮中合理的东西接轨，融合中西文化，认真加以整合，从而创造性地构建社会主义新文化，以为社会主义现代化服务。

中国传统中和思想发凡

程静宇

中和之道也即中庸之道，就是要用公平、公正、恰到好处的、合理的中道原则，来化解人与自然、人与社会、人与人之间的矛盾冲突。因为只有公平，才能使对立双方互相谅解，达到互惠、互利、双赢。所以，只有中，才有和。

中道思想在我国源远流长，自上古尧、舜开始，一脉相承于禹、汤、文、武、周公、孔子、孟子，以及汉、唐、宋、明、清乃至近代，延续了几千年，有着极为丰富的内涵，可以说，历代社会的治乱兴衰，均逃不出执政者的得中与失中的因果规律。因此，认真探索一下中国古代的中道即中和思想的产生与发展及其在各方面的表现形式，不仅具有重要的学术价值，同时也对于当今构建和谐社会具有重大的现实意义。

一、中和的内涵

"中和"二字由来久远，早在原始氏族社会，尚中观念就很盛行，中国古代典籍中保存有相当丰富的资料。

关于中，《说文解字》将中字归为"｜"部，有"中内也，从口，从｜，上下相通"之说。(《说文解字》，第 14 页)甲骨文中收有中字 55 个，一种为常见的"中"，另一种有飘带，"屰"与金文相同，郭沫若解释说："金文凡中央之中均作屰，乃指事字，是一竖之上下各作二旒或三旒，而围其中部，意谓所圈处，适当其中，伯仲之仲则作中，即射箭中的之中，一圈示的，一竖示矢，乃会意字。"(转引自《金文诂林》)唐兰从殷墟甲骨文中发现中的原始意义为古代社会的旗帜，他说："古时用以集众，《周礼》大司马教大阅，建旗以致民，民至仆之，诛后至者，亦古之遗制也。盖古有大事，聚众于旷地，先建中焉，群众望建中而趋附，群众来自四方，则建中之地为中央矣。列众为陈(阵)，建中之酋长或贵族，恒居中央，而群众左之右之望建之所在，即知为中央矣。然则'中'本徽帜，而所立之地也，恒为中央，遂引申为中央之义，因更引申为一切之中。"(参见《殷墟文字记》)

所以中字作为一个指事字是很容易被先民创造出来的。因为没有中，就无所谓上下左右。在古代社会生活中，中是到处都存在，如一根绳子、一根木棒，都有它的中点，取其中，事物才能达到均衡，于是就有了中正、正中连用。由此再进一步从具体到抽象。《周礼》说："以五礼防万民之伪，而教之中。"(《周礼·地官·大司徒》)此处的中就是一个会意字，就是要求处处要以五礼防止人们作伪，教导人们事事都应循中正才合乎礼。这里先民们已把中当作最高的道德标准。

方东美认为中代表中国、中国人、中国文化的整个精神。他说："从儒家思想来看，在《汉书·谷永传》里有'建中以承天心'，吾国古代的传统思想上，总是要发挥中庸或中道的精神。中字代表中国整个的精神。此符号代表整个宇宙全体为一圆圈，如果站在某一方面，则成为偏见，应该贯穿起来上下皆通,还须如中,使之平衡。《庄子》云:'得其环中以应无穷',就是要了解、把握、体验宇宙全体,才可以安排吾人的生命于其中,贯穿起宇宙生命全体的力量。"①按这个意思,就是把中字的中间部分看成封闭的圆圈"〇",它代表宇宙的全体,而要求观察体认的人,应该不偏不倚地将上下贯穿起来,而成为最完满的中道,这里充分体现了宇宙的整体观和中正不倚的道德观。

通过上述中字的演变,即从指事的中字,到会意字的中字,再到哲学概念的中字,标志着上古先民对于中的观念的形式,经历了从个别到一般,从具体到抽象,不断深化的过程。

关于和的基本含义,在中国文化史上的内容也极为丰富。和,《说文解字》将和归为"口"部,有"和,相应也,从口禾"之说。(《说文解字》,第 32 页)本指奏乐或歌唱的音声相应和,《尔雅》记载为古代一种乐器(小笙),可演奏出和谐的乐曲。故《礼记》说:"乐者,天地之和也。"(《礼记·乐记》)《广雅》认为,"和,顺也,调也"。(参见《广雅·释诂》)刚柔适中谓之和,描述事物存在的状况,《礼记》也认为,"和,合也"。(参见《礼记·郊特牲》)描绘不同事物运动形态,即和谐、融洽。此外有温和、谦和、和解、和合、和平等等。

古代西周学者史伯第一次提出和的概念,他说:"以他平他谓之'和'。"(《国语·郑语》)即多种不同事物(他与他)相配合,恰当适中,达到平衡,就叫作和。

关于中与和的关系。中与和可以说是体用关系或因果关系,事物因中而求得和谐,中是体,是和的前提,和是中的结果,是用。因为多种事物相处一起,必须在彼此间取得协调一致,才能保持一种均衡稳定状

---

① 蒋国保、周亚洲编:《生命理想与文化类型——方东美新儒学论著辑要》,中国广播电视出版社 1992 年版,第 236 页。

态。"和"的本身就是追求一种恰当有序,任何偏激、失衡、失度、失序的错误倾向,都是与和谐不相容的,而事物之间的和谐,决不是一时胡乱拼凑在一起,那是不可能实现和谐的。和必须以中为度,各种因素必须公平、公正、合理,相协互补,恰到好处,这就是中和。在中国历史上,有许多讨论和的论题,虽未明言提及中,实际上所讲的都是要求由中致和,不中则不和,相中则相和。

二、中和的思想特征

以上简略考察了中和的字意及演变,了解了中和的内涵,下面讨论一下中和的思想特征,归纳起来中和有以下三方面:即它是对立面统一与平衡、事物多样性统一与融合,也是万物生成发展的源泉。

(一) 对立面统一与平衡

中和包含事物对立面统一物的两个方面既相互对立又相互依存,即对立双方各以自身所应有的适度为限以保持双方的稳定与平衡。强调事物对立面统一与平衡达到和谐共存,这在中国古代思想史上,特别是在儒家经典中是相当普遍的,也可以说是中国传统思想辩证思维的特点。

这里以《周易》为例,如乾坤、天地尊卑、贵贱、刚柔、水火、损益、盈虚、终始、进退、得失、存亡,几乎事事处处,都充满了矛盾。然而《周易》作者不仅看见了矛盾的对立,同时更看到了矛盾的统一性,并强调矛盾双方是以相互依存、相互合作、相互补充为主,从而形成了天地万物生生不息的流动变化,如《周易》所说:"水火不相逮,风雷不相悖,山泽通气,然后能变化。"(《周易·说卦传》)而且《周易》作者将六十四卦三百八十四爻的构件,概括为阴阳两要素,并提出"一阴一阳之谓道",说明阴阳贯穿于天地万物生成与发展之中。庄子所讲的"《易》以道阴阳"(《庄子·天下篇》),揭示了《周易》以阴阳为本质的特点。

《易传》认为阴阳各有不同的特性,即阳性动散主生,阴性凝聚主成。所谓"乾知大始,坤作成物"(《周易·系辞上》)说的正是这个意思,也就是说乾坤即阴阳合作而生成万物,两者缺一不可。不仅是乾坤两卦,《周易》六十四卦三百八十四爻的符号系统的基本构件,都是由阴阳两要素组成,都是由阴阳两种势力相吸引相结合和谐共处合作,由此而产生了天地万物和人类。

由此可见,《周易》所阐明的是万物各得其生命和属性,都是由于天地阴阳大和的结果。阴阳本是两个对立面,由于这两个对立的力量在相摩相荡中逐渐互相协调配合,达到适中平衡,只有阴阳相中,才能相和,阴阳相中和,才能实现对立面统一,从而使天地大化生生不息。

据《国语》记载,周宣王时,虢文公运用阴阳消长来解释雷震和土地膏泽现象,认为农业生产,必须顺时。所提出的阴阳分布说,认为自然界的阴阳之气的运行与消长是有一定时令季节性的,即冬至时是阴盛阳衰,夏至时是阳盛阴衰,春分秋分时阴阳均衡,因此农业生产的春生、夏长,秋收、冬藏,都是依据阴阳消长的变化状况来进行的。《国语》还记载了周太史伯阳父从反面,即从阴阳失调失序来解释地震的原因,如说:"夫天地之气,不失其序;若过其序,民乱之也。阳伏而不能出,阴迫而不能烝,于是有地震。"(《国语·周语上》)

我们再观察自然万物的生长无不具有既对立又统一的现象,如树木的树枝分叉,树叶的对生,或交叉互生;鸟类及昆虫的双翼对举,人体的两手、两腿、两耳、两目等器官的对生,象牙、牛角的对生等,莫不呈现出既对立又显示双方均衡协调的生长态势。这种对立统一与和谐现象是自然造化之功，是自然界神妙优化万物的结果。所以我们关于对立统一与平衡的人道理论，正是源于天道，只有使对立的事物双方协调合作互补，才能得到充分发展。

还可以运用对立统一与平衡理论来说明人类的生理现象。人的生理现象也正是由许多对立统一的关系构成一个复杂的生理系统。如物质的同化与异化，神经的兴奋与抑制，肌肉的收缩与舒张，血液的阻力与推力，体温的产生与散发，血液的凝固与抗凝固，微循环中缩血管物质与舒血管物质。免疫反应中的抗原与抗体，激素间的相互拮抗与制约；吸收养分与排除废物，将食物吃进胃里分解又合成蛋白质等等。人们如果善于养生，就会做到《内经》所说的"调阴与阳，精气乃光""合形与气，使神内藏"。人们只要体内各系统对立面统一关系调整和谐恰到好处，达到中和平衡，就可以保持健康长寿。

在音乐乐曲的演奏中，只有矛盾对立双方能够相济相助，相互补充，和合一致，才能演奏出美妙的音乐。使瑟弦音律达到《左传》所讲的"清浊、大小、长短、疾徐、哀乐、刚柔、迟速、高下、出入、周疏，以相济也。"（《左传·昭公二十年》）

这种对立面统一与平衡的中和观是合理而正确的，它来自客观自然界，人道基于天道。我国古代哲人以一种最完美的方式表达了对立面统一和谐。这就是太极图。在图内阴与阳之间有一条互补的曲线，形成两条阴阳鱼，而且从鱼的眼目中，可见到阴中有一阳核，阳中有一阴核，正是由于这两个核，表达了其内在的原始本质。促成了阴抱阳、阳抱阴、阴逐阳、阳逐阴，相互依存，相互取予，两者互相渗透，合成永生的一体。这就是中国思想史中关于对立面统一与和谐的生动说明。

关于中国思想史中的对立面统一与平衡的中和关系，我们还可以借用元代学者赵孟頫之妻管仲姬的一首情诗来表达："尔侬我侬、忒煞

情多,情多处,热如火,把一块泥,捻一个尔,塑一个我,将咱两个,一齐
打破,用水调和,再捻一个尔,再塑一个我。我泥中有尔,尔泥中有我。"
(《我侬词》)这就是阴阳相渗透、相互补、相中和最形象最生动的比喻。
强调对立面互补,刚柔相济,是中国传统思维的特点,是现实生活的真
实反映。如果自然界出现灾变,社会发生战乱,人体发生疾病,都是由
于矛盾对立双方失去协调平衡的缘故,失中即失和的道理。

(二)"中和"是事物多样性统一与融合

天地之间,万事万物不仅呈现出对立统一状态,而且也呈现出复杂
多样和融合统一的现象。儒家学者认为,只有不同性质的事物相掺和,
才能形成丰富多彩的万事万物,若只是同一事物相加,那只是单调的,
就不能产生新的事物。

西周末年太史史伯揭示了"和实生物"的道理。他说:"夫和实生
物,同则不继。以他平他谓之和,故能丰长而物归之。若以同裨同,尽
乃弃矣。故先王以土与金、木、水、火杂,以成百物。是以和五味以调
口,刚四支以卫体,和六律以聪耳,正七体以役心,平八索以成人,建九
纪以立纯德,合十数以训百体。出千品,具万方,计亿事,材兆物,收经
入,行姟极。……和乐如一。夫如是,和之至也。于是乎先王聘后于异
姓,求财于有方,择臣取谏工而讲以多物,务和同也。声一无听,物一无
文,味一无果,物一不讲,王将弃是类也而与剌同。天夺之明,欲无弊,
得乎?"(《国语·郑语》)这里他列举了大量事例,证明客观世界是多种
多样、丰富多彩的。这里的六律是十二音律中有六大阳声之律;七体指
人体七窍,八索指八卦中相应的人的八体,九纪指人体内的脏器,十数
指人分十等,即王、公、大夫等以及事物中的千种品位、万种方式等等,
凡此说明客观事物是丰富多彩的,而且它们都是和谐有序地结合在一

起的。并且认为这些客观世界中的事物,都是由金、木、水、火、土五种物质元素和合而成的。由此他得出了只有多种物质的和合才能产生新事物,而同一事物的简单相加不可能产生新事物,是没有生命力的结论,因而也是不可能延续下去的。又指出单一的音符,谱写不出动听的乐曲;单一的颜色,描绘不出绚丽的图画;只有一种味道烹调不出美味佳肴,单一的事物也无法比较,这一切都说明,只有多种多样不同的事物相协调配合,才能产生新事物,并且具有无限生命力,从而得到兴盛和发展。这就是事物多样性统一,也就是说事物只有达到多样性并存的中和状态,才有可能显现出多姿多彩。这是从自然界和社会生活中所证明了的真理。

到了春秋末年,齐国的晏婴,进一步继承并发展了史伯的这一思想,他主张贵和去同,并将这种和同观运用于政治,提出了正确的君臣关系,这在那个时代是非常难能可贵的。晏婴以烹调美味需要各种佐料为喻,论证了他的辩证和同观:"和如羹焉,水、火、醯醢、盐梅,以烹鱼肉,燀之以薪,宰夫和之,齐之以味,济其不及,以泄其过,君子食之,以平其心。君臣亦然,君所谓可而有否焉,臣献其否以成其可;君所谓否,而有可焉,臣献其可,以去其否。是以政平而不干,民无争心。……先王之济五味,和五声也,以平其心,成其政也。"(《左传·昭公二十年》)并且晏婴将这种和同观运用于政治上,认为君臣在议论治国之道时,所见互有可否,只有相互取予,相互补充,使治国之道更加完善,君臣关系也更加协调,才能实现政平民和。他认识到事物杂多之间有相济相成互补的作用,这就是事物多样性统一与融合的优越性。

(三) 中和是万物生成发展的源泉

中国古代先哲们对天道自然现象进行了大量的观察与研究,认为各种生命要素如气候、温度、湿度等都处于中和状态，就会促使万物的滋生繁衍。如《易传》开始就说："乾道变化，各正性命，保合太和，乃利贞。"（《周易·彖传·乾》）这里的乾道就是指自然天道，即指四时、昼夜、风云、雷雨、霜雪、阴晴、寒暖的种种变化，而人类与鸟、兽、草、木、鱼、虫等有生命者，都要受到自然天道变化的支配，为适应天道的种种变化，它们进行着各种活动。这里必须明确所谓太和不是指四时皆春，而是指春天暖、夏热、秋凉、冬寒，四时的气候变化调和适中，不极端化，即无酷热、无严寒、无烈风、无淫雨、无久旱、无早霜，总之无特殊的自然灾害，天能保持着这种太和即中和景象，就能普利万物，使万物得以滋生繁衍，生生不息。

中国古代思想家多以阴阳五行来表述中和，认为阴阳二气相适中调和而有利于万物的生长，如《易传》中的"一阴一阳之谓道"，道就是指贯穿天地人的普遍规律，即强调阴阳两种力量密切配合相融而生成万物。《说卦传》进一步指出八种自然物生养万物的功能，说："天地定位，山泽通气，雷风相薄，水火不相射，八卦相错"，"分阴分阳，迭用柔刚"，"雷以动之，风以散之，雨以润之，日以烜之，艮以止之，兑以说之，乾以君之，坤以藏之。"（《周易·说卦传》）以上引文大意是说，八卦中的八种自然物，各自履行生养万物的职能，首先是天地定位，天高地广，天对万物无所不覆盖，地无所不承载，运用阴阳两种力量，一刚一柔，迭相交错，在高山深泽中阴阳之气流通交换，在春天风雷搏击，并不相悖，而是为唤醒大地上沉睡的万物。暖风吹拂万物，雨水滋润万物，阳光温暖万物，高山栖息万物，深泽的清泉浸润取悦万物。最后上天君临统领万物，大地包容收藏万物。如同《礼记》所说："地气上齐，天气下降，阴阳相摩，天地相荡，鼓之以雷霆，润之以风雨，动之以四时，暖之以日月，而百化兴焉。"（《礼记·乐记》）自然界的万物就这样欣欣向荣地生长起来了。

阴阳和谐生万物的中和思想在诸子中也得到认同。老子说："万物负阴而抱阳，冲气以为和"（《老子·四十一章》），说明阴阳相抱合产生冲和之气而生万物。荀子说："天地合而万物生，阴阳接而变化起"，"万物各得其和以生，各得其养以成"（《荀子·天论》）。到了汉代，董仲舒提出了以阴阳五行为框架的宇宙生成论。他说："天地之气，合而为一，分为阴阳，判为四时，列为五行。"（《春秋繁露·五行之义》）是说在阴阳四时的有序运转中，万物就生生不息、运行不止。他在论述阴阳于一年四季周期运转演化中，还提出了"两和""两中"的模式，"两和"指的是"春分"的东方之和，"秋分"的西方之和；"两中"指的是"冬至"的北方之中，与"夏至"的南方之中，认为天地间万物的萌生与成熟都源于和，都在阴阳二气各相半而合和之时。他又说："和者，天地之正也，阴阳之平也，其气最良，物之所生也。"（《春秋繁露·循天之道》）也就是说阴阳二气处于春、秋两季冷热均匀的平衡状态时，就具备了生万物与成万物的功能。

此外，中国古代还有一个相当突出的思想，就是天、地、人三者和谐统一而生万物。这大概与古代发达的农业生产有关系。人们在长期的生产活动中，经常要观察天时、气象、地宜，因此人的活动与自然界的变化很自然地就形成了一个有机协调的整体。如管子说："顺天之时，约地之宜，忠人之和，故风雨时，五谷实，草木美多，六畜蕃息，国富兵强。"（《管子·禁藏篇》）这里一方面强调了天、地、人各自内部小整体的平衡，同时又强调了天、地、人三者之协调合一所构成的大整体的有机和谐，认为社会要保持这种和谐，就能实现五谷丰收，六畜兴旺，国富兵强。荀子说："上得天时，下得地利，中得人和，则财货浑浑如泉源。"（《荀子·富国》）《吕氏春秋》说："上揆之天，下验之地，中审之人，若此，则是非可不可无所遁矣。天曰顺,顺维生,地曰固,固维宁,人曰信,信维听,三者咸当,无为而行。"(《吕氏春秋·季冬纪·序意》)这里特别强调要求人应信守和遵循自然规律,与天地相参,然后乃可以成功。

以上简述了中国古代的阴阳、五行、天、地、人相协调相中和,是万事万物发生发展的根源,旨在说明不论是阴阳、五行,还是天、地、人,都必须是在多种要素之间相包容、相协调、相配合一致,才能使新事物产生、发展和壮大起来。

坚持中和观,必须反对两种错误思想倾向。

其一,必须反对两极化的思维。两极化的思维,往往把事物的矛盾推向两个极端,即凡是认为正确的一方,就认定它是绝对正确,而认为是错误的一方,则就是完全错误,一无是处。这种思维方式,往往是一边倒,攻其一点,不及其余,把两个对立面之间的矛盾看成誓不两立,没有调和的余地,只能是一方克服一方。

这种绝对对立的形而上学思维方式,曾经在我国很长一段时期里相当盛行,如"斗争哲学"等,把传统文化与现代化看成水火不相容的,要作彻底决裂等等,而对西方的如马列主义,不加分析的全盘照搬。结果,犯了"左"倾教条主义的错误,使我国的建设事业一度造成了严重危害。所以我们应该从中吸取教训,摒弃那种极端偏激的思维方法。因为在社会实际生活中,事情往往是错综复杂、互相牵连、互相制约的,我们必须从多层面多视角有分析地看待问题。这样才能得到比较正确的解决。比如我们在对待传统与现代化的关系时,传统与我们有着千丝万缕的联系,我们应该既要吸取传统中优秀的、积极的部分为基础,同时也要吸取西方现代化中对我们适用的经验。使现代化不断革新,不断得到丰富与发展。同时要使传统中合理因素与现代化因素有机融合,使传统中有现代化,现代化中有传统,这就是辩证的中和观。应该运用辩证的中和观来观察分析处理问题,因为中和是一种科学的思维方法,它崇尚中正、公平、适度,追求和谐美好,遇见问题是以冷静、客观、全面分析的态度,讲究分寸、适度、恰如其分,还要留有余地,将主动权永远握在自己手中。

其二,有人把孔子的中庸思想视为折中主义,这实际上是一种误解,必须予以澄清。

折中主义是一种没有自己独立的见解,对于各种不同的思想观点,不辨是非地把它们拼凑在一起,或采取模棱两可的态度,是不讲原则的调和主义。而孔子的中庸思想,并没有调和折中之意,也不是无原则无是非,保持一团和气,和稀泥或当老好人的处世哲学。孔子的中庸观与这种折中主义有着本质区别,是一种最高的道德准则。孔子批评折中主义为"乡愿",说:"乡愿,德之贼也。"(《论语·阳货》)意思是那种不讲原则的好好先生,与人同流合污,是败坏道德的小人。孔子又说:"君子和而不同,小人同而不和。"(《论语·子路》)意思是说君子用自己正确的意见来纠正别人的错误,使一切都做得恰到好处,决不盲目随声附和,而小人只是盲目地附和别人,却不敢独立地表达自己的见解。这里孔子继承和发展了西周史伯和晏婴去同尚和的中和观,他明确指出,折中主义是小人所为。孔子推崇舜的"执其两端,而用其中于民"(《论语·阳货》)的中道思想。而且,他自己也说:"有鄙夫问于我,空空如也。我叩其两端而竭焉。"(《论语·子罕》)也是采取执两用中的观点。

孔子的是非憎爱分明,还可举出他的一段话来证明:"恶紫之夺朱也,恶郑声之乱雅乐也,恶利口之覆邦家者。"(《论语·阳货篇》)这话的意思是我厌恶用紫色取代朱红色,我厌恶用邪恶的郑声来搅乱雅乐,我厌恶用一张巧言善辩的嘴颠覆国家的人。由此可见,孔子其实是一位具有渊博学识和高尚道德素养、是非好恶分明的学者,岂能与那种不懂礼仪、不辨是非的市井小民相提并论？

三、中和思想的表现

中和思想并不是古代哲人凭空臆想出来的，而是有着普遍的客观基础。因为天地间的物质运动过程所表现出的是一种均衡有序状态，说明自然界本身具有一种适中平衡的特性，其内在趋向是和谐稳定。所以古代先哲们在仰观俯察之间，从中领悟出了中和精神。这种中和精神在中国传统文化中的地位十分重要，可以说是中国传统文化的核心、灵魂，是自始至终一以贯之的道统，并通过中华文化的方方面面表现出来。

第一，中和思想表现在哲学上。中和是自然界万物生存发展的普遍规律。宇宙间万物都在和谐有序地运动变化着。天上的日月星辰各按自己的轨道有规律地昼夜交替地运行着，大地上春、夏、秋、冬四季运转不忒。在生物圈中每种生物与环境之间有着普遍的适应关系，有规律地进行着生、化、返的运动。如植物利用太阳能进行光合作用，将太阳能量固定在有机物之中，以供人类和动物消费利用，而人与动物的排泄及残骸由微生物分解后又回归自然，为植物提供养料。一切生命就是在这种复杂的能量转换链条中建立了生态平衡关系，使生命不断延续发展下去。一切生物只有使自己的生命节律与自己周围环境的变化和谐一致，同步运行，才得以生存繁衍发展。大自然巧妙地安排着整个生物界多姿多彩，井然有序，和谐地发展着。这正如荀子所说："列星随旋，日月递照，四时代御，阴阳大化，风雨博施，万物各得其和以生，各得其养以成。"(《荀子·天论》)

第二，中和思想表现在伦理道德上。中和也是个人道德修养、品格、精神气质的体现。中国传统文化中特别强调个人品德修养，认为这是齐家、治国、平天下的根本与前提。一个人无论在家庭、在社会，或个人独处，都有一整套的行为规范。最标准的恐怕要数孔子弟子赞美孔子的那样："夫子温、良、恭、俭、让。"即作为一个君子应像孔子那样温和、善良、谦恭、节俭、诚信、礼让。在家庭中应以夫和妻顺，父慈子孝，兄友弟恭等友善态度来处理好各成员之间的关系。中国古代，常有一些名人学者将治家立身之言，用以垂训子孙的。如北齐颜之推著有《颜氏家训》、南宋朱熹著有《朱子家训》。目的都是为了使家庭成员之间充满和睦、友善、温馨、融洽、其乐融融的气氛。

第三，中和思想表现在政治上。中和也是中国人所追求的社会政治理想。在中国数千年的历史长河中，人民群众都厌恶那剧烈的社会冲突、纷争、动荡、离乱所造成的心灵上的恐惧、紧张与惶惑不安，而要追求在精神上一种宽松、平静、安乐、祥和有序的社会环境，社会环境愈是冲突激烈，人们对和平安定的社会生活的向往与追求就愈加强烈。孔子的"均无贫，和无寡，安无倾"的理想社会的构想，老子的"小国寡民"，回到原始的和平宁静的社会境界中，以及《礼运》篇中的大同世界，那种路不拾遗，夜不闭户，天下一家的理想社会图景，正是在社会长期动乱之后提出来的。这些都是中和思想的体现。

第四，中和思想表现在民族关系上。中华民族是以汉族为主体的，自古就生活在黄河流域的中原地带，由于中华民族主要是以儒家的中和思想为主导，即强调用宽厚、和解、平衡的方式来解决事物之间的矛盾冲突，这种和解、平衡融通的思维模式，造就了中华民族具有很强的凝聚力和向心力。所以其对周边的少数民族，一贯采取怀柔政策，与他们亲善友好，对于他们的长处加以学习，对于他们的不足予以帮助。所以《中庸》上讲："嘉善而矜不能，所以柔远人也。"在民族之间交往中，这些兄弟民族如表示友好，也来纳贡，而我们回报他们的礼品，都比他们的贡品要丰厚得多，这就是《中庸》说的"厚往而薄来，所以怀诸侯也"。

由于汉民族这种雍容大度的胸怀，所以历史上，彼此之间在经济、文化乃至婚姻，都有着频繁的交流与合作，乃至相互融合。在我国历史上曾经历过五次民族大融合。即第一次是在春秋战国时期；第二次是在魏晋南北朝时期；第三次是在宋、辽、金、西夏时期；第四次是在元朝；第五次在清朝。所以中华民族就像浩瀚的大海，众多兄弟民族就像百川，最终都融汇到这个民族大海洋中来了。今天，中华民族正是由现今56个兄弟民族所组成，共同缔造了这个民族大家庭。

第五，中和思想表现在宗教上。中华民族兼容并包的中和思想还体现在宗教信仰方面，对外来异教并不排斥，而是采取兼收并蓄的态度。不像西方人只信奉天主或上帝，也不像阿拉伯人只信奉真主。他们在宗教信仰上有着强烈的排他性，历史上因为教派不同，曾经发生过长达数百年的战争，直到今天，地球上许多地区冲突与战争，多半是由于教派之间的誓不两立而引起的。而在中国大地上，除了本土的山川社稷之神、祖先神，还有儒教、道教等。外来宗教曾经有佛教、摩尼教、景教、袄教、基督教、回教等多种宗教并存的局面。其中特别是佛教自从印度传入中国，二千多年来，一直经久不衰。在我国历史上一直是儒、佛、道三教并立，直至今天在全国一些地方的庙宇内，仍然同时供奉着孔、老、释迦三圣的牌位。如山西的悬空寺、四川的大足石窟就是如此。这就是因为中国的传统文化具有深厚的根基和广大的包容性，对外来文化，包括宗教文化具有强大的消融能力。所以今天的佛教，经过中国人自己消化吸收，并加以创造性发展，已成为适合中国国情的中国化的佛教。古代的许多学者都是既宗儒，又喜好释、道，认为"孔、老、释迦皆是圣"。并认为"修身治世以儒，养性以道，治心以佛"。不仅将印度佛教改造成中国化的佛教，而且中国文化界又从多方面吸取佛教中的精华为自己的精神营养。如在中国的历史、哲学、政治、伦理、语言、文学、诗歌、音乐、建筑、雕刻、绘画艺术等许多方面，无不渗透着佛文化精神。因而这也就大大丰富了中国传统文化的内涵。这也就是我们民族中和思想的体现。

第六，中和思想表现在美学上。中和也体现在艺术或美学领域。所谓和谐就是美。比如音乐就是由高低强弱、长短不同的音符相配合而形成一个和谐悦耳的乐曲；美术绘画也是由不同颜色搭配、调和而形成五彩斑斓、色调优美的图画；它们都是由对立的、杂多的，甚至是不协调的因素，通过艺术的加工，匠心独运，加以雕琢，使杂多达到和谐统一，使杂乱无章有序化、条理化，最终形成优美感人的艺术品。而其中和谐或中和之美，则是艺术的灵魂。然而，在中国古代讲中和之美的主要体现在音乐方面，这是由于古代重视礼乐文化的缘故。如《吕氏春秋》说："夫乐，天地之精也，得失之节也，故唯圣人为能和。和，乐之本也，夔能和之，以平天下。"（《吕氏春秋·慎行论·察传》）荀子说："故乐在宗庙之中，君臣上下同听之，则莫不和敬，闺门之内，父子兄弟同听之，则莫不和亲；乡里族长之中，长少同听之，则莫不和顺……故乐者，天下之大齐也，中和之纪也。"（《荀子·乐论》）这里的音乐演奏其实是和当时宗法制内部的礼制结合在一起的，为要推行家族中的礼制，利用艺术中和之美的魅力，来陶冶人的情操，净化人的灵魂，调节人的情感，以改善人际关系。

第七，中和思想表现在医学上。中和也是人体生命健康的象征。一个健康人的机体处在适宜的环境中，通过自身体内各系统之间的协调和代谢作用的有序化，始终保持着整个机体动态平衡稳定的状态，中医称这种生理机能正常运转的人为阴阳平衡的平人。相反，如果人体受到外界的刺激而忧思、愁苦，或劳累过度，或营养偏失，或精神高度紧张等，都是"偏伤之患"，失去了生理上的中和平衡，这就意味着疾病即将降临。故中医在医治疾病时所采取的方法，也就是以实现生理机能恢复中和平衡为目的，如《内经》所说："治诸胜复，寒者热之，热者寒之，湿者清之，清者温之，散者收之，抑者散之，燥者润之，急者缓之……等。"（《内经·素问·至真要大论》）这些治疗措施，都是为了纠正偏失，使生理机能恢复达到中和平衡与稳定。

第八，中和思想表现在天人合一上。"天人合一"或天人和谐一体的观念，在中国古代很早已形成。这种思维模式和理论框架，表现在中国古代文化中的各个方面，多姿多彩，而且是贯彻始终。无论是从神话传说、政治、哲学、科学、医学、农学、生态学等知识领域，或是从帝王的政治统治的礼法秩序、宫殿的建筑、祭祀，以及民间的住宅风水等等，无不渗透着人们企盼天、地、人和谐合一的基本观念。总之，"天人合一"就是要求将人类社会秩序和宇宙秩序相融合，求得人天均衡有序的发展。

第九，中和思想从中国古代学术思想流派的争鸣与融合中见到。在先秦诸子百家学派林立，互相辩难，但他们之间并非势不两立，而是在争辩中，互相交流，互相吸收，又互相补充，最终实现统一与融合。在先秦诸子学派之多号称九流十三家，有儒、道、墨、名、法、阴阳、五行、兵、农、医、杂、纵横家等。在经过数百年的争辩、互相吸收之后，从而形成了新的学派，如《荀子》的思想就是以儒家为主干，而兼宗法、道等家思想，体现了儒法合流的精神风格。又如《吕氏春秋》一书，则是儒、法、道、阴阳、农、医等多家思想的综合。后人都把此书称作杂家思想的代表作。到了汉唐、宋明时代，由于佛教传入中国，儒、佛、道三家长期辩难，同时又互相吸收，形成了三教互补共存、"和而不同"的中国文化总格局，其中体现在儒、释、道三教合流的禅家的教派和宋明理学的学派之中。

中和思想还可以从民间民俗文化中找到它的踪迹。一般老百姓都希望生活中各个方面都是均衡、平稳、和谐、吉庆、平安。他们往往是在做一件事情之前，如娶妻、嫁女，或盖住宅，都要选择一个良辰吉日，这是从时间上追求祥和顺利。如果是建造住宅和安葬祖坟，还要请阴阳先生看风水，看看这块宅基地或墓地是否阴阳调和。这是从空间上追求中和。这是相信若风水调和，家庭各项事情就兴旺和吉庆平安。中国人在饮食方面，也存在着追求冷暖或阴阳平衡的问题。认为人的体质，有寒体和热体之区别，追求从饮食和药物中去补救，以求得中和平衡。如果是寒冷体质的人，就可多选择吃一些温补和热性食物；而热性体质的人，可以多吃一些凉性食物。夏季气温高，为保持体温的均衡，必须选择服用一些降温的食品或药物。

在民间，还讲究一种从外在的形式寻找身体中和平衡的方法。比如通过取名字。名字本是一种外在的符号，与人体本身没有什么内在联系，可是老百姓在心理上很需要寻找求平衡。在民间，老百姓相信生辰八字和命，常运用天干地支、阴阳五行算命，如果算出命中缺少五行中的其一因素，于是就在他的名字上加进所缺的因素。如某人命中缺金和水，那么他的名字就叫"金水"，如果缺"火"，名字上就加"炎"；缺木，名字上就加"木"的偏旁或"林"，如此等等。这就是追求一种外在的形式的中和均衡，虽然这种外在的联系只是满足人们精神和心理上的需要，但这也是民间一种追求中和平衡的文化现象。

在民间，老百姓无论做什么事，都要图个祥和吉利，比如做生意，开店铺，对店铺招牌名字也很讲究，大多喜欢带一个和字。记得在我故乡的小县城里街上商店的名字中，就有"中和堂"药铺、"宝和"银楼、"瑞和"布店、"永和"杂货铺、"裕和"米店、"谦和"书店等等。这些名称虽然和他们的生意并无必然联系,但从中充分反映了老百姓希望"和气生财"的一种良好愿望。

纵观人类文明史,世界几大文明古国都先后衰落了,唯独我们中国,经历了五千年跌宕起伏,却始终雄踞于世界的东方,其原因是多方面的。其中我们以为中华民族的恢弘气概、雍容大度、宽厚而仁和的品格,"宽则得众",因而孕育了我们民族坚强的凝聚力和向心力,使我们能永远立于不败之地,可以说中和思想是我们民族生生不息的精神活水源头。

(原载于《中国传统中和思想》,社会科学文献出版社 2010 年版)

阴阳五行学说的历史反思

萧汉明

阴阳五行学说是中国传统文化区别于世界其他民族文化的众多形态中十分独特的一种。这一形态,在其早期便已具有了图像语言的特征,如阴阳有--和—两种爻为其象;五行有生成数方位图式统其义。当它在中国传统文化漫长的发展过程中,逐渐为阴阳家、道家、儒家、兵家、农家、医家、丹术家等诸多学派广泛吸取后,便日益鲜明地显示出它作为一种思维框架在整合经验材料方面的优势。如果将整合经验材料的过程划分为分析和综合两个方面,那么就这一学说的成熟形态而言,其中的阴阳说偏于综合中的分析,而五行说则偏向于分析基础上的综合。对阴阳与五行关系的这种客观性认定,成为各家学派在不同程度和不同范围内运用这一思维框架的理论依据。从这个意义上说,阴阳五行学说不仅是中国古代的一种宇宙观,而且是一种兼具分析与综合的方法论。

自近代以来,围绕如何扬弃阴阳五行学说的问题,思想界和学术界常常为此承受着沉重的困扰。问题的症结并不在于是否有必要辨别这一学说在实际运用过程中出现的两重性,真实的根源似乎更在于近代乃至现代思维方式与传统思维方式的凶猛碰撞与激越融通。为此,对阴阳五行学说的历史发展及其在近现代的遭遇作一番深沉反思,实属探讨传统文化与现代化关系的一项重要议题。

一、阴阳说的历史发展与近代走向

阴阳说自其萌芽之日起,在中华民族传统文化的发展过程中,经历过多次由泛化到集约再到泛化的形态变化,而每一次由泛化到集约或由集约到泛化的转换,都深刻地反映着一定时代精神的变迁趋向。

先秦阴阳观的形成及其泛化与集约

先民在太阳神崇拜中形成的偏重太阳自然属性的致思走向,经过漫长的岁月,逐渐产生了以"易日""不易日"之类的概念,来界定天气的晴与阴。由阳光的照射方向,又引申出向阳面(阳)与背阳面(阴)的方位判断,如《诗·公刘》所谓"既景乃冈,相其阴阳"。无论表天气或表方位之阴阳,都以阳光是否被云或山、树等物遮掩为依据,《易·中孚》"鸣鹤在阴",阴为荫之假借,即属此类。《诗·桑柔》"既之阴女",又进一步将"阴"字的阳光被遮掩之象转化为动词,为与阳光照射无关的遮掩覆盖之类的行为动作。阳字的引申义就更多了,《诗·殷其雷》"在南山之阳"表方位;《诗·七月》"我朱孔阳"表鲜明意;《诗·君子阳阳》表得志貌,等等。

自西周末期阴阳与气连属之后,所谓阴气阳气之说至少可区分为下述三种含义:其一,以天气之阴晴而为天之六气中的两种,如医和所说的天之六气"曰阴、阳、风、雨、晦、明",阴气指阴天之气,阳气指晴天之气。此说后世不流行,大抵与古代气象学有关天之六气分类更为精致准确的发展有关。其二,由阳光和暖引申而出的寒暖之意。《诗·七月》"春日载阳",阳即为和暖。虢文公的"阴阳分布"说亦属此类。其三,以阴阳标志构成万物基本的两种要素分类。此类说法,开始只是从寒暖之义中抽象出的分类法,如伯阳父和佟州鸠等人的"阴阳序次"说,"阴阳"已失寒暖之别,仅为天地之间的两种不同类型的"气",这两种气的各自特征尚未总结出来,仅知其具有相互对立的功能,且依一定的序次运行不息。而人之行事则在于疏导,使"天无伏阴,地无散阳""气不沉滞而亦不散越,是以民生有财用而死有所葬"(《国语·周语下》)。此类意义的深化与完善,形成了以阴阳二气运动变化为主要内容的气化论的基石,进而又被推崇到天道的高度,受到人们的敬重。

在整个春秋战国时期,以阴阳二气为主体内容的气化论或天道观,大致出现了五个方位的集约趋向:

第一,早期阴阳家或占星术士以阴阳二气的运行序次及是否有变气出现为据,妄以所谓天道推断人事吉凶、政见得失和国家兴衰。《左传·昭公三十一年》"庚午之日,日始有谪"。谪,杜注谓变气,即庚午之日,太阳有变气出现。孔疏:"谪,谴责也。人有咎,责见于天,故谪为变气也。"(《十三经注疏》《春秋左传正义》卷五三)变气的出现,被看作阴阳失和之象,亦即天道对人事的谴告之象。

第二,早期阴阳家以天道变化论人间自然灾害的连锁效应。《左传·昭公二十一年》,梓慎论日食:"二至二分,日有食之,不为灾。日月之行也;分,同道也;至,相过也。其他月则为变,阳不克也,故常为水。"认为二至二分之时出现日食是正常天象,其他月份出现日食则是阳气不能克制阴气的结果,因而往往会引发水灾。而另一位阴阳家昭子则认为日食引发的灾害应当是旱灾而不是水灾,理由是"日过分而阳犹不克,克必甚,能无旱乎"?(《左传·昭公二十四年》)他们的推论今人看起来颇觉滑稽可笑,但他们都以天道变化与人间的自然灾害有连锁效应关系为致思方向则是毫无疑义的。

第三,天道变化纯属自然,与人事吉凶无关。《左传·僖公十六年》:

> 十六年春,陨石于宋五,陨星也。六鹢退飞过宋都,风也。周内史叔兴聘于宋,宋襄公问焉,曰:"是何祥也? 吉凶焉在?"对曰:"今兹鲁多大丧,明年齐有乱,君将得诸侯而不终。"退而告人曰:"君失问,是阴阳之事,非吉凶所在也。吉凶由人,吾不敢逆君故也。"

杜注:"鲁丧、齐乱、宋襄公不终,别以政刑吉凶,他占知之。"(杜预:《十三经注疏》《春秋左传正义》)叔兴以"他占"判断鲁齐宋三国政刑吉凶之别,敷衍宋襄公之问,退而又告人说这些异常现象"是阴阳之事,非吉凶所生"。这里所说的"阴阳之事",指陨星坠落、鹢鸟退飞这类自然现象,虽不常见,仍是阴阳二气运动变化的结果,与人事之吉凶无关。战国末期荀卿倡"天人相分"之说,认为"天有其时,地有其财,人有其治",故"星坠木鸣""日月之有蚀,风雨之不时,怪星之党见",皆"是天地之变,阴阳之化",非关人事之吉凶。人事吉凶取决于治理之明暗,"上明而政平,则是(上述异常现象)虽并世起,无伤也;上暗而政险,则是虽无一至者,无益也"(《荀子·天论》)。因此,从学术渊源上考察,与其说荀卿之阴阳观深受道家影响,不如说荀卿直接继承和发挥了叔兴等人的阴阳观更为贴切妥当。

第四,取意于气温之寒暖,是后期阴阳家以阴阳概念建构思想体系的理论依据,也是其学派特征的主要表现。《管子·四时上》说:"阴阳者,天地之大理也。四时者,阴阳之大经也。刑德者,四时之合也。""阴阳"既为"四时"之"大经",则"阴阳"取意于气温之寒暖当无疑义。《管子·形势解》:

> 春者,阳气始上,故万物生;夏者,阳气毕上,故万物长;秋者,阴气始下,故万物收;冬者,阴气毕下,故万物藏。故春夏生长,秋冬收藏,四时之节也。

在后期阴阳家看来,由于天道阴阳有四时之运,且关系到农作物的生长收藏,故"不知四时,乃失国之基;不知五谷之故,国家乃露"(《管子·四时上》)。进而引申到政治、刑罚、军事等方面,又有刑德之政:"德始于春,长于夏;刑始于秋,流于冬";"阳为德,阴为刑"。人事以"和为事",以春夏主生,秋冬主杀,做到"刑德不失,四时如一",使"刑德合于时"(《管子·四时上》)。后期阴阳家的缘起或许相当久远,至少这一学说的要义在春秋末期已被兵家所吸取,如范蠡的阴阳赢缩转化论已开兵阴阳家之风气。成书于战国早中期的《月令》《周官》以及《管子》中的阴阳家言,只是阴阳家仅存的为数极少的著作,且《月令》《周官》长期被当作儒家典籍,或云被儒家吸取,致使有关这一学派的研究至今仍留下众多空白。

第五,以阴阳二气为天道流行中两种最为基本的物质要素,万物皆由这两种要素在流动过程中交感所生。《道德经》云"万物负阴而抱阳",是最早提出阴阳二气是有形物体的组成要素。《庄子》云:"天道运而无所积,故万物成。"(《庄子·天道》)对构成万物而言,运行中之天道,已经包孕着万物的组成要素,"未形者有分,且然无间",故在万物要素这个意义上天道也就是天命。命"留(流)动而生物,物成生理,谓之形;形体保神,各有仪则,谓之性"(《庄子·天地》)。由于万物受命有别,大致形成了有生命之物与无生命之物两类。无生命之物虽无"神"可守,但各自有其自身之"理";有生命之物,其形体有守"神"固"神"之用,更各有其仪形准则,此即受命而成之性。《道德经》以混沌为一之气为道之体,以一气分阴分阳,阴阳相感相冲而生物为道之用。道之体为不可名状的常道,道之用为可以名状的非常道,又称为"德"。《庄子》由道德之学进而生发出性命之理,以天道阴阳流行为命,以流动生物、形体保神、各有仪则为性。故庄生之学既为守老聃之旨而尊道贵德,又为杜绝仁义等伦理规范乱性之防而全身保性。道家诸子尽管在强调道德之学或推崇性命之理或体系建构等层面互有轻重之别,但其以阴阳二气为万物的组成要素则是基本一致的。

《易传》的阴阳观吸取了道家的要素说,并在此基础上进一步探讨了阴阳二气运动变化的众多运动形式与运动轨迹,提出了不少影响深远的哲学命题。《易》之道与《道德经》之道,至少有以下两个区别:其一,《易》之道,不是《道德经》阴阳未分之"常道",而与分阴分阳之后的"非常道"相当;其二,《易》之道,单指阴阳二气之运作状态,故云"一阴一阳之谓道",而阴阳非道。《道德经》之"常道"的存在状态是静止的混沌未分之气,"非常道"才由"一生二,二生三""冲气以为和"而转入动态,故阴阳二气本身及其运作状态皆在"非常道"自身规定之内。由于《道德经》对阴阳二气动态运作的细节探讨语焉不详,从而给《易传》阴阳观留下了发展空间。

《易·系辞下》说:"乾,阳物也;坤,阴物也。阴阳合德而刚柔有体。"以乾为阳之象征,坤为阴之象征,阴阳相感相冲(即合德)生成了具有或刚或柔的有形物体。阴阳是二气,是万物的组成要素,有形物体则以刚柔性能分类,不泛用阴阳概念为分类标志,严格遵循了《道德经》的集约方向。《易·系辞》对这一集约方向的理论贡献是，进一步提出以"形"为中介，成形之前是阴阳二气的运动，即为形而上之道；成形之后是有形体之器物，即为形而下之器。① 既成形器则分刚柔，阴阳二气既为万物的组成要素，故物无论刚柔皆寓一阴一阳之道，是以道无处不在、无时不有，而"百姓日用而不知"。(《易·系辞上》)由道的普遍性进而深求之，"阴阳"便可抽象成为万物内在的两种对立因素的代称，"道"的内蕴也就无疑具有对立统一规律中某些重要规定的意义，从而被后世学者看作推动事物"由此达彼"之类运动变化的内在根据与动因。

《易》提出的另一个著名命题是所谓"阴阳不测之谓神"。神相对化而言，化指事物运动的具体轨迹，神则是决定事物具体运动轨迹的综合因素，合内在动力与外在各种方向作用力而成，相当于现代常说的"合力"。由于形成合力的因素复杂，故不可准确预测；而化只是神的外在表现，有形迹可供推求。《系辞下》说："穷神知化，德之盛也。"要求人们对复杂的、幽隐的、深远的各种因素以及在这些因素作用下形成的事物的具体运动轨迹，具有准确的综合的判断能力，表现出对人的认知理性与认知能力的崇高追求。

在对化迹的考察方面，《易》大抵描叙了五种规则性运动轨迹：

其一，刚柔相推，一往一来的运动。如：

> 日往则月来，月往则日来，日月相推而明生焉。寒往则暑来，
> 暑往则寒来，寒暑相推而岁成焉。往者屈也，来者信也，屈信相感
> 而利生焉。(《易·系辞下》)

---

① 《易·系辞上》："形而上者谓之道，形而下者谓之器。"形上形下云云者，皆就阴阳二气感成物之前后而言，此其意之一。其二，就幽显虚实而言，道无形体为幽为虚，器有形体为显为实。

刚柔之间的往来、上下、升降、沉浮、屈伸等相推运动，可以造成事物运动在阶段性过程中性质的相对性变化，即所谓"刚柔相推，变在其中矣"(《易·系辞下》)。

其二，四象变通之运动。"一阖一辟谓之变，往来不穷谓之通。"(《易·系辞上》)一阖一辟之类的运动，骤然发生，逆向而行，称之为"变"；往来不穷之类的运动，顺向推行，称之为"通"。事物运动变化的长过程多表现为变与通两种形式的交替进行。《系辞下》云："《易》，穷则变，变则通，通则久。"通久则复归于穷，于是继续出现变与通的循环交替。以四时象之，由冬变春为由寒之温，气温呈逆向运动，为变；春通夏为由温之暑，气温呈顺向运动，为通。同理，夏变秋为变，秋通冬为通。一年之内四季气温，升降凡两变两通，年年如此，循环往复，以至无穷，故《系辞下》云"变通莫大乎四时"。人效此规则性运动重在趣时而行，当变之时能"化而裁之"；当通之时能"推而行之"。

其三，环状性运动。《恒·象》云："天地之道，恒久而不已也……终则有始也。"以卦序言，六十四卦始于乾坤之至纯，终于既济未济之至杂，终而复始，故未济既是旧过程的终结，又是新过程的转换环节。这种环状性运动，在后天八卦方位和十二消息卦的阴阳升降运动图式中，都有十分鲜明的表示。

其四，层次性运动。从宏观上说，《易》备三才之道，即天道、人道、地道。将人类的生存放置在整个日地时空区间内进行考察，便可发现人体的内在运动与天体运动大致保持为一种同步节律的协和状态，这是高层次的运动向低层次整体传递造成的，也是低层次的调控机能和目的性的自身调节的结果。《系辞下》云："爻象动乎内，吉凶见乎外，功业见乎变"，正是对层次性运动的一种描叙。

其五，网络性运动。《易》六十四卦之次序是根据错综理论排列的，其中两两相错者三十二对，两两相综者二十八对，错而不综者四对，另有错综同象者八个，又有四十八卦四卦一体，相综相错交织其间。因错而六阴六阳皆备，因综而往来之迹纵横，反映出《易》卦复杂的整体网络结构。汉代，以五行方位图式释《易》天地之数风行，五行结构模型中相生相克的网络性运动也就成了《易》包容的对象。

上述五种运动轨迹大都就其规则性而言，事实上所有这些规则性运动都是通过非规则性的上下波动实现的，而"神"的决定性作用即存在于这些规则性与非规则性的全部过程之中。

先秦阴阳观的五个集约趋向，从价值论的意义上说当以第四和第五为重。第四种趋向有利于促进农业和医学的发展，第五种趋向则奠定了中国传统哲学的理论基础。因此，阴阳观的这两种集约趋向，形成了中华民族理性思维众多特征中唯一能与近代思维接轨的重要特征。讲集约趋向，不过就其若干主要的成系统的发展线索而言，并不意味着阴阳观念的泛化现象由此而得以消除。事实上，至战国末期阴阳观念的泛化已经形成了一个厚重的积淀层，只是此处无力尽举而已。

阴阳灾异说的泛滥

战国后期荀卿著《天论》，显然是针对当时盛行的阴阳灾异之说而发的。有关"星坠木鸣""日月之蚀""风雨不时""怪星党见"等当时流行的种种灾异之说，详情今已不可得而闻，但从《公羊传》尚可略窥一二。荀卿传《谷梁》而不传《公羊传》，当与《公羊传》中过多的灾异说不无关系。两汉经学盛行，公羊学又是其中之主流，由此便造成了两汉阴阳灾异议的泛滥。

《公羊传》由子夏传于公羊高，后经数传而至公羊寿，"至汉景帝时，寿乃共弟子齐人胡毋子都著于竹帛"（徐彦：《公羊传疏》引戴宏语），盖此前皆口授相传矣。《公羊传》对《春秋》经中记载的自然现象,全都以或灾或异之类的文字加以解说。如隐公三年二月"已巳,日有食之",《公羊传》曰:"何以书? 记异也。"隐公五年九月"螟",《公羊传》曰:"螟,何以书? 记灾也。"桓公五年秋"大雩,螽",《公羊传》曰:"大雩者何? 旱祭也。然则何以不言旱? 言雩则旱见,言旱则雩不见。何以书? 记灾也。螽,何以书? 记灾也。"桓公八年冬十月雨雪,《公羊传》曰:"雨雪,何以书? 记异也。何异尔? 不时也。"桓公十四年春正月,"无冰。何以书? 记异也。"庄公七年"夏四月辛卯夜,恒星不见,夜中星陨如雨。秋大水,无麦苗。"《公羊传》称"星陨如雨"乃"记异","秋大水,无麦苗"乃"记灾"。诸如上述记载,在《公羊传》中比比皆是。《公羊传》认为这些灾异现象,都是阴阳变易的结果。如庄公二十五年,《公羊传》曰:"六月,辛未朔,日有食之,鼓用牲于社。日食则曷为鼓用牲于社? 求乎阴之道也。"所谓"求乎阴之道",即求阴为阳辅之道,以去阴侵阳之灾。

《公羊传》如此不遗余力地讲叙自然灾异现象,思想根源在于天人感应说,认为这些灾异现象是天对人事不当的谴告。如宣公十五年实行初税亩,《春秋》经有"初税亩。冬,蝝生"的记载,《公羊传》认为"冬蝝生"是对宣公"初税亩"的谴告,即所谓"上变古易常,应是而有天灾"。《谷梁传》则反对其说,认为"冬,蝝生。蝝非灾也,其曰蝝,非税亩之灾也"。

自汉武帝"罢黜百家,独尊儒术"以来,尽管《易》被冠于群经之首,但在两汉经学中,《公羊传》实际上一直占据着主导地位。究其原因,当然在于《公羊传》所宣扬的托古改制以及孔子为汉世立法之说适应了形势的需要。与此相伴随,《公羊传》的灾异说自然同时兴盛起来,并且波及《易》《诗》《书》《礼》等经学诸多层面。在这种文化氛围中进而又滋生出谶纬之学,将阴阳灾异说推向高峰。

《春秋演孔图》云:"地拆者,阴不静,阳不施,臣下媟恣,天下以谋去主。"《春秋感精符》云:"若政令苛则夏下霜,诛伐不行则冬霜不杀草,大臣擅法则雨雹,妻党翔则黄云入国,候冬至日见赤云,有水云黄白如人头悬镜之状,祸流。"又云:"失阳事则无云而雨。"《春秋考异邮》云:"定公即位,陨霜不杀菽。""僖公二十有九年秋,昭(公)三年冬,并大雨雹。时僖公专乐齐女,绮尽珠玑之好,掩月光,阴阳凝为灾异,昭公事,阴精用密,故灾。""缪公即位,仲夏大寒冰,错乱甚也。"诸如此类,不胜枚举。这类记载大抵是对《公羊传》进一步加以发挥的产物。《春秋握诚图》甚至将《春秋》经文之主旨完全归结为阴阳灾异说,认为"孔子作《春秋》,陈天人之际,记异考符",乃至对《公羊传》"存三统""张三世"之类的微言大义也弃之不顾。至于"日月之食"以及星象变易等与人事吉凶的关系,《史记·天官书》记叙已甚周详,而纬书《春秋文耀句》《运斗枢》《合诚图》《春秋考异邮》等众多篇目中更是连篇累牍、不遗余力,并且明确将占星术纳入阴阳灾异说的领域之内,《春秋感精符》说:

> 日以阳明,月以阴示,化行昼夜,星纪乃分。列星分布,耀灵舒精。日者阳之精,耀魄光明,所以察下也。月者阴之精,地之理也。地为山川,山川之精,上为星辰,各应其州城分野,为国作精神符验也。

由于日月及列星皆有阴阳之分,与地之山川、州城分野之阴阳成上下交通感应之势,"故君明圣,天道得正,则日月光明,五星有度。日明则道正,不明则政乱,故多戒以自救厉,日食则象君之进退为盈缩"。(《春秋感精符》)这是从天区对应地之分野的意义上论证上下感应之理,从而说明星占术合于阴阳灾异说。至于天道阴阳变化何以会与人事吉凶相应，根据则在于气化论的天人同构论。因为"人含天气五行阴阳，极阴反阳，极阳生阴，故应人行以灾不祥，在所以感之，萌应转旋，从逆殊心也"(《春秋考异邮》)。

气化论被阴阳灾异说当作理论根据，需要一个必要的前提，这就是阴阳观念最大限度的泛化。这种泛化使天地万物无不具有或阴或阳的属性，从而使阴阳成为天地万物区分为两大类别的分类概念。如天为阳，地为阴；日为阳，月为阴；火为阳，水为阴；男为阳，女为阴等，为最一般的说法。有些事物的阴阳界定则颇费周折，如《春秋元命苞》说：

> 阴阳之气，聚为云气。阴阳交为虹蚬，离为倍僪，分为抱珥。虹蚬者，阴阳之精，雄曰虹，雌曰蚬。阴阳和而为雨，阴阳凝而(《御览》"凝"作"扬"，无"而"字)为霆，天地积阴寒则为雪，阴阳合为雷，阴阳激为电。藏冰以时，则雷出不震。阴阳凝为霜，阴阳散而露下，露下以润其草木也。霜以杀，露以润草。雾，阴阳之气。阴阳怒而风，乱而为雾。

这是就气象的虹蚬、云雨、雷电、霜露、雾风等形成的阴阳变化而言，属自然哲学的范围。至于万物的阴阳分属，由于涉及面宽，论述中非自然哲学所能范围，故附会的成分甚重。《春秋说题辞》说："稻冬苍水，盛其德也。故稻太阴精，含水渐洳，乃能化也。江旁多稻，固其宜也。"稻得水气而生，水为阴，故稻为阴精。以此类推，则凡得水气而生之植物，当属阴。至于旱生植物，则据其生长季节加以判断。如菽麻之类，春生夏长秋熟，为阳；麦，冬生春长夏熟，为阴。动物的阴阳分类则大都属于附会之说，如"地精为马，十二月而生，应阴纪阳以合功，故人驾马，任重致远利天下。月度疾，故马善走"。又如"鸡为积阳南方之象。火,阳精,物炎上,故阳出鸡鸣,以类感也"。再如"兔为积阴,西方之象也。水阴精,物润下,故月望则兔孕,以类应也。兔非水气莫生,非土金之气莫可成"(《春秋说题辞》)。《春秋考异邮》说:"蚕,阳者火,火恶水,故食不饮。桑者土之液,木生火,故蚕以三月叶类会精,合相食。阳物火恶水,故蚕食而不饮,阳立于三春,故蚕三变而后消死,三七二十一日,故二十一日而茧。"天地万物无非阴阳两大分类,或聚阳而生,或积阴而成;或阳中含阴,或阴中有阳;或同类相应,或异类相感;或阴阳和合,或阴阳相激,异同攻取,而成千姿百态之象。

在汉代,阴阳之义已由先秦诸说并存进到以一说为主、他说为辅的阶段。为主之说是视阴阳二气为万物的组成要素,至于取义于寒暖等意之说,则皆被作为阴阳二气的某种动能而降至次要地位。正是在这个意义上,先秦的阴阳家言在汉代已被化解得无影无踪,且一一渗透进新的儒学系统之中,成为儒家"神道设教"的有机组成部分。汉代人讲"天"讲"神",看上去十分神秘,实质上不过是在气化论天道观上安置了一个威严的装饰品,目的在于以此制约人君的专制行为。但至西汉末期,王莽篡汉也能假此以为义;再往后,居然又成了人君控制权力、制裁权臣、镇压人民的工具;东汉末年的黄巾军农民起义,也借此而举起了"苍天已死,黄天当立"的旗帜。这种后果,恐怕是董仲舒、公孙弘等西汉大儒始料未及的。故六朝以后,阴阳灾异说渐失市场,甚至遭到封建王朝的明令禁止。

阴阳学说在哲学上的成就

隋唐以后,阴阳学说的发展主要依托在易学范畴之中,特别是宋代义理易的兴起,为阴阳学说提供了开拓契机。在宋代,张载的气论、程朱的理学都对气化运动中的阴阳哲学蕴义给予了充分的注意,其中成就最为卓著者当数张载的气论。这股思潮经元明而至明清之际，又得到早期启蒙大师王船山、方以智等人的进一步推阐，从而使阴阳学说中的哲学蕴义得到充分发展，以至于达到与近现代哲学中辩证分析型思维方式相衔接的程度。

在有关阴阳对立统一的普遍性与同一性问题上，二程认为："天地万物之理，无独必有对"（《遗书》卷十一），"如天地阴阳，其势高下甚相背，然必相须而为用也。有阴便有阳，有阳便有阴。有一便有二，才有一二，便有一二之间，便是三，已往更无穷"（《遗书》卷十八）。"一"指统一体中之一方，"二"指另一方。"一""二"合则有"三"，"三"为"一""二"两方共居之统一体；"一""二"离"三亡"，"三亡"为统一体的瓦解。阴阳相须，互相依存，是矛盾同一性的基本特征。对此，王船山有着更为明确的表达："阴阳非有偏至之时，刚柔非有偏成之物"（《周易内传》卷一），两者之间是"两相倚而不离"（《周易内传》卷五），"合同而不相悖害"（《张学正蒙注》卷一）的。二程称"无独必有对"是"天地万物之理"，王船山称阴阳冲和"行乎天地而天地俱有之"（《周易外传》卷二），都是从阴阳对立统一的普遍性上立论的。自西周末期史伯论"和实生物"，"和"一直是以差异性或对立性的同一作为其内涵。因此，上述有关阴阳对立统一及其普遍性方面的论叙，尚属对以往哲学成就的继承。

如果进一步推求，对立的阴阳何以能够统一？这个问题在以往的哲学中是找不到现成答案的。方以智力图为这一问题寻求一个合适的答案。方以智认为："尽天地古今皆二也。两间无不交，则无不二而一者，相反相因，因二以济。"（《东西均·三征》）"相反相因"，即互相对立而又相互依存。"两间无不交"之"交"，指对立双方之间互相交感与渗透，正是这种"交"的作用，才使"相反"者得以"相因"。

但他对这个答案似乎并不满意，于是又将对立之双方归结为两个

"反因"，认为还应当有一个"公因"存在于"反因"之中，即所谓"天地间相反者相因，而公因即在反因中"（《东西均·所以》），这个"公因"才是促使"反因"统一的作用量，并似"圆∴（读伊）"作为公因统反因的图象标志。所谓"真天统天地，真阳统阴阳，真一统万一，太无统有无，至善统善恶"中之"真天""真阳""真一""太无""至善"等，皆为不落对待而又存于对待之中的"公因"。（《东西均·反因》)"公因"何以能统摄"反因"呢？"公因"的实质是什么呢？方以智认为是"反因"之间"相害""相悖"所产生出的一种内在动因，可以称之为"统"，亦可称之为"贯"或"几"，实质上也就是所谓"公因"。既然"公因"只是"反因"之间的互相作用，那么"公因"之设似有蛇足之嫌。然而"圆∴"图式一经确定，在其实际运用中便产生出许多引申义，如他在谈论人体生理学时说："天道以阳气为主，人身亦以阳气为主。阳统阴阳，火运水火也。生以火，死以火，病生于火，而养身者亦此火。"（《物理小识》）这里占据"公因"位置的"阳""火"，指的不过是统一体中起主导作用的矛盾方面。

王船山也十分关注这个问题，他说："天不偏阳，地不偏阴，所以使然者谁？"（《周易外传》卷一)"此阴阳者恶乎悬着而由之，以皆备而而各得邪？"（《周易外传》卷五）不过，王船山的探讨则另有旨趣。他认为使对立之阴阳达于统一的是"道"，而"道"又是怎样作用于这一过程的呢？他回答说："《易》固曰一阴一阳之谓道，一之一之云者，盖以言夫主持而分剂也。"（《周易外传》卷五)"道"并非阴阳之外的某种存在，亦非"统摄"一切的"大圆"，它只是阴阳运动规律性的一种体现，故所谓"道"的作用，实际上就是阴阳自身的作用。在对立走向统一的过程中，这种作用不外"分剂"与"主持"两个方面。"分剂"，指性情相异之阴阳双方，在结合时各因具体条件之影响，自然形成的数量上的比例关系和地位上的主辅差异。"主持"，指将性情相异作用相反的两个对立面结合起来的一种亲合力。"分剂"发生于阴阳之"相摩",即阴阳双方各自聚畜之际;"主持"则成于阴阳之"相荡",即阴阳双方互相交感之时。方以智的"公因""反因"说,王船山的"分剂""主持"说,都是对阴阳两端如何走向统一所进行的积极探讨,都对辩证矛盾观的进一步完善作出了贡献。

阴阳两方面的对立性、斗争性的研究,历来是中国传统哲学的一大薄弱环节。二程认为:"一二合而为三,三见到一二亡,离而为一二则三亡。"(《遗书》卷十五)一旦新的统一体形成(即"三现"),那么统一体中一方面与另一方面的差异性、对立性、斗争性也就随之消亡。这里事实上只是维系着中国古代哲学的一种传统见解,矛盾的同一性一直被称之为"和",恐怕与这种见解有密切的关系。但在宋代,这种见解就已发生了动摇。王安石首先提出统一体的形成不可能消除对立面的斗争性,"若东西之相反而不可以相无"(《道德经注》),"耦之中又有耦焉,而万物之变遂至于无穷"(《洪范传》)。张载也认为,统一体中包括着对立的两个方面(即"一物两体"),"两不立,则一不可见;一不可见,则两之用息。两体者,虚实也,动静也,聚散也,清浊也;其究,一而已"(《正蒙·太和》)。因此,"一物"之成,决不可能导致"两体"之亡。至明清之际,方以智更明确指出,统一体中的两个对立的方面,"相害者乃共育也,相悖者乃并行也"(《东西均·反因》),对立双方不仅并未消失,而且"并育""并行",成为事物新陈代谢过程中的内在动因,即所谓"并育不相害,而因知害乃并育之几焉;并行不相悖,而因知悖乃并行之几焉"(《昌余》)。王船山经过艰苦的探索,最终亦得出"异而不伤其和"(《周易大象解》修订稿)的结论,摆脱了程子"一二合而为三,三见则一二亡"之说的制约,认为统一体的形成并不意味着两个对立面的消亡。但这较之方以智以对立双方的"相害""相悖"为推动"并育""并行"之"几"(即内在动因)的见解稍逊一筹,尽管王船山也探讨了事物运动变化的内在动因"机",结论却不及方氏鲜明。

总之,传统阴阳学说的发展,至此已基本完成了对矛盾同一性("和")与"斗争性"("异")内涵的认识。在此基础上,进而又以线性分析的思维方式,从对事物运动轨迹的考察中,得出一系列具有辩证分析特征的哲学命题。如王船山提出的"因量为增"(《周易外传》卷二)、"增长而盛"(《张子正蒙注》卷二)的量变说,及"必以渐为推移,而未变者已早变其故"(《周易内传》卷三)的量变中包含着部分质变的思想;质变有"变而之正"与"变而之不正"(《周易外传》卷四)两种趋向说;质变有"外生"(即"变而生彼")与"内成"(即"通而自成")(《周易外传》卷二),即骤变与渐变两种形式说;事物运动之轨迹有"大成之序"与"无渐次之期"(《周易内传》卷六),即"常"与"变"的对立统一说等等,从而形成了中国传统哲学走向近代的基本的理论特征。[①]

中国传统哲学走向近代的另一形态特征是阴阳学说向哲学方向纯化和集约的趋势。随着质测之学的发展,许多原来以阴阳观念笼统解释的自然现象,都逐渐从自然现象本身直接找到了答案,从而使其中的阴阳之说成为赘余,最早注意到这一发展趋向,并明确指出质测之学应尽量摆脱传统阴阳观念制约和束缚的学者,正是王船山。在辩宋代学者张载"日疾月迟"之说时,王船山说:

> 张子据理而论,伸日以抑月,初无象之可据,唯阳健阴弱而已。乃理自天出,在天者即为理,非可执人之理以强使天从之也。理一而用不齐,阳刚宜速,阴柔宜缓,亦理之一端耳。而谓凡理之必然,必齐其不齐之用,又奚可哉!(《思问录外篇》)

[①] 以上详见拙著《船山易学研究》第九章(华夏出版社 1987 年版),此处从略。

讨论日速月迟或月速日迟是就视运动范围展开的，无论张载或王船山都把它放在真运动的意义上对待，因而他们双方的论点在现代天文学上都是错误的。抛开天文学上这个现在已经成为常识的具体问题，单独品味一下这两位思想家的论据，那么我们将感受到，在王船山的思想中已经萌动着某种新的意境。他反对以"阳刚宜速，阴柔宜缓"这类传统理论为尺度，以"齐"万物"不齐之用"，即"非可执人之理以强使天从之"。不仅日月之迟速，五星运行之迟速亦不可以此阴阳之理强使从之。天象之理应从观察天象中得出，故一再强调"理自天出，在天者即为理""若夫天之不可以理求，而在天者即为理"。这种反对"以心取理、执理论天""以理限事"（《思问录外篇》）的精神，反映了质测之学已经呈现出从以阴阳学说为主体的传统自然哲学中分离而出的时代倾向，从而标志着阴阳学说纯化为哲学以及因此而必然要产生的最终集约的完成。

二、五行说的结构特征与近代遭遇

五行学说亦渊源于史官文化。至春秋中期，五行学说大致已形成以下三个分支：一、五行材质说；二、五行生成数方位图式说；三、五行动态机制说。此三说或分或合，既因于时亦因于人，不宜只以时代不同论断其形态变化，但完全置时代条件于不顾亦不相宜。依一般逻辑进展程序而言，当先出现五行材质说，而后方有图式说与机制说相继形成之可能。但五行之说的早期史料见证，一开始便具有一种至上的神圣意义，掩盖了这一学说早期形成过程的运动轨迹。如《尚书·甘誓》："予誓告汝，有扈氏威侮五行，怠弃三正，天用剿绝其命，今予惟恭行天之罚。"夏启欲灭有扈，何以要用"威侮五行"作为口实？又《尚书·洪范》:"鲧陻洪水,汨陈其五行,帝乃震怒,不畀洪范九畴。"帝何以因鲧"汨陈其五行"而震怒,以至于不赐其九条治国理民之大法?"五行"如此之神圣,仅以"五材"为说恐不足以得古人之心。若以五行生成数图式亦即天地之数图式为说,《易·系辞》称其有"成变化而行鬼神"之用,宋人指认为河出之图,似足以得古人尊崇"五行"之心,但先秦两汉文献无明确说此河图之记载,南宋以后否定宋人河图说者又代不乏人,致使《洪范》"初一曰五行"及"一曰水,二曰火……"云云,都难以作为五行生数图被人认可。笔者既赞成宋人以天地之数为河图之说,又苦于缺乏此图出现时期的确切证据,从而不得不将此图的形成推迟至西周。

五行学说的结构特征

五行材质说是五行学说的落脚处。此说以水火木金土为百姓日用生殖不能须臾缺少的五种材质。如展禽所谓"地之五行,所以生殖"(《国语·鲁语上》),《左传》襄公二十七年"天生五材,民并用之",《尚书大传》"水火者,百姓之所饮食也;金木者,百姓之所兴作也;土者,万物之所资生也"(转引自《尚书正义》卷十二),皆视水火木金土为民人日用之五材。五行材质说的进一层意境为人如何利用五材以造百物。《国语·郑语》"先王以土与金木水火杂,以成百物",诸如"和五味""和六律""正七体""平八索""建九纪""合十数"之类,以其相异之材,而生"以他平他"之效应。此一层意境实乃前者之具体体现,由于其倡导"和实生物,同则不继",即五行以异相聚合方能产生新事物,以同相聚合则仍为自身而不能生物,并以"以他平他谓之和"这一命题初步涉及矛盾同一性的基本内涵,从而成为有别于前者的进一层意境。再进一层之意境为水火木金土五行各各皆为阴阳二气相聚而成。此层意境形成于阴阳学说盛行之后,标志了阴阳说与五行说的合流。《中藏经·阴阳大要调中论》说："阴阳者,天地之枢机;五行者;阴阳之终始。非阴阳,则不能为天地;非五行,则不能为阴阳。"①《类经图翼·五行统论》亦言:"五行即阴阳之质,阴阳即五行之气。气非质不立,质非气不行。行也者,所以行此阴阳之气也。"故阴阳五行者,不过气之聚散而已。散则为阴阳二气,聚则为水火木金土五行。五行何以谓之"行此阴阳之气"? 盖以河图五行之序依微著而为次也。

　　河图五行生成数图式的基本要素为:五行(水火木金土)、五数,即生数(一二三四五)、成数(六七八九十)、五位(北南东西中)。其中之生数成数,《易·系辞》合而称之为"天地之数"。天数一三五七九,为奇为阳;地数二四六八十,为偶为阴。图之北,天以一生水而地以六成之;图之南,地以二生火而天以七成之;图之东,天以三生木而地以八成之;图之西,地以四生金而天以九成之;图之中,天以五生土而地以十成之。五个方位的生成之数,阳奇阴偶,《易》谓"五位相得而各有合",合于"五行材质说"的第三层意境,即五行各由阴阳二气聚合而生而成。

　　效法此河图五行生成数而用者,如《幼官》《月令》的四季阴阳刑德之数、邹衍的五德终始之数、中医的河图五脏模型、魏伯阳的契数、气象医学之运气数,以及《易》之大衍数和扬雄的太玄数等等,取数规模与所配置的各种五的单相系列各因需要而定,不取十数之全,盖取天降有余而人用不足之意。由于效法者各自将有关的五的单相系列打散后,分别配置在图的五个方位上,从而使效法之图成为由五个方位板块组成的静态结构图。在静态的五个相对独立板块的每个板块的各个要素之间,具有复杂的内在的一一对应联系。以五脏河图为例,各方之脏皆居人体之内,与体表之五官有对应联系,食则与五谷、五味、五臭各有对应

---

① 《中藏经》旧云为华佗所著,后或疑其为伪书。然晋王叔和《脉经》曾征引其文,故此书即使非华佗所著,也距华佗时代不远。

联系,病则与天之五星、五季、五气密切相关。王安石说:"盖五行之为物,其时、其位、其材、其气、其性、其形、其事、其情、其色、其声、其臭、其味,皆各有耦,推而散之,无所不通。"(《洪范传》)说明此图所能涵盖的要素之深厚宽广,乃至于"性命之理,道德之意,皆在是矣"(《洪范传》)。

如果以静态的五个板块为横向结构,那么各种五的单相系列则为其纵向结构。五行的纵向结构是整个庞大系统的运作机制,水火木金土则成为表叙这一运作机制的符号语言,而不具有材质的实体性意义。所谓横向、纵向之分亦甚勉强,横向仅就每一板块各要素之间的相关性而言,而纵向则就五个板块之间的相关性而言。在图中,唯有五方之位,故不宜作或纵或横观。然一时难觅适当之词,不得已而姑以纵横言之矣。

就五行运作之轨迹而论,则或成平面交织之网状,或成立体多层面、多线条的交叉体,情况十分复杂,因而可以成为多元系统间相关性研究的一种思维构架,为辩证综合思维方式提供一种思维形式。五行的内在机制无外相生相胜(亦即相克)两个方面。王安石说:"其相生也,所以相继也;其相克也,所以相治也。"(《洪范传》)张介宾说:"造化之机,不可无生,亦不可无制。无生则发育无由,无制则亢而为害。"(《类经图翼·五行统论》)五行结构的这种内在运作机制,被古代众多的学科所采用,其中效果最为显著者,莫过于传统医学。五行结构在术数学中也得到广泛运用,其中影响最恶劣者,则当数汉代盛行的五行灾异说。

五行灾异说的泛滥

五行灾异说泛滥于两汉经学时期。由于该说受到刘汉王朝的崇奉、信仰、保护和提倡,乃至于发展到相当显赫的地位。近代,五行说受到猛烈抨击,与灾异说的牵累有一定的关系。为此,在考察五行说的近代遭遇之前,有必要对五行灾异说作一番回顾。

五行灾异说的代表作为刘向的《五行传》和《汉书·五行志》。两者皆以《洪范》五行咎征为依托,附会《春秋》所载天象变化及自然灾异,以言人事吉凶休戚之应。《汉书·五行志》系班固集董仲舒、刘向、刘歆、眭孟、夏侯胜、京房、谷永、李寻,乃至王莽等经学大师之说而成。① 因为刘向之说在《汉书·五行志》中已有援引,故此处仅以《汉书·五行志》为据,而于《五行传》不作单独评议,以避免重出繁冗。

《汉书·五行志》全文分上、中、下三个部分。其中上部结构严谨,中、下两部则较松散。读《汉书·五行志》,始知东汉《纬书》灾异说实乃西汉经学之绪余,亦可知灾异说是两汉经学的重要组成部分,并不存在清代人及今人严格区分的所谓今文经学与古文经学两大营垒及其在灾异说上的根本分歧②。

五行灾异在经学中之所以受到重视,是由五行的神圣地位决定的。《左传》襄公九年,宋国大灾,晋侯问于士弱:"吾闻之,宋灾,于是乎知有天道,何故?"又昭公九年,陈国火灾,裨灶亦谓"岁五及鹑火,而后陈卒亡"为"天之道"。《汉书·五行志》采刘歆《洪范》"初一曰五行,次二曰敬用五事"至"次九曰向用五福,畏用六极"等65字为洛书正文之说,认为"孔子述《春秋》,则乾坤之阴阳,效《洪范》之咎征,天人之道粲然著矣",明确视《洪范》五行之咎征,为昭示人道之天道矣。

---

① 《汉书·五行志》:"汉兴,承秦灭学之后,景武之世,董仲舒治《公羊春秋》,始推阴阳,为儒者宗。宣元之后,刘向治《谷梁春秋》,数其祸福,传以《洪范》,与仲舒错。至向子歆治《左氏传》,其《春秋》意亦已乘矣,言《五行传》又颇不同。是以舣仲舒,别向歆,传载眭孟、夏侯胜、京房、谷永、李寻之徒所陈行事,讫于王莽,举十二世,以传《春秋》,著于篇。"

② 经学史上的今古文问题,牵涉面甚宽。笔者对前贤所论多存疑窦,待以后有机会再议。

《汉书·五行志》上、中、下三部，分篇过繁，现仅以其上部为言，可以略见其梗概。《汉书·五行志》上部依木火土金水五行相生之序，逐一引《传》《说》之言，随后铺排《春秋》灾异与西汉灾异，并援董仲舒等经学大师之评论，以证天人感应之说。

《洪范》谓"木曰曲直"。在五行图式中，木居东方之位，主生。《汉书·五行志》曰："田猎不宿，饮食不享，出入不节，夺民农时，及有奸谋，则木不曲直。"曲直，木之性；木不曲直，则为失其性而为变怪。《春秋》成公十六年，"正月，雨，木冰"。

> 刘歆以为上阳施不下通，下阴施不上达，故雨，而木为之冰，雾气寒，木不曲直也。刘向以为冰者阴之盛而水滞者也，木者少阳，贵臣卿大夫之象也。此人将有害，则阴气胁木，木先寒，故得雨而冰也。（《汉书·五行志》。以下引文皆出此，不具注）

《洪范》谓"火曰炎上"。在五行图式中，火居南方之位，主长养，在政事为南面向明而治。《汉书·五行志》曰："弃法律，逐功臣，杀太子，以妾为妻，则火不炎上。"炎上，火之性；火不炎上则失其性而为天灾。《春秋》襄公三十年，"五月甲午，宋灾"。

> 董仲舒以为伯姬如宋五年，宋恭公卒，伯姬幽居守节三十余年，又忧伤国家之患祸，积阴生阳，故火生灾也。刘向以为先是宋公听谗而杀太子痤，应火不炎上之罚也。

又汉宣帝甘露元年（公元前 53 年）四月丙申，中山太上皇庙火灾，甲辰孝文庙火灾，元帝初元三年（公元前 46 年）四月乙未，孝武园白鹤馆火灾。刘向以为：

> 先是前将军萧望之、光禄大夫击堪辅政，为佞臣石显、许章等所谮，望之自杀，堪废黜。明年，白鹤馆灾，园中五里驰逐走马之馆，不当在山陵昭穆之地。天戒若曰，去贵近逸游不正之臣，将害忠良。

《洪范》谓"土爰稼穑"。在五行图式中，土居中央之位，主生养万物，于王者为内事。《汉书·五行志》曰："治宫室，饰台榭，内淫乱，犯亲戚，侮父兄，则稼穑不成。"生养稼穑，乃土之性；虽无水旱之灾而草木百谷不熟，是稼穑不成之灾。《春秋》严公二十八年，"冬，大亡麦禾"，"董仲舒以为夫人哀姜淫乱，逆阴气，故大水也。"刘向不同意董仲舒之说，认为水旱当书，不书水旱而曰"大亡麦禾"者，他说：

> 土气不养，稼穑不成者也。是时，夫人淫于二叔，内外亡别，又因凶饥，一年而三筑台，故应是而稼穑不成，饰台榭内淫乱之罚云。

《洪范》谓"金曰从革"。在五行图式中，金居西方之位，主万物既成后之杀气，于王事为出军行师，征逆止暴。《汉书·五行志》曰："好战攻，轻百姓，饰城郭，侵边境，则金不从革。"从革，金之性；工冶铸金铁，金铁冰滞涸坚或铁销乱飞而不成者，为金不从革而失其性。又金石同类，石而言而鸣者，亦为金不从革之变怪。汉成帝鸿嘉三年（公元前 18 年）五月乙亥，天水冀南山有大石鸣，其声隆隆如雷。"是岁，广汉钳子谋攻牢"，"后四年，尉氏樊并等谋反，杀陈留太守严普，自称将军，山阳亡徒苏令等党与数百人盗取库兵，经历郡国四十余，皆逾年乃伏诛"。

又汉武帝征和二年春，"涿郡铁官铸铁，铁销皆飞上去，此火为变使之然也"，"一曰，铁飞属金不从革"。总之，无论其为火之变怪或金之变怪，皆为有事之兆：

> 其三月，涿郡太守刘屈氂为丞相，后月，巫蛊事兴，帝女诸邑公主、阳石公主、丞相公孙贺、子太仆敬声、平阳侯曹宗等皆下狱死。七月，使者江充掘蛊太子宫，太子与母皇后议，恐不能自明，乃杀充，举兵与丞相刘屈氂战，死者数万人，太子败走，至湖自杀。明年，屈氂复坐祝诅要斩，妻枭首也。

《洪范》谓"水曰润下"。在五行图式中，水居北方之位，主收藏万物而成终成始，于王事则为顺天时而重祭祀。《汉书·五行志》曰："简宗庙，不祷祠，废祭祀，逆天时，则水不润下。"润下，水之性；雾水暴出，百川逆溢，坏乡邑、溺人民，及淫雨伤稼穑等等，为水不润下之灾。

> 颍川、汝南、淮阳、庐江雨，坏乡聚民舍，及水流杀人。先是一年，有司奏罢郡国庙，是岁又定迭毁，罢太上皇、孝惠帝寝庙，皆无复修，通儒以为违古制。

从上述数例略可见汉代五行灾异说之一斑。究其渊源，大抵出于上古巫术之物占（或称象占）。《尚书·洪范》言"庶征"一节，以雨、旸、燠、寒、风五种气象变化与帝王之五事相应，求人事吉凶之征兆，借以告诫周代后世帝王，务必谨修五事，做到"以德配天"。《洪范》认为五种气象有吉凶两种征兆：吉兆称为"休征"，为美好德行之验证；凶兆称为"咎征"，为帝王有恶行之验证。帝王之五事：

一曰貌，二曰言，三曰视，四曰听，五曰思。貌曰恭，言曰从，视曰明，听曰聪，思曰睿。恭作肃，从作乂，明作哲，聪作谋，睿作圣。

人君貌能恭谨则心必肃敬，时雨当应时丽至，即"肃，时雨若"；貌恭则言可从，言可从则事得以治，天气当晴则晴，即"乂，时旸若"。乂，治理也；言之所以可从，有赖于视听之周全和思虑之缜密，视明而清晰则天气当暖则暖，即"哲，时燠若"；听聪而善谋则天气当寒则寒，即"谋，时寒若"；思虑缜密而圣智则时风应时而至，即"圣，时风若"。此为"休征"。"咎征"则与此相反，"狂，恒雨若；僭，恒旸若；豫，恒燠若；急，恒寒若；蒙，恒风若"。恒，久也。狂与肃对，僭与乂对，豫与哲对，急与谋对，蒙与圣对，皆为相反之德行也。《汉书·五行志》中、下两部分，即以此意附会《春秋》及西汉种种灾异，以示上天谴告之意（事例从略）。

《洪范》五事与灾异之关系，大抵集殷代流行的以气象占吉凶的流俗而成，如商汤因大旱而自祷桑林之类。至春秋时期，随着对天象观测所得知识的丰富，占星术同时兴盛起来。自孔子采用史官典籍（《诗》《书》《礼》《乐》）授徒，战国时期儒家言灾异者（如《公羊春秋》一系）当不在少数，以致荀子愤而著《天论》，倡"天人相分"之说，辟怪异之论，以挽儒者之学而归于道德理性之途。汉代儒学虽以孔子为尊，然所重者实乃孔子倡导的史官文化之典籍，故灾异说在汉代的泛滥，孔子亦难辞其咎。龚自珍认为汉代灾异说是搓揉《周易》《洪范》《春秋》而成的，"《易》言阴阳，《洪范》言五行，《春秋》言灾异"，若能做到《易》自《易》，《范》自《范》，《春秋》自《春秋》"，即"以《易》还《易》，《范》还《范》，《春秋》还《春秋》，姑正其名，而《易》《书》《春秋》可徐理矣"（龚自珍：《非〈五行传〉》）。龚氏对五行灾异说持否定态度，又不忍伤及儒学典籍之地位，是以有上述分而别之，徐徐理之之说。龚氏"徐理"之的办法，就其所举之例而言实比后世学者一概否定之说高明。如龚氏说：

> 予绌《洪范》，箕子以庶征配五事，不以五行配五事。如欲用《春
> 秋》灾异说《洪范》者，宜为《洪范庶征传》，不得曰《五行传》。……
> 今以五事还五事，以皇极还皇极，以五福六极还五福六极，而《洪
> 范》可徐徐理矣。（龚自珍：《非〈五行传〉》）

言《庶征传》则不至于累及五行，亦不至于累及整个《洪范》篇。龚氏认
为，灾异的发生与五行之性并无关系。他说：

> 凡五行为灾异，五行未尝失其性也。成周宣榭火，御廪灾，桓
> 僖庙灾，非火不炎上也；亡秦三月火，火炎上如故。平地出水，水未
> 尝不润下也；河决瓠子，决酸枣，乃至尧时怀山而襄陵，水润下如
> 故。关门铁飞，金从革如故。桑谷生朝，桑谷非不曲直也；雨木冰，
> 桃李冬华，霜不杀草，草木曲直如故。无麦无禾，是旸雨不时之应，
> 非土不稼穑。（龚自珍：《非〈五行传〉》）

　　既然五行之性并不因灾异之发生而有丝毫变化，刘向作《五行
传》，班固又进而衍生为《汉书·五行志》，因灾异之说而连累五行，实
乃一大罪过。故龚自珍说："刘向有大功有大罪，功在《七略》①，罪在
《五行传》。"
　　龚自珍企图将儒学经典与五行灾异说划清界限，以确保儒学经典

---

① 《七略》：刘向、刘歆父子整理先秦古籍及西汉著作，分为七略：辑略、六艺略、诸
　　子略、诗赋略、兵书略、术数略、方技略七部分，该书有提要、目录，以分疏源流，对
　　中国图书事业的发展打下坚实根基。

的统治地位，但两者之间千丝万缕的联系，不是龚氏一刀便能切断的。龚自珍对五行灾异说批判不力的地方还表现在他对五行灾异说的结构特征缺乏了解。《五行传》与《汉书·五行志》以木火土金水之序罗列自然灾异，隐含有链环相生的灾异链思想。纬书则不言五行失性，纯以自然现象的联动关系立论，龚自珍的弱点在这里便暴露出来了。如《孝经援神契》说：

> 木气生风，火气生蝗，土气生虫，金气生霜，水气生雹。失政于木，则风来应；失政于火，则蝗来应；失政于土，则由来应；失政于金，则霜来应；失政于水，则雹来应。作伤致风，侵伐致蝗，贪贱致虫，刻毒致霜，暴虐致雹，此皆并随类而致也。

所谓"随类而致"，是就河图五行图式五个板块中每一板块所含的各种单个要素之间的关系而言。如在"木"这个板块中，相应的要素还有风、政令等，可以视为同类：

> 风者，政令播也。风者，所以鼓荡万物也。政令远行，则风为之先声。若王者政刑暴虐，妄行布诰，风必应以暴厉；臣下不奉法，多逆谋，风必应以凄凉。（《孝经援神契》）

这样便将风这种自然现象与政令联系起来，形成一种联动关系。关键在于这种联动关系是从河图板块中推论得来的，并非人事与自然界的真实联系。五行灾异说，以及《淮南子》中的矿物衍化年限和术数中的许多推断结论，都是企图直接从五行板块的联动关系中获取知识或吉凶结论，因而往往与事物之间本来的内在联系有着遥远的距离。不过，尽管龚氏的批评有许多不足，但他的努力也并不是毫无意义的。

龚自珍反对将五行学说当作从灾异现象中直接获取休咎结论的工具，同时也反对将五行学说作为推断朝代更迭的理论依托（如"五德终始"），认为五行在朝代更迭中并不当令，社会的发展当由据乱世"易世而升平矣，又易世而太平矣"（龚自珍：《古史钩沉论》），主张以公羊三世说（据乱世、升平世、太平世）的社会发展观取代邹衍"五德终始"的历史循环论。龚氏对五行观的这种反省尽管不出传统五行观的范围，而且涉及面亦甚狭小，但由于时代的原因，龚氏此举有可能成为近代思潮消化传统五行观的开端。

五行说的近代遭遇

早在明清之际，五行学说的发展已经出现了微妙的变化趋向。其一，如方以智于五行中偏重"水火二行"之说；其二，如王船山否定五行生克功能之说。此二说内容虽异，实质却近乎一致，即在中国早期启蒙思潮中，思维方式已侧重于发展古典哲学辩证分析成分；对其中的辩证综合成分，或者向辩证分析方向加以改造，或者干脆加以割舍。

方以智说："尝读黄帝运气篇，三叹三已，以数十年会《易》《范》之通，征律历之几，乃始豁然两间之莫逃于运气也。"（方以智：《通雅·脉考》）由于方氏对运气学说之尊崇，因而对五行结构的生克机制是深信不疑的，这不仅表现在他对病机变化的理解上，而且表现在他对疾病的分类上。虽然，由于"地气不同，温冷各异，人禀不同，所当各异"，且"内外两因，随时感触，太过不及，胜复虚实"，亦各不同，然人生天地之间，"经络、脏腑、脉病、药治，无非运气也"，故五行生克机制是不可违背的。"亢则害，承乃制，知其所以然，不得不然，讵可胶执乎？"因为"反常亦不违于大常者也"，故亢害承制之恒法不可废（以上均见方以智：《通雅·

脉考》)。进而他以《易》"一阴一阳之谓道"为据,认为五行归根结底只是"水火二行"。"心藏神而主性,肾藏精而主命,以见识表之,亦可悟五脏六腑之实是二行也","既言五运,又分六气,不参差乎?播五行于四时,非用四乎?《易》曰'一阴一阳之谓道',非用二乎?谓是水火二行可也,谓是虚气实形二者可也"(方以智:《物理小识》卷一)。"二行"之具体化,在"六气",则"两间惟湿热"(方以智:《物理小识》卷十一);在人身,则为五脏之心肾。心为火,肾为水,"人身之水火交则生,不交则病"(方以智:《东西均·反因》)。

方氏的"水火二行"之说具有一定的时代特征,反映了传统医学开始注重辩证分析的发展趋向。较方氏稍早的著名医家张介宾亦有类似说法。张氏以五脏之间的同气关系突出强调心、肾、脾三脏的生理功能。他以五脏河图模型为例作了如下阐叙:

> 北一水,我之精,故曰肾藏精;南二火,我之神,故曰心藏神;东三木,我之魂,故曰肝藏魂;西四金,我之魄,故曰肺藏魄;中五土,我之意,故曰脾藏意。欲知魂魄之阴阳,须识精神之有类。木火同气,故神魂藏于东南,而二八、三七同为十;金水同原,故精魄藏于西北,而一九、四六同为十。土统四气,故意独居中,其数为五,而脏腑五行之象存乎其中矣。(张介宾:《医易义》)

此说显然受道教内丹模型之影响。以木火同气、金水同原、脾为意主,将五脏划分为三类,他进而又提出:

> 然而变虽无穷,总不出乎阴阳;阴阳之用,总不离乎水火。所以天地之间,无往而非水火之用,欲以一言而蔽五行之理者,曰:

乾坤付正性于坎离，坎离为乾坤之用耳。（张介宾：《医易义》）

乾坤者，人之体；坎离者，肾心二脏，亦即水火之用矣。自是以后，清代医家虽仍维系五行功能模型，而侧重水火之说者日众。如唐宗海说："人之一身不外阴阳，而阴阳二字即是水火，水火二字即是气血，水即化气，火即化血。"（唐宗海：《阴阳水火血气论》）又吴瑭在病机理论上亦明确提出：寒病原于水，温病原于火，故伤寒与温病之辨，实质上是"阴阳两大法门之辨"，亦是"水火两大法门之辨"（吴瑭：《温病条辨·上焦篇》）。

明清之际，对五行学说反思最为激烈者当数王船山。王船山认为，所谓"五行"，不过为"民生所必用之资，水火木金土，缺一而民用不行也"；至于五行之间的生克关系，则完全是战国技术之士私智穿凿之所为：

五行同受命于大化，河图五位浑成，显出一大治气象，现成五位俱足，不相资抑不相害，故谈五行者必欲以四时之序序之。与其言生也，不如其言传也；与其言克也，不如其言配也。（王夫之：《思问录外篇》）

"不相资"，则无所谓相生；"不相害"，则无所谓相克。在评论运气学说时，他说：

甲己土，乙庚金，丙辛水，丁壬木，戊癸火，以理序也。天以其纪善五行之生，则五行所以成材者，天之纪也。土成而后金孕其中（虽孕而非其生）。土金坚立，水不漫散而后流焉。水土相得，金气坚之，而后木以昌植。木效其才，而火丽之以明，故古有无火之世，两间有无木之山碛，无无金之川泽，而土水不穷。自然而成者长，有待而成者稚，五行之生虽终始无端，而以理言之，则其序如此。故知五运者，以纪理也。（王夫之：《思问录外篇》）

五运之土、金、木、火、水，只是以理所纪之序，实际上是无所谓先后之分的：

地主气，则浑然一气之中，六用班焉而不相先后，同气相求，必以类应，故风木与阳火（君火）相得也，阴热（相火）与燥金相得也，湿土与寒水相得也。相得则相互，故或司天或在泉，两相唱和，无适先也。以类互应，均有而不相制，奚生克之有哉？倘以生克之说求之，则水，土克也；金，火克也，胡为其相符以成岁邪？理据其已成而为之序，而不问其气之相嬗，故以土始，不以水始，亦不以木始，非有相生之说也。气因其相得者而含，风兴则火炀，火烈则风生，热爙则燥成，燥迫则势盛，湿荫则寒凝，寒嘘则湿聚，非有相克之说也。（王夫之：《思问录外篇》）

在五行功能模型中，水火木金土不过是五个符号，硬要以五行材质之性证其生克功能，则确乎"非有相生之说"，亦"非有相克之说也"。而相生不过言相资，相克则不过言相制，果若无相资相制功能，则运气之说息矣。船山还以为《素问》能"见天地之化而不滞五行之序"，"贤于诸家远矣"。（王夫之：《思问录外篇》）不知他从何处体悟而得有此说？在对五脏河图功能模型的态度上，船山认为言相生似尚可容忍，而言相克则绝对荒唐。他说：

医家泥于其说，遂将谓脾强则妨肾，肾强则妨心，心强则妨肺，

肺强则妨肝,肝强则妨脾,岂人之腑脏日拘怨于胸中,得势以骄而
即相凌夺乎!悬坐以必争之势,而泻彼以补此,其不为元气之贼也
几何哉!(王夫之:《思问录外篇》)

若以此证明医家有误用相克之理者尚可,但船山却是取此夸张手法以
进行归谬推理,由此得出"五行无相克之理,言克者,术家之肤见也"(王
夫之:《思问录外篇》)的结论。

在对传统阴阳五行学说的反思中,王船山几乎将阴阳学说中辩证
分析的思维方式推阐到完善的程度,而对五行学说的生克机制则完全
不能接受,且以物性之常理否定具有符号意义的五行所建构的功能模
型。就个人而言,精于辩证分析是其长,疏于辩证综合是其短。就时代
而言,当社会进到需要对整体的各个部分作出精确的细致的描叙时,朴
素的五行生克功能模型不仅难以胜任这一任务,而且会成为这一认识
深化的阻力。王船山否定五行生克之说,认为"凡为彼说,皆成戏论,非
穷物理者之所当信"(王夫之:《思问录外篇》),反映了他力图挣脱传统
思维方式的约束,直接从物性本身寻求物理的时代趋向。

将传统哲学的重心转向辩证分析,是明清之际早期启蒙思潮质测
之学、重经世致用之学透露出来的时代气息。沿着这一方向前进,中国
哲学将以区别于西方形而上学分析形态的独特的辩证分析形态走向近
代。但实际的进程却由于西方形而上学分析形态的传入,形成了传统
的辩证分析与西方形而上学分析混合难分的胶着状态,这使中国近代
哲学既未孕育出成熟的近代意义上的辩证分析哲学,也未出现成体系
的形而上学分析哲学。

王船山否定五行功能模型之说,在戊戌维新时期首先得到谭嗣同
的赞同。谭氏说:"读衡阳王子辟五行卦气诸说,慨焉慕之。"(谭嗣同:

《思纬壹壶台短书》)而谭嗣同较王船山更为彻底,他连水火木金土作为构成万物的五要素也否定了。他的根据是当时化学元素发现方面的成就:"故观化学析别原质七十有奇,而五行之说,不足以立。"(谭嗣同:《思纬壹壶台短书》)体之不存,其用自息,故于生克功能之类均不必再议,似有仅此一言足以坐收釜底抽薪之效。谭氏以推行变法为刻不容缓之时代重任,因而对于传统中一切"迂谬不可行"者务求清除干净。诸如河图、洛书、太极图、先天图、谶纬、爻辰、卦气、纳甲、纳音、风角、壬遁、堪舆、星命、卜相、占验等,大多与五行之说有关联,故五行与上述诸类皆为"神怪之属,同为虚妄而已矣",故主张"必如西人将种种虚妄一扫而空,方能臻于精实"(谭嗣同:《思纬壹壶台短书》)。

严复则以西学逻辑方法论证五行不能作为演绎的前提。他说:

> 中国九流之学,如堪舆、如医药、如星卜,若从其绪而观之,莫不顺序;第若穷其最初之所据,若五行支干之所分配,若本星吉凶之各有主,则虽极思,有不能言其所以然者矣。无他,其例之立根于臆造,而非实测之所会通故也。(严复:《穆勒名学》按语)

作为演绎前提的,必须是经实测证实的结论,而不能是臆造的产物。他认为,"《周易》以二至","夫以二准阴阳,阴阳亦万物所莫能外者也"。阴阳说在这里得到认可,而五行说则过不了近代关:"至以五准五行,五行者言理之大诟也,所据既非道之真,又言万物之变,乌由诚乎?"(严复:《穆勒名学》按语)《易》之道可以为"外籀之学"(即演绎法),而"天地五行,开口便错",根本不能作为演绎的前提(严复:《穆勒名学》按语)。作为思维的一种逻辑形式,严复否定和排除了五行说在其中的地位。

就民族自身思维行程的发展而言,自明末清初开始形成的对五行学说的反思与撞击,伴随着资本主义的萌芽,一种走向近代的全新的思维方式——辩证分析,正处在含苞待放的情势之中,从而构成了对传统五行观的一种"反思"。方以智、王船山、龚自珍等人可以称得上是这种"反思"潮流的代表。另一方面是西方文化的传入所造成的对传统文化的激烈碰撞。西方文化的传入虽始于明代末期,但直至清代戊戌维新时期才开始形成为一股强大的冲击波,对古典东方文化的主体与各个侧面进行撞击。而五行学说由于其应用面之驳杂,实处在首当其冲的位置。谭嗣同以化学元素方面的科学成就否定"五行"作为五种基本材质的古典地位,严复则从演绎法的基本要求否定五行结构作为思维的逻辑形式的意义。至梁启超,则几乎对五行学说下了判决书。一方面他在龚自珍批判五行灾异说的基础上,宣判五行说是封建迷信和妖魔鬼怪的大本营;另一方面又将五行说归结为中国学术堕落之根源。他说:

> 惟有阴阳五行之僻论,跋扈于学界,语及物性,则缘附以为辞,层诞支离,不可穷诘,驯至其奥曰者之左道,迄今犹铭刻于全国人脑识之中,此亦数千年学术坠落之一原因也。(梁启超:《论中国学术思想变迁之大势》)

五行的危害性被擢拔到如此吓人的高度,它被淘汰的命运应当是不容置疑的了。

当西方文化以秋风扫落叶之势,在短短数十年时间内取代了传统文化以整体的形式笼罩着的各种层面时,先进的学人们无不为我们民族在短时间内便能受惠于西方近代二百余年的文化成就而兴奋不已。一个时期以来,言必称希腊,言必称原子、以太、星云、质力、电,言必称进化之风盛行不衰。古老帝国封闭的文化铁幕终于被掀开了，古老民族的触角终于感受到近代文明的气息。然而，当传统的天文、律历、算学、物候、金丹术、堪舆，乃至于政治、军事、法律等等在西方文化的撞击下，一一望风披靡之际，人们忽然发现还有一个顽固的角落尚未被扫除干净，这就是传统医学。而作为传统医学理论支撑的正是阴阳五行说！于是，一场围剿传统医学的战斗不可避免地展开了。

首先发现传统医学这一死角的可能要数严复。他在《法意》按语中说：

> 吾中国之于医，既不设之学矣，而又无刑以从其后。此庸医杀人之中所以屡见也。嗟呼！日本之法西人也，一兵而二医。吾国人人至今尚各执其阴阳五行之说，以攘臂于医界间，吾知其民智之无可言尔。

故欲开启民智，必当彻底破除阴阳五行；而欲彻底破除阴阳五行，必坚决终止其攘臂于医界间之现状。章太炎亦认为传统医学"以五行比傅者，尤多虚言"，"五行五运不可据也"；但章太炎不如严复彻底，他对传统医学尚有恋眷之情，因而主张"不可"在学习西方医学时，视传统医学"如土苴"(章太炎：《论素问灵枢》)。可惜的是，章太炎的这点眷恋之情，不可能挽回冲向传统医学的狂澜。

传统医学在近现代的遭遇实在过于坎坷。它的由生理、病理、诊断和药理等诸方面组成的独特的完整的理论体系和古朴的辩证综合型思维方式，完全无法让西方近代医学所接受。传统医学在西方医学的冲撞下渐趋衰落，相当一批接受了西方近代文化而又对传统医学毫无了解的人，把传统医学当作封建文化大加挞伐，认定传统医学讲的阴阳、五行、六气、脏腑、经脉等等都是违反科学的荒唐怪诞的玄学。

这种所谓传统医学"阻遏科学"的思潮，最终导致官方对传统医学的行政干预。先是北洋政府把中医中药完全排斥在医学教育系统之外，后又发生了国民政府中央卫生部制造的"废止中医案"等事件，传统医学承受着生死存亡的历史考验。从文化史的意义上说，这是传统与近现代的最为激烈的交锋，而其结果却是令人难以置信的：当一切古老的传统学科都先后被近现代思潮征服时，唯独这一古老的传统医学居然还能生存下来，如同一块巨型的活化石，至今还在讲着令人头痛不已的阴阳五行、脏腑经络之类的古老语言。传统医学完全依赖自身的力量，从理论上和实际行动上进行了坚韧顽强的抗争，维系了自身的生存权利。

三、阴阳五行学说的现代诠释

对阴阳五行学说进行现代诠释之必要，主要取决于哲学和传统医学两类学科的需要。现代诠释的结果是否仅仅只能适用于这两类学科，则是另一个问题。

关于阴阳学说的现代哲学诠释

明清之际，学者言阴阳，虽已出现了与近代接轨的趋向，但依然未能脱离自然哲学的窠臼。直到戊戌维新时期，古典的元气假设被西方传入的"以太""星云"等新假设取代后，阴阳概念才悄悄从气化论中撤退出来，成为"理"所包容的对象。康有为说：

理皆有阴阳。则气之有冷热，力之有拒吸，质之有凝流，形之

> 有方圆,色之有白黑,声之有清浊,体之有雌雄,神之有魂魄,以此八者统物理焉。(康有为:《康南海自编年谱》)

在这里,阴阳已经不再是气的专一称号,而是气、力、质、形、光、声、体、神这八类事物统一体中两个对立面的互相依存之理。所谓"气之有冷热"之气,也不再是古典气化论之气,而是近代科学认可的空气。康氏还说:"物不可不定于一,有统一而后能成;物不可不对为二,有对争而后能进。"(康有为:《论语注》)阴阳只是"物不可不对为二"中的"二",即统一体中的两个对立面。很明显,阴阳学说在这个时期已为对立统一规律所包容。但康氏并未自觉意识到上述表叙的时代意义,因此在另外的场合又常常不能忘情于古典气化论:"凡物皆始于气,既有气,然后有理。生人生物者,气也。"(康有为:《万木草堂口说》)

严复在《老子》《庄子》评语中也不得不提到古典气化论,但与康氏有微妙之别。如他在《庄子》评语中说:"一气之转,物自为变。"紧接着又加上一句:"此近世学者所谓天演也。"而近世学者之"天演"说始于"以太",则"一清之气"即为"以太"。他在评价《周易》的阴阳观时,也力图将"阴阳"从气化论中剥离出来。他说:

> 至于《周易》,其要义在于以畸偶分阴阳,阴阳德也,畸偶数也。故可以一卦爻为时、德、位三者之代表,而六十四卦足纲纪人事而无余。(严复:《穆勒名学》按语)

阴阳之所以谓之德,在于阴阳是奇偶对待之象,而"凡对待,皆阴阳也"(严复:《庄子》评语)。传统医学的阴阳观之所以受到严复的抨击,原因在它并未被从气化论中剥离出来。

戊戌维新时期,尽管西学的传入已进入旺盛期,但那时先进的思想家们还力图以西学改造传统文化。康有为、严复等改造阴阳观的方向,与传统阴阳学说作为自然哲学走向近代的趋势是完全吻合的。无论他们是否自觉意识到这一点,他们的结论必然使古典的从属于自然哲学的阴阳观从气化论中剥离出来,并使之成为纯粹表述对立统一规律的哲学范畴。

新文化运动兴起后,这一自然行程中断了。毛泽东说:

> 五四运动时期,一班新人物反对文言文,提倡白话文,反对旧教条,提倡科学和民主,这些都是很对的。在那时,这个运动是生动活泼的,前进的,革命的。

> 但是他们对于现状,对于历史,对于外国事物,没有历史唯物主义的批判精神。所谓坏就是绝对的坏,一切皆坏;所谓好就是绝对的好,一切皆好。(毛泽东:《反对党八股》)

那时,当一批先进的人们把批判锋芒直指封建礼教和伦理纲常时,整个传统文化都不可避免地受到牵累。尽管当时有人主张对传统文化与西方文化都应当进行反省,但这个任务实在不是当时的当务之急,提倡者没有精力去做,反对者不愿意去做。以至于直到今天,还有人提出"国学"是个"可疑的字眼",甚至把对传统文化的反省视为一种保守的"恋母情结",似乎现代化的实现必须以牺牲五千年的传统文化为先决条件。

人们或许注意到,毛泽东著名的哲学著作《矛盾论》中有关主要的矛盾和主要的矛盾方面的论叙,既是从长期革命斗争实践中总结出来的,也与传统阴阳学说中主辅关系的种种见解有一定的联系。如王船山说:"男不无阴,而以刚奇施者,其致用阳;女不无阳,而以柔偶受者,其致用阴。是故《易》之云乾,云其致用者而已。"(王夫之:《周易外传》卷一)所谓"致用者",谓在阴阳统一体中起主导作用的矛盾方面。类似的说法,在传统哲学中不胜枚举。《矛盾论》将这类说法升华为"事物的性质主要地是由取得支配地位的矛盾的主要方面所规定的",从而使传统阴阳学说的这一成就获得了新的生命力。当然,《矛盾论》的哲学成就不是仅用对传统哲学的现代诠释所能概括得了的,我举此意在说明传统文化与传统哲学在未经全面认真清理之前,切不可以文化进化论为口实轻易加以抛弃。

关于传统医学中的阴阳学说,不少人指责它是非科学。的确,它不是科学,它只是古典的自然哲学,但却是至今尚无法取代的自然哲学。清末至民国初年,力求以当时的科学成就改造传统医学者大有人在,如杨如侯、袁复初、王慎轩、蒋璧山等医家,曾经先后用电磁理论、原子结构理论或热力学理论诠译传统医学的阴阳学说,但都未能成为医家共识。传统医学依然故我。当代,科学与传统医学之间的确出现了一些能够互相沟通的环节,诸如以生物场理论解释传统医学中的气化论生理学,以全息论解释传统医学中的大小宇宙同构论和脏象表里关系论,以及人体局部与整体关系的理论等。但生物场理论和全息论自身还是一种尚未成熟的朝阳科学,它们实际上只研究了某种物质的存在状态与功效,至于这种物质自身的具体状况还是一个尚待说明的问题。

王船山曾从体用不可分割的意义上提出:"吾从其用而知其体之有。"(《周易外传》卷二)主张根据某种东西所表现出来的功效来判断这种东西的真实存在。这对实验科学不发达的中国古代气化论医学,不能不说是一个有力的理论支持。如经络系统,实验科学至今尚难证明它究竟是一种什么样的物质系统,特别是定量性公式与流向(或传导)规律等方面的证明。只是因为它在临床诸多方面所显示出来的实验效用,使人们无法否认它的存在。实际上,生物场理论和全息论目前也只停留在知其用而不知其体的阶段。这些理论可以与经络学说互相转释,但谁也未能使谁产生根本性的飞跃。阴阳学说是气化论的轴心,传统医学中的气化论生理学在尚未得到实验科学证明之前,只可能依存于自然哲学之中,它的一系列生理学学说,如经络腧穴系统、脏腑整体功能学说、脏象表里学说,还有药物学中的君臣佐使、药物归经之类的学说,以及病理学、诊断学中众多与气化论相关的理论,从现代科学的意义上说,都是依托在自然哲学中的科学假设。由于现代科学既无能力证明这些假设,也无理由推翻这些假设,因此无论以往那些反伪科学的人如何使出浑身的解数,传统医学依然还有存活下去的理由。

不过,传统医学中的阴阳观念过分泛化,是一个必须解决的问题。究其原因,与《黄帝内经》编定成书的汉代有直接关系。那个时代,是阴阳观念泛化的高峰期,几乎一切都以阴阳为说,这使《内经》中多处阴阳概念至今难以确信。后世医家对这种现象虽做了不少补救,但也有越讲越芜杂的情况。20世纪后期,各种有关传统医学的教材大都注意到这种泛化状况,并且自觉地对那些凡有形质可睹的"阴阳"尽可能以现代医学的既有名称加以取代,而只对那些无法取代的"阴阳"加以保留。这种努力,也只能做到将阴阳观念限定在直接与气化论相关的范围之内。这是传统医学阴阳学说自身集约化的必然要求,还远远谈不上是传统医学现代化的组成部分。

关于五行学说的现代哲学诠释

20世纪后期,五行学说的命运出现了转机。当代科学与哲学的发展,日益暴露出辩证分析型哲学的局限性。人们发现,这种类型的哲学仅仅表现为对单项系统的横向或纵向的线性分析,其结果至多只能构成一个平面的网络。至于对待复杂的多维的立体网络系统,则未能提供充分的思维形式与综合方法,这使许多在单项系统的研究中擅长辩证分析的人,在复杂的多维系统交织的全面研究上往往不能摆脱形而上学的纠缠。辩证分析与形而上学分析的近临状况,迫使辩证法不能停留在分析哲学阶段,必须向综合哲学奋力推进,为推进思维方式寻找充分的形式和方法。

早在 20 世纪 40 年代末,毛泽东在《矛盾论》一文中说:

> 一个大的事物,在其发展中,包含着许多的矛盾。……情况是非常复杂的。这些矛盾,不但各各有其特殊性,不能一律看待,而且每一矛盾的两方,又各有其特点,也是不能一律看待的。我们从事中国革命的人,不但要在各个矛盾的总体上,即矛盾的相互联结上,了解其特殊性,而且只有从矛盾的各个方面着手研究,才有可能了解其总体。

这是一个从总体到各各局部,又从各各局部回复到总体,从综合到分析,又从分析回到综合的研究过程,是解决对"大系统的物质运动形式的特殊的矛盾性及其所规定的本质"和它在"发展长途中的每一个过程的特殊的矛盾及其本质"的认识的完备的研究方法。所谓"大系统",是由众多单项矛盾系统纵横交织所组成的"矛盾总体";而总体所包含的许多矛盾,则是"大系统"中的子系统。对子系统的矛盾特殊性及矛盾两方的特点的把握,依赖于辩证分析;而对"大系统"即"矛盾总体"的把握,则依赖于辩证分析基础上的辩证综合,即从各各子系统的矛盾特殊性之间的"相互联结"上进行思维整合。毛泽东的这一思想,标志辩证分析哲学开始迈开了通往辩证综合哲学的步伐,说明矛盾论本身已经具有走向系统论的内在根据。

在探讨各各子系统矛盾特殊性之间的"相互联结"上，毛泽东提出在各各子系统中有一个主要的矛盾子系统，其他则处在次要地位，并指出在事物发展的长过程中，主要矛盾与次要矛盾在一定条件下有互相转化的可能性。这对于把握矛盾总体及其本质和长过程中每一阶段的矛盾联结变化，具有重要的方法论意义。但循此继进，认为只要抓住了主要矛盾，次要矛盾便会迎刃而解，便将多维矛盾交织的大系统简化为主要矛盾这个单一的系统，从而便由辩证综合退回到辩证分析，将有关全局问题的解决依托在一个占主导地位的局部问题的解决之上。在实际运作上，这种可能性的确是存在的，但它取决于大系统中诸矛盾子系统之间相互联结的具体状况所能许可的程度，因而并不具备普遍性。特别当举纲而不足以张目时，大系统中的各各子系统便会由于得不到协调而失去相对平衡，致使大部分子系统处在失控状态，大系统的物质运动因此便会停滞不前，甚至瘫痪倒退。

尽管如此，毛泽东有关大系统中矛盾总体的辩证综合学说，依然是中国现代哲学的光辉篇章。由辩证综合向辩证分析的回归，除了时代环境的制约之外，主要还在于整个世界哲学的潮流仍以分析哲学占主导，辩证综合哲学的思维方式，无论在思维方法或思维形式等方面都还过于稚嫩，难以与充分发达的分析哲学相抗衡。20世纪后期，随着当代自然科学与社会科学的发展和国内改革开放开创的新形势，一系列服务于辩证综合思维方式的思维方法与思维形式相继传入，诸如控制论、信息论、系统论、耗散结构论、协同学、突变论、超循环论等。就共性而言，这些理论都服从于综合哲学对事物总体把握的要求；就特殊性而言，有的偏重于思维方法，有的则偏重于思维形式，结构上亦有线性思维与非线性思维之别，各自的有效范围也不相同。综合哲学已经出现了迭起纷呈之象,但离综合哲学总体面貌的形成尚有相当的距离。

对历史的认识深度,常常取决于现实的文化发展水准。当形而上学分析哲学与辩证分析哲学盛行之际,古典的五行学说被冷落、嘲弄、咒骂了两百多年;而当综合哲学开始兴起之际,这一古老学说一下子引起了时代的共鸣。近二十年来,出现了许多对五行学说进行现代诠释的论文,提出了不少卓越的见解。为避免一般冗长介绍,现仅将这些论文的现代诠释方向大致归结为以下两点:其一,以控制论、信息论、系统论等诠译五行学说,大体都以五行学说在传统医学中所起的自我调节功能为例证展开论叙。其二,从逻辑学的意义上,诠释五行学说的唯一性、符号性、公理性(或准公理性)等。上述两类诠释方向侧重面虽有别,但都在一定程度上注意到五行结构是一种区别于分析哲学的思维构架。或谓之系统思维,或谓之有机整体思维,或谓之符号逻辑思维,称名虽有差异,实则可以相互贯通。

就五行结构的纯粹意义而言,它的基本要素仅由五行、十数、五位等三个单相性系列构成。五行(水、火、木、金、土),象征整体系统中的五个子系统;十数分列五位(一六居北、二七居南、三八居东、四九居西、五十居中),奇偶相对、阴阳相得,象征五个子系统各自矛盾的特殊性或差异性;水生木、木生火、火生土、土生金、金生水;金克木、木克土、土克水、水克火、火克金,象征五个子系统之间特定的相互联结关系。这样我们便得到了一个独特的由矛盾理论作为基础的系统论的基本构架。这个构架由于其子系统之间特定的相互联结产生的生克制化机制,可以确保大系统整体运作的相对平衡和良性循环。

然而,系统论不可能对子系统作出数量规定,因此,凡子系统超出五个或不足五个的大系统,五行结构便完全失去了意义。此外,五行结构之间的相互联结具备独特的完备性,就自然形成的大系统中五个子系统之间的相关性而言，能够满足五者之间生克制化机制要求的亦属罕见。因此，在系统论中，五行结构只是其中的一种特例，不具备普遍性。正因为这一原因，当古人将五行结构作为一种直接获取知识的手段时，往往会因此而得出许多荒诞不经的结论。如占星家对有关事件发生的时间、地点与结局的种种判断，《淮南子》有关矿物衍生过程中一化再化的年限长短，《易》据大衍数遇卦、五行灾异说，以及术数学中某些生克吉凶之说，撇开其中的神学因素不论，不能满足五行结构的完备性，是其重要的原因之一。

从本质上说，系统论是综合思维方式中的一种思维方法，它要求将诸多子系统之间的关系组合成一种最佳的整体结构。五行结构在限定的范围内满足了这一要求，因此与其说五行结构是系统论的一种独特构架，不如进而说五行结构是古代系统思维方法创造出来的一种思维形式。当多维系统的经验材料一旦进入这一思维形式的框架之后，便在这个框架中受到筛选，并通过由各单相性系统交织而成的一般逻辑规则的整合，提炼出具有极高应用价值的特殊的逻辑规则。这些规则，在中国古代的许多学科领域中得到不同程度的应用，有的甚至成为某种学科的理论基石或建构模型的权威依据。

当传统医学试图运用综合的方法，从总体上去把握五脏功能的典型特征时，唯一可供选用的便是五行结构思维形式。由于经络系统的传导作用，五脏与六腑、奇恒之腑，以及人体其他有形构件与体表器官，具备一一对应的关系。因此，以五脏配五行，实质上是将人体的有机整体划分为以五脏为首的五个子系统。这五个子系统分别具有独自的功能，互相之间又表现为有序的相生与相克的整体联结关系。这样，五行结构的思维形式便转化为一种功能模型。以实线表示相生、以虚线表示相克，则可得出如下所示的五脏模型图。

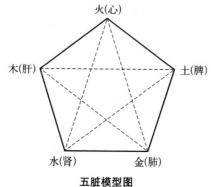

五脏模型图

模型中，五个子系统各自按一定的程序输出两种决定性的作用量，其一为我生，其二为我克；同时又依一定的程序接受两种决定性的作用量，其一为生我，其二为克我。这样，五个子系统中共有十个决定性的能量流交织其间，相生的能量流构成一个等边五边形，相克的能量流构成一个理想的黄金分割五角形。可见，五脏模型是一个有序的生克制化循环往复的超稳定态功能模型。

根据一般系统论的原理，系统的整体功能大于子系统功能简单相加之和。五脏模型以其子系统之间循环的能量流互相作用构成的平衡稳定的张力结构，是一个整体性的功能场，它的作用是单个子系统功能简单相加之和所不可比拟的。

人体生命系统结构的平衡态稳定性，是限制熵增的必要条件。任何一个人体生命个体，都不可能逃避生长壮老死这一不可逆的生命过程。这种不可逆过程有快慢之别，其原因在于：人体生命系统是一个开放的系统，它在同外部环境进行物质与能量的交换中，既有可能增强自身的平衡态稳定性，减缓不可逆过程的速率；亦有可能受到"内因""外因""不内外因"种种因素的干扰，打乱整体性功能场的阴阳平衡，导致不可逆变化速率的加快。根据熵增过程,熵增的大小取决于系统不可逆变化的速率快慢。对于个体生命系统而言,熵的增大意味着机体的衰退,而熵的最大值也就是生命的死亡。

系统的非平衡状态,是自组织机制产生的前提。在传统医学的五脏模型中,当其中一个以上的子系统功能衰退或过于亢盛时,整体性功能场便立即失去平衡。在这种状态下,系统的自组织机制开始运行,传统医学称之为"乘侮胜复"原理。在五脏模型图中,可以得到五个等腰三角形,其中任意一个都是由三个子系统功能流构成的,如△火金水、△土水木、△金土火、△水火土、△木土金。其中每一个三角形都是围绕一个子系统的局部自组织功能区,如△火金水,当金(肺)衰弱时,便会遭受火(心)的倍克,水(肾)便会出而加以抑制。而水为金之子,故此种自组织行为被称为"子复母仇"。局部自组织功能何以会出现呢?原来与整体性功能场失衡后的功能流向有直接关系。当金衰弱时则无力制约木,木气转旺而倍克土;土衰无力克水,于是水气转旺而倍克亢盛之火,使火复归于平。《内经》所谓"有胜之气,其必来复",说的正是整体性功能场失衡后,自组织机制必然会自我运行的情形。

自组织在模型中表现为一种封闭现象,这是就本身的机制而言。实际上自组织的实现,不可能离开外部条件。传统医学采用相应的食疗、药疗、针灸、推拿按摩,以及心理疗法等,都是从外部提供适宜的条件,帮助恢复相关子系统的功能,促使自组织机制顺利实现,达到整体性功能场的重新平衡与稳定。传统医学以"调平阴阳"为治疗目标,为此摸索与创造了众多的治疗手段与治疗方法,非局部分析医学所可比拟。道教内丹术也是以"调平阴阳"为目标的养生方法,它的浅近的意义亦有辅助自组织机制的实现,修复人体因病造成的子系统功能的损伤;而它的更深层的意义则在于通过与环境的物质和功能交换,使整体性功能场始终保持有序的平衡态稳定性,以限制熵的产生,促成负熵的增长,达到延年益寿甚至返老还童的境界。

由于人体生命系统是一个开放性系统,传统医学进而探讨了气象变化与人体生命系统的关系,运气学说便是在这种理论需求下产生的。就气象而言,运气学说是关于气象变化规律性的独立系统;而就天人合一的意义而言,天人之间存在着互动效应,气象学因此便成为传统医学不可缺少的研究对象。运气学说的思维构架是五运与六气交叉结构,而自组织机制也是按五行运作的生克制化、乘侮胜复为功能模型的。

以上关于五行结构及其在传统医学中被作为功能模型的问题,我只作了一个简要的现代诠释。五行结构符合一般系统论的基本原理,但与耗散结构理论、协同学、控制论等特殊的系统理论亦有区别。尽管耗散结构理论等学科揭示的一般性原理,五行结构大都可以接受,但作为人体生命科学中的一种整体性功能场模型,它还有许多未解之谜等待揭示。普利高津建立的耗散结构理论中提出的熵增原理公式,对于人体生命系统自然是适用的。这个公式设系统的总熵变为 dS,而总熵变等于熵与熵产生之和。熵流是系统与外部环境进行物质与能量变化引起的熵变,用 d_eS 表示;熵产生是系统内部不可逆过程所产生的熵变,用 d_iS 表示。故得到的公式为:$dS = d_eS + d_iS$。但对于五脏功能模型而言,我从中只能得到最为一般的现代诠释,无法对模型本身的熵变及自组织现象作更深入具体的阐发。模型本身存在着一两个函数公式,但由于数学对笔者的制约,使我无法找到模型的具体的熵变函数,亦无法解决整体性功能场及五个子系统功能生克交织作用之间的函数关系。如果这两个公式一旦得到,那么求解的本身将极大地推进人体生命科学的研究。枯杨生稊之日,正是老树逢春之时,我们有理由坚信，一门全新的五行学一定会出现。

（原为《阴阳大化与人生》第十二章，后收入《传统哲学的魅力》论文集。篇中"五行"部分，曾以《五行学说的近代遭遇及现代诠释》为题，发表于《人文论丛》，武汉大学出版社 1998 年版。）

哲学问题与哲学家研究

关于宋元哲学研究的几个基本问题

田文军

　　中国哲学的历史发展，有两个历史时期受到学术界的普遍关注：其一是先秦时期，其二是宋元时期。先秦时期，诸子蜂起，以儒、墨、道、法、名家及阴阳家为代表的诸子百家各自建构自己的理论系统，形成了其后中国哲学历史发展的基点与源头；宋元时期，道学兴起，其理论融摄儒、释、道三家之学，思想系统升华到了更高的理论层次与认识层次，使中国哲学发展到了一个新的历史时期。因此，在现实的中国哲学史研究中，人们对宋元哲学的研究倾注了极大的热情，学术成果丰硕繁富。但是，如何研究宋元哲学，怎样理解宋元哲学的衍生发展、学派分化、理论旨趣、思想源流、历史价值等方法学层面的问题，仍然是一个需要继续深入探讨的问题。本文对涉及宋元哲学研究的这些基本问题进行一些探索与思考，以期对现实的宋元哲学研究的拓展与深化有所裨益。

一、宋元时期的儒学与道学

在中国社会历史的演进发展中,唐代以后曾经历短暂的分裂局面。公元960年北宋王朝建立,结束了中国历史上"五代""十国"的局面。从北宋王朝的建立到南宋王朝的覆亡,其间经历过三百多年时间。公元1275年蒙古民族建立元朝。九十多年以后,元朝又为明王朝所取代。宋元两代在中国历史上存续的时间长达四百多年。在宋元时期,中国的社会历史文化得到过长足的进步与发展。社会历史文化的进步与发展,使得宋元时期的哲学也得到了拓展与更新,形成了自己独特的理论形态与思想系统。

宋元时期的哲学,不论是其学术追求还是其理论形态,主要是以更新与拓展儒学的形式来完成的。这种更新与拓展,既涵括哲学家们对儒学自身发展的历史总结,又涵括哲学家们对佛学、道家、道教的批判、借鉴与吸纳。北宋时期,道学的兴起,即是这种以融会儒、佛、道之学为特征的儒家哲学形成的标志。梁启超考察儒家哲学,曾经指出东、西方哲学在理论意趣方面存在的差异,认为研究儒家哲学应具备自身的方法意识。他说:

> 单用西方治哲学的方法,研究儒家,研究不到儒家的博大精深处。最好的名义,仍以"道学"二字为宜。先哲说:"道者,非天之道,非地之道,人之所谓道也。"又说:"道不远人,远人不可以为道。"道学只是做人的学问,与儒家内容最吻合。但是《宋史》有一个《道学传》,把道学的范围,弄得很窄,限于程朱一派。现在用这个字,也易生误会,只好亦不用他。①

----

① 梁启超:《儒家哲学》,岳麓书社2010年版,第5页。

基于这样的观念,梁启超主张将儒家哲学表述为"儒家道术"。在梁启超看来,这样的表述更为符合儒家哲学的实际。

在梁启超的这种论述中,有两点值得我们在考察宋元哲学的时候留意与参考:其一是他以中国传统的学术观念考察儒学,将儒家哲学称之为"儒家道术"。这表明他在考察儒家哲学时,意识到应将一般意义上的儒学与儒家哲学有所区别。梁启超的这种方法意识在中国哲学史研究中是值得借鉴的。因为,在现代学术研究中,对于儒学,我们可以从哲学的角度进行考察,也可以从伦理、政治、经济等其他学科的角度进行考察,具体视角可有所不同。其二是梁启超虽然认为宋代所谓的道学范围"限于程朱一派",主张不以道学概指儒家哲学,但他所理解的"宋儒道学",不论在何种意义上皆在宋代儒家哲学的范围,而且在梁启超看来,道学本来即是一个最适宜指称儒家哲学的概念。由此可见,梁启超考察儒家哲学,不仅对儒学与儒家哲学有所区别,对宋代儒学与宋代儒家哲学也有所区别。他肯定儒学与儒家哲学的联系与区别,将儒学与儒家哲学置于不同的视阈中进行考察,却为我们考察宋元时期中国哲学的历史发展提供了具体的方法学启示:对儒家哲学的考察应有别于一般地考察儒学,用中国传统的学术术语来表达对儒家哲学的考察,其内容与范围主要在"儒家道术";在儒家哲学的系统中,作为其重要组成部分的宋代儒家哲学,自成格局,建构了自身独特的理论系统,而道学这一概念则典型地概括了宋代儒家哲学的理论特征,实是对宋代儒家哲学最合理的指称。从中国哲学发展的历史进程来看,正是北宋道学的兴起,使得中国哲学的发展进入了一个新的历史阶段,其后元代哲学乃至于明代哲学的演绎与发展,实际上都是以北宋时期兴起的道学为起点和根基的。

道学是对宋代儒家哲学最合理的指称。但在现实的中国哲学史研究中,道学能否作为一个概指宋代中国哲学的概念,学术界实际上存在对立的观念和理解。其具体表现是:有一派学者主张,宋明哲学只宜称为"理学",不能称为道学。这派学者认为:

> 道学之名虽早出于理学之名,但道学的范围比理学要相对来得小。北宋的理学当时即称为道学,而南宋时理学的分化,使得道学之称只适用于南宋理学中的一派。至明代,道学的名称就用得更少了。所以总体上说,道学是理学起源时期的名称,在整个宋代它是理学主流派的特称,不足以囊括理学的全部。[①]

另一派学者则认定以道学概指宋代哲学更为合理。冯友兰晚年在其《中国哲学史新编》中即仍在重述自己的这种观点:

> 近来的研究中国哲学史的同志们,有用理学这个名称代替道学这个名称的趋势。这两个名称从清朝以来是可以互用的。理学这个名称出现比较晚,大概出现在南宋。我们做历史工作的人,要用一个名称,最好是用出现最早的、当时的人习惯用的名称。照这个标准说,还是用道学这个名称比较合适。这也就是"名从主人"。而且用理学这个名称还使人误以为就是与心学相对的那种理学,因而,不容易分别道学中的程朱和陆王两派的同异。只有用道学才能概括理学和心学。[②]

针对学术界这两种不同的学术观点,曾有学者对中国学术史上的

---

① 陈来:《宋明理学》,三联书店 2011 年版,第 8 页。
② 冯友兰:《三松堂全集》第十卷,河南人民出版社 2000 年版,第 27 页。

道学与"理学"概念进行系统的考察研究。在这类研究成果中,人们不仅考察道学与"理学"概念的形成,也辨析道学与"理学"概念意涵的演变。通过这种考察,学者们意识到中国学术文化史上,道学的概念出现较早。北宋以前,中国的经、史典籍如《礼记》《隋书·经籍志》中即已经存在道学这一概念。只不过《礼记·大学》中所谓的道学,其意为讲论学问,而不是以道学指称专门的思想理论。《隋书·经籍志》中的道学概念,其意为道家之学,与北宋时期人们所论道学的意涵并不完全相同。宋明时期,学术界对道学和"理学"概念的使用也有一个发展过程。北宋道学早期的代表人程颢、程颐、张载等人都曾论及道学。"理学"概念的出现晚于道学。南宋陆象山、张南轩等人的著作中都曾使用"理学"概念,其意都指宋代的儒家哲学。关于"心学",有学者认为,明代才有学者在道学中"分理学与心学为二",标明道学内部存在具体学派的差异。学者们考察道学与"理学"以及"心学"概念历史演变的这些认识成果,对于促进与深化宋元哲学的研究,都具有重要的理论意义与学术价值。①

但是,对于道学与"理学"概念演变与发展的考察,有一些问题仍有待继续与深入。譬如,有学者认定明代学者才使用"心学"这一概念,其依据是阳明后学邓元锡作《皇明书》,书中以《心学纪》《心学述》记述王阳明及其后学的学术活动,以《理学》记述吴与弼、罗钦顺等人的学术活动,使得"理学"与"心学"壁垒分明。这种观念,即有必要再行探讨。②

① 姜广辉《宋代道学定名缘起》一文曾系统考察道学概念的形成与发展。徐宏兴《两宋道学概论及主题考论》一文,对道学与理学概念的关联及其意涵也有过系统地考察与论析。
② 姜广辉《宋代道学定名缘起》一文认为,明代邓元锡才以"理学"与"心学"区别道学内部的不同学派,并以黄宗羲、全祖望《留别海昌同学序》中所说"盖未几而道学之中又有同异,邓潜谷又分理学、心学为二"为据,论定以"心学"概指陆王之学,以"理学"概指程朱之学为明代后期才出现的学术观念。

因为，南宋时期，人们不仅已经开始使用"理学"这一概念，实际上也已经出现"心学"概念。黄震论及宋代学术，曾有"本朝理学，发于周子，盛于程子"之说。但黄震也意识到程门后学涉及"识心见性"之学时有陷于佛学者。因此，黄震注意分辨二程后学的演绎流变与思想异同，以确定自己的学术追求：

> 程门高弟如谢上蔡、杨龟山，末流皆不免略染禅学，惟尹和靖坚守不变。其后龟山幸三传而得朱文公，始裒萃诸家而辨析之，程门之学，因以大明。故愚所读先儒诸书，始于濂溪，终于文公所传之勉斋，以究正学之终始焉。次以龟山、上蔡，以见其流虽异而源则同焉。又次以和靖，以见其源虽异而其流有不变者焉。次以横浦、三陆，以见其源流之益别焉。然上蔡、龟山虽均为略染禅学，而龟山传之罗仲素，罗仲素传之李延平，延平亦主澄心静坐，乃反能救文公之几陷禅学，一转为大中至正之归，致知之学，毫厘之辨，不可不精，盖如此，故又次延平于此，以明心学虽易流于禅，而自有心学之正者焉。①

黄震将张横浦、陆九渊兄弟的学说归为一类，既认定"心学""易流于禅"，同时也强调"心学之正者"有别于禅学。黄震所谓"心学"乃"识心见性"之学。这样的"心学"，辨析"人心"与"道心"，其中也有"直谓即心是道者"；"即心是道"与"心即理"说在意涵方面不无相通之处。因此，黄震所谓心学虽与后来人们所持"心学"概念的意涵不能完全等同，但也已触及"心学"的基本趋向与特征，大体上也可视为一种哲学学说。除黄震的《日钞》之外，王应麟在《困学纪闻》中曾明确地将司马光的《潜

---

① 黄宗羲、全祖望：《东发学案》，《宋元学案》第四册，中华书局 1986 年版，第 2899 页。

虚》视为"心学"：

> 《潜虚》，心学也，以元为首，心法也。人心其神乎，潜天而天，
> 潜地而地。温公之学，子云之学也。《先天图》皆自中起，万化万事
> 生乎心，岂惟先天哉！《连山》始《艮》，终而始也。《归藏》先《坤》，
> 阖而辟也。《易》之《乾》，太极之动也。《玄》之中，一阳之初也。皆
> 心之体，一心正而万事正，谨始之义在其中矣。邵子曰："《玄》其见
> 天地之心乎？"愚于《虚》亦云："《虚》之元，即《乾》《坤》之元，即《春
> 秋》之元，一心法之妙也。"①

王应麟家学深受陆九渊心学的影响，后来又推崇朱熹的理学。他对于
朱、陆之学的对立与区别可谓了然于心。因此，从王应麟"万化万事生
乎心"，"一心正而万事正"之类的断语来看，他所理解的"心学"也十分
接近与"理学"对立的"心学"。由此可见，早在南宋时期，实即有学者开
始使用"心学"概念以辨析宋代哲学了。

　　同时，人们考察道学与"理学"概念形成演变的思想方法也需要更
新。这种更新要求人们强化从哲学的角度考察道学概念形成演变的问
题意识与方法意识。在中国现代哲学史上，冯友兰始终主张以道学概
称宋代哲学，值得肯定。但是，冯友兰在论析道学概念时，对于作为表
述宋代儒家哲学的道学概念，同与儒家道统相联系的道学概念，以及作
为整个宋代学术概称的道学概念并未多作具体的分梳与解析。在冯友
兰看来，二程兄弟以韩愈所认定的儒家道统的继承人自居，将自己的思
想理论谓之道学。"道学这个道，就是韩愈《原道》的那个道。"②其实，

---

① 王应麟：《困学纪闻》，辽宁教育出版社1998年版，第203页。
② 冯友兰：《三松堂全集》第十卷，河南人民出版社2000年版，第26页。

韩愈所说之"道"与二程所理解的"道",在意涵上有其同也有其异。从中国哲学的历史发展来看,在宋代以前,儒家哲学中所使用的"道"这一概念,意涵多在伦理道德原则的范围,对作为形而上者的"道"还缺乏理论的规定和解析。在儒家哲学的系统中,从形上的层面特别是本体的层面来理解并界定"道"这一概念,主要是从宋儒开始的。因此,我们考论道学与"理学"概念,学术视角也应当有所不同。当我们以考察宋代哲学的形成及其发展为学术目标的时候,道学与"理学"的概念都应当且只能纳入哲学这个特定的视阈和范围来进行考察与解析。实际上,我们也只有将道学与"理学"的概念纳入哲学的范围来进行考察,才有可能正确地理解北宋早期道学代表人物所谓道学的真实意涵。

冯友兰在其《新编中国哲学史》中考论道学,曾以二程的《程氏文集》、朱熹的《论语集注》《中庸章句序》以及《陈亮集》等典籍中有关道学的论述来作为自己理解道学的论据。实际上,北宋时期,最早使用道学概念的学者为王开祖。清代学者赵一清在其《浙学源流考》中对此曾有明确地论述:

> 永嘉之儒,王开祖倡道学于伊洛未出之先,林石讲《春秋》于王氏新学之际。确乎不拔,真人豪也![①]

王开祖字景山,人称"儒志先生";林石字介夫,人称"奥塘先生"。赵一清肯定王开祖"倡道学于伊洛未出之先",林石"讲《春秋》于王氏新学之际",在同"伊洛"之学的比较中肯定王开祖的学术贡献,在同王安石新学的比较中肯定林石的学术勇气,目的在表彰浙江学者的学术成就。

---

① 赵一清撰,罗仲辉点校:《东潜文稿》,辽宁教育出版社1998年版,第74页。

其实，认定王开祖"倡鸣"道学四十多年以后才出现所谓的"伊洛儒宗"，这种观念南宋学者陈谦在其《儒志先生学业传》中也曾有过绍述。但王开祖所谓道学与北宋早期道学代表人物所理解并倡导之道学在意涵方面还不能完全等同。王开祖在宋代道学建构过程中的历史作用，也远不能与北宋早期道学主要代表人物的学术贡献比肩。

在宋元哲学史上，程颢、程颐为北宋道学的建构，作出过重要的理论贡献，被视为北宋时期创建道学的主要代表人物，这是学术界多数人所认同的一种观念。因此，我们今天要从哲学的角度考察北宋道学的代表人物对道学这一概念的论述，尤应注意二程兄弟的道学观念，特别是要注意程颐对道学的论述。其原因，一是程颐曾明确地将自己与其兄程颢的哲学称为道学；二是在北宋时期，程颐应是较早对"道"概念的内涵从哲学的角度作出清晰规定的道学代表人物。程颐肯定自己与程颢的学说为道学，以其在《明道先生门人朋友叙述序》《祭李端伯文》《祭朱公掞文》三篇文献中的论述最为清晰、具体。这三篇文献中论及道学的文字分别是：

> 先兄明道之葬，颐状其行，以求志铭，且备异日史氏采录。既而门人朋友为文以叙其事迹、述其道学者甚众。其所以推尊称美之意，人各用其所知，盖不同也；而以为孟子之后，传圣人之道者，一人而已，是则同。①
>
> 呜呼！自予兄弟倡明道学，世方惊疑，能使学者视效而信从，子与刘质夫为有力矣。②

---

① 程颢、程颐：《河南程氏文集·明道先生门人朋友叙述序》，《二程集》上册，中华书局 2004 年版，第 639 页。
② 程颢、程颐：《河南程氏文集·祭刘质夫文》，《二程集》上册，中华书局 2004 年版，第 643 页。

> 呜呼！道既不明，世罕信者。不信则不求，不求则何得？斯道
> 之所以久不明也。自予兄弟倡学之初，众方惊异，君时甚少，独信
> 不疑⋯⋯不幸七八年之间，同志共学之人，相继而逝⋯⋯使予踽踽
> 于世，忧道学之寡助。则予之哭君，岂特交朋之情而已？①

在这些论述中，程颐所说的道学，大体上都可以理解为其对自己与
其兄程颢哲学的概括或者说指称。

程颐之所以将自己与程颢的哲学称为道学，与他对于"道"概念的
理解与界定应当是联系在一起的。在程颐的著作中，论及"道"概念的
地方不少，其中也有三种最为明晰的论说，这三种论说分别是：

> "一阴一阳之谓道"，道非阴阳也，所以一阴一阳道也；如一阖
> 一辟谓之变。②
>
> "一阴一阳之谓道"，此理固深，说则无可说。所以阴阳者道，
> 既曰气，则便是二。言开阖，已是感，既二则便有感。所以开阖者
> 道，开阖便是阴阳。③
>
> 离了阴阳更无道，所以阴阳者是道也。阴阳，气也。气是形而
> 下者，道是形而上者。形而上者则是密也。④

程颐对"道"概念的这种理解与论释，既有对儒家思想与道家思想

① 程颢、程颐：《河南程氏文集·祭朱公掞文》，《二程集》上册，中华书局2004年版，第644页。
② 程颢、程颐：《河南程氏遗书·拾遗》，《二程集》上册，中华书局2004年版，第67页。
③ 程颢、程颐：《河南程氏遗书·入关语录》，《二程集》上册，中华书局2004年版，第160页。
④ 程颢、程颐：《河南程氏遗书·入关语录》，《二程集》上册，中华书局2004年版，第162页。

的继承与借鉴，也有自己的独立思考与创新。这种创新集中体现在他对"道"的一般、本体、根源层面的意涵作出了十分明确的解释。程颐以"所以一阴一阳道也""所以阴阳者道""所以阴阳者是道也"这三种判断所肯定的"道"，都可视为形而上者，也是对"道"最明确的哲学规定。程颐如此规定"道"，目的在论释阴阳、气以及阴阳"开阖"何以存有或何以形成。这种论释，不论其论述的明晰度还是其理论层面，在儒家哲学发展史上皆有发前人所未发之处。

　　程颐对"道"的意涵从哲学的角度作出了规定，程颢则将"道"与性联结，肯定"道即性"，反对"道外寻性"或"性外寻道"。程颢曾说：

　　　　道即性也。若道外寻性，性外寻道，便不是。①

在程颢看来，言"道"言"性"正确与否，知其一便知其二。能正确地言"道"者亦可以正确地言"性"，反之亦然；言"性"不当者，亦不可能正确地言"道"。所以他说："道即性也，言性已错，更何所得？"②可以说程颢"道即性也"这一断语在另一个层面上为宋元道学的演生与发展奠定了理论基石。从宋元哲学的历史发展来看，程颢、程颐的"天理"观念实即是基于其"所以阴阳者是道也"与"道即性也"这样的观念建构起来的。因为，二程既肯定"性即理"，"所谓理，性是也"。③也强调"道即性"。气学家论"气"，目的在于"以清虚一大"之气为"万物之源"；心学家认定

---

① 程颢、程颐：《河南程氏遗书·端伯传师说》，《二程集》上册，中华书局2004年版，第1页。
② 程颢、程颐：《河南程氏遗书·端伯传师说》，《二程集》上册，中华书局2004年版，第7页。
③ 程颢、程颐：《河南程氏遗书·伊川杂录》，《二程集》上册，中华书局2004年版，第292页。

"心即理",则实是主张以"心"为"性"。不论气学还是心学,其基本哲学观念的形成,实际上都受到了程颢、程颐"所以阴阳者是道也"以及"性即理"与"道即性"等思想观念的影响。可以说,宋代的哲学家们,正是基于二程兄弟的"道"观念,提炼出和确立起了"理""气""心""性"之类的范畴,形成了各自不同的哲学思想系统。这些思想系统,内容涉及"天道",也涉及"人道"。人们常依"天道"理解"人道",论析"道体"。因此,就宋代不同哲学流派成型的思想根源而言,实际上都与哲学家们探寻、论释作为事物"所以者"的"道"存在直接或间接的联系。在哲学的视阈中,可以说这一时期的哲学家们主要的学术追求,都在于各以特殊的哲学范畴和哲学系统言"道"与释"道",言"性"与释"性"。因此,就宋代哲学发展的历史实际而言,以道学指称宋代儒家哲学确实是比较合理的。

但是,当我们肯定宋代儒家哲学实为道学时,还必须注意:宋代哲学家们的道学观念,与《宋史·道学传》作者所持的道学观念实有所不同。《宋史·道学传》(以下简称《宋史》)总论道学:"'道学'之名,古无是也。三代盛时,天子以是道为政教,大臣百官有司以是道为职业,党、庠、术、序师弟子以是道为讲习,四方百姓日用是道而不知。是故盈覆载之间,无一民一物不被是道之泽,以遂其性。"这样的道学与程颐所谓的道学在内容方面虽有相通之处,但《宋史》作者区别道学与"儒林",将列入道学范围的人物基本上限于周、程、张、朱及其后学。邵雍、张栻等人得以入传,则是因为《宋史》作者认为"邵雍高明英悟,程氏实推重之";"张栻之学,亦出程门,既见朱熹,相与博约又大进焉"。这种入传原则表明《宋史》作者推崇程朱之学,力图通过凸显程朱之学以肯定自己所理解的文化传承与学术道统。《宋史》作者将道学范围限于周、程、张、朱及其后学,未能全面地反映宋代哲学的发展;《宋史》作者将陆象山排除在道学之外而归于"儒林",更是不符合宋代哲学发展的历史实际。陆象山认定"心即理",程、朱主张"性即理"。两者在思想理论与学术趣向方面虽呈现对立,但两者的学术追求都在于从形上学的层面论释人的道德行为根据。因此,陆象山实当为宋元哲学史上道学的重要代表人物。《宋史》作者道学观念的形成,大概与宋元时期理学的传播与影响盛于心学有关。《宋史》作者对陆象山的学术定位,也从另一个侧面表明其所理解的道学并不能完全等同于作为宋元哲学概称的道学。在中国哲学史上,作为宋元哲学的道学,强调"仁"为"善之本",主张"仁者,浑然与物同体"。这样的"仁",其理论意涵与"道""理"在同一个层面,已经具备本原、本体的意义。可以说,正是因为道学在"道"与"理"的层面上诠释儒家哲学中的"仁、义、礼、智、信"等范畴,才改变了一般儒家哲学中"仁、义、礼、智、信"等观念的意涵多在伦理道德原则范围的状况,使得儒家的伦理观念升华到了本原、本体的形上学层面。这是宋元时期,道学之所以成其为道学的重要历史缘由,也是宋元道学对于儒家哲学在理论方面划时代的创发与贡献。

因此,在宋元哲学研究中,以道学指称宋元哲学,应当得到肯定。因为,这种指称,既能够涵括宋元哲学中的多种学术派别,也便于我们对宋元儒学的考察能够相对地集中于一个具体的学科领域,达到较高的认识层次。当然,以道学指称宋元哲学,并不意味着绝对地排斥其他有关宋元哲学的总括或概称。学术界既有从整体上称宋元哲学为道学者,也有从整体上称宋元哲学为"理学"者。人们对宋元哲学指称不同,学术趣向与理论追求也不无区别。但就其指向与研究对象而言,大体上又是同一的。在学术研究中,一致百虑,殊途同归,以不同的视角,解析同一个研究对象,对于全面地解析这一对象的形态与特征也是有益的。同时,当我们从哲学的角度研究宋元时期的儒家学说时,也不宜忽略宋元时期儒学与儒家哲学之间的内在联系。在哲学史研究中,对两者有所区隔与分疏是必要的。但忽略其重合、交叉及其联系,也有碍于我们全面地把握宋元哲学的历史发展。在儒学的视阈中,陆九渊学说与朱熹思想在理论意趣与追求方面很难说存在本质的差异。但在哲学的视阈中,朱熹与陆九渊对于人们道德根性的论释则完全不同。这种差异所表明的实为两人对于作为事物"所以者"之"道"理解的对立,以及两人所推崇和肯定的道德根性有所不同。因此,只有在正确地理解与处理儒学与儒家哲学即道学关系的基础上,多侧面地考察宋元哲学,才有助于我们从总体上理解宋元哲学的理论特征,厘清与评断宋元哲学在中国哲学史上的演变发展及其历史地位。

二、宋元哲学的学术流派

后世学者将宋代儒学谓之新儒学。其中一个重要原因,是人们认定儒家哲学在宋代出现了新的理论形态,得到了全新的发展。道学的形成即是这种新形态与新发展的标志。在道学兴起与发展的过程中,哲学家们依据不同的学术视角与学术趣向论"道",建立各自的道学,学术思想的活跃与开放,远非汉、唐时期的哲学家们所能望其项背。这使得道学中,不同学术派别之间的思想对立,特色鲜明,辩难不断;道学理论的传承演变,纷繁复杂,互为源流。因此,要全面地了解宋元哲学的历史发展,对宋元哲学的学术派别从总体上作一些思考与论析也是十分必要的。

如何梳理、区划宋元哲学的学术派别,历史上与现实中均存在视角与理趣的差异。历史上对宋元哲学的考察,自朱熹的《伊洛渊源录》问世以后,曾先后出现过多种理学史或道学史性质的研究成果。其中尤以黄宗羲、全祖望等人以学案体的方法先后考察宋元哲学而编撰的《宋元学案》的影响最为深远。黄宗羲、全祖望等人在《宋元学案》中，多依地域或人名标示与区分宋元哲学中不同的代表人物和学术派别，以清理宋元哲学发展的历史线索。这样的研究方法对后来研探宋元哲学的学者影响很大。在中国现代哲学史上，吕思勉的《理学纲要》概述宋元哲学的源流派别，始于胡瑗、孙复、石介，兼及同时代之范仲淹、戚同文、李觏、欧阳修、司马光、申颜、侯可及其门人；再论周敦颐、程颢、程颐、张载、邵雍、朱熹、陆九渊诸人及其后学。这种考察大体上以时间为序，同时照顾到地域、人物之别，以再现宋代哲学发展的历史线索与派别源流。

陈钟凡作《两宋思想述评》，其考察宋代哲学派别源流的方法，与吕思勉稍有不同。陈钟凡将"两宋思潮"纳入"近代思想之趋势"中进行考察。陈钟凡所谓"近代思想"既涵括"启蒙思潮""两宋思潮""金元思潮"，也涵括"明代思潮"与"清代思潮"。陈钟凡所谓"近代思想"中的"启蒙思潮""两宋思潮""金元思潮"都涉及宋元哲学的历史发展及其学术派别。陈钟凡在这种论析中，将胡瑗、孙复、周敦颐、邵雍等人的学术活动纳入"启蒙思潮"：

> 唐室既衰，兵戈四起，穷理之风，阒无嗣响，讲学之涂，泯焉歇绝；世道之散，乃不堪言。宋代继兴，暴乱日戢，士大夫伤人心之陷溺，念祸乱之浸寻，乃薄词翰为末技，思践德于圣门，由是戚同文、胡瑗、孙复诸儒，群起筑室取徒，明伦讲学，天下书院自此兴。及周敦颐崛起湘中，著《太极图说》及《通书》四十篇，以自然为教，主静为宗，虽缘饰《周易》《中庸》，而归本于道家之旨。邵雍受学李之才，精研数理；溯其师承，与周敦颐同出陈抟，并道家之流裔。此近

代思想界之启蒙思潮也。①

　　其后，陈钟凡视程颢、程颐、张载等人的思想理论为"北宋思潮之中坚"，概述二程、张载及其门人后学的思想源流与理论贡献：

　　　　河南二程闻道于濂溪，观摩于康节，更出入于释老之言，推其绪余，因发明以叙孔孟之旨意。复各尊所闻，印证同异，学派遂分。程颢言定性、识仁，主惟理论，程颐言持敬、致知，主经验论；张载讲学于二程之间，敦厚崇礼，说近伊川；而程门高弟，如谢良佐、游酢、吕大临多本明道，终流于禅。至杨时晚年，亦稍入禅去。此北宋思潮之中坚也。②

　　论及南宋，陈钟凡辨析朱、陆之学异同，认为陆九渊"说多近于明道"，朱熹中年以后"乃宗伊川"，二人宗旨不一，"门庭各别"，但朱熹为集宋代"诸家之大成"者：

　　　　九渊以诠心乐道为宗，重涵养而轻省察，由简易而极高明，直捷径情，颖悟超卓，说多近于明道。朱熹早年，泛滥于释老；后从李侗游，侗语以默坐澄观，以悟未发之真；至四十以后，乃宗伊川，以主敬为持志之要，致知为下学下功，似主经验论；然涵养之说，未尽涤除，故注《大学》首章，仍有"虚灵不昧，明善复初"之言；注《论语》子在川上章，予欲无言章，亦颇采二氏之说；熹盖折衷两派，集诸家

────────────

① 陈钟凡：《两宋思想述评》，东方出版社 1996 年版，第 2 页。
② 陈钟凡：《两宋思想述评》，东方出版社 1996 年版，第 2 页。

之大成者也。①

论及元代哲学的发展流变,陈钟凡则仅将其视为"宋人理学之余波":

> 关洛陷于完颜,百年不闻学统;垂晚乃有赵秉文、李纯甫,援儒
> 入释,推释入儒,其传并不能大。元主中夏,赵复脱南冠之囚,讲学
> 燕京,洛闽之传,赖以不绝。许衡为其大宗,刘因为其别系;最后吴
> 澄、郑玉颇思和会朱陆,以调和派自居。而元世陆学终非朱敌。斯
> 宋人理学之余波耳。②

陈钟凡将"宋初三先生"以及周敦颐、邵雍等人的思想学说归于"启蒙思潮",视程、张、朱、陆之学为"两宋思潮"的主干,认定金元时期赵复、许衡等人的哲学思想皆"宋人理学之余波"。这种论述既归纳了宋元哲学的学术派别,也论析了宋元哲学的思想源流,言语畅达,文字精练,其结论与思想方法皆有自己的独到之处。

吕思勉、陈钟凡一类学者,论及宋元哲学,注意"分源别派",并能引进吸纳一些现代哲学观念,作为考察宋元哲学的参照,其认识成果对于厘清宋元哲学历史发展的源流,推进宋元哲学的研究,无疑有其独立的学术价值。但从吕思勉、陈钟凡等学者对宋元哲学中不同学术派别的论述中,我们也可以看到吕思勉、陈钟凡一类学者考察宋元哲学,或多或少都受到过黄宗羲、全祖望等人思想方法的影响。譬如,吕思勉认定宋学先河,当推胡瑗、孙复、石介三位学者的说法,即源自

---

① 陈钟凡:《两宋思想述评》,东方出版社 1996 年版,第 2—3 页。
② 陈钟凡:《两宋思想述评》,东方出版社 1996 年版,第 3 页。

《宋元学案》。全祖望《宋元学案序录》中有"宋世学术之盛,安定、泰山为之先河"①之说。陈钟凡论及元代哲学,其"关洛陷于完颜,百年不闻学统"之说,实际上也是全祖望《宋元儒学案序录》中的文字。吕思勉、陈钟凡一类学者,之所以借鉴黄宗羲、全祖望等人考察宋元哲学派别源流的方法,首先是因为黄宗羲、全祖望等人从宋元哲学演生发展的实际出发,在考察中再现了宋元哲学发展的历史。钱穆论及"两宋学术"曾说:"全谢山为《宋元学案》,首安定、次泰山、高平,又次庐陵,盖得之矣。"②即是肯定黄宗羲、全祖望等人编撰《宋元学案》,在第一、二、三、四卷中考察胡瑗、孙复、范仲淹、欧阳修等人的学术活动,既顾及了北宋哲学发展的时间顺序,也顾及了北宋哲学发展的历史进程与思想轨迹。其次,则是因为《宋元学案》这类学案体学术史著作,以案主之名或与案主生活相关的地域、环境之名分辨、标示学术派别与思想源流,方便简捷,便于行文与记忆。由于黄宗羲、全祖望等人这种学术史研究方法的影响,后世学者言及宋元哲学,也多以濂、洛、关、闽,或周、程、张、朱、陆等诸家之学来表述宋元哲学中的主要学术派别与思想源流。此外,学术界也有学者依据《宋元学案》中所述各家之学,分别将其直接名之为具体的学术派别。譬如,称胡瑗为代表的学说为"安定学派",称孙复为代表的学说为"泰山学派",称程颢为代表的学说为"明道学派",称程颐为代表的学说为"伊川学派",称司马光为代表的学说为"涑水学派",称邵雍为代表的学说为"百源学派",称胡宏为代表的学说为"五峰学派",称陆九渊为代表的学说为"象山学派",等等。这种以《宋元学案》中具体案主为据区划出来的学术派别,也能为人们留下清晰的思想线索,有益于人们从一个侧面了解宋元哲学的丰富内容。

---

① 全祖望:《宋元学案序录》,《宋元学案》第一册,第 1 页。
② 钱穆:《中国近三百年学术史》,商务印书馆 1997 年版,第 4 页。

　　但是,这种以地域、人名区划、标示宋元哲学发展中学术派别的方法,也有其局限与不足。因为这种"分源别派"的方法,虽注意到了学术思想的源流,但毕竟不是基于现代学科观念区划同一个学科内部不同学术派别的方法。依照这种方法概括的有些学术派别,严格说来,并非独立成型的学术派别。因此,在中国现代哲学史上,曾有学者认为:

　　　　中国前贤对于品题人物极有高致,而对于义理形态之欣赏与评诂则显有不及,此固由于中国前贤不甚重视义理系统,然学术既有渊源,则系统无形中自亦随之。《宋元学案》对于各学案之历史承受,师弟关系,耙疏详尽,表列清楚,然而对于义理系统则极乏理解,故只堆积材料,选录多潦草,不精当,至于诠表,则更缺如。①

人们这种"中国前贤不甚重视义理系统"的方法,实是对于《宋元学案》一类学术史著作的作者们"分源别派"方法的一种批评。
　　学派应当是在同一学科中,因为学说、观点不同而形成的派别。我们考察宋元哲学,应当在哲学的范围,以思想理论的差异来区分与判定其内部出现的不同的学术派别。随着时代的进步,在现代哲学史研究中,从哲学的角度考察宋元哲学中不同的学术派别,已经愈来愈为人们所重视并付诸实践。但在这样的考察中,人们的视角与理趣仍然存在一些差异。譬如,在现代新儒家的代表人物中,牟宗三认为宋明时期儒家之学的"中点与重点"皆在于探索人们生活中"道德实践所以可能之先天根据"。因此,宋明儒学本质上乃"心性之学"。基于这样的观念,牟宗三对宋明儒学"分源别派",虽强调"义理",但言"系"而不言派,将

———————
① 牟宗三:《心体与性体》上册,上海古籍出版社 1999 年版,第 46 页。

宋明儒学的发展区划为"三系"：

（1）五峰、蕺山系：此承由濂溪、横渠而至明道之圆教模型（一本义）而开出。此系客观地讲性体，以《中庸》《易传》为主，主观地讲心体，以《论》《孟》为主。特提出"以心著性"义以明心性所以为一之实以及一本圆教所以为圆之实。于工夫则重"逆觉体证"。

（2）象山、阳明系：此系不顺"由《中庸》《易传》回归于《论》《孟》"之路走，而是以《论》《孟》、摄《易》《庸》而以《论》《孟》为主者。此系只是一心之朗现，一心之伸展，一心之遍润；于工夫，亦是以"逆觉体证"为主者。

（3）伊川、朱子系：此系是以《中庸》《易传》与《大学》合，而以《大学》为主。于《中庸》《易传》所讲之道体性体只收缩提炼而为一本体论的存有，即"只存有而不活动"之理。于孔子之仁亦只视为理，于孟子之本心则转为实然的心气之心，因此，于工夫特重后天之涵养（"涵养须用敬"）以及格物致知之认知的横摄（"进学则在致知"），总之是"心静理明"，工夫的落实处全在格物致知，此大体是"顺取之路"。①

在牟宗三看来，这"三系"儒学的形成，既标志着宋明儒学的历史发展，同时也可以反映出"三系"儒学在宋明儒学发展中不同的历史地位与理论价值。因此，他的结论是：

由《中庸》《易传》回归于《论》《孟》，直下通而一之而言"一本"，

---

① 牟宗三：《心体与性体》上册，上海古籍出版社 1999 年版，第 42 页。

以成圆教之模型,是明道学;由此开五峰之"以心著义",此为五峰、蕺山系。直从孟子入,只是一心之伸展,则是象山之圆教,此为象山阳明系。北宋自伊川开始转向,不与濂溪、横渠、明道为一组,朱子严格遵守之,此为伊川、朱子系。伊川是《礼记》所谓"别子",朱子是继别子为宗者。五峰、蕺山是明道之嫡系。濂溪、横渠、明道为一组,是直就《论》《孟》《中庸》《易传》通而一之,从客观面入手以成其为调适上遂之"新"者;象山、阳明是直以《论》《孟》、摄(易)、《庸》,是从主观面入手以成其为调适上遂之"新"者。此是宋明儒之大宗,亦是先秦儒家之正宗也。①

牟宗三的宋明儒学"三系"论,理论意趣在道德哲学,尤其是道德的形上学基础。其对于宋明儒学"三系"的区划与理解,实际上也是其对宋明哲学学术派别的一种区划与理解。这种区划与理解,有其独特的视角,也有其独特的思路与理据,其结论自成一家之言,为海内外学术界所广泛关注。

但是,从哲学的角度考察宋元时期的儒学,与从道德哲学的角度考察宋元时期的儒学,视角并不完全相同。专从道德哲学的角度考察宋元哲学,并不能代替从广义的哲学角度考察宋元哲学。哲学的考察,视野应当更为广阔。在宋元哲学研究中,陈钟凡将程、张、朱、陆的学说谓之两宋哲学的"主动思潮",将永康学派、永嘉学派的理论视为"主动思潮"的对立面,谓之"反动思潮";把"主动思潮"的理论旨趣与思想特色归结为"阐发性与天道"并认为"言道欲探宇宙之始终,言性在求人生之真义,其高者欲穷神知化,或邻于玄言,其下者旁稽名数质力,或契其微旨"。②

---

① 牟宗三:《心体与性体》上册,上海古籍出版社1999年版,第47页。
② 陈钟凡:《两宋思想述评》,东方出版社1996年版,第3页。

所谓"言道欲探宇宙之始终，言性在求人生之真义"这种理论旨趣与思想内容，似乎就不是道德哲学所能够完全融摄的。因此，从哲学的角度区划宋元哲学的学术派别，似不宜囿于道德哲学的范围。历史上和现实中，也有学者将二程、朱熹一派的学说称之为"理学"，将陆九渊及其后学的思想称之为"心学"，将张载为代表的关学称之为"气学"。应当肯定，这种学派的区分，才是从哲学的角度对宋元道学内部学术派别的正确辨析与区划。这种区划，既揭示了道学内部主要学术派别的理论特色，又集中地展示了道学中具体的理论系统。

当然，从宋元哲学发展的实际来看，"理学""气学"与"心学"虽为宋元哲学内部最基本的学术派别，但这三派哲学也并未涵盖道学的全部内容。在道学的范围内，有一些哲学家所建构的思想系统，实际上并不能完全归于属于这三派哲学之中。譬如，邵雍的"象数之学"，即很难归于严格意义上的"理学""心学"或"气学"，而是自为系统，并对道学的形成产生过重要影响的一种哲学理论。司马光的学说同样如此。司马光的学术贡献主要在史学。但是，司马光注《太玄》《法言》，作《潜虚》《迂书》，哲学著述十分丰富。王应麟曾认定司马光的《潜虚》为"心学"，但司马光的《疑孟》批评孟子，并曾支持二程的"理学"。因此，可以肯定司马光学说在道学范围之内，但其学派归属则需要具体地辨析考释。又譬如，胡安国、胡宏、张栻为代表的湖湘之学，吕祖谦为代表的金华之学，与朱熹所代表的理学有其同，也有其异；陈亮代表的永康之学，叶适代表的永嘉之学，都对理学有所批评，但在学术渊源上又与理学存在联系。这些思想家的学说都应当是宋元道学涵括的重要内容，但其学派归属则需具体考辨。王安石的"新学"也是如此。王安石的"新学"与二程、张载的学说都有对立的地方。但王安石的"新学"同样是宋元道学重要的组成部分，值得深入探究。因此，我们考察评断宋元道学中的学术派别,既要借鉴现代哲学观念,又需兼顾宋元道学的实际。只有将传统与现代结合起来,才可能对宋元道学中的学术派别予以现代性的解析,真实地展现宋元哲学中存在的不同哲学派别。

三、宋元哲学的理论旨趣

宋元哲学涵括多种学术派别,不同学派的思想系统各不相同,其思想理论价值也存在差异。但是,宋元哲学内部不同的学术派别,因其同属道学,在学术旨趣和理论追求方面不乏同一。这种共同的学术旨趣激发了宋元道学演生发展的思想动力,也为宋元道学中不同学术派别自成系统奠定了思想基础。因此,如何理解宋元道学的理论旨趣,也需要我们从总体上作一些探讨与思考。

在关涉道学理趣的探讨中,侯外庐、邱汉生一类学者认为:

> 宋明理学讨论的,主要是以"性与天道"为中心的哲学问题,也涉及政治、教育、道德、史学、宗教等方面的问题。性,指人性,但是,理学家也讲物性。天道即理或天理。性与天道,是孔门大弟子子贡所不可得而闻的高深的哲理,但是在理学家那里却成为经常探讨的问题。[1]

将对"性与天道"问题的探讨,理解为宋明哲学的"中心问题",表明了侯外庐一类学者对于宋元道学理论旨趣的一种理解。在学术界也有学者认为宋明儒学实为一种道德哲学或讨论道德的哲学。牟宗三一类学者

---

[1] 侯外庐、邱汉生、张岂之主编:《宋明理学史》上册,人民出版社1984年版,第9页。

即持这种观念。这类学者解析宋明儒学,将探讨人在道德活动中的"先验根据"以及人在道德活动中的工夫进路问题理解为宋明儒学的理论课题。牟宗三曾说:自宋明儒观之,"就道德论道德,其中心问题首在讨论道德实践所以可能之先验根据(或超越的根据),此即心性问题是也。由此进而复讨论实践之下手问题,此即工夫入路问题是也。前者是道德实践所以可能之客观根据,后者是道德实践所以可能之主观根据。宋、明儒心性之学之全部即是此两问题。以宋、明儒词语说,前者是本体问题,后者是工夫问题。"①牟宗三所肯定的宋明儒学的"中心问题",实际上也从一个侧面揭示了宋明儒学的理论旨趣。在道学研究中,还有一类学者认为,道学或说"新儒学",实为一种关于人的学问。"新儒学"所探讨的问题都是关于人的问题。讨论人的问题,需要思考、探讨多方面的内容,譬如人与自然的关系,人与人之间的关系,人在宇宙中的地位与任务,人性问题与人的幸福问题等等。道学家们探讨这些问题,目的是要使人正确地处理人生中面临的各种对立,在对立中求取统一,达到人生中的"至乐"境界,获取人生的圆满与幸福。这种观点,实际上也蕴含着对道学理论旨趣的一种理解。持这种观点的代表性人物首推冯友兰。② 从这几种有关道学课题或旨趣的主要观念来看,人们对道学的课题或旨趣的理解可谓大同小异。其同者在于人们都肯定道学的对象主要在人与人生。其异者则因为人们的学术视野不同,学术追求不同,使得人们对道学内容的关注有所差异。将宋明道学的"中心课题"理解为"本体"与"工夫"问题的学者,学术视野与学术追求集中在道德实践的"客观根据"与"主观根据"。肯定宋明道学讨论的是以"性与天道"为中心的哲学问题的学者,以及认定作为人学的道学

① 牟宗三:《心体与性体》上册,上海古籍出版社 1999 年版,第 7 页。
② 参见冯友兰:《三松堂全集》第十卷,河南人民出版社 2000 年版,第 16 页。

探讨人生中的各种关系的学者,实际上也不否定道德问题在道学中的重要地位。因为,道学探讨"性与天道"问题或探讨人与人的关系、人与自然的关系问题,实际上都与探讨人的道德实践的"客观根据"与"主观根据"关联。所不同者只在于这两派学者,除了肯定道德实践的"客观根据"与"主观根据"乃道学关注的重要问题之外,也肯定政治、经济、教育、历史、宗教方面的问题同样为道学所关注。

从上述几种有关道学课题与理论旨趣的观念来看,人们对道学旨趣的理解出现差异,原因在人们考察道学时,学术兴趣有异,理论追求重点不同。从中国哲学发展史的角度考察宋元道学,在有关道学旨趣的理解中,取诸家之长十分重要。梁启超论及儒家哲学时曾经认为:

> 儒家哲学,范围广博。概括说起来,其用功所在,可以《论语》"修己安人"一语括之。其学问最高目的,可以《庄子》"内圣外王"一语括之。做修己的功夫,做到极处,就是内圣,做安人的功夫,做到极致,就是外王。至于条理次第以《大学》上说得最简明。《大学》所谓"格物致知诚意正心修身",就是修己及内圣的功夫;所谓"齐家治国平天下",就是安人及外王的功夫。①

梁启超对儒家哲学内容的概括反映了儒家哲学的实际。在中国哲学史上,儒家哲学的内容既涵括其"内圣"之学,也涵括其"外王"之学。儒家哲学的真实追求在于"内圣"与"外王"的统一,这种追求是儒家哲学的基本传统。

在儒家哲学发展的历史进程中,宋元道学对于儒家的"内圣"之学,

---

① 梁启超:《儒家哲学》,岳麓书社 2010 年版,第 3 页。

曾特别关注。这种关注,源于这样的思想观念:"善言治天下者,不患法度之不立,而患人材之不成。善修身者,不患器质之不美,而患师学之不明。人材不成,虽有良法美意,孰与行之? 师学不明,虽有受道之质,孰与成之?"[①]道学家们对"内圣"之学的关注,目的在为国家社会的治理培养人才。正是这样的关注,使得宋元道学为儒家哲学的发展作出了独特的理论贡献。但宋元道学的理论旨趣同一般儒家哲学的传统仍然是一致的。"外王"之学同样是宋元时期道学家们重要的学术追求与人生目标。因此,将宋元道学的理论旨趣仅限于"内圣"之学,并不符合道学内容的实际。

明清时期的学者论及道学理趣,对于宋元道学曾有过激烈的批评。在这派学者中,颜习斋当是思想最为激进的代表者之一。颜习斋青年时期,也曾研习并服膺程颢、程颐以及张载与朱熹等人的思想理论,但后来对汉唐以来的儒学代表人物的思想学说皆取严厉的批评态度。颜元曾说:

> 迫于秦火之后,汉儒掇拾遗文,遂误为训诂之学。晋人又诬为清谈,汉、唐又流为佛、老,至宋人而加甚矣。仆尝有言,训诂、清谈、禅宗、乡愿,有一皆足以惑世诬民,而宋人兼之,乌得不晦圣道,误苍生至此也! 仆窃谓其祸甚于杨、墨,烈于嬴秦。[②]

在颜元一派学者看来,宋元道学所论皆为离事离物的"心口悬空之道","纸墨虚华之学"。他们将汉、唐、宋、元以及明代儒学的代表人物都视

---

① 程颢、程颐:《河南程氏遗书·游定夫所录》,《二程集》上册,中华书局 2004 年版,第 69 页。
② 颜元:《与河南道御史赵用九书》,《颜元集》,中华书局 1987 年版,第 436 页。

为惑民乱道的罪人：

> 而至于秦火之余，如董仲舒、郑康成、文中子、韩昌黎、程明道、张横渠、朱晦庵、王阳明，其于学术，皆襸此蹲彼，甚至拾潘捉风，侵淫虚浮，以乱圣道。①

至于宋元道学的理论旨趣，颜元一派学者更是明确地将其归结为"空谈心性"。颜元曾说：

> 宋元来儒者却习成妇女态，甚可羞。无事袖手谈心性，临危一死报君王，即为上品矣。②

这种观念使得颜元一派的学者断言：

> 杨、墨之道行，无父无君，程、朱之道行，无臣无子。③

这种评断，曾经广为流传。颜元"无事袖手谈心性，临危一死报君王"的断语也成了人们批评道学的名言。学术乃天下公器。后世学者将宋元道学的理论意趣归结为无视习行的重要，一味"空谈心性"，认定道学的形成导致了社会国家的动荡衰败，这些思想观念的形成，都有其具体的时代原因与特殊的学术环境，在学术研究的范围，见仁见智，无可厚非。但是，应当肯定，人们对道学的这种批评，不无思想的片面。因为，断言

---

① 颜元：《颜习斋先生年谱卷下》，《颜元集》，中华书局 1987 年版，第 795 页。
② 颜元：《存学篇卷一》，《颜元集》，中华书局 1987 年版，第 51 页。
③ 颜元：《颜习斋先生年谱卷上》，《颜元集》，中华书局 1987 年版，第 748 页。

宋元时期的道学家们惟知"空谈心性",思想迂阔,实已离开宋元道学的实际,并非对宋元道学理趣的真实理解与反映。钱穆曾经认为,"北宋学术,不外经术、政事两端。"虽然南宋时期,"心性之辨愈精,事功之味愈淡。"但儒家学者主张"启迪主心",使人有"尊德乐道之诚"乃"今日要务",其目的仍然在于使"为治之具"次第可举。因此,在钱穆看来,南宋儒家虽"心性之辨愈精,事功之味愈淡",但并不是绝然无意于北宋儒家"一新天下之法令以返三代之上"的政治抱负。基于对宋代学术发展的这种理解,钱穆对脱离宋学实际的学术研究提出过批评:

> 近世论宋学者,专本濂溪《太极图》一案,遂谓其导源方外,与道、释虚无等类并视,是岂为识宋学之真哉![①]

钱穆的批评,值得我们思考。宋元时期的道学代表人物对于"空谈心性"实际上也持否定的态度。程颢、程颐即在反对人们陷溺于禅佛之学的同时否定"清谈"。北宋张横渠有"存,吾顺事,殁,吾宁也"之说,此说概括了一种至上的人生境界。"存,吾顺事"的具体内容,张横渠概述为"为天地立心,为生民立命,为往圣继绝学,为万世开太平"。在张横渠概述的这种儒家理趣与志向中,"修己"与"安人","内圣"与"外王"当是有机联系,内在统一的。若说"横渠四句"也为空谈心性,实在是厚污古人。同时,宋元时期道学的代表人物们大都曾踏入仕途,为官一方,而且都表现出不俗的政治活动能力。周敦颐"为广东转运判官,提点刑狱,以洗冤泽物为己任。行部不惮劳苦,虽瘴疠险远,亦缓视徐按"[②],

---

① 钱穆:《中国近三百年学术史》上册,商务印书馆1997年版,第6页。
② 《宋史·周敦颐传》卷四百二十七,中华书局1977年版,第12711页。

政声颇著。陆九渊"知荆门军","政行令修,民俗为变,诸司交荐"①,周必大曾大加赞赏。张载、朱熹等人的政绩史籍中也多有记述。王应麟在《困学纪闻》中曾说:"先儒论本朝治体云:'文治可观而武绩未振;名胜相望而干略未优。'然考之史策,宋与契八十一战,其一胜者,张齐贤太原之役也,非儒乎? 一韩一范使西贼骨寒胆破者,儒也。宗汝霖、李伯纪不见沮于耿、汪、黄三奸,则中原可复,雠耻可雪。采石却敌,乃眇然幅巾缓带一参赞之功。儒岂无益于国哉?"②王氏记述的史实,值得借鉴。两宋时期的文治武功,大多系儒者所为。不深究宋元道学代表人物所生活的时代条件,不理解宋元道学代表人物所面临的学术课题,简单而不加分析地将宋元道学对心性问题的关注归之于空谈,并不符合历史的真实。因此,从宋元道学的实际出发,全面理解宋元道学的理论旨趣,将有助于我们更深入地理解宋元哲学的历史发展,正确地评断宋元道学在儒家哲学发展中的理论贡献。

四、宋元哲学的形成与思想源流

宋元道学作为中国哲学史上最具特色的哲学理论,其思想系统是融摄整合多种思想资源的结果,其形成途径也是多样的而非单一的。多视角、多层面、多途径地考察与探索宋元道学的形成及其思想源流,当是正确的思想取向。在这种考察中,可以专探儒、释、道三家之学的"融通",也可以探讨中国学术的南北交会。同时,还可以解析道学内部学术思想的传承与拓展。但这种考察,首先必须注意的当是早期道学

① 《宋史·陆九渊传》卷四百三十四,中华书局 1977 年版,第 12882 页。
② 王应麟:《考史》,《困学纪闻》卷十五,辽宁教育出版社 1998 年版,第 300 页。

代表人物对于儒、释、道三家之学的"融通"与整合。梁启超曾经指出：

> 儒家道术，很有光彩，宋代可谓三教融通的时代，也可谓儒学
> 成熟时代。①

又说：

> 宋儒无论那一家，与佛都有因缘，但是表面排斥。宋儒道学，
> 非纯儒学，亦非纯佛学，乃儒佛混合后，另创的新学派。②

梁启超认为宋代为儒、佛、道"三教融通的时代"，肯定宋代的儒家哲学为"融通"儒、佛、道三家之学以后形成的新学派，这种理解从一个侧面表明了道学的特征，反映了道学演生发展的实际，也代表了学术界有关宋代道学思想源流的一种较为普遍的思想观念。当然，梁启超以"混合"表述道学对儒、佛、道三家之学"融通"的结果，也不尽当。因为"混合"实不同于"融通"。道学内部的不同学派，大都注重思想的系统与理论的谨严，并力图以这样的方式建构各自的思想学说。在宋代道学中，任一学术派别的思想学说，都绝非不同思想理论简单拼凑或剪裁之后的杂拌体或"混合"物。宋元道学的形成，有其特定的社会历史背景与具体的文化思想资源，也有其整合不同思想资源的途径与方式。"融通"与整合儒、释、道三家之学，当是早期道学家们建构道学思想系统的最为重要的途径与方式。从中国哲学发展的历史来看，道学作为一种较为精致的哲学理论形态，本身确为儒、释、道三家之学整合的结果，而

---

① 梁启超：《儒家哲学》，岳麓书社 2010 年版，第 49 页。
② 梁启超：《儒家哲学》，岳麓书社 2010 年版，第 61 页。

以"融通"整合儒、释、道三家之学的方式建构道学,实是由周敦颐、程颢、程颐、张载等早期道学代表人物共同完成的。

　　周敦颐、程颢、程颐、张载等早期道学代表人物为什么要"融通"整合儒、释、道三家之学? 这些道学代表人物如何"融通"整合儒、释、道三家之学? 这是两个既有区别又相互联系的问题。宋元时期,早期道学代表人物"融通"整合儒、释、道三家之学,同他们对中国学术历史发展的了解关联,也与他们对自己生活时代的学术发展的现实需要的理解关联。就其对中国学术历史发展的了解而言,道学早期的代表人物,大都认同唐代韩愈宣扬的儒学道统,认定儒学经过周公、孔子、曾参、子思、孟子的传承,得到了极大的丰富与发展;但自孟子去世以后,儒学的传承出现断裂,真正的儒学已成绝学。因为,两汉以来,儒者对于以六经与孔、孟为代表的儒学,或"察焉而弗精",或"语焉而弗详",所传承的儒学已非真正的儒学。这种理解,催发了周敦颐、程颢、程颐、张载一类早期道学代表人物强烈的学术担当意识。他们基于自己的道统观念,服膺自己所理解的儒学,追求儒学的复兴,对其他学术派别(包括汉唐以来的儒学)均持排拒与批判的态度。这种学术批判态度曾使张载断言:

　　　　不悟一阴一阳范围天地、通乎昼夜、三极大中之矩,遂使儒、佛、老、庄混然一涂。[1]

在张载看来,不理解"一阴一阳"或说"一物两体"这一律则的普遍性作用,是佛、道之学以及汉唐以来的儒者在有关"天道性命"的理论上陷入

---

[1] 张载:《正蒙·太和篇》,《张载集》,中华书局 1978 年版,第 8 页。

荒谬的思想根源。程颢同样认为,在中国学术史上,除了他自己所肯定并服膺的儒学以外,其他思想理论,不论自创者还是外来者,皆为"惑世之学"。因此,在程颢看来,要重建儒家学说,恢复儒家道统,学术上既需要批判"杨、墨之学",也需批判"申、韩之学"与佛、老之学。在这种批判中,批判的锋芒尤应集中于佛、老之学。

张载、程颢一类道学代表人物主张将学术批判的锋芒集中于佛、老之学,是因为他们意识到佛、老之学"其言近理","为害尤甚"。程颢曾说:

> 杨、墨之害,甚于申、韩;佛、老之害,甚于杨、墨。杨氏为我,疑于仁;墨氏兼爱,疑于义;申、韩则浅陋易见。故孟子只辟杨、墨,为其惑世之甚也。佛、老其言近理,又非杨、墨之比,此所以为害尤甚。[①]

后来,朱熹作《中庸章句》,在《中庸章句序》中曾论及全书的宗旨:"则吾道之所寄,不越乎言语文字之间,而异端之说,日新月盛,以至于老、佛之徒出,则弥近理而大乱真矣。然而尚幸此书之不泯,故程夫子兄弟者出,得有所考,以续夫千载不传之绪;得有所据,以斥夫二家似是而非。"朱熹继承伊川之学,曾使道学中理学一派的发展形成一个历史高峰。朱熹认定老、佛之学"弥近理而大乱真",将否定佛、老"二家似是而非"作为《中庸章句》的学术追求,再现了程颢有关"佛、老之害"的观点。应当说,程颢对佛、老之学的危害的理解,实际上代表了早期道学代表人物对佛、老之学的一种共同看法。

[①] 程颢、程颐:《河南程氏遗书·亥八月见先生于洛所闻》,《二程集》上册,中华书局 2004 年版,第 138 页。

在张载、程颢一类道学代表人物看来，佛、老之学对世人极具欺骗性，当是其"为害尤甚"的重要表现。张载曾说，自佛教"炽传中国，儒者未容窥圣学门墙，已为引取，沦胥其间，指为大道。乃其俗达之天下，至善恶、知愚、男女、臧获，人人著信。使英才间气，生则溺耳目恬习之事，长则师世儒宗尚之言，遂冥然被驱。因谓圣人可不修而至，大道可不学而知。故未识圣人心，以谓不必求其迹；未见君子志，已谓不必事其文。"①张载这种论述，生动而具体地描述了汉唐以来佛教在中国的广泛流传及其负面的社会影响。在张载看来，不同时代的人们之所以不分善、恶与智、愚，不别男、女与奴仆婢女，对佛教趋之若鹜，原因之一即在于佛教"其言近理"。因为，佛教讲缘起性空，本觉真心，虚构生死轮回，宣扬脱离"无明"与苦难的彼岸生活，迎合了人们在现实苦难面前的精神需求。

张载、程颢等人认定佛、老之学"为害尤甚"的另一个原因，是他们意识到了佛教的流传，从根本上否定了儒家伦理的基本原则，动摇了中国传统社会的生活伦常与秩序。在张载、程颢等人看来，佛教对于中国传统社会生活秩序与伦理原则的破坏，比道家、道教的理论更为剧烈。《河南程氏遗书》中有一则涉及谈禅的记述：

> 昨日之会，大率谈禅，使人情思不乐。归而怅恨者久之。此说天下已成风，其何能救！盛时尚只是崇设像教，其害至小。今日之风，便先言性命道德，先驱了智者，才愈高明，则陷溺愈深。在某，则才卑德薄，无可奈何佗。然据今日次第，便有数孟子，亦如之何。只看孟子时，杨、墨之害能有甚？况之今日，殊不足言。此事盖也

① 张载：《正蒙·乾称篇》，《张载集》，中华书局1978年版，第64页。

系时之污隆。清谈盛而晋室衰。然清谈为害,却只是闲言谈,又岂若今日之害道?[1]

这一记述中"清谈"之害,只是"闲言谈",谈禅则已危及大道的说法,反映了程颢、程颐一类道学代表人物在比较中对于佛、道之学危害的认识,突出了程颢、程颐一类道学代表人物对于佛教现实危害性的理解与担忧。张载也曾将汉唐以来,"异言满耳","诐、淫、邪、遁之辞"泛滥,以及"人伦所以不察,庶物所以不明,治所以忽,德所以乱"的主要原因归于佛教的流传与泛滥。在张载看来,正是由于佛教的流传与泛滥,才使得"上无礼以防其伪,下无学以稽其弊。"[2]造成了社会生活的无序与人们思想的混乱。因此,可以说,早期道学的代表人物之所以要"融通"儒、佛、道三家之学,除了其认定汉唐以来真正的儒学已成绝学这一原因之外,另一个重要原因即在其对于佛、道之学在理论方面的危害性较前人有了更为深入地理解。

早期道学代表人物对于佛、道之学危害认识的深化,与其长年出入佛、道之学的学术经历是联系在一起的。程颐论及其兄长程颢的学术活动时曾说:"先生为学,自十五六岁时,闻汝南周茂叔论道,遂厌科举之业,慨然有求道之志。未知其要,泛滥于诸家,出入于老、释者几十年,返求诸六经而后得之。明于庶务,察于人伦。知尽性至命,必本于孝悌,穷神知化,由通于礼乐。辨异端似是之非,开百代未明之惑,秦、汉而下,未有臻斯理者。"[3]程颢为学,数十年间"出入于老、释",而后

---

① 程颢、程颐:《河南程氏遗书·元丰己未吕与叔东见二先生语录》,《二程集》上册,中华书局 2004 年版,第 23 页。

② 张载:《正蒙·乾称篇》,《张载集》,中华书局 1978 年版,第 64 页。

③ 程颢、程颐:《河南程氏文集·明道先生行状》,《二程集》上册,中华书局 2004 年版,第 638 页。

"返求诸六经",终至学有所成。张载的学术道路同样如此。《宋史·张载传》中说张载"少自孤立,无所不学"且"喜谈兵"。后因范仲淹劝导始读《中庸》。据史籍记述:"载读其书,虽爱之,犹以为未足也。又访诸释老,累年究极其说,知无所得,反而求之六经。"结果"尽弃异学",创建了关学或说气学这一重要的学术流派,为宋元道学的创立作出了巨大贡献。程颢与张载的学术活动在道学形成的过程中颇具代表性。这种出入释、老之学而后返求六经,回归儒学的学术经历,既为道学的先驱者们批判佛、道之学,尤其是批判佛教理论在学理方面进行了准备,也为道学的先驱者们在"融通"儒、佛、道三家之学的基础上建构自己的思想系统奠定了基础。

早期道学的代表人物出入释、老,返求六经的学术经历,深化了其对于佛、老之学危害性的认识,也增加了其对批判佛、老之学在理论方面的紧迫性的认识。道学早期的代表人物大都认为,佛教理论"毁人伦","去四大",其思想学说本来已经远"外于道"。但是,这样的理论虽"以六根之微因缘天地","妄意天性而不知范围天用",但其所涉及的问题,既在"极高明"的思想层面,也涉及形上学的理论范围。道家、道教的理论实际上也表现出这种思想特征。因此,在中国学术史上,儒、佛、道之学虽然长期对立,儒家对佛教理论的批判历时久远,但在这种对立与批判中,儒学始终未能从理论的层面真正否定佛、道之学,阻止其兴盛与流传。其原因即在于儒学自身的理论尚不足以在与佛、道之学的对峙中,所向披靡,"正立其间"。唐代韩愈在其《进学解》中说自己:"觝排异端,攘斥佛、老,补苴罅漏,张皇幽眇。寻坠绪之茫茫,独旁搜而远绍;障百川而东之,回狂澜于既倒。"肯定自己对于儒学的复兴"有劳"。但韩愈否定佛教的理据仍停留在"佛本夷狄之人,……不知君臣之义、父子之情"这样的思想层次。这样的批判,不足以真正地从理论的层面与佛教"较是非、计得失"。因此，张载等早期道学的代表人物，一登上学术舞台即意识到要批判佛、道之学，除了具备"独立不惧，精一自信"的理论勇气和超凡的理论思辨能力即有"大过人之才"以外，还必须建构起超越佛、道之学的理论系统。这种学术追求与目标，增加了早期道学代表人物在理论上"融通"与整合儒、释、道三家之学的学术自觉，也使得"融通"与整合儒、释、道三家之学成了早期道学代表人物在建构自己思想系统的过程中，不能不采取的思想方式与学术进路。

早期道学的代表人物"融通"与整合儒、释、道三家之学，建构自己的思想理论，是在批判儒、释、道三家之学的过程中完成的。这种批判实为其承袭、借鉴与吸纳儒、释、道三家之学的一种方式。关于对儒家思想的承袭，早期道学代表人物大都声称其内容限于六经、孔、孟以及《大学》《中庸》等著作的范围。但是，汉唐以来，儒学仍在发展之中。作为儒学主体的伦理原则、纲常理念，都得到了强化。因此，宋元道学的形成，实际上也受到过汉唐以来儒家学者研究成果的影响。江藩考察清代宋学，著《国朝宋学渊源记》。达三在《国朝宋学渊源记·序》中即认定道学的形成，曾得益于汉唐以来的儒学研究成果："自宋儒'道统'之说起，谓二程心传直接邹鲁，从此心性、事功分为二道，儒林、道学判为两途；而汉儒之传经，唐儒之卫道，均不啻糟粕视之矣。殊不思洛、闽心学源本六经，若非汉唐诸儒授受相传，宋儒亦何由而系心悟！且详言诚、正，略视治、平，其何以诋排二氏之学乎？"达三的观念值得肯定。道学作为儒学发展中的一种理论形态，除了借鉴吸纳老、释之学的思想理论，也是儒学自身积累发展的结果。这种积累发展实际上涵括汉唐时期儒学的研究成果。当代学者杨向奎即十分看重孔颖达等人的《五经正义》对于道学形成的影响：

在五经的注解中可以看到"道"和"气"的问题，这在汉以前儒家著作中是没有的，而是道家思想和儒家思想的结合。何晏、王弼谈"道"谈"无"，少说"气"，汉儒谈"气"而少谈"无"。"道"和"气"的结合，正是孔颖达《正义》的新发挥，这一发挥给后来的理学开辟了广阔的天地。[①]

杨说是合理的。在有关道学思想资源的问题上，忽略或轻视汉唐儒学包括汉唐经学的影响，除了突出道学代表人物的道统观念，实际上并未反映道学演生历史的真实。

早期道学的代表人物对道家思想的吸纳，则主要表现在借鉴道家著作中有关自然、有、无、道、德等范畴的意涵，以提炼、形成道学的基本范畴。其中尤以道家的道观念对道学的影响最多。《韩非子·解老》中肯定"道者，万物之所以成也"。程颐有"所以阴阳者是道也"之说。道学家以物或阴阳之"所以者"规定理解道，显然是受到了道家一系的思想学说的影响。陆九渊也曾认为，理学家所持的"天理人欲"之说源自道家：

天理人欲之言，亦自不是至论。若天是理，人是欲，则是天人不同矣。此其原盖出于老氏。《乐记》曰："人生而静，天之性也；感于物而动，性之欲也，物至知知，而后好恶形焉。不能反躬，天理灭矣。"天理人欲之言盖出于此。《乐记》之言亦根于老氏。[②]

吸纳道家的思想理论，以助宋元道学理论系统的成型，可说是中国学术史上，除玄学之外，儒、道之学交融互补的又一范例。

---

① 杨向奎：《宗周社会和礼乐文明》，人民出版社 1997 年版，第 460 页。
② 陆九渊：《语录上》，《陆九渊集》卷三十四，中华书局 1980 年版，第 395 页。

　　早期道学代表人物批判佛教，以其对于禅宗与华严宗的批判最为具体。这使得禅宗与华严宗的理论学说与思想方法，都曾对早期道学代表人物建构道学产生重要影响，其中尤以华严宗的理论学说与思想方法的影响最为深远。任继愈总主编的《佛教史》在考察华严宗的宗教理论体系时认为：

　　　　华严宗对于中国哲学史的影响很大，这在程朱理学中尤为明显。程颐认为，华严宗所谓"理事无碍""事事无碍"，"一言以蔽之，不过曰万理归于一理"。这"万理归于一理"之说，反映了理学家和华严宗在理事关系问题上的逻辑联系。事实上，程朱理学建立之初，无论是论题的提出，还是范畴应用以及思维方式等，都曾从华严宗那里得到启示。①

任继愈总主编的《佛教史》所引用的程颐论述见于《二程遗书》卷十八，原文是：

　　　　问："某尝读《华严经》，第一真相绝空观，第二事理无碍观，第三事事无碍观，譬如镜灯之类，包含万象，无有穷尽，此理如何？"曰："只为释氏要周遮，一言以蔽之，不过曰万理归于一理也。"又问："未知所以破它处。"曰："亦未得道他不是。百家诸子个个谈仁谈义，只为他归宿处不是。只是个自私。"②

---

① 任继愈总主编，杜继文主编：《佛教史》，凤凰出版传媒集团江苏人民出版社 2006年版，第 263 页。
② 程颢、程颐：《河南程氏遗书·刘元承手编》，《二程集》上册，中华书局 2004 年版，第 195 页。

从原文来看,程颐认为华严宗主张"事理无碍""事事无碍",是要肯定"万理归于一理";而"亦未得道他不是"的说法表明程颐对于华严宗的"理事"观并未持全面否定的态度,由此可以看到华严宗对于早期道学代表人物的具体影响。应当肯定,任继愈等学者有关华严宗与程朱理学关系的判断反映了道学发展的实际。在程颢、程颐的著作中,批评禅宗的具体记述也很多。譬如,程颐认为,"今之学禅者,平居高谈性命之际,至于世事,往往直有都不晓者,此只是实无所得也。"[1]程颢也曾批判佛教:

唯务上达而无下学,然则其上达处岂有是也?[2]

认定佛教的"上达"并非真正的"上达"。程颐指斥禅宗"高谈性命"而"实无所得",与程颢对佛教的批判有相通之处。值得注意的是程颐在对禅宗的批判中仍然肯定其"唯务上达"或说"高谈性命"的理论特色。应当说,禅宗与华严宗尤其是华严宗自身的理论特色,是其能够影响程颢、程颐一类早期道学代表人物重要的前提条件。

冯友兰在其《新编中国哲学史》中曾经认为,华严宗五祖宗密的"《原人论》所说的一乘显性教已为宋明道学提供了一个基本的内容。"[3]冯说也有其据。在一般专治佛教史的学者看来,自南北朝开始,专重宣讲诠释佛教经典的法师与注重禅行实践的禅师之间,即开始出现分歧,后发展到两者之间的长期对立。在佛教内部,使这两派

---

① 程颢、程颐:《河南程氏遗书·刘元承手编》,《二程集》上册,中华书局 2004 年版,第 196 页。
② 程颢、程颐:《河南程氏遗书·亥八月见先生于洛所闻》,《二程集》上册,中华书局 2004 年版,第 139 页。
③ 冯友兰:《三松堂全集》第九卷,河南人民出版社 2000 年版,第 551 页。

的对立得以消解，并使佛教内部的学风得到转变、统一的正是作为华严五祖的宗密。① 在中国佛教史上，唐代的宗密既为华严五祖，又是造诣深厚的禅宗学者。宗密的佛教理论集中在他的《原人论》中。宗密在《原人论序》中曾说："万灵蠢蠢皆有其本，万物芸芸各归其根。未有无根本而有枝末者也，况三才中之最灵而无本源乎?"在宗密看来，探讨人的问题，需要从理论上阐释人的本源。孔、老虽皆为圣人，儒、道之学也具有社会治理方面的功能，但就在"原人"中"会通本末""至于本源"而言，佛学却远胜于儒、道之学。宗密在《原人论》中的表述是："然孔、老、释迦皆是至圣，随时应物设教殊途，内外相资，共利群庶。策勤万行，明因果始终；推究万法，彰生起本末。虽皆圣意而有实有权。二教唯权，佛兼权实。策万行，惩恶劝善，同归于治，则三教皆可遵行；推万法，穷理尽性，至于本源，则佛教方为决了。"在宗密看来，儒、道之学在理论上之所以不能够"穷理尽性，至于本源"，原因在于儒、道之学以自然、元气解释人、物之生成，认定"愚智贵贱贫富苦乐皆禀于天"。这样的理论看重"依身立行"，不探究"身之元由"。依据这样的理论，人生中的许多问题，譬如"无德而富，有德而贫"，"逆吉义凶，仁夭暴寿"等实际上都无法得到理论的解释。宗密在《原人论》中曾就这类问题多层面地诘难儒、道之学，特别是诘难儒学。他说："既皆由天，天乃兴不道而丧道? 何有福善益谦之赏，祸淫害盈之罚焉? 又既祸乱反逆皆由天命，则圣人设教，责人不责天，罪物不罪命，是不当也。然则诗刺乱政，书赞王道，礼称安上，乐号移风，岂是奉上天之意，顺造化之心乎?"这种诘难的结论是儒学"未能原人"。宗密将儒、释、道三教的理论中心与重心归结为人的本源，通过自己的《原人论》全面否定儒家所崇奉的圣人以及儒学所

① 参见任继愈总主编，杜继文主编：《佛教史》，凤凰出版传媒集团江苏人民出版社2006 年版，第 259 页。

依据的经典。这样的否定与诘难，实际上突出了道学所急需探究解决的理论课题，促进了道学思想主体与理论框架的确立。在《原人论》中，宗密不仅认为"儒道二教""未能原人"，而且认定佛教内部的"人天教""小乘教""大乘法相教""大乘破相教"等各派理论同样"未能原人"。在宗密看来，"儒道二教"失于"谜执"，"人天教""小乘教""大乘法相教""大乘破相教"等则失于"偏浅"。唯有他自己所持的"一乘显性教"能够"说一切有情，皆有本觉真心，无始以来，常住清净，昭昭不昧，了了常知，亦名佛性，亦名如来藏"。克服"谜执"与"偏浅"，"会通本末"，"直显真源"，圆满地论释人的本源。宗密否定儒、道之学以及佛教内部各派理论的方法，是先持包容的态度，再"节节斥之"。这样的否定，既保持了一种强烈的教派意识，又显露出十分圆融的判教方法。《宋高僧传》卷六论及宗密的著作，将其著述方法概括为"皆本一心而贯诸法，显真体而融事理，超群有于对待，冥物我而独运"。宗密的这种著述方法实际上也体现在其否定儒、道之学以及其他佛教派别的方法之中。宗密的思想方法及其佛教理论，对唐代韩愈批判佛学与李翱复兴儒学即曾有过重要影响。宋元道学在其形成过程中，不论理论追求，还是思想方法更是受到了宗密及其所代表的华严宗理论的影响。这种影响不仅表现在早期道学表人物借鉴佛教有关心、识、性、命、理、事、顿、渐等观念提炼道学的基本范畴，建立自己的理论系统，也表现在早期道学表人物借鉴佛教特别是华严宗的思辨方法，力求思想的缜密与系统性。宋代学者范育在为张载《正蒙》所写的序言中曾论及《正蒙》的理论追求与学术方法：

> 语上极乎高明，语下涉乎形器，语大至于无间，语小入于无朕，一有窒而不通，则于理为妄。……天之所以运，地之所以载，日月之所以明，鬼神之所以幽，风云之所以变，江河之所以流，物理以

> 辩,人伦以正,造端者微,成能者著,知德者崇,就业者广,本末上下
> 贯乎一道,过乎此者淫遁之狂言也,不及乎此者邪诐之卑说也。[①]

范育所阐释的张载的思想方法与理论追求,实即反映了佛教理论意识与思想方法的潜在影响。应当肯定,佛教思辨方法的影响,当是张载一类早期道学代表人物能够各自建构独立的思想学说的重要原因。当然,我们考察宋元道学的思想源流,很难将道学中无极、太极、天、道、理、气、阴、阳、心、性、德、命、真、实等主要范畴的意涵,直接、简单地等同于传统的儒学、佛学或道家之学中的概念范畴。但这些范畴的形成乃至于整个道学思想系统的建构,对儒学、佛学、道家学说中相关思想都有所借鉴与吸纳,当是历史的事实。因此,可以说,不论道学形成的途径,还是道学的思想内容,都表明儒、释、道三家之学皆为道学重要的思想资源。

　　在现代学术史上,除了从"融通"儒、释、道之学这种视角考察宋元道学的形成与思想源流,也有学者从南北学术交会的角度考察道学的形成与发展。刘师培是这派学者的代表。刘师培认为,中国学术,自晚周以来日渐繁荣,但南方与北方,或山国,或泽国,地域特色有别,学术发展也各具特色。北方学术,修身力行近儒,坚忍不拔近墨,显现出北方学术源于山国之地的特征。南方"楚国之壤,北有江汉,南有潇湘,地为泽国,故老子之学起于其间"。[②] 但是,学术虽因地而殊,随着社会的发展,交通的便利,南方与北方,山国与泽国之间的交往却日渐频繁,在这种交往中,南北学术也在不断地相互渗透与融会;这种渗透与融会,促进了南北方之诸子学、经学、考证学、文学的发展,也促进了南北方理

---

① 转引自张载:《正蒙·范育序》,《张载集》,中华书局 1978 年版,第 5—6 页。
② 刘师培:《刘申叔遗书》上册,凤凰出版传媒集团凤凰出版社 1997 年版,第 549 页。

学的发展。在刘师培看来,宋明理学的兴起与演变即可展现南北学术的交会融合。

在具体辨析南北理学差异的时候,刘师培认为,周敦颐的思想"以易简为宗",以"无言垂教",以"主敬为归";就思想资源而言,虽与《周易》《中庸》有关,但"溯厥渊源,咸为道家之绪论"。① 因为,依刘师培的理解,周敦颐的"知几通神"之论,实为老子的"赞玄之说",而周敦颐的"存诚窒欲"之论,则为"庄生复性之说"。因此,周敦颐所承续的学术思想,实乃作为"南方学派之正宗"的道家学说。濂溪之后,道学在北方得到了发展。程颢、程颐兄弟建构了完整的理学思想系统。二程兄弟受业于周敦颐,并在学术思想方面受到过王通、韩愈、孙复等人的影响。因此,二程学说的形成,实为南北学术交会的标志。这种交会使得"南学渐杂北学",也使得"程门弟子立说多近禅宗"。在二程理学形成的同时,张载创立了关学。关学极具北方学术的思想特色。但在刘师培看来,张载的学术思想既受到了二程思想的影响,也受到过周敦颐学说的影响。刘师培将张载在《参两篇》《天道篇》中阐释的思想既视为"老、释之绪余",也看作"濂溪之遗教",并以此为"南学北行之证"。

北宋覆亡以后,北学式微,南方理学开始得到新的发展,刘师培将南方理学的兴盛归之于程门弟子的"传道南归"。在刘师培看来,杨时、谢良佐等人的学术活动,是南方理学兴起的重要原因,实际上也标志着北学南传。因为,自杨时、谢良佐开始,南方理学的代表人物胡安国、胡宏、张南轩等人的思想学说,实际上延续了二程的理学;其后朱熹理学的形成,将二程创立的理学推展到一个高峰。朱熹理学虽也曾受到佛、老影响,但其学理趣向仍在北方理学的范围之内。用刘师培的语言表

---

① 刘师培:《刘申叔遗书》上册,凤凰出版传媒集团凤凰出版社 1997 年版,第 551 页。

述即是："盖朱子虽崇实学,然宅居南土,渐摩濡染,易与虚学相融,故立学流入玄虚(如言'洒然证悟'是),与佛老之言相近,较周、程之学大抵相符。"①与朱子之学兴起的同时,陆象山创立心学。其学术旨趣与朱熹大相径庭。但象山心学"立志高超","学求自得","不立成心"。刘师培对象山心学的评价是:

综斯三美,感发开民,顽廉懦立,信乎百世之师矣。②

在论及象山心学的同时,刘师培也曾论及浙江金华学派、永嘉学派以及永康学派,以证南方学术之盛。其后,刘师培论及元、明理学,也肯定南北理学或南学北输,或北学南传;学术旨趣、思想路数,或"归心王学",或"守程朱子矩",或调停朱陆。南北学术的不同旨趣与路径实际上都在某种程度上促进了理学的发展转化。刘师培对南北理学异同与传播的具体论释,不论其方法,还是其结论,也值得我们在考察宋元道学的形成与思想源流时参考。因为,从南北学术交会这种角度考察宋元道学的形成与思想源流,学术视野广阔,历史感极为厚重。这样的考察,既有助于人们了解道学对不同地域学术文化的融会,也有助于人们了解道学的形成与整体的中国学术发展的历史统一,全面理解宋元道学的思想资源及其形成途径。

关注道学内部不同学派之间在思想理论与学术方法方面的相互影响,也是考察宋元道学的形成及其思想源流的重要途径。在宋元哲学史上,早期道学代表人物之间,学术交往频繁。程颢、程颐早年师从周敦颐,后在学术方面与张载、邵雍、司马光的交往也十分密切。二程曾

① 刘师培:《刘申叔遗书》上册,凤凰出版传媒集团凤凰出版社 1997 年版,第 552 页。
② 刘师培:《刘申叔遗书》上册,凤凰出版传媒集团凤凰出版社 1997 年版,第 552 页。

高度赞扬张载的《西铭》,也曾尖锐地批判张载的"清虚一大"说。认为张载所理解的"气"只是形而下者,并非形而上者。二程对王安石的"新学"也多有批评。其后,周敦颐、程颢、程颐、张载的思想理论对朱熹理学的形成都有所影响。清代学者谢甘棠曾有濂、洛、关、闽"皆互相师友,渊源一脉"之说。濂、洛、关、闽之间"皆互相师友"这种学术现象表明,道学的发展,不论其思想资源还是其思想方法,实际上也有一个自身演绎拓展的过程。因此,自南宋开始,直至现代都有学者考察解析道学自身的这种演绎拓展。在这种考察中,人们关注洛学的发展,不少学者认为陆九渊心学实即是洛学分化发展的结果。吕思勉即认为:

> 洛学明道、伊川,性质本有区别。学于其门者,亦因性之所近,所得各有不同。故龟山之后为朱,而上蔡、信伯,遂启象山之绪。①

吕思勉肯定二程后学谢良佐、王蘋之学"启象山之绪",实际上是肯定陆九渊心学源于洛学。冯友兰则明确地认定朱熹理学源自伊川,象山心学源自明道。冯友兰晚年曾忆及自己的中国哲学史研究及其学术贡献:

> 就我的《中国哲学史》这部书的内容说,有两点我可以引以自豪。第一点是,向来的人都认为先秦的名家就是名学,其主要的辩论,就是"合同异、离坚白"……我认为其实辩者之中分两派,一派主张"合同异",一派主张"离坚白"。前者以惠施为首领,后者以公孙龙为首领(《中国哲学史》第 268 页)。第二点是,程颢和程颐两兄弟,从来都认为,他们的思想是完全一致的,统称为程门。朱熹

---

① 吕思勉:《理学纲要》,东方出版社 2012 年版,第 27 页。

引用他们的话,往往都统称为"程子曰"不分别哪个程子。我认为他们的哲学思想是不同的,"故本书谓明道乃以后心学之先驱,而伊川乃以后理学之先驱也。兄弟二人开一代思想之两大派,亦可谓罕有者矣"(《中国哲学史》876 页)。这两点我认为都是发前人所未发,而后来也不能改变的。①

冯友兰有关朱熹理学、象山心学与洛学关系的观点很难说"都是发前人所未发"。因为,历史上有学者考察道学内部思想的分化发展,也曾肯定象山心学与洛学的关系。全祖望在为《宋元学案·震泽学案》所写《序录》中即认为:

> 信伯极为龟山所许,而晦翁最贬之,其后阳明又最称之。予读《信伯集》,颇启象山之萌芽。其贬之者以此,其称之者亦以此。象山之学本无所承,东发以为遥出于上蔡,予以为兼出于信伯。盖程门已有此一种矣。②

按照全祖望的理解,宋代学者黄震认为陆九渊心学"遥出于上蔡",还未能完全指明象山心学的思想来源,因此,他认为象山心学也"兼出于信伯",肯定宋代学者王蘋的思想实际上也是象山心学的源头之一。全祖望在为《宋元学案·象山学案》所写《序录》中也曾指出:

> 象山之学。先立乎其大者,本乎孟子,足以贬末俗口耳支离之

---

① 冯友兰:《三松堂全集》第一卷,河南人民出版社 2000 年版,第 191—192 页。
② 黄宗羲、全祖望:《安定学案》,《宋元学案》第一册,中华书局 1986 年版,第 30—31 页。

学。……程门自谢上蔡以后，王信伯、林竹轩、张无垢至于林艾轩，皆其前茅。及象山而大成，而其宗传亦最广。①

全祖望的这些论述，同样肯定了象山心学与洛学分化发展的联系。

冯友兰有关象山心学与洛学关系的观点，也很难说是"后来也不能改变的"。在现代哲学史上，牟宗三即明确地否定象山心学与洛学的联系：

> 象山之学本无师承，乃读孟子而自得之。象山自己表明如此，全祖望已知之矣，而又谓其源出于上蔡、信伯，何耶？象山对于北宋四家并未多加钻研工夫，亦不走由《中庸》《易传》回归于《论》《孟》之路，故象山不由明道开出，明道亦不开象山。②

在牟宗三看来，古人认定象山"遥出于上蔡"，"兼出于信伯"，以及"信伯、竹轩、艾轩皆其前茅"，实际上是"强拉关系"。至于现代学者肯定程明道思想为象山心学的先驱，在牟宗三看来，更是不合实际：

> 近人或有谓明道开象山，其同处是混形而上下不分，只是一个世界。此皆门外恍惚之妄言。③

牟宗三对现代学者"明道开象山"说的批评可谓严厉之至。但牟宗三关于象山心学思想资源的观念，自成一家之言，也值得我们在考察宋元道

---

① 黄宗羲、全祖望：《安定学案》，《宋元学案》第一册，中华书局1986年版，第46页。
② 牟宗三：《心体与性体》，上海古籍出版社1999年版，第47页。
③ 牟宗三：《心体与性体》，上海古籍出版社1999年版，第47页。

学的思想资源时思考。因为，肯定明道思想为象山心学前驱，确需更深入更具体地论证。但是，在宋元道学形成的过程中，同时代的学者之间，道学内部不同理论派别之间，"互相师友"的历史事实，不宜被全面否定。清代学者李丕则论及李觏学说时即认为：

> 其学本于礼，此横渠之知礼成性也。其道本于性，此开明道之定性体仁也。[1]

明确地肯定李觏思想与其后出现的张载、程颢思想之间的联系。

学术界还有一种观点值得注意，即理学这一学术流派是在程颢、程颐逝世之后，由他们的及门弟子和私淑弟子们宣扬其师说时才出现的。邓广铭即认为：

> 是在南宋前期，亦即在 12 世纪的中叶，才形成了理学家这一学术流派的。[2]

如果持这种观念的学者所说的"理学家这一学术流派"仅表示一个学术群体，那么，认定南宋前期才形成这一学术群体的观念也可以成立。但若从理论的角度来看，否定北宋道学中已经存在理学这一派别，论据并不充分。因为，当程颢、程颐的思想系统完成时，理学作为一个具体的学术派别，不论基本范畴还是理论架构实际上都已经建构起来了。同理，当张载思想系统完成时也意味着关学或说气学的成形。因此，将朱熹的理学理解为源于洛学而形成的一个独立学派，实不如将朱熹理学

---

① 李觏：《李丕则盱江先生文集原序》，《李觏集》，中华书局 1981 年版，第 532 页。
② 邓广铭：《宋史十讲》，中华书局 2008 年版，第 189 页。

理解为对洛学特别是伊川之学的继承、丰富与发展。在这样的意义上，人们将程颐视作朱熹理学的前驱，将朱熹理解为理学在宋代发展的一个历史高峰，并未背离道学发展的实际。当然，考察朱熹理学的形成，也不能忽略周敦颐学说、张载学说及其他思想理论的影响。

总之，在道学的历史发展中，道学内部也存在不同学者、不同学派之间在思想理论方面的相互影响。这种影响同样关系到道学的整体发展。因此，考察宋元道学的形成及其思想源流，既需要肯定道学为儒、释、道三家之学"融通"整合的结果，也应当肯定道学形成过程中，在思想资源方面的南北学术交会与道学自身的分化演变。唯有如此，才可能真实地了解宋元哲学的形成及其赖以形成的思想资源与途径。

五、宋元哲学研究的历史与现状

在中国学术史上，有关道学的第一部学术史著作应当是朱熹编纂的《伊洛渊源录》。此后，谢铎、程瞳、朱衡、周汝登、孙夏峰、冯从吾、黄宗羲、全祖望等不同时代的学者曾先后编撰自己的学术史著作。这些著作或重理学的思想源流，或重心学的发展历史，或重关学的历史演变，在内容方面都程度不等地涉及宋元哲学。黄宗羲、全祖望等人编撰的《宋元学案》，更是以一百卷的篇幅系统地考察宋元学术的发展，使该书成了中国历史上规模最为宏阔的断代学术史著作。这些以学案体形式写成的学术史著作，对后世学者的学术史研究影响深远。但是，由于这些著作的研究方法局限于中国传统的学术史方法之内，还谈不上现代学科意义的宋元哲学研究。自20世纪二三十年代开始，中国哲学史作为一个现代学科门类基本定型。此后，宋元哲学不仅开始成为各类通史性中国哲学史著作中的重要内容，在断代史、专人、专题、学派、思潮等研究形式中,宋元哲学研究同样硕果累累。但是,如何在新的时代条件下深入研探宋元哲学,在方法的范围内仍有一些问题需要思考。美籍学者余英时从政治文化的角度解析"朱熹的历史世界",曾从道学研究的角度论及现代哲学史研究方法。他说:

> 现代哲学史家研究道学,正如金岳霖所说,首先"是欧洲哲学的问题当作普通的哲学问题",其次是将道学"当作发现于中国的哲学"(见他为冯友兰《中国哲学史》所写的《审查报告》)。至于各家对道学的解释之间的重大分歧,则是由于研究者所采取的欧洲哲学系统,人各不同。在这一去取标准之下,哲学史家的研究必然集中在道学家关于"道体"的种种论辩,因为这是唯一通得过"哲学"尺度检查的部分。我们不妨说:"道体"是道学的最抽象的一端。而道学则是整个宋代儒学中最具创新的部分。哲学史家关于"道体"的现代诠释虽然加深了我们对于中国哲学传统的理解,但就宋代儒学的全体而言,至少已经历了两度抽离的过程:首先是将道学从儒学中抽离出来,其次再将"道体"从道学中抽离出来。至于道学家与他们的实际生活方式之间的关联则自始便未曾进入哲学史家的视野。今天一般读者对于道学的认识大致都假途于哲学史的研究。他们如果对本书的题旨感到困惑,无法想像朱熹的历史世界中如何能容下"政治文化",那将是一个非常自然的反应。①

余英时论及自己写作《朱熹的历史世界》的方法时又说:

---

① 余英时:《史学、史家与时代》,广西师范大学出版社 2004 年版,第 191 页。

　　本书的重点在研究宋代儒学的整体动向与士大夫政治文化的交互影响……但是与哲学史、思想史的取径不同，这里不把道学当作一个与外在世界绝缘的自足系统。相反的，道学只是整体儒学的一部分，而儒学则自宋初以来便随着时代的要求而跃动。①

　　余英时的论述为我们思考宋元哲学研究，带来了多层面的方法学启示。但是，这种论述也反映出在哲学史范围之内，对于道学研究方法的理解有所不同。现实的宋元哲学研究，存在两种主要的研究方式，一是思想史范围的研究，一是哲学史范围的研究。思想史范围的研究，其长在于研究对象较为宽泛，宋元时期的政治、经济、历史、哲学、文化、教育、科学等与现代学术门类相近的思想内容皆可以成其为研究对象。但思想史形式的研究，在整体上现代学科意识显得较为淡薄，解析具体思想理论又不能不参照现代学术门类，考察内容只能因人而异，重心各有其别。这使得思想史虽也重视哲学思想的研究，但对哲学家思想的考察辨析，实际上很难达到哲学史研究所要求的理论层次。因此，哲学史范围的宋元哲学研究，不论问题意识还是理论追求，与思想史形式的宋元哲学研究，都应有所不同。这种不同集中表现在前者可谓思想史形式的哲学史研究，后者可谓哲学史形式的思想史研究。思想史形式的哲学史研究，虽注意以哲学凸显思想，但思想的内容不限于哲学。换言之，哲学思想研究只是思想史中的一个组成部分，思想史研究不可能专注于哲学。哲学史形式的思想史研究，重心在哲学，哲学也在思想的范围；在哲学史范围之内研探宋元道学，哲学史研究与思想史研究得到了具体的统一。在哲学史范围之内考察宋元道学，不能不对西方的哲

---

① 余英时：《史学、史家与时代》，广西师范大学出版社 2004 年版，第 212 页。

学观念有所借鉴。但是，并不是因为借鉴西方的哲学观念，或说将"欧洲哲学的问题当作普通的哲学问题"，宋元道学才成为宋元时期的哲学。道学也不能"当作发现于中国的哲学"。因为，道学本来即是中国传统哲学的理论形态之一。在哲学史范围之内考察宋元道学，需要对"道体"的辨析。但对"道体"的辨析，并不能代替对道学中其他思想内容的考辨。朱熹记述《近思录》的编辑方法时说过：

> 《近思录》逐篇纲目：一、道体；二、为学大要；三、格物穷里；四、存养；五、改过迁善，克己复礼；六、齐家之道；七、出处、进退、辞让之义；八、治国平天下之道；九、制度；十、君子处事之方；十一、教学之道；十二、改过及人心疵病；十三、异端之学；十四、圣贤气象。[①]

这种记述，区别的虽是《近思录》的内容，实际上也勾勒出了道学的思想系统。在道学的思想系统中，道体占有突出的理论地位。但道体之外的内容同样是道学的重要组成部分。在哲学史范围内考察这些内容，尽管还需要选择与归类，但考察宋元道学，内容不可能仅限于"道体"。依照道学自身的构成，确立道学的考察范围，应成为考察宋元哲学基本的方法学原则。以往的宋元哲学研究，片面强化西方哲学参照，主观地限制考察范围，这种现象需要改变。同时，道学作为一种哲学理论，反映了道学家们的生活理念，论释了道学家们向往的生活方式。因此，在对宋元道学的研究中，"道学家与他们的实际生活方式之间的关联""自始便未曾进入哲学史家的视野"这种结论不能成立。因为，解析道学形

---

① 朱杰人等主编：《朱子全书》第 17 册，上海古籍出版社，安徽教育出版社 2002 年版，第 3450 页。

成的社会时代环境,考察道学家们的生活理念与学术生活道路,历来为宋元哲学研究在理论方面的重要目标与追求。由于道学家们的实际生活方式也在哲学史家的视野之内,在宋元哲学研究中,也不可能出现"把道学当作一个与外在世界绝缘的自足系统"的状况。发掘道学赖以形成的历史文化资源,考察道学对于整个宋元时期学术文化发展的影响,始终是哲学史范围之内的道学研究最为重要的学术目标之一。同时,任何时代的学术文化都是一个统一的发展中的系统。宋元时期的学术文化也是如此。在哲学史范围之内研究宋元道学,不可能割断道学与儒学乃至于整体的宋元学术文化之间的联系。揭示道学的演生与发展,实际上也会从一个侧面论释宋元时期儒学面临的时代要求及其发展,展现宋元时期学术文化的精神风貌。

总之,在新的时代条件下,研究宋元哲学,既需要我们继承以往研究工作中已经形成的学术成果,总结以往研究工作中选择的学术方法,又需要我们关注时代的变迁与学术方法的更新,不断地完善在哲学史范围之内研究宋元道学的方法系统,推进宋元哲学研究。唯有如此,我们才可能在新的时代条件下,更好地发掘、整理宋元哲学这份珍贵的历史文化遗产,并继承、弘扬这份珍贵的历史文化遗产。

中国现代哲学主题刍议

—— 关于 20 世纪三四十年代中国哲学发展的
一些回顾与思考

田文军

在中国现代哲学转型与建构的历史进程中，是否存在一个基本的且与中国社会发展的现实要求密切关联的理论课题呢？或者说有没有其他理论无法替代且能够不断地从方法学的层面，为中国社会的现代化道路提供理论支持的主要课题呢？在笔者看来，对这个问题的回答应当是肯定的。因为，在中国现代哲学的转型与建构中，实际上存在这种基本的或主要的理论课题。这种理论课题的基本内容即是对事物共殊关系的探讨与辨析。在中国现代哲学史上，围绕这种基本的或主要的理论课题而展开的哲学活动，主要出现在 20 世纪的三四十年代。在这一时期的哲学活动中形成的关于事物共殊关系的理论系统，不仅在不同的层面上对于中国社会的现代化具有重要的方法论意义，同时，也为我们全面了解中国现代哲学的转型与发展提供了一个重要的关切视域。基于这样的理解，本文对 20 世纪三四十年代的中国哲学运动作一些历史的回溯，并围绕中国现代哲学主题及其相关问题作一些论析与解释。

三部哲学论著与同一个哲学论题

在中国现代哲学发展的历史上，曾经在同一时间段内出现过三部以不同的研究方法、不同的思想资源、不同的理论系统探讨同一个哲学对象的哲学著作：这就是 1937 年毛泽东发表的《矛盾论》，1939 年正式出版的冯友兰的《新理学》，1940 年出版的金岳霖的《论道》。在同一时间段内，围绕共同的哲学问题，即探讨事物的共相与殊相的关系而形成三种不同的认识成果，这在中国现代哲学史上，是一个十分有趣的文化现象；中国现代哲学史上的这段历史，也是一段值得人们高度关注的历史。对于这段历史，任何一位中国哲学史的学者皆不陌生，人们对于出现在这一历史时期的三部哲学著作的内容，大都非常熟悉。但是，在中国现代哲学史研究中，人们或注意对文化思潮的研究，着力探讨文化保守主义、自由主义与马克思主义之间的歧异与争锋，将中国现代哲学的发展，理解为不同社会思潮相互交错，排拒与发展的历史；或注重对专人专著的研究，人们关于毛泽东、冯友兰、金岳霖哲学研究的专门成果即十分丰富；或注重于专门问题的研究，专探有关中国现代哲学史上的知识论问题、本体论问题等。但是，由于各种各样的原因，人们很少从中国现代哲学基本的或主要理论课题的角度，将毛泽东、冯友兰、金岳霖的三部哲学著作联系起来进行理论的考察，并通过这样的考察，来了解中国现代哲学发展的历史轨迹与发展前景，辨析构成中国现代哲学的传统资源、西学因素与现实要求。这种状况是应当改变的。因为，1937 年毛泽东发表《矛盾论》，1939 年冯友兰正式出版《新理学》，1940

年金岳霖出版《论道》，这一看似偶然的历史事件，实际上反映了中国现代哲学发展的一种内在趋向与时代要求，表明中国社会与中国文化的现代化需要，规定与确立了中国现代哲学需要解决的基本的或主要的理论课题。

从《矛盾论》《新理学》《论道》问世的历史背景来看，当年毛泽东、冯友兰、金岳霖以不同的方式辨析事物的共殊关系，实际上即是以对于现代中国哲学主要的理论课题的领悟与自觉为思想前提和认识基础的。冯友兰晚年论及他的《新理学》时曾经说过"新理学"的自然观的主要内容，是共相和殊相的关系的问题。并认为自己探讨的问题是一个古老的哲学问题，但自己的探讨是"接着讲"，而不是"照着讲"。对于一个在中外哲学史上人们都曾经涉猎的古老的哲学问题，冯友兰为什么要"接着讲"？这除了冯友兰认定共相与殊相，一般与个别的关系问题"是一个真正的哲学问题"之外，一个更为重要的原因，即是冯友兰意识到在步入现代历史以后的中国继续探讨这个"真正的哲学问题"，仍然是中国社会文化发展的现实要求。在《新理学·自序》中，冯友兰曾以哲学家的语言表达自己对于这种时代要求的理解："此书虽'不着实际'，而当前有许多实际问题，其解决与此书所论，不无关系。故虽知其中必仍有需修正之处，亦决及早印行，以期对于当前之大时代，即有涓埃之贡献"。①

金岳霖对待社会现实生活的态度有别于冯友兰，更不同于毛泽东。金先生实际上是一位比冯友兰更为典型的学院派哲学家。但其《论道》的理论重心同样是辨析事物的共殊关系。作为一个专业方向重在知识论与逻辑学领域的学者，金先生为什么会对形上学问题产生兴趣？用

---

① 冯友兰：《三松堂全集》第 4 卷，河南人民出版社 2000 年版，第 3 页。

金先生自己的话说即是"一个向来不大谈超现实的思想的人何以会忽然论起道来"。这值得人们深入思考。因为金先生自己也认为:"有好些书有那何为而作底问题。"①金先生论及《论道》的写作缘由,没有像冯友兰那样直接与解决中国社会发展的现实问题联系起来,而是首先说到自己对于哲学的兴趣:"我最初发生哲学上的兴趣是在民(国)八年底夏天。那时候我正在研究政治思想史,我在政治思想史底课程中碰到了 T.H.Green。我记得我头一次感觉到理智上的欣赏就是在那个时候,而在一两年之内,如果我能够说有点子思想的话,我底思想似乎是徘徊于所谓'唯心论'底道旁。民(国)十一年在伦敦念书,有两部书对于我的影响特别的大:一部是罗素底 principles of Mathematics,一部是休谟底 Treatise。罗素底那本书我那时虽然不见得看得懂,然而它使我想到哲理之为哲理不一定要靠大题目,就是日常生活中所常用的概念也可以有很精深的分析,而此精深的分析也就是哲学。"②在我们今天看来,金先生当年对于哲学的兴趣,其实也是可以纳入当时中国的知识精英出于改变国家民族积贫积弱的现实,发奋学习西方科学文化这种时代背景来加以解释的。

金先生写作《论道》的另一原因,实际上是他的民族情结与文化使命感,他曾说过:"中国思想中最崇高的概念似乎是道。所谓行道、修道、得道,都是得道为最终的目标……国人对之油然而生景仰之心的道,万事万物之所不得不由,不得不依,不得不归的道才是中国思想中最崇高的概念,最基本的原动力。对于这样的道,我在哲学底立场上,用我这多少年所用的方法去研究它,我不见得能懂,也不见得能说得清楚,但在人事的立场上,我不能独立于我自己,情感难免以役于这样的

---

① 金岳霖:《论道·绪论》,商务印书馆 1987 年版,第 1 页。
② 金岳霖:《论道》,商务印书馆 1987 年版,第 3—4 页。

道为安,我底思想也难免以达于这样的道为得。"①这里所谓情感上"以役于这样的道为安",思想上"以达于这样的道为得",即可以理解为金先生在心灵深处仍将自己的工作与生活纳入中国人主张的"行道、修道、得道"的范围。他要基于哲学的立场,以自己的方法论释作为"中国思想中最崇高的概念,最基本的原动力"的道,目的似也在于参与中国人的"行道、修道、得道"。而在20世纪三四十年代,中国人"行道、修道、得道"的具体内容则不可能游移于中国社会文化的现代化这一时代课题之外;中国人"行道、修道、得道"的目标只能是振兴中华,复兴自己的民族文化。只不过金岳霖先生论及《论道》写作的缘由时没有如此直白的表达而已。他仅以哲学家的语言论释了自己对于复兴民族文化的关切与期盼。

毛泽东写作《矛盾论》,目的更是在于指导中国革命实践。冯友兰晚年认为《矛盾论》中论析的真正的哲学问题之一即一般与个别、共相与殊相的关系问题,并认为毛泽东的《矛盾论》实即是他的《中国革命战争的战略问题》一文的哲学表述:"《中国革命战争的战略问题》和《矛盾论》这两篇文章,前者发表于1936年12月,后者发表于1937年8月。就发表时间说,前者早于后者8个月,但不能说《矛盾论》中那两个要点只是毛泽东在这八个月中才发现的;只能说毛泽东在1936年前后的几年之间,就已形成这一套思想。他先用军事学的形式发表出来,那就是《中国革命战争的战略问题》;后来又用哲学的形式把它发表出来,那就是《矛盾论》。这两篇文章互相发明,互为表里。"②冯友兰关于毛泽东因革命实践的需要而意识到现代中国哲学的理论课题,并形成自己哲

---

① 金岳霖:《论道》,商务印书馆1987年版,第16页。
② 冯友兰:《三松堂全集》第10卷,河南人民出版社2000年版,第599页。

学思想的见解是合于实际的。在中国现代哲学史上，毛泽东对事物一般与个别、共相与殊相的探讨与辨析，确实典型地体现了哲学自身的实践性品格。

冯友兰认定毛泽东在 1936 年前后的几年之间形成了自己关于事物共殊关系的理论，则向人们揭示了中国现代哲学史上另一个重要的发展线索：即人们意识并领悟中国现代哲学的理论主题，并围绕这一理论主题形成系统的哲学理论，只能出现在 20 世纪的三四十年代。因为，中国现代哲学的这种理论课题的确立，以自鸦片战争以来中国人对"中国向何处去"这一问题的探讨形成基本答案为前提。这种答案，要而言之，即是中国要强盛，中华民族要复兴，必须使自己的民族文化由古典形态转换为现代形态，实现中国社会文化的现代化。尽管人们对于中国社会文化现代化的具体道路的理解有所不同，但探讨中国社会文化的现代化，都必须思考所谓中、西、古、今的矛盾，解决东西方不同民族文化之间的矛盾，以及中国传统文化与现时需求之间的矛盾。人们探讨事物的共殊关系，即是从哲学的层面探讨如何解决中、西、古、今的矛盾，探讨如何实现中国文化的现代化。因为，当现代化乃国家民族强盛的必由之路成为人们的共识之后，如何使中国社会文化实现现代化即成为人们急需解决的实践课题与理论课题。而这种实践课题与理论课题的确立，正是毛泽东、冯友兰、金岳霖等人得以建构自己的哲学系统的现实基础与时代根据。

同一个哲学论题的三种诠释路向

在中国现代哲学史上，毛泽东的《矛盾论》、金岳霖的《论道》、冯友兰的《新理学》大体上形成于同一个历史时期，且都以事物的共殊关系作为自己的诠释对象，但其诠释方法各具特色，并不相同。具体考察毛泽东、金岳霖、冯友兰对事物共殊关系的辨析及其辨析方式，对于我们了解中国现代哲学发展的历史发展，揭示中国现代哲学发展的内在趋向是十分有益的。

冯友兰晚年论及自己的哲学活动，曾经认为："中国哲学家的著作大都是因事见理，而西方哲学家的著作大都是就理论理。这就是说，中国哲学家的著作大都是从殊相讲到共相，从特殊讲到一般，从具体讲到抽象，西方哲学家的著作大都是从开时就讲一般，从共相到共相。"①冯友兰曾经留学美国，熟知西方的哲学方法。但是，他辨析事物的共殊关系，建构自己的"新理学"，仍然始于对经验的释义，而非始于对概念的分析。所谓始于对经验的释义，是说冯友兰辨析事物的共殊，首先仍是肯定"事物存在"，在肯定事物存在的基础上，进而分析事物的存在，推导事物何以存在，从而引申出共殊的观念，辨析事物的共殊关系。

冯友兰在"新理学"中辨析事物的共殊，主要是通过"理"与"气"，"实际"与"真际"等范畴进行的。其中"理"与"气"又是冯友兰表述事物共殊的主要范畴。在"新理学"中，"理"与"气"即是通过对经验的释义建立起来的。在冯友兰看来，事物存在是经验中的事实。对于经验的释义，即是解释经验中的事物为什么总是这样的存在或那样的存在，或说解释现实的事物何以"各如其是"。冯友兰的解释首先是肯定凡事物必都是某种事物，进而由"某种事物是某种事物"，肯定"必有某种事物之所以为某种事物者"。他将这种推导的结论表述为"有物有则"。所谓"有物有则"，亦即有物有"理"。"理"是使某种事物成为某种事物的根据或必要条件，是事物的本质属性，或说事物的共相。

① 冯友兰：《三松堂全集》第 1 卷，河南人民出版社 2000 年版，第 233 页。

在"新理学"中，"气"这一范畴是通过对"存在底事物必都能存在"的肯定与推导建立起来的。因为，在冯友兰看来，"能存在底事物必都有其所以能存在者"。这种使"存在底事物""所以能存在"的东西是作为现实事物存在基础的"质料"。他将这样的"质料"，称为"气"。"理"与"气"同为事物存在的基本条件。"理"为事物存在的"依照"，"气"为事物存在的"依据"；"依照"决定事物"是什么"，"依据"决定事物成为"'实际底的'是什么"者；从"理""气"对于事物存在的作用看，"理""气"不存在先后的问题。但是，从共殊的作用看，"理""气"则是不能等同的。因为"气"本身仍是存在，是存在则须具备存在之性，具备存在之性，即需依照存在之理。这种观念使冯友兰实际上肯定"理"在"气"先，强调共相高于殊相。

"实际"与"真际"也是冯友兰表述殊相与共相的重要范畴。"实际"乃作为形而下者的"器世界"，"真际"则是作为形而上者的"理世界"。"器世界"可说是殊相的集合，"理世界"则是共相的集合。冯友兰在辨析"实际"与"真际"关系时的基本观念是"有实者必有真，但有真者不必有实"。所谓"有真者不必有实"，实际上是认定共相可以离开殊相而有；"有实者必有真"，则是说实有必为真有，实际只是真际中本有的各种事物之理的具体显现。这样的理解，使冯友兰断言"理世界在逻辑上先于实际的世界"，从一个更高的层面上肯定共相独立于殊相，高于殊相。

冯友兰辨析事物的共殊，表明他自觉地意识到了时代为中国现代哲学规定的理论课题。但他对于事物共殊关系的理解，又偏离了事物共殊关系的实际。对于自己辨析事物共殊时的理论失误，冯友兰晚年曾认为其认识根源，在于不了解共相的具体："如果了解了具体的共相那个道理，'理在事中'的道理就不难理解了……这是一个关于认识的问题,并不是一个关于存在的问题。就存在说,本来没有谁先谁后、谁上谁下的问题。其所以有这些问题,就是因为把关于认识的问题与关于存在的问题混淆了。"①冯友兰的这种自省是深刻的。混淆认识问题与存在问题,确实是导致冯友兰有关事物共殊关系的结论出现片面的重要原因。

但是,冯友兰在《新理学》中关于事物共殊关系的结论,与他在《新事论》和《新原人》中对事物共殊关系的理解,似有不同。《新事论》探讨社会文化问题,讲文化的类型,论释中国文化的现代化道路,强调文化的民族性,已经注意到事物共殊之间的联结。《新原人》中讲"大全","大全"即宇宙或"群有",也可以说是殊相的总名。"如果把'有'了解为'群有','有'就是'群有','群有'是殊相,'有'这个共相就寓于这一群殊相之中……不过照这样的了解,'有'这个共相就不是一个抽象的共相,而是一个具体的共相了。"②《新理学》所讲之"理"是抽象的共相,《新原人》所讲"大全"已涉及具体的共相。尽管冯友兰当时没有清楚地意识到自己思想的差别,但这种差别实际上已经存在。由这样的差别,我们似可看到冯友兰辨析共殊的思想变化。

金岳霖辨析事物的共殊,开始于对命题的分析。《论道》的第一章名为"道,式—能",第一章中的第一个命题则是"道是式—能"。"道"与"式""能"是金岳霖辨析事物共殊关系的基本范畴。金岳霖肯定共相的实在,与他对"可能"与"能"的分析关联。《论道》曾通过对"共相是个体化的可能,殊相是个体化的可能底各个体"这一命题具体论释作为共相的"可能"的实在。在金岳霖哲学中,"可能"虽与共相有关,但"可能"并非定是共相。金岳霖对"有能""有可能"曾有专门的辨析,论及"有可

① 冯友兰:《三松堂全集》第1卷,河南人民出版社2000年版,第215页。
② 冯友兰:《三松堂全集》第1卷,河南人民出版社2000年版,第228页。

能"时,曾说"这里所谓可能是可以有而不必有'能'的'架子'或'样式',一部分是所谓空的概念,另一部分是普通所谓实的共相。"①所以,"共相虽是可能,可能可不一定是共相。可能虽可以有能,而不必有能。"②金岳霖对"可能"的这种分析,认定"空的概念"与"实的共相"都属于"可能",同时也肯定有无具体的表现乃"空的概念"与"实的共相"的区别,这种肯定实际上即是要肯定共相的实在与具体。他所谓"共相是个体化的可能,殊相是个体化的可能底各个体"的命题正是以这样的"可能"观念为基础而形成的。他具体诠释这一命题,则进一步肯定了共相的实在与具体:"照本文的说法,共相当然是实的。相对于任何同一时间,可能可以分为两大类:一是现实的,一是未现实的。未现实的可能没有具体的、个体的表现,它根本不是共相;因为所谓'共'就是一部分个体之所共有,未现实的可能,既未现实,不能具体化,不能个体化,本身既未与个体相对待,所以也无所谓'共'。"③在金岳霖看来,所谓共相的具体与实在,即在于其为现实的"可能"。金岳霖也不否认共相有别于殊相:"共相当然实在,不过它没有个体那样的存在而已。一方面它是超时空与它本身底个体的,另一方面它既实在,所以它是不能脱离时空与它本身底个体的。"④对共殊关系的这种理解,使得金岳霖既肯定共相的普遍,认为"共相超它本身范围之内的任何个体",同时也强调共相的实在,认为"它又不能独立于本身范围之内的所有的个体"。冯友兰曾经高度评价金岳霖以逻辑分析的方法辨析事物共殊关系所作出的这种结论。认为他肯定殊相与共相的联系与区别,强调共相的具体与

---

① 金岳霖:《论道》,商务印书馆 1987 年版,第 21 页。
② 金岳霖:《论道》,商务印书馆 1987 年版,第 21 页。
③ 金岳霖:《论道》,商务印书馆 1987 年版,第 73 页。
④ 金岳霖:《论道》,商务印书馆 1987 年版,第 74 页。

实在,既正确地论释了共相的实在与具体,又深刻地指出了共相的内在与超越;实际上总结了中外哲学史上关于事物共殊关系的论争,克服了论争中出现的思想片面。由于金岳霖以分析的方法深刻地论释了事物的共相与殊相的联系与区别,可以说他在中国现代哲学史上,围绕时代为中国现代哲学规定的理论课题,建构起了一种最具理论特色的哲学系统。这种哲学系统在中外哲学发展史上,都具有重要的历史地位和理论价值。

毛泽东论析事物共殊的思想方法,既不同于冯友兰,也不同于金岳霖。他基于唯物辩证法的观念,在肯定事物即是矛盾,"没有矛盾就没有世界"的基础上辨析矛盾的普遍与特殊,深刻地论析了事物的共性与个性、普遍与特殊的关系:"矛盾的普遍性与矛盾的特殊性的关系,就是矛盾的共性和个性的关系。其共性是矛盾存在于一切过程中,并贯串于一切过程的始终,矛盾即是运动,即是事物,即是过程,也即是思想。否认事物的矛盾就是否认了一切。这是共通的道理,古今中外,概莫能外。所以它是共性,是绝对性。然而这种共性,即包含于一切个性之中,无个性即无共性。假如除去一切个性,还有什么共性呢?因为矛盾的各各特殊,所以造成了个性。一切个性都是有条件地暂时地存在的,所以是相对的。"[1]从这种论述中我们可以看到,毛泽东认为矛盾的普遍与特殊的关系问题即是事物的共性与个性的关系问题,肯定"共性即包含于一切个性之中,无个性即无共性";同时也认为共性不同于个性,强调共性的普遍性、绝对性,个性的暂时性与相对性。毛泽东这种"无个性即无共性"的论断,也可以说是既肯定共相的具体,又肯定共相的实在,揭示了事物共殊关系的联结与实质。肯定共相的具体,本是唯物

––––––––––––––

[1]《毛泽东著作选读》上册,人民出版社1986年版,第159—160页。

辩证法的一大理论传统。列宁在其《谈谈辩证法》一文中曾经指出："个别一定与一般相联而存在。一般只能在个别中存在，只能通过个别而存在。任何个别（不能怎样）都是一般。任何一般都是个别的（一部分，或一方面，或本质）。任何一般只是大致地包括一切个别事物。任何个别都不能完全地包括在一般之中，如此等等。"这里所谓"任何一般都是个别的（一部分，或一方面，或本质）"即是强调具体的共相。毛泽东吸纳唯物辩证法的这种思想资源，运用中国传统的哲学概念，论释矛盾的普遍与特殊，正确地解析共殊之间的联结，也为解决时代赋予中国现代哲学的理论课题作出了重要贡献。

与冯友兰、金岳霖这类职业哲学家身份不同，毛泽东是革命家。冯、金二人依凭哲学家思想的敏锐，领略时代对哲学的呼唤而辨析事物的共殊，毛泽东作为革命家则因直接感受到实践的需要而探讨事物的共殊关系。他在领导中国革命的实践中，之所以强调"必须将马克思主义的普遍真理和中国革命的具体实践完全地恰当地统一起来"，正是由于他从哲学的层面认识到了"共性即包含于一切个性之中"，形成了自己关于事物共殊关系的理论。这种理论从思想方法的层面帮助他领导中国人民取得了革命的胜利。因此，就毛泽东的《矛盾论》对于中国社会文化现代化的理论价值与实践价值而言，不论冯友兰的《新理学》，还是金岳霖的《论道》，都无法与其同日而语。

三种解释路向留给人们的思考

冯友兰在《三松堂自序》中论及哲学史研究与哲学创作，认为"哲学史的重点是要说明以前的人对于某一哲学问题是怎么说的；哲学创作是要说明自己对于某一哲学问题是怎么想的"。这是他的经验之谈。

毛泽东的《矛盾论》,冯友兰的《新理学》,金岳霖的《论道》,在中国现代哲学史上的同一个时间段内探讨事物的共殊关系,并各以自己的思想方法形成了自己的理论系统,解释了事物共殊之间的区别与联结,形成了中国现代哲学史上最具理论深度的认识成果。对于这一历史文化现象留给我们的启示,不论是从哲学史研究的角度,还是从哲学创作的角度,都值得深入思考与总结。

从哲学史研究的角度来看,毛泽东、冯友兰、金岳霖等人在 20 世纪三四十年代基于不同的学术立场探讨事物的共殊关系,并能形成各具思想特色的认识成果,这表明现代中国哲学的创建与发展,既存在不同的理论追求、思想方式,也存在共同的理论课题与发展方向。《周易·系辞传》中有"天下同归而殊途,一致而百虑"之说。此说也可用于概括中国现代哲学发展的某些特色。就"同归"与"一致"来说,现代化当是现代中国社会文化发展的趋势与方向,这样的方向也是现代中国哲学的发展方向;就"殊途"与"百虑"来说,现代中国哲学的发展,则实际上是在多种哲学理论和哲学方法的交流碰撞、融会互补、改造创新的过程中进行的。

从毛泽东、冯友兰、金岳霖等人的哲学活动来看,时代的要求以及他们对于时代要求的自觉,使他们的理论活动旨趣都指向事物的共殊关系。不同的政治立场、不同的学术背景及人生态度,又使得他们探讨事物共殊关系的思想方式、理论目标以及对于事物共殊关系的理解有所不同。毛泽东作为现代中国革命的领导人物,在哲学资源方面,除了有选择地利用某些中国传统的哲学观念外,理论上自觉地吸纳了马克思主义哲学的认识成果。马克思主义哲学强调唯物论与辩证法的有机统一,并基于这样的观念,肯定共相的具体,正确地揭示了事物共相与殊相的联系与区别。毛泽东结合自己的革命实践,继承马克思主义的理论传统,以中国哲学的语言对事物的共殊关系作出了简略又不失深刻的理论阐释,建构起自己的哲学系统。冯友兰论释事物的共殊关系,理论方面存在片面。但他在辨析事物共殊关系的过程中,不仅传介借鉴了西方哲学的理性主义传统,而且对中国哲学的理性主义传统实际上也进行了系统地清理与辨析,这对于改变中国哲学传统的思维方式,是极为有益的。金岳霖的《论道》,则不仅在关于事物共殊关系的理解方面达到了很高的认识层次,并且为人们系统地借鉴和运用西方的逻辑分析方法提供了一个范例。

因此,从哲学史研究的角度来看,毛泽东、冯友兰、金岳霖等人的哲学活动与理论成果给予我们的启示有二:其一,现代中国哲学的发展,不可能滞限于传介西方的哲学理论、哲学思潮与哲学方法,也不可能滞限于诠释我们民族自有的哲学资源与哲学传统。只有从时代要求出发,具备清晰的问题意识,既妥善地解决利用中国哲学传统资源、继承中国优秀哲学传统与中国哲学现实需要之间的矛盾,又正确地处理继承利用民族的哲学传统与吸纳他民族优秀哲学成果之间的关系,使古、今、中、西贯通整合,才可能实现中国哲学自身的更新与发展。其二,现代中国哲学史研究,只有充分顾及到时代对于哲学的要求,以及在现代中国哲学发展中具体理论课题的确立与解决,才有可能真实地揭示中国现代哲学发展的历史轨迹,正确地评断不同的哲学家对于现代中国哲学发展的理论贡献,确立其在现代中国哲学史上的历史地位。从而完成冯友兰所说的哲学史所应担负的考察历史上人们"对于某一哲学问题是怎么说的"这种特殊的学术理论任务。

从哲学创作的角度来看,毛泽东、冯友兰、金岳霖等人探讨事物的共殊关系,各以自己的理论与方法,为解决中国现代哲学面临的这一理论课题作出了重要贡献。但关于事物的共殊关系问题,并没有因为中国现代哲学史上已经形成多种关于事物共殊关系的理论而不再是一个"真正的哲学问题"。人们对于事物共殊关系的探讨,也不会因为中国现代哲学史上已经出现多种有关事物共殊关系的理论而止步不前。因为,中国社会文化的现代化是一个漫长的历史过程。在这个历史过程中,中国人民始终面临着正确处理传统与现代,本民族的文化成果与他民族的文化成果之间的关系这一理论课题与实践课题。当我们确定了自己的民族和文化的现代化目标以后,即必须努力使这种目标成为现实。而要使这样的目标成为现实,有关事物共殊关系的问题即不会游离于我们的思想之外。因为,从哲学的层面正确地理解与诠释事物的共殊关系,可以不断地为我们的现代化实践提供思想方法的指导。在我们的现代化事业中,当人们过于看重一般性的原则和经验的时候,我们应当冷静地意识到自己的民族和文化所具有的特殊;当人们过于强调自己的民族和文化的特殊的时候,我们又应当对作为一般的民族和文化的发展方向、目标保持清醒的头脑。唯有正确地理解事物的共殊关系,科学地追求民族文化的发展,才会不断地将我们的现代化事业推向前进。事物的发展,需要不断地从旧的形态走向新的形态。中华民族和中华文化的发展也是如此。在我们民族和民族文化的发展中,辨析事物的共殊关系,将会是一个常探常新的哲学课题。因此,在我们回顾与考察形成于中国 20 世纪三四十年代的几种有关事物共殊关系的理论之后,需要我们直面的另一个问题当是:回答自己对于这一哲学问题是"怎么想的"。而当人们在新的历史条件下,再以不同的思想理论具体论释自己对于这一哲学问题是"怎么想的"的时候,那将是新的中国哲学发展历程的开始。

佛教的"真善美乐"观①

吕有祥

　　求真、向善、尚美、安乐,是人类的普遍追求,是社会进步的动因。自然科学、社会科学、文学艺术、宗教,乃至一切文化,无不在探讨真善美乐,尽管各个学科领域探讨的重心和着力点有所不同,有个性同时又有共性。比如,自然科学追求真,社会科学探求真与善,文学艺术侧重求美,宗教重在引导人们向善离苦。佛教以化导人们向善去恶、离苦得乐为主旨,又注重求真尚美,求真、向善、尚美、安乐相互关联,相辅相成。

一、佛教之"真"

　　"真"者,事物的真相、真实状态、本来面目、真理,与虚假、虚妄相对。佛教称之为实际、实相、真如、真谛、胜义谛。佛教的创立者释迦牟尼在菩提树下觉悟,因此而称为"佛",即"觉者"。佛教是"觉悟"的宗

---

① 佛教的"真善美乐"观,是一个大题目,本文仅从一般的佛教常识作一简要概述,难免挂一漏万。

教,是自觉觉他的宗教。释迦牟尼觉悟了什么呢? 觉悟人生宇宙的"实相真谛"。对人生和宇宙万物实相真谛的探究与阐发一直伴随着佛教的发展历程。

释迦牟尼在菩提树下觉悟了人生的四个实相真谛:"苦"真谛,"苦"是人生现实状态的实相。现实人生皆苦,大要有八苦,所谓生苦,老苦,病苦,死苦,爱别离苦,怨憎会苦,求不得苦,五盛阴苦。"集"真谛,"集"是苦的真实根源。人生诸苦的真实根源是原始"无明",由无明而有人生历程(十二缘生)。人生历程伴随着"贪嗔痴"而生诸苦。"灭"真谛,灭苦之后的真实状态——涅槃。涅槃者,贪嗔痴永尽,烦恼永尽,诸苦永尽。"道"真谛,灭苦的真实道路。灭苦的真实道路有八:正见,正确的知见;正思惟,正确的思考;正语,正当的言语;正业,正当的行为;正命,正当的维持生命的手段;正精进,正当的努力;正念,正确的观念;正定,正确的禅定。修此八正道,可灭诸苦,入涅槃,成正果。

佛教关于世界万物的实相真谛有两大理论支柱:"因缘"说与"唯识"说。

"因缘",即构成事物的诸条件因素。因缘的和合而有万物之生起,如果没有因缘的和合,任何一物都不能生起。构成事物的因缘变化离散,万物随之变化消亡。万事万物的多样性及其生灭变化都是由因缘决定的,被因缘主宰着。这就是宇宙万事万物的实相、真相、真性、实性、本来面目。

基此,"因缘"说又具三义:一、因缘是万物的唯一决定者,万物不是由神、上帝或其他什么东西决定的。二、万物受制于因缘,没有独立自主的性质,故名之曰"空","诸法性空"。《思益经》曰:"诸法从缘生,自无有定性,若知此因缘,则达法实性。"《中论》曰:"因缘所生法,我说即是空","诸法毕竟空","名诸法实相"。"因缘"和"空"的含意是一样的,名异而意同。山河大地、日月星辰、草木鱼虫、飞禽走兽,五彩缤纷的世界万物,都是表象而已,其真实的本质都是"因缘空","因缘空"才是实相、实际、本性。《肇论·宗本义》云:"本无、实相、法性、性空、缘会,一义耳。"三、万物随因缘的变化而变化,因缘的变化是必然的,所以万物的变化消亡是必然的,无一物是永远存在的,无一物是常恒不变的,一切都处在变化中,一切都是暂时的,一切都是不稳定的,一切最终注定是要灭亡的,这叫"诸法无常"或"诸行无常"。《杂阿含经》云:"当观知所有色,若过去、若未来、若现在,若内若外、若粗若细、若好若丑、若远若近,彼一切皆无常。"物质现象如此,精神现象亦然,"如是观受想行识,若过去、若未来、若现在,若内若外、若粗若细、若好若丑、若远若近,彼一切皆无常。"(《杂阿含经》卷一)《金刚经》云:"一切有为法,如梦幻泡影,如露亦如电,应作如是观。"这是用梦境、幻景、泡沫、影子、露水、闪电作比喻,说明世间万物的空性、无常性。

围绕着对"因缘"即空的阐释,出现了《般若》类诸经,龙树撰《中观论》提出"非有非无"与"八不中道观",僧肇撰《不真空论》,吉藏提出"四重二谛",天台宗提出"三谛圆融"观,用真假、有无、非有非无、非非有非非无,乃至百非,来诠释"因缘性空",从而对"因缘性空"含义的阐释成为玄之又玄的思辨。

"唯识"说认为:一切物质现象和精神现象[①]皆不离"心识",都是"心识"的变现。心识分为八种:眼识、耳识、鼻识、舌识、身识、意识、末那识(我识)、阿赖耶识(藏识)。八种识各有"见分"(认识能力或认识功能)和"相分"(认识的对象),见分产生相分,见分和相分的结合形成认

---

① 唯识说把一切物质现象和精神现象归纳为"五位百法"。五位者,心法、心所法、色法、不相应行法、无为法。心法有八种,心所法有五十一种,色法有十一种,不相应行法有二十四种,无为法有六种,合之为一百法。

识的结果。阿赖耶识含藏和变现前七识的见分和相分,统摄一切法,能生一切法,转化出个体生命及周围世界。基于此,"唯识"具有以下义:

(1) 心识是有,心识之外是无。《唯识三十论颂》云:"是诸识转变,分别所分别,由此彼皆无,故一切唯识。"《唯识二十论述记》卷上云:"唯谓简别,遮无外境。识谓能了,诠有内心。……总言唯识,唯遮境有,执有者丧其真。识简心空,滞空者乖其实。"又云:"所言唯者,是决定义","唯者独但简别之义,识者了别诠辨之义。唯有内心,无心外境,立唯识名。"一切见分和相分都是由心识决定的,心识是唯一的,心识之外一切皆无。所以"三界唯心,万法唯识","唯识无境"。

(2) 本是内境,看似外境,虚幻不实。人们看到的日月星辰、山河大地等,以为是独立于心识之外的境相,其实是识内之境"似外境现",错把识内之境当成了识外之境。因此所谓的识外之境是虚假的,是虚妄的认识,"三界虚妄,但是一心作"。临经济义玄云:"我见诸法空相,变即有,不变即无,三界唯心,万法唯识,所以梦幻空花,何劳把捉。"(《镇州临济慧照禅师语录》)

应该说,"境"有客观之境与自我之境或外在之境与识中之境之别。进入我的认识范围的境成为自我之境或识中之境。识中之境是只有感知能力才有的,只有当你看得见花时,花才成为你的景象,成为自我之境;如果你生来就是盲人,什么也看不见,你心中就没有花的景象,花就不能成为你的境。在这个意义上来说,有识方有境,境在识内,认识的对象超不出认识的范围,是有道理的。但是,客观的、外在的境,是不依赖于个人之识而独立的,在这个意义上,识外有境。而且,即便眼能见花,如果没有外在的花,你仍然什么也看不见,花也不能成为你的识中之境。心识能对已知之境进行综合、整合、嫁接、扭曲、想象、创新,成为外界没有的境,但却不能凭空创境。所以境有客观之境与自我之境、外在之境与识中之境之别,两者有联系,但不能混淆。唯识论以识中之境代替客观外在之境,从而否定客观外在之境,宣称"唯识无境",即世界上唯有"心识"而已,识外无境。一般常识是,内境是外境的反映,外境转为内境。唯识说则倒过来,认为内境变似外境。因此说唯识论在心物内外关系上是颠倒的世界观似不为过。

(3)阿赖耶识含真妄二性。《成唯识论》卷第九云:"唯识性略有二种,一者虚妄,谓遍计所执;二者真实,谓圆成实性。"阿赖耶识之中含两种认识,一是虚妄的认识,即不知万法都是心识的变现、虚幻不实,而执着万法为实有。一种是真实的认识,即知万法虚幻不实,没有执着万法为实有的虚妄认识,这是对万法实相的圆满如实的认识,故名圆成实性。前者为虚妄、为不觉、为染,为不净之心。后者为真实、为觉、为清净之心。这个真实觉悟清净之心,又被称为自性清净心、本原清净心、真心、真识、真觉、本觉。此心即是法身、法性、佛性,法界、实际、真如。一切皆是虚妄,唯有此心真实。有如《黄檗山断际禅师传心法要》云:"了了见,无一物,亦无人,亦无佛,大千沙界海中沤,一切圣贤如电拂,一切不如心真实。"

"因缘"说与"唯识"说理论繁富,千言万语,归根结底是要说明世界万物"无我""无常"。"无我",即无自主性、无客观实在性、虚幻性、空性;"无常",即无永恒常在性、变动性、暂时性、必然消亡性。佛教认为"无我""无常"才是世界万物的"实相真谛"。

二、佛教之"善"

《增壹阿含经》卷一云:"诸恶莫作,诸善奉行,自净其意,是诸佛教。"此言去恶行善,心意清净,是诸佛的共同教导。佛教千言万语,皆是教人识善恶、存善心、修善道，成善果。

佛教广义的善法，泛指佛教的一切法门。《放光般若经》卷第七云："何谓善法？五戒①、十善②、四禅③、四等④，及四空定⑤、三十七品⑥、三脱门⑦、四谛、六通⑧、八惟无⑨、九次第禅⑩、六波罗蜜⑪，从内外空至有无空，诸三昧门、陀邻尼门⑫，佛十种力⑬、佛十八法⑭、四无所畏⑮、四无

---

① 与五戒相联系的还有八戒、十戒、具足戒、菩萨戒。戒者，禁止也，防非止恶也。《涅槃经》曰："戒是一切善法梯橙。"
② 五位百法中有"十一善心所"：信、精进、惭、愧、无贪、无瞋、无痴、轻安、不放逸、行舍、不害。
③ 四禅：色界禅定的四个层次，初禅、二禅、三禅、四禅。
④ 四等：有多义，一般指慈、悲、喜、舍之四无量平等心。
⑤ 四空定：无色界禅定的四个层次：空无边处定、识无边处定、无所有处定、非想非非想处定。
⑥ 三十七品：又称三十七道品，包括四念处、四正勤、四如意足、五根、五力、七觉分、八正道。
⑦ 三脱门：通往解脱之道的三种法门，即空门、无相门、无愿门。
⑧ 六通：六种神通，即天眼通、天耳通、他心通、宿命通、神足通、漏尽通。
⑨ 八惟无：又作八惟无禅、八惟无空、八解脱。为八种禅定，以此禅定思惟色心之空无，故谓惟无。
⑩ 九次第禅：蕅益大师云"次第禅者，先以空慧修一切智，观一切法无不皆空。次以假慧修道种智，观一切法从空建立。后以中慧修一切种智，观一切法非空非假，即第一义心。"（《灵峰蕅益大师宗论》卷第四）
⑪ 六波罗蜜：布施、持戒、忍辱、精进、禅定、般若。
⑫ 陀邻尼门：亦译陀邻尼、陀罗尼。意为总持法门，令善法不失，令恶法不起，悉生诸功德法。
⑬ 佛十种力：佛的十种智慧能力。一知理与非理，二知三世业报，三知诸禅定解脱，四知众生根性优劣，五知众生种种知解，六知众生种种境界，七知众生修道成就，八具天眼无碍智力，九知众生宿命，十诸漏（烦恼习气）永尽。
⑭ 佛十八法：又称佛十八不共之法，佛的十八种功德法，惟佛独有，不与三乘共有。即：身无失、口无失、念无失、无异想、无不定心、无不知己舍、欲无减、精进无减、念无减、慧无减、解脱无减、解脱知见无减、一切身业随智慧行、一切口业随智慧行、一切意业随智慧行、智慧知过去世无碍、智慧知未来世无碍、智慧知现在世无碍。
⑮ 四无所畏：一、佛"四无所畏"：正觉全知无畏，诸漏悉尽无畏，诵经说法无畏，传道度苦无畏。（《修行本起经》卷下）二、菩萨"四无所畏"：总持说法无所畏，随众生根性利钝说法无所畏，对于诸方问难无所畏，为一切众生答疑无所畏。（《大智度·初品中摩诃萨埵释论》）

碍慧①、大慈大悲、道事、萨云若②慧，是为诸如来无所著、等正觉之法教。"《摩诃般若波罗蜜光赞品》云："何谓善法？十善之事，五戒、六波罗蜜，十力、四无所畏、四分别辩③、十八不共诸佛之法。"

这里所说的"善法"是佛教正法之意，即凡能修行成善果的佛教法门（佛教常谓八万四千法门）都是善法。它涵盖了戒、定、慧所包含的一切修行法，修此善法，能使身口意三业清净，心无恶意、口无恶语、身无恶行，纯善无恶，成就善果乃至佛果。

狭义之善，即从道德伦理的层面或角度而言，不损害他人为善、利济他人为善④、除恶为善；损害他人为恶，伐善为恶。依此界定，上述"五戒""十善""大慈大悲"以及六波罗蜜中的"布施"，则属于此范畴。五戒者，不杀生、不偷盗、不邪淫、不妄语、不饮酒。十善者，不杀生、不偷盗、不邪淫、不妄语、不两舌、不恶口、不绮语、不贪、不嗔、不痴。

"不杀生、不偷盗、不邪淫"，称为身三善。"不杀生"，意为不杀害生命。一切能活动的生命体（包括胎生、卵生、湿生、化生），是宇宙漫长进化的结果，在宇宙万物中是宝贵的，也是最脆弱的。因此杀生是最大的恶行，保护和救助生命是最大的善行，所以佛教把不杀生列为五戒和十善之首。生命是有层次的，有高低之别，人是最高级的生命，是一切生命的顶端，是宇宙万物中最宝贵的。因此佛教说，救人一命胜造七级

---

① 四无碍慧：解说法相无碍，解说义理无碍，于各种语言无碍，于各种论辩无碍。
② 萨云若："萨婆若，名一切智。萨云若，名一切种智。若依本记，皆翻一切智，言湛然清净，常住不变，同真际。"（圆测撰《仁王经疏》卷中）
③ 四分别辩："一曰分别法，二曰晓了义，三曰顺次第，四曰解辩才。""顺次第者，说解一切去来今法，无所破坏。"（《渐备一切智德经》卷第四）与四无碍慧基本相同。
④ 《成唯识论》卷第五："能为此世他世顺益，故名为善；能为此世他世违损，故名不善。"隋慧远《大乘义章》卷第二："顺益名善，违损称恶。非损益者，说为无记。……顺理名善，违理名恶。非违顺者，说为无记。"明普泰《八识规矩补注》："善则顺益义，顺于正理，益于自他。不善则违损义，违于正理损于自他。无记者，无不也。"

浮屠,而杀人(包括自己直接杀人、教唆他人杀人)者为极重罪,杀畜生者次之。财物是人赖以生存、生活的必须条件,偷盗他人财物,剥夺或影响他人的生存和生活条件,所以偷盗是仅次于杀生的恶行,是第二重罪。反之,布施财物,救助贫困者,是重要的善行,所以列为六波罗蜜(六度)之首。邪淫(包括强奸、通奸、兽奸),破坏人伦,破坏他人家庭幸福,损害他人身心健康,扰乱社会秩序,故为第三恶行,是第三重罪。

"不妄语、不两舌、不恶口、不绮语",称为言语四善。即:不说大话、空话、假话;不说两面三刀、挑拨是非的话;不说粗话、脏话、威胁、辱骂、诽谤的话;不花言巧语、不艳辞丽语。妄语欺骗人,两舌离间人,恶口伤害人,绮语迷惑人,故为恶。佛教强调:真心、真诚是为人处世、言行举止的根本原则。真心者,无染污、无造作、无掩饰的原本之心。真诚者,无虚妄,真心坦露,实情相陈,言而有信。

"不贪、不嗔、不痴",称为意念三善。一切或善或恶的言行都从意念产生,"贪、嗔、痴"是产生不善言行的内在根源。贪即占有欲,满足自身需求的欲念,其结果不仅损害他人,也损害自己。嗔即怨恨愤怒,痴即无知固执,易对他人造成伤害,故为不善。

饮酒易兴奋激动,失去理智,产生伤害他人的言行,故饮酒易生恶,不饮酒为善。

"大慈大悲"者,《大智度论》云:"大慈,与一切众生乐;大悲,拔一切众生苦。大慈以喜乐因缘与众生,大悲以离苦因缘与众生。""大慈大悲,名为一切佛法之根本"。《观无量寿经》云"佛心者,大慈悲是"。大慈大悲非世人的小慈小悲,具有三义:一、大慈大悲,视一切众生皆为同胞而发慈悲,非对特定的群体或个体发慈悲。《梵网经》云:"一切男子是我父,一切女子是我母,我生生无不从之受生,故六道众生皆是我父母"。二、大慈大悲以使一切众生完全离苦得乐为最终目标。以"慈无量心、悲无量心、喜无量心、舍无量心"誓度无量众生,"地狱不空,誓不成佛;众生度尽,方证菩提"。三、大慈大悲不求现实利益回报,而是佛菩萨的本心,也是对立志修佛道者的根本要求。所以,信奉修持佛道,是要自我奉献,而不是索取利益,若以索取利益为目的,或许诺利益而劝导众生修持佛道,则与佛心佛道南辕北辙、背道而驰。

五戒十善主要是律己,强调不要做什么,不要损害他人,以止恶而利人,通过止恶而显示善。"大慈大悲"则是强调应该做什么,不仅要克己,而且要直接利济他人,以普爱之心使众生脱离诸苦,给予众生快乐,此乃是最大的善。

三、佛教之"美"

"美"是美学家一直探讨不休的问题。什么是"美",一言难尽。若简而言之,美是身心愉悦的感受与感受对象的统一。美感是主体的感觉,美是被感觉的客体。美感包括眼、耳、鼻、舌、身、意的愉悦感受。美感的对象有物质的和精神的,有物象之美和事理之美。因人的生理和心理(遗传、情感、经验、知识等,可谓之"藏识")有共性又有个性,因此美感及对美感物的认知有共性又有个性。

佛教崇尚美吗? 答案是肯定的。佛教不拒绝美,而且创造了佛教特有的丰富多彩的美。有人甚至说佛教就是美的宗教。佛教中的美涉及诸多方面,有身心之美、外界之美、作品之美,等等。就美的特征而言,有寂静之美、清净之美、空灵之美、柔和之美、庄严之美、圆融之美,等等。

身心之美,包括身相之美、仪表之美、语言之美、心灵之美。身相之美,如对诸佛如来"三十二相、八十种好,庄严其身"的描述,集大丈夫殊胜之相于一身，超世出俗。如《华严经·人法界品》描述善现比丘"形貌端严，颜容姝妙，其发右旋，如绀青色；顶有肉髻，身紫金色；其目长广，如青莲花；唇口月色，如频婆果；颈项圆直，修短得所；胸有德字，胜妙庄严；七处平满，其臂纤长，手指缦网，金轮庄严。"形貌非凡。菩萨端庄美妙的身相，强化了摄化众生的魅力。仪表之美，包括服饰佩戴、举手投足、扬眉瞬目，以庄重、威严、和雅为美。语言是传达佛理、摄化众生的主要方式。佛教"四摄"中有"爱语摄"，即发自内心之慈爱，以和悦、友善、柔美、雄辩之语言教化众生，力戒粗言厉语，亦杜绝妄语绮语艳语。心灵之美，与善心相通，心无贪嗔痴，清净无染，慈悲为怀，善待众生，既是善亦是美。

身外境界之美，包含宇宙之美、佛土之美。佛教描绘的宇宙图景广袤无垠，包罗万象。三千大千世界和成住坏空四期循环，描绘了宇宙时空的无限性。人类居住的小世界，以须弥山（意为妙高或妙光）为中心，有七山七海绕其四周，高广数十万里。七山由四宝所成，北面为黄金、东面为白银、南面为琉璃、西面为颇梨。七海充满八功德水。七金山外是东胜身洲、南赡部洲、西牛货洲、北俱卢洲之"须弥四洲"，四洲皆有物宝天华，尤其南赡部洲、北俱卢洲最为殊胜。

佛典中大量描述了佛化世界的庄严美妙。如《阿弥陀经》描绘的西方净土世界："极乐国土有七宝池，八功德水充满其中，池底纯以金沙布地。四边阶道，金、银、琉璃、颇梨合成。上有楼阁，亦以金、银、琉璃、颇梨、砗磲、赤珠、玛瑙而严饰之。池中莲花，大如车轮，青色青光，黄色黄光，赤色赤光，白色白光，微妙香洁。"如《华严经》描绘的佛正觉时所呈现的世界："其地金刚具足严净，众宝杂华以为庄饰，上妙宝轮圆满清净，无量妙色种种庄严，犹如大海宝幢幡盖光明照耀。妙香华鬘，周匝围绕，七宝罗网弥覆其上，雨无尽宝显现自在，诸杂宝树华叶光茂。佛神力故,令此场地广博严净,光明普照,一切奇特妙宝积聚。"(《大方广佛华严经·世间净眼品》)《华严经》对"华藏世界"庄严美妙的描述更是连篇累牍,极尽想象。还有《弥勒上生经》中描绘的兜率天宫、《药师琉璃光如来本愿功德经》描绘的琉璃净土,不同程度地描述了彼岸世界之美妙,令人向往。

佛化的彼岸世界是十分美妙的净土,那么世俗的现实世界呢?佛教认为是充满污秽和苦难的,称为"秽土",是不完美的。正因为如此,佛教一方面引导众生向往彼岸美妙净土,一方面主张改变世俗"秽土",庄严国土,把世俗"秽土"变成庄严美妙的净土。化秽土为净土,是佛菩萨乃至佛教修行者的责任。

作品之美,有佛教文学、佛教艺术等。大量的佛教文献既是表达佛理的经典,又是优美的文学作品,其诗颂、偈语、会话、寓言、神话、论说,文字优美、意涵深邃、精致入微,给人一种清净、空灵、胜辩,令人深思回味。佛教艺术异彩纷呈,其雕塑、建筑、绘画、书法、音乐等,呈现或蕴含着庄严、静谧、幽深、精妙、圆融、和谐之美,引人入胜,是一个宏大的艺术宝库。

这里想指出的是,佛教艺术是用来表达佛教思想、净化人们心灵的道具,但如果不惜劳民耗财,一味追求华丽精美,以此来吸引信众,一方面是百姓信众穷困潦倒,一方面是雕塑、建筑金碧辉煌,如此巨大反差,则有违佛教的慈悲济世、拔苦与乐精神,与佛教的本旨背道而驰。

四、佛教之"乐"

"乐"与"苦"相对,是希望的实现、心愿的满足,而使身心获得的快乐喜悦感。乐又与美密切关联,美感让人快乐,而喜悦的东西必被认为是美的。离苦得乐是宗教的魅力所在,也是佛教创立的初衷和最终目的。整体而言,佛教认为,世俗世界充满着污秽和灾难,是"秽土""苦土",佛化的世界是"净土""乐土"。现实人生从生到死是一个充满诸苦的历程,即便有快乐也是短暂的。只有通过修行佛道才能完全脱离诸苦,得到真正的永恒的快乐。在佛教发展历程中对于离苦得乐也有不同的取向,诸如涅槃之乐、净土之乐、心净之乐、即世之乐。

"涅槃",又作"泥洹",是梵语音译,意译为"寂灭",又称"无生""无为""离系""解脱"。《杂阿含经》云:"涅槃者,贪欲永尽,嗔恚永尽,愚痴永尽,一切诸烦恼永尽,是名涅槃。"(《杂阿含经》卷十八)《大涅槃经》提出,"涅槃"不仅是苦难永断,而且具有四德、八味。四德者,"常、乐、我、净",即永恒的自我、完全的自在、绝对的清净和最大的安乐。八味者,"一者常,二者恒,三者安,四者清凉,五者不老,六者不死,七者无垢,八者快乐"。得大涅槃后,身体如金刚,永远不坏灭,此为"恒常";身体能变现自如,能以一身变现多身,无所不能,绝对自由自在,名为"大我";业障染污除尽,心无烦恼忧苦,身无生死流转,此为"大净"。因为"常恒""大我""大净",所以有乐无苦,此为"大乐"。涅槃又有"有余涅槃"和"无余涅槃"之别。"有余涅槃"者,精神已入涅槃而身体尚存;"无余涅槃"者,精神入涅槃,同时肉体灭尽无余。

净土之乐指众生在佛化的净土美妙世界里得到身心安乐。大乘经典宣说多种净土,如西方净土之乐、东方净土之乐、兜率天净土之乐,而西方净土之乐在中国最受青睐,影响最大。

西方净土之乐又称西方极乐世界。《阿弥陀经》《无量寿经》《观无量寿经》《称赞净土佛摄受经》等经对西方极乐世界有详细的描述。《阿弥陀经》云:"佛告长老舍利弗:从是西方过十万亿佛土,有世界名曰极乐。其土有佛,号阿弥陀,今现在说法。舍利弗! 彼土何故名为极乐?

其国众生无有众苦,但受诸乐,故名极乐。又舍利弗!极乐国土,七重栏楯、七重罗网、七重行树,皆是四宝周匝围绕,是故彼国名曰极乐。"《称赞净土佛摄受经》云:"舍利子!何因何缘,彼佛世界名为极乐?舍利子!由彼界中诸有情类,无有一切身心忧苦,唯有无量清净喜乐,是故名为极乐世界。"

东方净土之乐有《阿閦佛国经》描述的阿閦佛妙喜世界及《药师琉璃光如来本愿功德经》描述的药师佛净琉璃世界。阿閦佛妙喜世界与西方极乐世界相似。《药师琉璃光如来本愿功德经》(简称《药师经》)亦有相似描述,"彼佛土,一向清净,无有女人,亦无恶趣及苦音声。琉璃为地,金绳界道,城、阙、宫、阁、轩、窗、罗网,皆七宝成,亦如西方极乐世界,功德庄严,等无差别。"此经还宣说,药师佛大愿,能使众生无须脱离秽土求得安乐,即秽土就能安乐,即人间而离苦难,变人间为天堂乐园。"求长寿得长寿,求富饶得富饶,求官位得官位,求男女得男女",欲得"种种上妙衣服""一切宝庄严具,华鬘涂香,鼓乐众伎"等,"随所乐愿,一切皆遂""诸有愿求,悉令满足"。兜率天净土在欲界的第四天,为弥勒菩萨住处,清净庄严,众生至此可得福乐。

人有物质需求和精神需求,两者的满足都可以带来身心的快乐。佛教认为,追求物质满足、贪图感官享受,虽有一时之乐,但往往会乐极生悲,导致身心双重痛苦,身苦如种种疾病、牢狱之灾乃至杀身之祸等,心苦如嗔恚、忧愁、恐惧、懊恼、悔恨、嫉妒等不得安宁。因此,佛教反对追求物质享受的身乐,主张追求内心的清净、自在、开悟等精神上的快乐。故而修行佛道者不求身乐,但求心乐。其极端者更以苦行乃至损毁身体来求得精神的净化与升华。佛教常说"法喜禅悦",即以修持佛法为喜,在禅定中得到愉悦。佛教中有的认为,心净则佛土净,只要自己内心清净,周围就是一片清净乐土。只要内心清净,于外无求无执,就可以随缘任运,快乐无忧。佛教有诗云:"春有百花秋有月,夏有凉风冬有雪,若无闲事挂心头,便是人间好时节。"(宋慧开《无门关》)中国塑造的大肚弥勒菩萨就是快乐无忧的象征,其对联曰:"大肚能容,容天容地,于事有何不容;开口便笑,笑古笑今,凡事付之一笑。"

自乐与他乐。慈悲为怀,利乐有情,普度众生,是佛菩萨本义本怀。佛经言,一切佛菩萨"不为自己求安乐,但愿众生得离苦"(《大方广佛华严经·宫中偈赞品》)。地藏菩萨立誓:"地狱不空,誓不成佛,众生度尽,方证菩提。"(《佛菩萨地藏菩萨本愿经》)佛菩萨以救度天下众生,使众生离苦得乐为使命。为了使众生离苦得乐,自己宁可忍受苦难,乃至舍弃生命也在所不惜,"不厌生死苦,六道化群生"(《万善同归集》)。不为己乐,但为他乐,慈悲为怀,克己利人,方为菩萨道,否则不能称为佛菩萨也。

临济义玄禅学简述

吕有祥

　　印度佛教自汉代传入中土，经魏晋南北朝时期佛教学者如僧肇、慧远、道生等人的消化会通，逐渐走上中国化佛教的道路。迄至隋唐，伴随着统一帝国的经济、政治局面和儒释道三教兼容并用的文化政策，从而以寺院经济为基础，以印度佛教中某部经论为依托，以师徒承传为纽带，综合南、北教义而新创的三论宗、天台宗、律宗、唯识宗、华严宗等中国化佛教宗派纷纷建立起来。这些宗派各有自己的理论创造、光彩夺目、竞秀争辉，不但有多彩的外观，而且有深邃的内涵，为中国古代思想文化的发展作出了各自的贡献。

　　禅宗，特别是惠能创立的禅宗南宗，是继上述佛教诸宗派后兴盛的最富中国化特色的一个宗派，也是对唐以后的中国社会的思想文化影响最深远的一个宗派。惠能南宗禅自唐中期创立，中经青原行思、菏泽神会、南阳慧忠、永嘉玄觉等宗匠的弘扬，至晚唐五代而大盛，由行思和怀让门下先后演为"沩仰""临济""曹洞""云门""法眼"等五宗。五宗中，临济义玄所创立的"临济宗"，经其门徒风穴延沼、首山省念、汾阳善沼等人的宣扬，至宋初石霜楚圆门下，分裂为黄龙慧南和杨岐方会两派，临济宗由此大盛。至南宋时，盛期禅宗五家中的沩仰、法眼、云门三家相继衰歇，唯临济与曹洞两宗绵延不绝，然曹洞宗远不及临济繁盛，有"临天下，曹一角"之说。因此，如果说中唐以后的佛教界几乎是禅宗的天下，那么入宋以后则几乎是临济宗的天下。临济宗能够独盛，固然有多种原因，但其中与创宗者义玄的禅学思想体系是分不开的。

临济义玄，生年不详，卒于唐咸通八年（公元 867 年），出生于山东曹县，嗣法于江西洪州派的黄檗希运，传法于河北镇州等地。他的禅学思想及宗风远源惠能，近承希运，是惠能（638—713 年）、怀让（677—744 年）、道一（709—788 年）、怀海（720—814 年）、希运（？—855 年）禅学思想一脉相承、持续发展的结果，同时又有自己的独立发挥。其禅学资料主要保存在其弟子编集的《镇州临济慧照禅师语录》（简称《临济录》）中。

惠能奠定了南宗的禅学基础，主张"自性即佛""不假外求""无念为宗""顿悟成佛""定慧一体""但行直心""用智慧观照，不假文字"。南岳怀让反对枯坐为禅，认为"磨砖既不成镜，坐禅岂得成佛？""若达心地，所作无碍。"马祖道一主张"即心即佛""平常心是道""无修无证""任运自在"。百丈怀海由"即心即佛"进而提出"即人即佛"说，认为"自古自今，佛只是人，人只是佛"，在马祖"任运自在"的基础上提出"佛只是来去自由"，修禅就是做一个"一切境法都无染，亦莫依住智解"的"自由人"。希运的修禅宗旨是，"即心即佛，无心是道""不用求真，唯须息见""除心不除事""终日不离一切事，不被诸境感"，即此身心便是"自由人""自在人"。

义玄继承发挥惠能以来的禅法，形成自家的禅学体系，主要包括："诸法皆空"的真正见解；"回光返照"的主体自觉；"歇心息念"的修证门法；"治病解缚"的宣教方法；"独脱自由"的修行归宿。

一、"诸法皆空"的真正见解

诸法皆空，是佛教的世界观。原始佛教首先着眼于"人空"，认为现实的人是由"色、受、想、行、识"五种因素结合而成，从生到死，要受"十二因缘"的支配，没有一个独立自主、常恒不变的"自我"主宰人生，因此"人无我"或者说"人空"。大乘佛教由此推而广之，认为不但"人无我"，外部世界的万物也是"因缘和合"而成，是无自性"空"，称"万法皆空"或"我法俱空"。其中般若中观学派侧重以"缘起论"证论"当体空"。《般若波罗蜜多心经》云："色不异空，空不异色，色即是空，空即是色。"《中论颂》云："众因缘生法，我说即是空"，"未曾有一法不从因缘生，是故一切法无不是空者"。《金刚经》云："若见诸相非相，即见如来。"此派空观理论传入中土，曾引起"六家七宗"的争论，最后僧肇加以总结，以"不真"故"空"，"即万物之自虚，不假虚而虚物也"，简明地表达了般若空观的思想实质。瑜伽唯识学派吸收了般若中观学派的"因缘""假名"说，但又把因缘空最终归结到"心识"上，侧重以"唯识"论空。《三十唯识颂》云："由假说我法，有种种转相，彼依识所变""一切有为无为，若假若空，皆不离识"。由于诸法"依识所变"，如梦幻空花，所以"非为实有"。中国禅宗自道信始，融合般若与唯识思想作为禅修的世界观，而在诸禅师语录中多是以"唯识"说"空"，临济义玄亦然。他说：

> 世出世诸法，皆无自性，亦无生性，但有空名，名字亦空。你认它闲名为实，大错了也。设有，皆是依变之境。缘何如此？我见诸法空相，变即有，不变即无。三界唯心，万法唯识，所以梦幻空花，

何劳把促！①

　　你欲识三界么？不离你今听法的心地。你一念心贪是欲界，你一念心真是色界，你一念心痴是无色界，是你屋里家具子。三界不自道我是三界，还是道流目前灵灵地照烛万般，酌度世界的人与三界安名。

"世出世诸法"，即世俗世界的一切事物和佛教修行所包含的一切法（如三乘十二分教、三十七道品、三界、四生六道、诸佛菩萨等），都是自己的心识所变现的，"变即有，不变即无"，所谓"心生，种种法生；心灭，种种法灭"。因此万事万物不是独立于自己心识之外的实体，没有自生自灭的本性，如同梦中的景物、镜中的花朵，只是空虚的名号，只有自己的心识才是世界万事万物的总根源和主宰。

　　临济义玄认为，世俗的以世界万物为独立实有的见解是错误的，只有"万法唯识""诸法空相"才是对世界的"真正见解"，即真正正确的认识。而这种"真正见解"是修行佛道者必须始终树立的世界观，只有树立了这种世界观，才能达到修行的最终目的，即"生死不染，去住自由"的彻底解脱。他说：

　　　　你且入一切境，尽见诸法空相，皆无实法，若如是见得，是真正见解。

　　　　今时学佛法者，且要求真正见解，若得真正见解，生死不染，去住自由。

　　　　我且不取你解经论，我亦不取你国王大臣，我亦不取你辩以悬

_____

① 《镇州临济慧照禅师语录》，下同。

河,我亦不取你聪明智慧,唯要你真正见解,若达真正见解,方始了毕。

强调树立佛教的"真正见解",是临济义玄禅学思想的一个特点。怀海和希运主张修禅要"心如木石""如痴人相似""不求知解"。当然,"不求知解"只是彻底扫荡世俗的知解,但要建立"一切尽不分别"的佛教的特殊"知解"。临济义玄则把"真正见解"作为修禅的认识基础和第一要务,要从根本上改变修禅者的世界观,从而破除对宇宙万有实在性的执着,达到不被宇宙万有所系缚的目的。

二、"回光返照"的主体自觉

义玄一方面宣扬"万法唯识""诸法空相"的世界观,否定宇宙万有的实在性,另一方面则高扬自我之"身心"。他发挥"即心即佛""即人即佛"的思想,要求修禅者"回光返照",认识自我,建立我即祖佛、祖佛即我的自信自觉。他说:

> 你言下便自回光返照,更不别求,知身心与祖佛不别。
>
> 五台山无文殊,你欲识文殊么?只你面前用处始终不异,处处不疑,此个是活文殊。

人的"身心"与祖佛的身心没有任何差别,因此把你的眼光从外部世界收回来,反观自己的身心,明白自己就是活佛活祖。义玄批评那些不相信自己是活佛活祖,"屈言我是凡夫,他是圣人"的人,是"披他师子皮,却作野干鸣,大丈夫不作大丈夫气息"。

为使学人树立我即佛祖的自信,义玄一方面把人提升为佛祖,另一方面把佛祖还原为历史的人,破除佛教给释迦牟尼佛祖加上的超人的神圣光环。义玄说:

> 道流,你若道佛是究竟,缘什么八十年后向拘罗城双林间侧卧而死去? 佛今何在? 明知与我生死不别。你言三十二相八十种好是佛,转轮圣王应是如来,明知是幻化。古人云:如来举身相,为顺世间情,恐人生断见,权且立虚名,假言三十二,八十也空声,有身非觉体,无相乃真形。

释迦牟尼佛祖并不是超人的神,和平常的人一样有生有死,"三十二相八十种好"全是后人的虚构,是为了诱导众生皈依佛教而权且设立的虚名,并非实有。真正的佛不是各种佛的形象,而是自己无形无相的"本心"。"外求有相,与汝不相似,欲识汝本心,非合亦非离。""你要与祖佛不别,但莫外求。你一念心上清净光,是你屋里法身佛;你一念心上无分别光,是你屋里报身佛;你一念心上无差别光,是你屋里化身佛。……明知是光影。大德,你且识取弄光影的人是诸佛之本源。"所谓三身佛,都是自己心的"光影",是从自己心中产生的。

在人与佛的关系上,传统佛教是佛的地位高于人,人是凡,佛是圣,因此人膜拜佛、归依佛。慧能的"自性即佛"说,把佛安置于人心中,佛与自我的心性合一。临济义玄认为,佛是人心的"光影",是自心变现出来的,自心是佛的本源,这竟把人与佛的地位颠倒过来了,突出了人佛关系中人的主体地位,把对外在佛菩萨的膜拜转为对自我主体的高扬。

三、"歇心息念"的修证门法

传统佛教以"八正道""六度"等为修行方法,以此达到消除"旧业",摆脱"轮回",证得佛道之目的。惠能提出了"无念无住""顿悟成佛"的简易法门,成为禅宗共通的禅法。马祖道一进而主张"道不用修""平常心是道""任心即为修",对后世影响很大。禅宗把"心"分为"体"和"用"。"心体"是"真如""佛性",是一尘不染的"清净圆明体";"心用"是"见闻觉知"意识活动,是虚妄的、迷染的。因此修证佛道,就是去掉"染心""妄心","直下无心,本体自现"如"云散日出",便"见性成佛"了。

义玄在此基础上提出了"歇心息念""内外无求"的修证门法。自我是"真佛",不假外求,若有外求即是"造业",永不能解脱;若歇心息念,内外无求,即是"解脱""证悟"。他说:"你一念心歇得处,呼作菩提树;你一念心不能歇得处,呼作无明树","一念即无,随处解脱"。扩而言之:首先,就修证者自身本来是佛,圆满俱足,不曾欠少。"你今用处欠少什么,一道灵光,未曾间歇","修补何处?"所以完全用不着外求佛道,如果驰求,那是多此一举,如同"头上安头"或"舍头觅头","迷头认影"。其次,外在的佛道,都是梦幻空花,即使求得者,也不是真佛,其结果反而被幻象系缚,丧失自我。"你只么幻化头上作模作样,设求得者,皆是野孤狐精魅,并不是真佛。""菩萨罗汉尽是枷锁,系缚人的物","你若求佛,即被佛魔摄;你若求祖,即被祖魔摄"。

不应向外求佛道,那么是否可以向内求佛道呢? 义玄的回答也是否定的。他说:"山僧说向外无法,学人不会,便向里作解,便即倚壁坐,舌柱上颚,湛然不动。取此为是祖门佛法也,大错是你!"为什么呢? 因为"真佛""真法""真道"是自己的主体精神,是"一道灵光",它是无形无相，无所不在，灵动不居的，无从把捉的。"你若动处捉他，他向不动处立，你若向不动处捉他，他向动处立。""若眼定动，即没交涉，拟心即差，动念即乖。"所以传统"住心看净、举心外照、摄心内证、凝心入定"的禅法，"皆是造作"。不论内外，一切有所求全都是"造业"，"六度万行齐修，我见皆是造业，求佛求法是造地狱业，求菩萨亦是造业，看经看教亦是造业。"所得到的只是"幻相""无常""苦果"，并没有真正解脱。

为什么"看经看教亦是造业"？义玄说："法者是心法，心法无形，通贯十方，目前现用。人信不及，便乃认名认句，向文字中求，意度佛法，天地悬殊。"在义玄看来，"心法"是无限的、无形无相的、灵动不居的；语言文字、名词概念所表达的是有分限的、有确定对象的、固定化的，两者截然不同。佛法在每个人自己心中，不在心外，不是经论文字。所以"看经看教"与"心法"相背，得不到佛法。为此，义玄甚至说"三乘十二分教是拭不净故纸。"有人问："三乘十二分教者不是明佛性？"义玄云："荒草未曾锄。"王常侍一日问义玄，禅僧们"经又不看，禅又不学，毕竟作个什么？"义玄云："总教伊成佛作祖去。"对于讲授经教的人，义玄痛骂他们是"如把屎块子向口里含了，吐过与别人。"读经看教是"向枯骨觅汁"，"向一切粪块上乱咬。"

四、"治病解缚"的宣教方法

基于"歇心息念"，内外无求、内外无着，方能"得道""解脱"的思想，义玄在传法中建立了一套以彻底剥夺人们的正常认识的宣教方法。义玄认为，他的传法不在于从正面给人增加什么，而在于彻底剥夺人们现有的一切执着，称之为"治病解缚"。这实际上是佛教"遮破两边，以显中道"，以及"无念为宗"方法在传教中的应用和发挥。其目的是使得学

人达到毫无系缚的绝对自由和毫无境相的"毕竟空"境界,这种境界是不能言说和思维的,所以是无任何境界的境界。其具体方法为:

"逢着便杀"。义玄说:"你欲得如法见解,但莫受人惑,向里向外,逢着便杀。逢佛杀佛,逢祖杀祖,逢罗汉杀罗汉,逢父母杀父母,逢亲眷杀亲眷,始得解脱,不与物拘,透脱自在"。里外,即自我和外境,亦称人、法。"杀",即破除、斩断。破除对内对外的一切执着,斩断自己心中对佛祖、罗汉、父母等各种对象的系念崇拜,不被这些对象所系缚。

"四料简"。义玄为了彻底破除学人的内外执着,根据学人执着的不同,因材施教,采取四种破除方式,后人概括为"四料简"。即:"有时夺人不夺境,有时夺境不夺人,有时人境俱夺,有时人境俱不夺"。对于已无境执而尚有人执的人,要"夺人不夺境",即破除他的人执。对于已无人执,尚有境执的人,就要"夺境不夺人",即破除他的境执。对于即坚持人执,又坚持境执的人,就要实行"人境两俱夺",即把他的人执境执同时破除,使之人境俱泯,无人亦无境。对于人境俱不执的人,即达人境俱空的人,就人境俱不夺,一任自然。

"四照用"与"四料简"基本相同,旨在根据不同对象,采取不同方法,以破除学人的人执和法执。"我有时先照后用,有时先用后照,有时照用同时,有时照用不同时。""照"是破除法执,"用"是破除人执。根据学人执着的不同程度,或先破法执,或先破人执,或人执法执同时破除,或人法俱不破除(因为已无人执法执,无需破除)。以彻底破除人执法执为目的,灵活应用,不拘一格。

喝打兼施。喝打兼施是义玄接引学人常用的方法。禅宗曾用"德山棒,临济喝"来概括两人的宗风。义玄的喝打兼施学自黄檗希运。《临济录》记载:"师(义玄)到大愚,大愚问:什么处来? 师云:黄檗处来。大愚问:黄檗有何言句? 师云:某甲三度问佛法的大意三度被打,不知某甲有过无过？大愚云：黄檗与么老婆心切，为汝得彻困，更来这里问有过无过！师于言下大悟。"此后义玄在传法中充分应用喝打的方式接引学人。"如诸方学道流未有不依物出来的，山僧此间从头打，手上出来手上打，口里出来口里打。未有一个独脱出来的，皆是上他古人闲机境。山僧无一法与人，只是治病解缚。"

传教中单纯的语言说教还不够，有时要用非语言的喝打方法警醒学人，以猛烈突如其来的喝打，截断思维，立即放弃执着。学人无论以什么方式表现出来，只要有所执着，就是"病"、就是"缚"，都要随时予以彻底打消，使之"独脱出来"。"喝"即大喝一声。据说马祖一喝，使百丈怀海"三日耳聋"。义玄传法多用喝，并认为"喝"中很有问学，喝中分"宾主"，即从喝中可以看出喝者见解的高低。喝有四种作用："有时一喝如金刚宝剑，有时一喝如踞地金毛师子，有时一喝如探竿影草，有一时喝不作一喝用"。

禅宗非语言的传教方式，还有扬眉瞬目、竖拂子等各种表情和动作，乃至怪异行为，以互相测试对方见解的深浅，称为"斗机"，一度盛行甚至泛滥。对此，禅宗中有人赞颂，认为它是"大机大用"的"接机应化"方式；有人反对，认为它是毫无意义的儿戏，"尽是邪魔所作"。

五、"独脱自由"的修行归宿

百丈怀海认为，"佛只是来去自由"，修行佛道的目标就是做一个"于一切境法都不染"的"自由人"。黄檗希运认为"终日不离一切事，不被诸境惑，方名自在人"。义玄以"独脱自由"的"无依道人"为修行归宿。

所谓"独脱自由"，就是时时处处都是自己作主，不受外界都任何影响。"不被境转"，"不受人惑，随处作主，立处皆真，但有来者，皆不得受"，没有任何束缚，完全自由自在。

在义玄看来，人人都有内在的精神主体，它是人的原本真心，是无形无相的，灵动不居的，义玄称为"无位真人"或"无依道人"。义玄说："赤肉团上有一无位真人，常从汝诸人面门出入。""此无依道人虽是五蕴漏质，便是地行神通。""即今目前历历地听者，此人处处不滞，通贯十方。""你欲得生死去住著脱自由，即今识取听法的人，无形无相，无根无本，活泼泼地。"

"无位"，没有固定的位置，不停留于某一处，不受时空限制。"无依"，独立不依，不依赖于任何条件。"无根无本"，它不是派生的，不是被支配的，是自本自根的，没有什么作为它的根本来支配它。"无位真人"或"无依道人"存在于肉身之中，支配肉身的活动，通过肉身的喜怒哀乐、言行举止表现出来，但它"入火不烧，入水不溺"，"处处不滞，通贯十方"，不受任何客观条件的限制，是绝对自主自由的。

在义玄看来，现实的每个人本来都有绝对自由自在的精神主体（无位真人、无依道人），但接触外界（包括语言、境象）后，被外界迷惑、系缚、支配（"被物拘""被境转""受人惑"），而"不得自由"。因此修行佛道的归宿，就是不受外界的一切束缚和支配（"不被物拘""不被境转""不受人惑"），实现精神主体的绝对自由自在，让精神主体自由自在地支配自己的思想与言行举止，"随处作主、立处皆真"。在日常实际生活中表现为随缘任运、无拘无束、任心而为，放任自然、悠闲自在。他说：

> 佛法无用功处，只是平常无事，屙屎送尿，著衣吃穿，困来即眠。约山僧见处，无许多般，只是平常著衣吃饭，无事过时，但能消旧业，任运著衣裳，要行即行，要坐即坐。孤峰独宿，一食卯斋，皆是苦身心，还招苦果，不如无事，纯一无杂。

不要刻意用功,不要思前顾后,不要有任何杂念,自由自在地生活,这就是佛法,这才是修道人的归宿,是内在"无位真人""无依道人"的实现!

临济义玄的禅学,不再追求超越世间的"常乐我静"之涅槃,不再追求超越凡人的"觉行圆满"之佛果,也不是追求来生彼岸的极乐世界;不拘泥于"六度"等传统修持方式,不依赖崇奉佛教经典,不崇拜佛菩萨。而是追求现实人当下的独立自主、自由自在,做一个"自信、自主、自在"的"自由人"。临济义玄的禅学,深化了慧能"自性即佛""不假外求"及怀海、希运做"自由人"的主张,摆脱印度佛教的束缚,使佛教中国化向前推进了一步。

临济义玄禅学的"自觉、自信、自主、自由"思想,最明显的影响是陆王心学,这里不妨作一比较,两者不仅思想相近,而且言语也几乎相同。如:

义玄强调自觉自信,要有"大丈夫汉气息",不上"古人闲机境"。陆九渊说:"今人略有些气馅者,多只是附物,原非自立也,若某则不识一个字,亦须还我堂堂地做个人。""有一段血气,便有一段精神。""自立自重,不可随人跟脚,学人言语。""自觉、自成、自道,不倚师友载籍。""学苟知本,六经皆我注脚。"①

义玄说:"心法无形,通贯十方,在眼日见,在耳日闻,……"陆九渊说:"人心非血气非形体,广大无际,变通无方,倏焉而视,倏焉而听,倏焉而言,又倏焉而动,倏焉而出千里之外,又倏焉而穷九霄之上。"

义玄要人们歇心息念,内外无求,向里向外逢着便杀,人境俱夺,方

---

① 《象山先生全集》第三十五卷,下同。

能悟道。陆九渊说："人心有病，须是剥落，剥落得一番，即一番清明。后随起来，又剥落，又清明，须是剥落得尽，方是。"

义玄认为"无依道人"圆满自足，"不曾欠少"。陆九渊说："收拾精神，自作主宰，万物皆备于我，有何欠缺！"

（此文是1987年硕士毕业论文主体部分的编辑。之所以选此文，是因为此文是在萧萐父、唐明邦先生的指导下完成的，里面凝聚了恩师的关心和心力。）

王船山易学与中国传统哲学的终结

萧汉明

一、引言

16 世纪末叶,正当资本主义生产方式在衰老的中国封建社会母体中开始萌发之际,激烈的阶级矛盾、民族矛盾也发展到空前白热化的阶段。与此同时,西方文明开始陆续传入中国,构成了对东方古典传统文化的日益强烈的撞击。此后将近一个世纪的时间内中国社会一直处在包括政治、经济、文化在内的全面大动荡时期,中华民族面临着重大的历史抉择。

正是在这种形势下,在士大夫阶层中涌现出一大批卓越的思想家。他们在政治上猛烈抨击封建君主专制制度,在经济上为刚刚萌芽的资本主义生产方式鸣锣开道,在文化上对封建独断论和空谈心性的理学流弊进行清算。他们对市民的情趣与意愿,对妇女在封建礼教长期束缚下的极不合理的社会地位,寄予同情,并为之呐喊。还在自然科学上提倡质测之学,并对西方文明表现出热情和关注。他们便是活跃在明清之际的中国早期启蒙学者。

作为中国早期启蒙思潮中哲学战线上的一面旗帜,王船山的博大精深的哲学体系,既是对古典传统哲学反复汰炼与深沉反思的结晶,又是对当时大动荡的社会现实矛盾的哲学概括和总结。王船山的哲学无疑标志了中国传统哲学的终结,但却未必能因此而断定是对传统哲学的总结或集大成。他对传统哲学的精华既有淋漓尽致的发挥,又存在颇具近代意味的割舍。尤其令人惊异的是在他那纯然属于传统的思维方式和表达方式中,时而又可见到远远超出近代而与现代十分贴近的思想光辉。然而,同其他早期启蒙学者一样,王船山是一个带着一身浓厚封建气息的士大夫阶层的知识分子。他的哲学思考在主观上只不过是为了修补业已衰老和腐朽的封建社会,而时代却使他的哲学超越了自我。

如果说,在政治、经济以及文化的诸多表层和中层的结构方面,人们已经从十五六世纪文艺复兴运动中找到了中国17世纪早期启蒙思潮的参照,那么要对处在文化深层结构的哲学,特别是王船山哲学,找到走向近代的类似参照,情况就要困难和复杂得多。造成这种复杂局面的原因,不仅在于17世纪中国独特的历史条件,更主要的还在于中西哲学发展所经历的不同道路。

古希腊罗马的朴素唯物论,被中世纪的宗教神学堵塞了前进道路,基本上中断了发展进程。作为这一哲学的最高成就,也只不过为人们提供了一种朦胧的整体观,缺乏细节的描叙,依赖于粗浅的直观。当近代科学开始以细节的描叙分门别类地建立起各种具体的实证学科时,朴素唯物论很快便为一种新的世界观——形而上学所取代。形而上学,是文艺复兴运动的哲学标志,它在近代科学的基础上产生,又为近代科学的发展提供了方法论依据。

　　在东方，朴素唯物论的发展未曾遭遇到宗教神学的野蛮干预，因而获得了充分扩展的机缘。东方古代的数学、天文、历法、地学、物候、医学、乐律等学科，无不沉醉在这种充分扩展的朴素唯物论的思维模式之中，并在这种思维模式中探索和寻求自身的完善。东方古典的思维模式不仅在辩证分析方面提供了朴素形态的细节描叙，而且在辩证综合方面提供了许多朴素类型的综合模型。因此，它是一种较古希腊罗马哲学更高层次的充分扩展的思维模式，由这种成熟的朴素哲学为起点而走向近代的中国哲学，理应有它自身独具的特征。

　　然而事实上，中国近代一直未能形成成熟的哲学形态，这是中国资本主义萌芽与发展的坎坷不平所必然导致的结果。反之，中国近代哲学的难产，也大大延缓了中国资本主义的发展速度。但这并不妨碍我们从早期启蒙思潮中去探寻中国近代哲学的若干端倪。

二、改铸传统哲学：弘扬辩证分析，割舍辩证综合

　　王船山以"乾、坤并建为宗，错综合一为象"的易学框架建构的哲学体系，可以简要归结为"缊缊化生论"。这个理论体系结构，不仅涵盖了他的自然观，而且涵盖了他的历史观和文化史观。

船山哲学体系的结构：缊缊与化生

　　王船山的缊缊化生论，将太极视为一个自我蓬勃扩展的过程，并将这个过程划分为两个逻辑阶段，即未有形器之先与既有形器之后，而矛盾则存在于这两个阶段的全过程之中，未有形器之先，是矛盾的潜在状态，即所谓"缊缊太和"；既有形器之后，是矛盾的实现状态，即所谓"万有化生"。这两个阶段之间的关系，又被归结为体与用，或常与变、一与

万、密与显、固有与是生、未发与已发等关系。

未有形器之先,阴阳未分,无象无形,呈"二气交相入而包孕以运动之貌"(《周易内传》卷六),是一个"理气充凝"的实体。"此理气遇方则方,遇圆则圆,或大或小,纲缊变化,初无定质。"(《思问录外篇》)而后来展开的一切要素都潜藏其中,至足富有,人不可得以见闻。如同一粒粟种,根茎叶蕊虽未发,但所有这些因素都以密集的方式函活在粟种之内,为其所固有,后来之既形,正是这些因素的成熟扩充,臻于光大。

纲缊太和在一定情况下进入相遇(即相摩)、相感(即相荡)状态。相遇相摩,即同类相聚相循,阴阳双方各自集聚力量,使浑沦太极"分一为二",相峙而立。相感相荡为阴阳的交叉运动,即双方力量集聚到一定程度后发生相互渗透、相互吸引、相互制约、相互对立等作用,相峙而立之阴阳因之"合二以一",有象有形的具体事物由此而产生。这个"一—二—一"或"合—分—合"的过程,是王船山哲学体系由"未有形器之先"的纲缊太和转向"既有形器之后"的万有化生的起始环节,意在探讨事物产生过程中阴阳的矛盾运动及其各自所起的不同作用。

既成形器之后,潜在的矛盾逐一扩展开来,成为人们可以感知的现象世界。在这个逻辑阶段,王船山广泛探讨了事物的客观性与规律性(如论"器"与"道"、阴阳与动静等)、事物自我蓬勃展开的趋向和条件(如论"生"与"变"、"变正"与"变不正"等)、事物运动过程的周期性(如论"终"与"始"、"死"与"生"、"变"与"通"、"有序"与"无序"等)、必然性与偶然性、稳定性与变动性(如论"必"与"妄"、"常"与"变"等)、事物运动发展的内在根据及其具体轨迹形成的原因(如论阴阳矛盾的普遍性与特殊性、论"神"与"化"等)。

对阴阳学说的弘扬与发挥

王船山被人们尊为中国 17 世纪的辩证法大师,主要基于他在自己的哲学体系中所展现出的卓越的辩证分析的才能,及其在辩证分析方面所取得的前所未有的成就。以他在矛盾观方面所达到的精湛辩证分析水平为例,即可窥其一斑。

在矛盾普遍性问题上,王船山认为,阴阳的对立统一是“行乎天地而俱有之”的,“阴阳非有偏至之时,刚柔非有偏成之物”,无论何时何地,都不存在阴或阳独立孤有的状况,两者是“两相倚而不离”“合同而不相悖害”的。在细缊太和阶段,阴阳浑沦无间,是一种至和状态;阴阳既分以后,阴阳更不可偏废,“未有形器之先,本无不和;既有形器之后,其和不失,故曰太和”(《张子正蒙注》卷一)。

所谓“和”,指的是阴阳这两个对立面的统一,即所谓“同功无忤者谓之和”。阴阳双方,阳刚健而阴柔顺,阳数奇而阴数偶,“情异数畸”,“清浊异用”,本来是互相对立、互相排斥的,但一经相配而合,则“和而相互为功”。王船山中年时期对“和”的论叙,主要偏重于矛盾的同一性,主张“和”是“两端”归于“一致”的结果。到晚年,他明确看到矛盾的斗争性或差异性并存在统一体中,提出了“异而不伤其和”的重要命题,放弃了他在初著《周易大象解》时,将“和”“党”“争”当作互无联系的三种并列状态的观点。这一重大的进展,使他在矛盾的同一性与斗争性问题上臻于完善。

阴阳本为对立的两种因素,何以会成为统一体呢?王船山不仅自觉地提出了这一问题,而且还进行了缜密的探索。他提出:“天不偏阳,地不偏阴,所以使然者谁也?”对这个问题的最简便也是最古老的回答是“异性相吸”,而王船山却并不满足这一点。他从阴阳双方的内在关系上寻找答案,认为是阴阳自身互相作用的结果,即是“道”的“主持”与

"分剂"的结果。他说:"《易》固曰:'一阴一阳之谓道'。一之一之云者,盖以言夫主持而分剂之也。"(《周易外传》卷五)分剂,指阴阳双方在结合时因具体条件的影响,各在统一体中占据一定的地位,并呈现出一定的数量上的比例关系。"分剂"皆因时而宜,自然形成,不存在任何事先确定的呆板关系。主持,指的是将阴阳结合起来的一种聚合力量,这种力量是阴阳双方各自"相遇""相摩"到一定程度后集聚而成,然后在双方的交叉运动即"相感""相荡"中发挥出来。对此,他曾作过一个说明:"分剂之之密,主持之之定,合同之之和也。"(《周易内传》卷五)"密",阴阳双方所处地位以及比例调配的细密程度;"定",双方结合起来的牢固的稳定性;"和",由"主持而分剂"的作用所达到的对立统一。他从阴阳自身的"主持而分剂"入手,对阴阳两端如何走向统一所进行的研究,是对辩证矛盾观的一大贡献。

由于"分剂"的作用,阴阳双方的地位和力量对比呈现出多种多样的互相区别的形态,这就是矛盾的特殊性。王船山以《周易》的六十四卦为对象,将矛盾的特殊性概括为六组十二种形态。他以乾、坤并建的矛盾形态,代表整个宇宙在总体上阴阳二气均衡状态。但并非所有的矛盾都是均衡的,对具体事物而言,阴阳双方皆因各自不同的情况互相作用、互相制约而自然形成,或至纯至杂,或纯杂类聚与相间,或老少之齐与不齐,或多少之均之不均,皆因时因事随处而居,相因而成。所谓十二种形态,亦不过粗率列举而已,事实上根本没有一成之例为之定准。

王船山的矛盾观广泛探讨了对立的同一性与斗争性、普遍性与特殊性,还探讨了统一体中阴阳消长所引起的主辅关系的变化以及内因外因的关系。可以说,现代辩证分析哲学在矛盾观上所达到的成就,王船山通过对传统哲学的反思与发挥,以及对当时社会矛盾的概括,已经十分贴近。但王船山的哲学没有在此基础上进而探讨复杂事物之间的矛盾关系以及复杂矛盾的层次结构。现代辩证分析哲学可以由此上升到辩证综合,而王船山却只能停留在辩证分析阶段,甚至对朴素的辩证综合直接加以否定,乃至断然舍弃。在这方面,最明显不过的事实是他对五行功能模型的否定态度。

对五行学说的抨击与割舍

在传统哲学中,与阴阳学说相并行的是五行学说。两者之间的结合,体现了传统哲学在朴素辩证分析与辩证综合上的统一。同阴阳学说一样,五行学说也经历了一个漫长的发展时期,并且逐渐在史学、天文学、地学、术数、外丹、气功、医学等众多领域得到推广与运用。但作为一种辩证综合的功能模型,五行学说的成功运用主要体现在中医学的典籍之中。

自奠定中医理论基础的《黄帝内经》起,五行学说所体现的功能模型作用日益完善和发展,直到今天仍被有效地使用着。中医以五脏为主体配五行,旁及五方、五气、五味、五色、五情、五体、五志、五官、五声、五谷、五虫、五季等,构成了人体的内外机制的整体性网络系统。以生理状态而言,脾属土,肺属金,肾属水,肝属木,心属火。在平气条件下,五脏功能呈循环相生与五角交叉相克并存状态,反映出多功能之间相互依存与相互制约的关系,从而使这一整体网络呈现为一个个相对独立而相互交织的扇状制化三角区。如土生金,金克木,木克土;金生水,水克火,火克金;水生木,木克土,土克水;木生火,火克金,金克木;火生土,土克水,水克火。生化中有制约,制约中有生化,使人体生命始终保持一种循环不已的动态平衡。这便是中医学基础理论中著名的生克制化原理。然而人生存在大自然中,无时无刻不受到天体运动、气候变迁、饮食居住环境、生活习俗、精神面貌、社会交往等各种因素的影响,扰乱了人体气血运行节律与五脏功能的动态平衡。五脏之间如果相克不及，如金之功能不足以制约木，则木对土的制约便会太过。前克之不及，导致后克之太过，这种状况在中医病理学上称之为相乘现象。相克关系的另一种现象为相侮(即反克)，如金不能克木，而反为木所克。相乘的次序与相克同，相侮则与相克反。相乘与相侮皆因五行中一个以上的环节过于亢盛或虚弱引起的，如不及时加以调节，将会在乘侮网络上产生连锁反应。

五行结构的自我调节功能，可以在乘侮网络上产生相复，即"有胜之气，其必来复"(《素问·至真要大论》)，使五行功能恢复正常。若这种自我调节功能丧失，有胜气而无复气，人体便会大受损伤。这便是中医基础理论中另一条著名原理，即乘侮胜复原理。明末伟大医学家张介宾对五行功能模型给予高度重视。他说："盖造化之机，不可无生，亦不可无制。无生则发育无由，无制则亢而为害。生克循环，运行不息，而天地之道，斯无穷已。"(张介宾《类经图翼·五行统论》)在全面总结五行学说的基础上，他进而提出"五行互藏"之说，认为五行之中，复有五行，"五五二十五，而复有互藏之妙焉"。张氏的这一思想，将五行功能模型的辩证综合推向了更深层次。(明代赵献可、清代何梦瑶对"五行各有五"也先后进行过论述。)

王船山的哲学体系是一个圜状结构体系，即以绲缊太和为起始，经历化生不息的扩展，最终又散而复归于绲缊。这个体系的特征，表现为单项系统的横向和纵向的线性分析，其结果至多能够构成一个孤立的平面网络。至于像五行结构这样复杂的立体网络系统，在王船山的哲学体系中是根本无法容纳的。

王船山认为，所谓"五行"，不过为"民生所必用之资，水火木金土，缺一而民用不行也"，至于五行之间的生克关系，则完全是"战国技术之士私智穿凿之所为”的“邪说”。“五行同受命于大化，河图五位浑成，显出一大冶气象，现成五位俱足，不相资抑不相害，故谈五行者必欲以四时之序序之，与其言生也，不如其言传也；与其言克也，不如其言配也。”（《思问录外篇》）“不相资”，则无所谓相生；“不相害”，则无所谓相克。故“非有相生之说也”，“非有相克之说也”。尤其从他对五行相克的批驳手法上，可以看出他的思维方法。他说：“医家泥于其说，遂将谓脾强则妨肾，肾强则妨心，心强则妨肺，肺强则防肝，肝强则妨脾，岂人之府藏，日构怨于胸中，得势以骄而即相凌夺乎？悬坐以必争之势，而泻彼以补此，其不为元气之贼也几何哉！”（《思问录外篇》）将相克关系从五行生克制化原理中孤立出来，以夸张的手法进行归谬推理，由此得出结论：“五行无相克之理，言克者，术家之肤见也。”（《思问录内篇》）将生克关系转释为“言其气之变通，性之互成”，进而只承认五行之间仅有“相传”“相配”的外部联结，五行的整体网络结构因而被完全割裂。一个擅长于辩证分析的大师，在辩证综合上却深深陷入静态的孤立的泥坑之中。戊戌维新时期，译介与传播西方自然科学与哲学最力之严复，也将批判的锋芒指向五行学说。他尖锐地指出：“五行者，言理之大垢也。所据既非道之真，以言万物之变，乌由诚乎！”他认为五行学说与西方的科学道理相悖，如相生相克关系只是主观的臆测，用以说明事物的变化，“开口便错”，故“五行实为厉阶”，是科学工作者之大忌（《穆勒名学》按语）。站在实验科学的立场上，对五行结构理论进行的这种严厉的剖判，反映出西方近代崛起的形而上学思潮对东方古典思维模式的撞击。

王船山从对传统哲学的反思上毅然否定五行功能模型，实质是对朴素的辩证综合的思维方式的否定。直到戊戌维新时期的严复，从西方实验科学的立足点上严厉剖判五行学说，与王船山的反思殊途而同归。这是中国哲学走向近代的一个耐人寻味的文化现象。五行功能模型,由于它在朴素形态上所达到的辩证综合水准,使它首先成为近代哲学所应突破的目标。同时,由于它与近代思维方式的格格不入,使它像一道屏障,不仅堵塞了中国近代科学起步的道路,同时也妨碍了西方实验科学的传播,从而构成了中国近代哲学难产的深刻的思想根源。

三、线性分析的结局之一:打破绝对界限,又自陷绝对之中

在改铸相对主义上,王船山成功地将相对性纳入到自己的辩证法体系,并在一定范围内,既看到事物的质的相对稳定性,又说明某种绝对的界限是不存在的。

在定点分析与线性分析上,打破绝对界限

王船山认为,一切对立物之间都不是"截然分析而必相对待"的。对立的双方或者可以互相往来,或者可以互相包含,或者可以互相渗透,其间不存在绝对的界眼,故不必"忧其终相背而不相通",而应该"乐观而利用之,以起主持分剂之大用"。王船山的杰出之处在于,他在否定对立双方之间的绝对界限的同时,并不否认对立双方的差异性。以天地之间的关系为例,虽说"其界不可得而剖","然不能无所承而悬土于空,无所隙而纳空于地。其分别之限,必清必宁而不可以毫发杂者,辨莫辨于此际矣"。相对之中有绝对,天与地的差别和界限还是存在的。这就使他的辩证思维与以相对性否定绝对性的相对主义相区别。

王船山有关绝对与相对关系的论叙是在有限的范围中进行的。这个有限范围主要指统一体中对立双方的关系,在方法论上属于通常所说的两点论,亦可称之为定点分析。再进一步,在对事物发展的具体过

程的考察中,王船山也在一定程度上运用到绝对与相对的辩证思想。以量变与质变为例,他清楚地意识到事物的发展有一个"因为量增""增长而盛"的过程。在这个过程中,量的变化不单纯是数量的增减。他说:"盈虚之变,非聚然而遽成,必以渐为推移,而未变者已早变其故。"量变已经包含了部分质变,因此量变与质变的界限也是相对的,是相对中的绝对。

这种对事物发展的具体过程所进行的分析考察,属于线性分析的范围。如果再加延伸,进到平面的或立体的网络状态,王船山便陷入被他否定过的绝对界限之中。

在类的分野上自陷绝对之中

王船山认为整个客观世界是互相联系互相依存的,是"彼与此相涵","无彼无此而不可破"的。但这与类系统之间是否存在着绝对的界限,尚不是同一个问题。事实上,万物由缊缊状态为起点,生长、壮大,最后消亡而复归于缊缊,具体的扩展过程都是在各自的类范围中进行的。而类与类之间,在他看来,根本不可能出现由此变彼的情形。

他说:"盖自天化而言之,则万象不同之形体,大化不齐之气应,各自为道,而非由此而变彼。"(《周易内传发例》)既然"各自为道",则必然"各从其类以相际","万变之理相类续而后成乎其章"(《周易外传》卷五),类的界限被赋予绝对意义。既然不可能由此而变彼,那么,物界的变异性又从何说起? 王夫之并不懂得物种的起源与变异。在他看来,一粒粟尽管可以生长出万粒粟来,但终归还是粟。"露雷霜雪,各以其时,动植飞潜,各以其族。必无长夏霜雪、严冬露雷、人禽草木互相淆杂之理。"这种对物的种类的绝对分野,使他的自然观多少带有文艺复兴时期著名生物学家林耐的"物种不变"说的特征。

虽然,他认为在人事方面,由此变彼的情形,是广泛存在的。但这也仅限于人的行为所导致的结果的差异,尚未涉及人类社会行为的类的分野。在人类社会活动的综合考察上,王船山并不能提供超出他自然观的更好的方法论。在他评史论政的丰富的著作中,尽管有许多卓绝的见解,但常常因为方法论上的局限,使他在许多具体事件和历史人物的评价上,以点代面,失之偏颇。

错综结构再评议

在建构易学思想体系时,王船山提出:"以乾、坤并建为宗,错综合一为象"的结构设想,也是建立在定点分析和线性分析基础之上的。"乾、坤并建",以纯阳之乾与纯阴之坤,代表整个宇宙范围内阴阳在总体上的对立统一,即所谓"立天地阴阳之全体"。但世上并无纯阳纯阴之物能独立孤存,故乾、坤并建实际上只具有逻辑上的意义。"乾、坤并建",相当于"未有形器之先"的絪缊太和阶段,是万物尚未扩展的潜在矛盾形态。所谓"错综合一为象",则是潜在矛盾的现实扩展,相当于"既有形器之后"的万物化生阶段。因此,进一步考察他在错综问题上的论叙,对于了解王船山的方法论是十分必要的。

错综,是易学中的一对重要范畴。一般说来,同位之阴阳爻全部相反相对的两卦为相错,一卦之爻位上下颠倒而构成另一卦的这两卦为相综。王船山从"相错"引申出事物之间的向背、同异、赢诎、消长等关系;从"相综"引申出事物之间的往来、升降、屈伸等关系。

笔者曾经认为这种错综结构,属于一种复杂的整体网络结构,是朴素哲学所提供的一种辩证综合的手段。事实上则恰恰相反,这种错综结构的综合手段,并不能反映复杂事物之间的整体网络关系。无论是单纯的相错与相综,或者是错综同象,反映的都不过只是两卦之间的对立统一关系。四卦一体的错综结构虽然接触到小范围的网络关系，但体与体之间却是毫无联系的，在整体范围内表现为孤立存在的小系统。这种在整体上的形而上学的综合，是王船山将类概念绝对化的必然结果。在定点分析和线性分析上，王船山否定了"截然分析而必相对待"的绝对界限，并将这种绝对性辩证置于相对之中；但在总体网络分析上，却认为"动植飞潜，各以其族"，决无"人禽草木互相淆杂之理"，从而自陷于类的绝对界限之中。由此，使他提出的错综结构表现为鲜明的静止的孤立分析的特征。

王船山一方面在辩证分析上充分完善和发展了传统哲学，另一方面则力图打开传统哲学辩证综合的缺口。

四、线性分析的结局之二："新故相推"的自我蓬勃展开，潜在与存在的无穷循环

新故相推的发展观

王船山将事物的发展看作自身"新故相推"的蓬勃展开，始终将注意力放在认识事物自身运动的源泉上，即事物自身阴阳对立统一的作用之上。这种阴阳对立统一的作用，被称为"机"，是推动事物前进的内在根据和动力。"万物无往而非机"，"机"普遍存在于一切事物的发展过程之中。两气包孕，升降飞扬，缊缊不已，势不可止者，谓之"气机"。推动浑沦太极相遇相感者，谓之"生机"。事物成象成形，推动其成熟扩充者，谓之"化机"。

整个客观世界是"变化日新"的。从根源上说，"阴阳—太极之实体，唯其富有充满于虚空，故变化日新"。从内外因关系上说，事物方生之始和既生之后，总要不断从外界吸取"天产地产之精英"，所以才会

"新故相推,日生不滞"。事物衰老死亡之后,散而归于太虚,经过重新摩荡形成新的理数组合。这是一种新质,而不是故物的简单再现。故"生"就是革故,而不是拘守已经陈腐的归物。"守其故物而不能日新,虽其未消,亦槁而死"。既然万物都是"新故相推,日生不滞"的,那么就人类社会生活而言,"一代之必废,而后一代以兴;前王之法已敝,后更为制作","革前王之命,当革之时,行革之事",正是遵循了"荣枯相代而弥见其新"的普遍法则,取"物之不用用其已然而以改革为用者也"。这种锐意改革社会的哲学,是王船山"变化日新"的发展观必然导致的结论,代表了明清之际早期启蒙思潮的时代精神。

在探讨事物的发展运动的具体轨迹上,王船山研究了"神"与"化"的关系。化,指事物的已陈之迹;神,指造成化迹的动力。王船山认为,天地无心而成化,自然界的变化不是依人的意志为转移的。"盖天之大命,有千百年之大化,有数十年之时化,有一时之偶化,有六合之大化,有中土之时化,有一人一事之偶化,通而计之皆无妄。就一时一事而言之,则无妄者固有妄也"。从空间与时间上说,客观世界出现的一切变化轨迹,"皆阴阳偶合之条理,自然之变化"。"条理"是通过"偶合"实现的。"非待量筹调剂以曲赴乎事物",人不可以某种固定不变的比例配方强加于自然界,也不可以己之私意测度事物的每一步进程必然于此或必然于彼。"神行气而无不可成之化",无论人之好恶与否,其"纵横出入,随感而不忧物之利,则人所谓妄者,皆无妄也"。一切偶然发生的变化,都有必然的因素存在其中,"神"正是"无妄"与"有妄"、必然与偶然的统一。"化无定体,万有不穷,难指其所在",故"圣人不能取必于天","此则神之所以妙万物而不测也"。"在天者即为理",强调的正是这样一种客观事实:一切偶然出现的事物,都有必然性存在其中,即都有它存在的合理性与内在根据。因此,这是一个非常具体的闪光思想,是 17 世纪我国早期启蒙运动中必然要出现的理论曙光。

线性分析的唯心论归宿

王船山的"变化日新"的发展观是一套相当完整且系统的理论，充满了勃勃生机，反映了早期启蒙学者在"天崩地解"的时代，强烈要求变革社会的愿望，但这种发展观却严重地受到他的哲学体系和分析方法的制约，使他在许多重大理论问题（特别是社会发展观的一些关键性环节）上陷入唯心论和形而上学。

在分析方法上，他对事物的发展只能注重到单线的过程。他正确地看到"事之所由成，非直行速获而可以永终"，"以天化言之，寒暑之变有定矣"，"以人物言之，少老之变有定矣"，即这种大成之序是不可移易的，是一定要出现的。而其具体的行程则"无渐次之期"，因而是不可以"刻期不爽""刻期而数"的。但他却无法理解单线的曲折性正是整体诸多单线网络交织的结果。这使他不得不常常回到"絪缊太和"的本体上去寻找答案。他说："天自有其至常"，"神非变幻无恒也"，"天之神化惟不已，故万变而不易其常"。所谓"至常"，指"絪缊太和"中固有的潜在的各种要素，任何事物的运动变化都只能是这种"固有"的展开，不可能超越这种"固有"。"天下之动，虽极乎万变之至赜"，而莫不"同函于太极之中"，任何事物的运动变化都不能超越这一范围。

王船山曾经将这种思维模式应用到人类社会历史的研究上，然而我们在他丰富的有关社会发展及其不平衡状态的各种论叙中，却无法找到人类社会也有这样一个"至足富有"的絪缊本体。

关于势的训释以及理势相成之说

在社会发展观上，王船山认识到人类历史是由野蛮而渐进入文明的。"轩辕以前,其犹夷犹乎! 太昊以上,其犹禽兽乎!"到夏、商、周三代,才跨入人类文明的大门。"孔子垂训之后",道术始明。唐朝以降,"聊修仁义之文,而天下已帖然受治",文明的程度已经进入到较高的发展阶段。社会制度也经历了由部落制到封建制,再到郡县制的演进过程。"洪荒无揖让之道,唐虞无吊伐之道,汉唐无今日之道,则今日无他年之道者多矣"。道随器变,人类社会文明的发展也是"变化日新"的。王船山在分析社会文明发展的原因时,多少接触到人类物质生活以及由此而产生的包括阶级矛盾在内的种种社会矛盾对历史发展所起的推动作用。人们通常将他的这些思想概括为理势合一的历史观。

对"势"的训释,大致有两种说法:

一种意见认为:"势"指客观历史实际的自然过程,"理"则是社会发展自然过程的必然规律。这种解释可能据王船山"在势之必然处见理"一语而来。但此"必然处",指的是"不容违阻"之时,并非指理的必然性。王船山一般用"道"说明事物运动的规律性和必然性。他说:"道者,一定之理也,于理加'一定'两字方是道。乃须云'一定之理',则是理有一定者而不尽于一定。气不定,则理亦无定也。理是随在分派位置得底。道则不然,现成之路,唯人率循而已。"(《读四书大全说》卷十)。因此,不能以道字与理字同解。"理"字不能解释为必然性或规律性,"势"字解为自然过程也就相应出现了麻烦。这种麻烦在下面见解中同样遭遇到。

另一种意见认为:"势"指社会历史发展的趋势。此说大约据"郡县之制,垂二千年而弗能改矣。合古今上下皆安之,势之所趋,岂非理而能然哉"(《读通鉴论》卷二)之类语句而来。"势之所趋",言势之用,必成其趋,故势为趋之因,趋为势之果。王船山还说,"趋之而畸重之势又成",则趋亦可为势之因,势亦可为趋之果。合势与趋而谓之趋势,则含势与趋互为因果或因果相衔之意。"趋"可以理解为客观历史实际的自然走向或自然过程,而如果没有"势"的作用,任何走向或过程都是不可能实现的。

"势",就已陈之迹考察,是一种不依个人意志为转移的推动社会运转的内在作用力。所谓"一动而不可止者,势也"(《读通鉴论》卷十五),说明"势"相当于他自然观中的"机",与"乘机而为动静""必无止机"等说法完全一致。他在社会历史发展的各种事件和诸多方面的探讨中,都将原因归结为"势",即归结为社会历史的内在矛盾性。如说:"若以古今之通势而言之,则三代以后,文与武固不可合矣",此言文与武的社会分工问题;"封建不可复行于后世,民力之所不堪,而势在必革也",此言政治制度问题;"民本非嚚,上使之嚚,既嚚孰能反之荡平哉? 裒甫方平,庞勋旋起,皆自然不可中止之势也"(《读通鉴论》卷二十七)①,此言农民起义问题。"势",也不是必然与偶然的统一。"势者,非适然也。以势为必然,然而有不然者存焉。"(《春秋家说》卷一)必然偶然云者,言势之时而已,而非必然与偶然也。故将"势"理解为必然趋势,就更为不妥了。

势,作为推动社会历史运转的内在动力,究竟由哪些因素的综合作用所构成? 回答这个问题,远比他在自然观中用"阴变阳合"之类的矛盾观说明"机"要困难得多。的确,"势字精微"啊,对于擅长辩证分析的哲学家而言,王船山是无法对"势"作出进一步说明的。尽管他曾说"夫势之厚也生于积"(《庄子通·逍遥游》),似乎朦胧地意识到"势"是由社会关系中各种因素相积而成的一种合力,但在对具体事件的考察中仍

---

① 嚚,指统治者与民众的和谐关系。《读通鉴论》卷二十七:"古之称民者,曰民嚚,上与民相依以立,同气同伦,而共此区夏也。"这种和谐关系,不是自然形成的,而是依赖在上者的调节,即"调制其性情于早,不可唯意以乱法"。

然只会作线性分析,涉及面也只不过以两至三种因素的作用量定其取向。为此,他力图从势与理的结合上完善他的社会发展观。

理蕴含在二气浑沦未分的缊缊太和之内。气有精粗、善恶、治乱之别,故理有精粗、善恶、治乱之分。气之动或顺或逆,其条理端绪、范围、纹理,是理可以被感知的地方。理依于气,气的不同质地及其运动状况便是理,而盈两间无非一气,故"理字广大"自不待言。理是必然与偶然的统一,"秦以私天下之心,而罢侯置守,而天假其私以行其大公";汉武帝派张骞出征西南,主观动机不过为了满足个人私欲,"然因是而贵筑,昆明垂及于今而为冠带之国"。社会发展的必然性通过人们的偶然行动体现出来,偶然为必然开辟道路,必然存在于偶然之中。

理有顺有逆,顺逆皆理也。势有可否、利害之辨,可否、利害皆人乘势以成事者也。"以其顺,成其可;以其逆,成其否。理成势者也。循其可则顺,用其否则逆,势成理也。"(《诗广传》)"理成势",言人因理而成势也;"势成理",言人循势以成理也。理势相成,皆言人之行事而已。"是故大智者,以理为势,以势从理。"(《春秋家说》卷一)然而这种理势究竟从何而出呢?

缊缊本体,人类社会的起点与归宿

由于王船山不可能科学地从人类社会的全部关系上阐述"理"与"势"这对范畴的深厚内涵,这使他不得不回到主观建构的缊缊本体中去寻找答案。他认为人类社会的发展也是缊缊本体成熟扩充的结果,不仅"理"为缊缊本体之所固有,"势"也不过是缊缊本体中"自然之气机"。这种气机,推动着人类历史的缊缊本体向现实扩展。"缊缊,太和未分之本然;相荡,其必然之理势"。这里的所谓"气机",不过是尚未分解的善气与恶气、治气与乱气的对立统一,而在自然观中则是浑沦未分之阴阳的对立统一。在自然观中称为"机",在社会发展观中称为"势",都是指的推动事物运动变化的内在动力。

在絪缊本体中,机与势都是一种潜在矛盾形态,后来的成熟扩充都不过是絪缊本体由潜在到存在的自身运动。而人类社会并不存在这种絪缊本体,并不存在像自然观中那个能够生出根茎叶花的粟种,但这不妨碍他将人类社会的絪缊本体归结为"天地之气"或"地气"。人有君子、小人之别,原因何在?"君子与小人,所生异种。异种者,其质异也。质异而习异,习异而所知所行蔑不异焉!"把人所秉受的不同的先天气质,看作君子小人之别的决定因素。性有善恶之分,也有治乱之辨,原因何在?"善气恒于善,恶气恒于恶,治气恒于治,乱气恒于乱"(《张子正蒙注》卷一),人性之善恶,社会之治乱,决定性的因素存在于"天地之气"中。就人伦道德而言,善气恶气不过浑沦包孕于絪缊太虚之中,故"以仁义礼智而言天,不可也"(《周易外传》卷五)。不可者,以其浑沦未分之故也,实则其要素尽藏于天命流行之中,"仁义礼智不可为之名,而实其所自生"(《周易内传》卷五上)。就社会之治乱言,"天下之势,一离一合,一治一乱而已。……一治而一乱,于此可以知天道焉,于此可以知人治焉"。可以知天道者,治乱之气浑沦皆备于太虚之中,一治一乱,其必然之理势也。可以知人治者,谓社会之治乱,是潜在于太虚之中的治乱二气的实现与展开。有治乱之气则成势之可否。人循势之可,则治;循势之否,则乱。"方乱而治人生,治法未亡乃治;方治而乱人生,治法未驰乃乱。"(《思问录外篇》)治与乱是可以互相转化的,要在知理之顺逆而乘势之可否而已。

就社会文明之盛衰而言,王船山看到社会兴衰与文质变迁的不平衡现象。"太昊以前,中国之人若麋聚鸟集,非必日照月临之下而皆然也,必有一方焉为唐虞三代之中国也。既人力所不通,而方彼之盛,此之衰而不能征之。迨此之盛，而彼又衰，而弗能述以授人，故亦蔑从知之也"。而他却将其原因归结为，"天地之气衰旺，彼此迭相易也"（《思问录外篇》）。他认为，"天地有流迁之运"，大致每五百年一变。"天地之气，五百年而必复。周亡而天下一，宋兴而割据绝"。"宋之去今，五百年耳。邵子谓南人作相，乱自此始，则南人犹劣于北也。洪永以来，学术、节义、事功、文章，皆出荆、扬之产，而贪忍无良、弑君卖国、结宫禁、附宦寺、事仇雠者，北人为尤酷焉。则邵子之言验于宋而移于今矣。今且两粤、滇、黔渐向文明，而徐、豫以北风俗人心益不忍问。地气南徙，在近小间有如此者，推之荒远，此混沌而彼文明，又何怪乎！"（同上）他看到了社会发展的不平衡以及混沌与文明的转化，但却将其原因归结为天地之气的迭相更易。

物质世界种类繁多，其生也相运相资，其死也相离相反，离之于此，运资于彼，则既生以后，还以起夫方生，往来变动于太虚之中。万物以太虚为起始与归宿，有生有死，此来彼往，以个体或类之间的不平衡发展，实现了整体上的均衡状态。人类社会的兴衰与文质交替也不过仿此而言，"天地之气"或"地气"的迁徙造成了社会的兴衰与文质交替的不平衡状况，但就人类社会总体而言却是均衡的。从船山的哲学体系而言，人类社会的兴衰是由"天地之气"的絪缊状态自身蓬勃扩展的结果，但人类社会并不存在这么一个絪缊本体，这便使他的生气勃勃的社会发展观失去了源头和依托，从而不得不在所谓"至变与大常合而不相悖"，"天下之变不可测，而本能超乎大经"的桎梏中徘徊不前。他的理势相成之说，也因此而多少失去了向人类社会本身索取丰富内涵的唯一途径。

包含着众多合理因素的社会发展学说，其起点和归宿是建筑在虚构的"天地之气"的絪缊本体之上的。

五、分析型哲学的形态转换及其走向近代的特征

分析中有综合,综合中有分析,分析与综合是不能截然分开的。分析中有综合,其综合只是局部的综合,分析在整体上呈现为主要特征;综合中有分析,分析只是分支系统内的分析,综合在整体上呈现为主要特征。就同一层次而言,分析是综合的前提,综合是分析的结晶;就不同层次而言,低层次的综合是高层次分析的基础。因此,在世界观与方法论的意义上,可以将综合——分析——综合的交替运动,看作人类认识能力逐步提高与发展的客观过程,因而也是哲学发展的逻辑过程。

分析型哲学的形态转换

伴随西方近代社会而来的哲学变革,是形而上学的兴起。这种形而上学的哲学,是分析型哲学的一种形态。这种形态,以古希腊罗马时期的粗涩的整体观为基础,将朦胧中的整体分解为互不连属的各个部分,以静止的孤立的方法充实了细节部分的认识,这便是在欧洲近代史上风行了三百余年的以牛顿经典力学为代表的形而上学思潮。分析型哲学的进一步发展,体现为从动态的互相联系的角度考察整体的各个细节。这样一来,"旧的不变的对立,严格的不可逾越的分界线正在日益消失"。恩格斯说:"正是那些强制规定的分界线和类的区别,使现代的理论自然科学带上狭隘的形而上学的性质。这些对立和区别,虽然存在于自然界中,可是只具有相对意义。相反地,它们那些被设想的固定性和绝对意义,则只不过是我们人的反思带进自然界的——这样的一种认识,构成辩证自然观的核心。"分析型哲学的形态因此而由静态分析转变为辩证分析。

中国传统哲学中的阴阳学说,属于分析型哲学中的两点论。阴阳学说的形而上学形态表现为凝固阴阳两点在统一体中的地位和作用,或以两者之间的同一否定两者之间的对立,或以两者之间的对立否定两者之间的同一。《易·系辞上》所谓"天尊地卑,乾坤定矣,卑高以陈,贵贱位矣",是"阳贵阴贱"的典型的定位论。阴阳两点在统一体中的主辅尊卑的地位与作用是凝固不变的。董仲舒说:"天之常道,相反之物也,不得两起,故谓之一。一而不二者,天之行也。"他想说明对立双方一经统一,对立便随之消失,主张"君子贱二而贵一"。宋明道学讲"天命之性"与"气质之性",将两者绝然对立,否定两者之间互相渗透互相影响的同一性。朱熹说:"人只是个天理人欲,此胜则彼退,彼胜则此退,无中立不进退之理。"故只有"革尽人欲",才能"复尽天理"。这种离开"欲食男女"的"气质之性",而高谈"仁义礼智"的"天命之性"的风气,发展至明中叶以后尤显其空疏而虚伪。明亡而封建社会垂危,由这种朴素的形而上学两点论所导致的一系列结论,也都随之发生了根本性的动摇。

中国传统哲学中的形而上学,主要以封建社会的政治思想与伦理思想为土壤,并服务于封建社会的政治与伦理,没有自然科学分门别类的实验与考察作为基础,因而十分粗浅。它在自身发展过程中,不仅随时会遭遇到朴素辩证分析哲学的抨击,而且就哲学家个体而言,也存在不少将辩证分析与形而上学分析交织混存于一体状况。因此一旦封建社会由鼎盛走向衰落,这种哲学便失去了进一步发展和完善的依托。

中国近代哲学的开端及其特征

在传统的形而上学分析型哲学的衰落过程中,朴素的辩证分析哲学则在完善封建社会机制的不断变革过程中得到发展,并在辩证分析的基础上促使传统哲学中，天人合一的整体观发展到朴素的辩证综合阶段。明代末叶，李时珍的《本草纲目》，从无机物到有机物，从植物到动物，从低等动物到高等动物，乃至人类，将1892种药物按三界、十六部、六十类(类下又设若干族)进行分类，建立了中国药学庞大的科学系统。在分析方面，《本草纲目》不仅对每种药物的种类、生存环境、形态、修治方法、性能功效等进行了详尽的研究，而且对植物和动物的遗传与变异也给予了足够的重视。就药物对象而言，《本草纲目》含摄了无机物、植物、动物，乃至人类。就科学分科而言，它不仅仅是一部药物学巨著，而且覆盖了矿物学、化学、植物学、农学、动物学、人体生理学等众多科学。尽管内容如此博大精深，但《本草纲目》却以严谨的结构体系，使全书博而不繁，条理清晰。如果没有相当高水平的辩证综合的能力，要达到这样的境界是绝然不可能的。与李时珍同时而稍后的著名医学家张介宾，在易学与医学已充分发展的基础上，以易学指导医学，将医易会通的优良传统推进到全盛阶段，也充分体现了传统文化在辩证综合方面所达到的理论高度。

　　一般来说，中国传统哲学中的综合成分是从传说中的"绝地天通"开启端系的。在相当长的历史时期内，它以天人感应的神学形态存在于由原始宗教向人为宗教的转换过程之中，并延绵于三代与夏商时期。以"气"为万物本源的理论形成后，从这种朦胧整体观中逐渐产生出以分析为特征的阴阳哲学。五行学说开始也是分析的产物，五行相生相克的理论出现以后，才逐渐形成一种功能模型，为朴素的传统哲学提供了辩证综合的方法。《周易》的八卦哲学的发展也以各种图象建构出一系列辩证综合的模型，有力地促进了辩证综合哲学的发展。到明代末期，综合哲学在医学、天文学、农学等自然学科中得到充分发展，标志了朴素形态的综合哲学在中国传统文化范围内所能达到的理论高度。然而,朴素形态的综合哲学难以提供对于事物细节的认识。正是在这个前提下,17世纪的早期启蒙学者敲响了中国走向近代的晨钟。

以精湛的辩证分析否定传统哲学中的辩证综合,正是王船山哲学所体现的时代特征。船山在类概念上的绝对化,其所得在于类范围以内的辩证分析,其所失则在于类范围之间的辩证综合。然而,所得所失是否该得该失,完全取决于时代需要。所谓哲学是时代精神的精华,是说从文化的深层结构上看,哲学不仅是自己时代自然科学和社会科学最新成就的概括和总结,而且反映着时代的需求和发展趋向。船山哲学的精湛的辩证分析,反映了士大夫阶层在"天崩地解"的17世纪,强烈要求变革社会的时代精神,而他的"至变而不离大常"的体系结构,则暴露了早期启蒙学者政治上的软弱性。船山哲学发展的最佳状态,也只能导致像戊戌维新运动所主张的政治上的君主立宪制。船山哲学在类概念上的绝对化,标志了自然科学发展的新趋向,即由朴素综合型走向学科大分化,那种将天地人三才之道归于一体的自然哲学,已经到了面临大解体的时候。能进一步体现这种趋向的,是戴震的"分理"说。同船山一样,戴震认为:"飞潜动植,举凡品物之性,皆就其气类别之。"(戴震《绪言》卷上),所谓"气类"是指先天所禀受的气的种类,先天的"气类"决定了后天的物类。因此物类一经形成,便"千古如是",不可能出现质的变异,如杏与桃虽同为果木,但"根干枝叶,为华为实,形色臭味,桃非杏也,杏非桃也,无一不可区别"。在这种认识的基础上,他主张对具体事物必须"寻其腠理而析之"。沿着这一思路前进,必然导致各种实证科学纷纷从自然哲学中游离而出,成为独立的实证科学学科。实证科学游离出自然哲学的这种趋向,随着西方文化的传入,先有徐光启、徐霞客、顾炎武、方以智等倡之于前,继有梅文鼎、焦循等兴之于后,推动了以"质测之学"(即实证科学)为主体的"实学"的发展。实证科学的发展以游离出自然哲学为前提,而船山哲学正是以辩证的分析,否定以朴素的辩证综合为特征的自然哲学,故其所得所失都代表了时代发展的方向。

如果说欧洲哲学以形而上学的分析哲学,突破了朴素的整体观,形成了近代欧洲哲学的主流,那么中国哲学则以辩证分析哲学的发展,冲破了成熟的充分扩展的整体观的制约而走向近代。辩证的分析既是形而上学分析的近邻,又是通向辩证综合的桥梁。将点线范围内有效的辩证分析方法绝对化,并以此排斥平面与立体网络范围的辩证综合,这样辩证的分析便转化为形而上学。中国近代哲学正是从这里开始了端绪,但由于整个中国近代社会的曲折运动使中国近代哲学未能在此基础上形成稳定的成熟的近代哲学形态。朴素的综合哲学的缺口打开了,而分析哲学却长期处在辩证法与形而上学的层次紊乱的交织状态之中。当西方哲学由形而上学的分析进到现代的辩证分析,乃至进到当代的辩证综合时,我们除了在辩证分析上受到现代哲学的改造之外,依然困扰在 17 世纪已经开始的那种交织状态之中,尽管形式出现过这样那样的多次变迁,但内容却一直未能进到当代辩证综合的程度。这种困扰的直接后果是,许多在单项系统的研究中擅长辩证分析的人,在复杂系统的全局上往往不能摆脱形而上学的纠缠。

当代已经进入到辩证综合的哲学时代,任何继续以辩证分析取代或否定辩证综合的哲学都将成为时代前进的障碍。时代要求我们沟通传统与现代的有机连接,改进自己的思维方法,接受并推进辩证综合哲学的发展。

（原载于《易苑漫步》,上海古籍出版社 2010 年版。最早刊载于《船山学论》,1993 年 12 月船山学刊社出版。收入《易苑漫步》时,在不影响文义的前提下,删去了部分重复出现的引文与段落。）

熊冯金贺合论

郭齐勇

一

　　熊十力、冯友兰、金岳霖、贺麟哲学是"后五四时期"（20 世纪 30—40 年代）中国非马克思主义哲学的最高成就。

　　熊冯金贺哲学出现的文化背景是 19 世纪末至 20 世纪初，特别是五四时期，在激烈的文化冲突中产生的以现代批评传统和以传统批评现代的双向互流的文化思想运动。

　　正是在这样的文化背景下，通过对中外文化精髓的深层反省，他们摆脱了情绪化的对峙，开始了真正意义上的"新的综合"，即在吸收融化、超越扬弃中外文化遗产的基础上，重建民族文化精神。

　　熊冯金贺哲学出现的时代背景是百多年来深重的民族危机，尤其是贞下起元、民族复兴的抗日战争时期。

　　正是在这样的时代背景下，在艰难困苦、颠沛流离之际，他们满怀深挚而悲愤的忧患意识和中华民族必定复兴的坚定信念，发愤创制了各具特色的民族化的哲学体系，在吸纳古今中西印思想资源的基础上，挺立了民族文化的主体性，为传统哲学的现代化作出了难能可贵的探索。

熊冯金贺共同的、终极的关怀是重建中国哲学，尤其是它的形而上学。

熊冯金贺面临的、必须作出回应的主要有三大问题：

第一，如何从哲学层次上论证中国社会与中国文化的现代化。这是外王学的问题。他们批评了"中体西用""全盘西化""本位文化"诸论，并予以理论上的提升。

第二，在欧风美雨冲刷之后，如何重新寻找我们民族失落了的精神家园，重新确立传统知识分子对于宇宙、人生的根本意义的终极信念。这是内圣学的问题。回答这个问题，不仅对于我们民族具有特殊的意义，而且对于整个人类和世界文化也具有普遍的价值。中国文化价值系统的崩坏、意义结构的解体和自我意识的丧失，集中表现在传统哲学的、宗教的或准宗教的形上世界观的迷失。五四运动对传统文化的冲击，留下了一大片精神或心理空间，转手稗贩来的肤浅芜杂的西学，无法从根本上救治人们无所依归、无所适从的精神或心理危机，即信念、价值、存在与形上的迷惘。在对中西印文化精神反思的基础上，批判继承中国人过去赖以安身立命的终极根据，并且在新时代的背景下予以创造性的转化，发掘其现代意义，论证"人是什么"和"人之所以为人之道"，不仅能寻找一条生路来挽救中国文化的危机，而且能寻找一条生路来挽救现代人的"存在的惶惑"，尤其是对于西方世界出现的工具理性的膨胀、人文价值的丧失、道德意识的危机、生命本性的困惑，能够起到补偏救弊的作用。特殊的中国文化之精神价值对于现代世界和现代人类仍具有普遍的意义。

第三，能否重新使中国哲学挺立于世界现代文化之林，使之与当代世界各种思潮对话,取决于中国哲学家能否现代化地建构我们固有的文化精神、哲学智慧。这是中国哲学自身建设的问题。这种建构、阐释或表达,必须摆脱注经或解经传统,但又不能完全抛弃传统哲学有益的概念、范畴;必须部分地摆脱原有的语言和方法,使用新的语言表达和方法论架构,具有冷峻的理性思辨和严整的体系,但又不能阉割传统哲学的骨髓和风貌、活的精神和丰富的情感;必须从深层次上把握中西印哲学之本质特点,而又不能没有哲学家个人的创见、卓识,不能没有自己独立完整的哲学思想系统和独特的风格。

以上三方面,就是熊冯金贺哲学所以为作、所以能作和所以这么作的共性前提。熊冯金贺哲学所以为作、所以能作、所以这么作的个性前提,乃与他们各自的性格、气质、人生体验、生活经历、学养、知识结构、学术路向、风格、境界及各人所处的不同的文化环境和文化共同体有关。

二

熊十力哲学的中心范畴是"本心""仁体",范畴体系围绕"体与用"而展开。他的"本体",不是僵死、机械、外在、无根的"自然本体",不是与人的活动脱节的、虚构的"精神本体",而是现实、能动、刚健、有活力的人类"生命本体"。此体即是本体即是主体即是现象即是功能。熊氏的"体用不二"将宇宙人生打成一片,合天地万物于一体,强调了人之生命与宇宙大生命的有机、动态的整合,进而认定生生不息、翕辟开阖的宇宙本原即是吾人之真性,即人之所以为人之真宰。

熊氏借鉴王船山哲学,"尊生以箴寂灭,明有以反空无,主动以起颓废,率性以一情欲",通过"举体成用""称体起用""立体开用""由用显体"的论证,突出了生命本体的实有性、能动性、流衍性,使之成为一切文化活动、一切文化成果、一切文化价值的真实的根源。熊氏以这种方式探讨了人的本体论的地位和关于最高存在的思想，以人文主义的自觉，维护了"人道之尊"，高扬了人的主体性和创造性，肯定了现世的、刚健进取的人生态度。这就把中国传统本体论与西方前现代哲学本体论所强调的"存在"之静止的自立性和"存在"高居于超越界，与表象世界截然二分的思想模式的差异更加凸显出来。

熊氏哲学在外王学上继承谭嗣同、章太炎的理路，结合自己亲身参加辛亥革命的实践体验，借助心学和佛学，彰显个性、能动性和自由，主张舍故趋新、不守故常，努力从传统思想资源里寻找"科学、民主、革命、社会主义"的根芽。

熊氏形上学的路数，大体上是孟子—陆王的路数，同时综合了佛学的变化观、周易哲学的生生不已之论，把客体面的大化流行，建基于主体面的日新其德。他的哲学洋溢着勃勃生机。他虽然也间接地受到柏克森、倭伊铿哲学的影响，但严厉批判西方生命哲学把本能、欲望、冲动等与形骸俱始的习气看成生命力的本质。熊氏挺立人的道德主体，强调自我本然的道德心性（良知）的自我觉醒和自家体贴的个人生命体验，将文化生命或精神生命实存地投射或推扩到天地万物中去。在一定意义上，我们甚至可以说，熊氏哲学是生命体验型的道德形上学。

三

与熊十力一样，冯友兰亦以人文的自觉，批评了唯科学主义的误导。冯氏尤其能对维也纳学派"拒斥形上学"的运动作出辨析，指出，中国传统哲学的形上学，是好的、真正的形上学，它看起来不切实用，然而它却能提高人的境界，指导人生，给人以安身立命、乐天知命之根据，使人受用无穷。这是无用之用,是乃大用。经过现代哲学的洗礼,传统形上学完全可以发扬光大。

冯友兰哲学的中心范畴是"理""气""道体""大全",范畴体系围绕"理与气"而展开。他的形上学的路数,大体上是《易》《庸》——程朱的路数。他的特点是以柏拉图、新实在论哲学,以西方的逻辑分析方法来重建程朱理学,凸显了逻辑先在的理世界的主宰性。虽然同是重建道德的形上学,却与熊氏恰恰构成对立的两极。

如果说,熊氏哲学主要讨论的是"本体与主体""主观与客观"的关系的话;那么,冯氏哲学主要讨论的则是"共相与殊相""一般与个别"的关系。熊氏主张"一本",冯氏主张"二分"。熊氏强调的是本体(仁、心)的主体性、自由、个性;冯氏强调的是本体(理世界)的客体性、必然、共性。冯氏的这种倾向,与他访学欧美,体验到的从传统到现代变革的世界大势和人类文明的发展大道有关。冯氏哲学表现出理性的峻峭冷静。

在外王学层面上,这两种哲学其实殊途同归。它们是从不同的角度为中国社会的现代化(即冯氏所说的"中国到自由之路")作论证。冯氏似乎有意回避近代以来高扬主观能动性以弥补动力不足的老路,而另辟新途,从强调人类社会与人类文化发展的共同规律的角度,论证中国的出路在于由家庭为本位的社会转变为以社会为本位的社会。实现这一转变的关键是产业革命、工业化、生产力的发展。这样来"别共殊",使我们在学习外国的问题上持科学的态度,避免教条主义地全盘照搬。因为我们学习的是各民族文化在现代化过程中带有普遍性的东西,如商品生产、科学精神与科学方法、民主制度等等,而不是学习对方特殊的个性层面的内容与形式。共相是必须学的,也是可能学的;殊相是不可能学的,也是不必学的。按这样一个逻辑推导,民族性、个性是当存而不当去者。梁漱溟《中国文化要义》批评冯友兰《新事论》过于强调了"中西之分"大都是"古今之异",认为"中西之分"确实还有一个"中外之别"的问题,即民族文化的个性、特殊性的问题①。冯氏一生反思的是"旧邦新命",一方面保持旧邦的同一性和个性;另一方面促进现代化(新命)的实现。他时而强调这一面,时而强调那一面。在冯、梁反思的基础上,科学地、辩证地认识共相与殊相问题,可以使我们更好地体认和处理民族化与现代化的关系。

在内圣学层面上,熊十力重视人之所以为人以及人的生命境界的独特体验,冯友兰(包括金岳霖)重视的则是人之所以为人以及人的修养的普遍性问题。因此,冯氏没有选择当下呈现良知的路数,而选择了比较平实的、低层次的、格物穷理的路数,通过道德知识的途径和修养工夫,达到本体境界。这个路子具有较大的普遍性和适用性。

冯友兰认为,本体是共相,是有层次的、人之所共有的做人之理、之道。熊十力则强调"本体非共相",意即本性即性即心即理、亦主亦客、即存在即活动,而不是客观、静态、只存在不活动的。他批评"金冯二人把本体当作他思维中所追求的一种境界来想,所以,于无极而太极,胡讲一顿。""本体不可作共相观。作共相观便是心上所现似的一种相,此相便已物化,而不是真体显露。所以说,本体是无可措思的。"②按照熊氏的解释,本体不是理智或知识的对象,不是抽象的一般,不可用理智求索,而只能契悟、冥会、亲证、实践。

按冯氏的路数,道德秩序和宇宙秩序具有客观性。宇宙、人伦,万物各类,都有分别遵循的原理(道),也有整体的原理(道)。事物若要保持完善的状态,它的运行必须在恰当的地位、限度和时间中进行,人的欲望和情感都满足和表现到恰当的限度。然而并不是所有的人都能遵

---

① 见梁漱溟:《中国文化要义》,路明书店 1949 年版,第 29—39 页。
② 熊十力:《致居浩然》(1938 年 3 月 19 日),《新唯识论》语体文本,第 54 页。

循这些道和理，因此，必须通过道德知识和道德教育的作用，使人们觉悟，在日常人伦中穷理尽性，最终达到崇高的精神境界。

在一定意义上，我们不妨说，冯友兰哲学是主知主义的道德形上学。形上与形下、理与气、心与性理暂时分离，然后统一起来。理气不离不杂，先分疏，后整合。这种分析型的道德形上模式，强调道德修养、道德境界提升的层次、模型、标准、规范，显得有理性、有秩序。这就为我们提供了进一步分析事实判断与价值判断、实然问题与应然问题的契机。冯氏讲理气形上学，其良苦用心乃在于改造传统笼统、浑沌、以价值取代事实的思维模式，具有现实意义。

相比较而言，陆王—熊氏之生命体验的道德形上学，对于人们道德行为之内的根据的善良意志等等人性之正面要素，过于地理想化了，强调的是一种自主自律的道德，欣赏当下即是、顿然超悟地把握本体，将人提升到真实本然的高层面；程朱—冯氏之主知主义的道德形上学，在重视人性之正面的同时，似乎对于人性之负面有所警醒，在重视自主自律的道德的同时，又正视道德他律，希冀通过现实自然的低层面，有秩序地上升到道德理想的境界。前者即工夫即本体，后者通过工夫达到本体。前者是逆觉之道，后者是顺取之道。两者并行而不相悖，并育而不相害。

实际上，两者的界限并非那么严格。冯友兰哲学最有生命力的地方并不是枯燥的、略嫌呆板的理、气、道体、大全的推衍，而是他的人生哲学；不是他的正的（分析）方法，而是他的负的（体认）方法。所以，他的哲学也不能完全归于主知主义的道德形上学。

广义地说，冯友兰其人其书，整个地是一部人生哲学；狭义地说，他的人生哲学包括早年的《人生哲学》、中年的《新原道》《新原人》、晚年的《中国哲学史新编》关于原始儒、道、玄学、禅宗和宋明道学之境界的体悟。

冯友兰早年指出："哲学之目的,既在确定理想人生,以为吾人在宇宙间应取之模型及标准,则对于宇宙间一切事物以及人生一切问题,当然皆须作甚深的研究。严格地说,吾人若不知宇宙及人在其中之地位究竟'是'如何,吾人实不能断定究竟'应该'如何。所以凡哲学系统至少必有其宇宙论及人生论。"①这还是"正的方法"。在《新理学》之后,冯氏开始重视被道家和禅宗推至其极的"负的方法"。在《新知言》中,他指出："哲学是对于人生底,有系统底,反思底思想。""形上学是哲学中底最重要底一部分。因为它代表人对于人生底最后觉解。这种觉解,是人有最高底境界所必需底。"②按冯氏的解释:反思的思想是以人生为对象的,在人生中思想人生的思想,是反思的思想。反思到极致,当然必须超越逻辑、超越经验。但是哲学家必须有系统地表达人类精神的反思,又必须使用逻辑分析方法。正的方法与负的方法并不矛盾,倒是相辅相成的。

冯友兰强调："按照中国哲学的传统,它的任务不是增加关于实际的积极的知识,而是提高人的精神境界。""每个人各有自己的人生境界,与其他任何个人的都不完全相同。若是不管这些个人的差异,我们可以把各种不同的人生境界划分为四个概括的等级。从最低的说起,它们是:自然境界,功利境界,道德境界,天地境界。""照中国哲学的传统,哲学的任务是帮助人达到道德境界和天地境界,特别是达到天地境界。天地境界又可以叫作哲学境界,因为只有通过哲学,获得对宇宙的某些了解,才能达到天地境界。但是道德境界,也是哲学的产物。道德行为,并不单纯是遵循道德律的行为;有道德的人也不单纯是养成某些

---

① 冯友兰:《三松堂全集》第 1 卷,河南人民出版社 1985 年版,第 353 页。
② 冯友兰:《三松堂全集》第 5 卷,河南人民出版社 1986 年版,第 165、167 页。

道德习惯的人。他行动和生活,都必须觉解其中的道德原理,哲学的任务正是给予他这种觉解。"①

冯氏的四层境界说,表明人生是一成就道德并超越道德的历史过程,终极目的是成贤(道德境界)成圣(天地境界)。

天地境界,其实是超道德的境界,"同天"的境界。中国哲学的目的,在于提高心灵的境界,达到超乎现世的境界,获得高于道德价值的价值。至此,我们可知,冯氏哲学由主知主义的道德形上学,走向了超道德的形上学。熊氏哲学是由生命体验的道德形上学直接到达超越境界的。两者在内圣学上也是殊途同归,归就归在合内外、一天人、天地万物一体的境界。中国哲学既内在又超越、极高明而道中庸、既入世又出世、既伦理世界又超越世界的特点,于熊之"仁的本体论"和冯之"理的本体论"又得到有力的证明。

四

金岳霖本体论的中心范畴是"道",道即是式(理、形式)与能(气、质料)。金氏范畴体系围绕"式与能"而展开,探讨的主要是共相与殊相、必然与偶然、可能与现实的问题。他融会道家老庄思想、程朱理学和西方亚里士多德、新实在论的思想,创造性地建构了新的哲学体系。金冯二氏在创制本体论时相互影响。

和熊十力哲学一样,金岳霖在《论道》中也肯定了现实世界是一个川流不息的运动变化的无穷历程,肯定了现实世界中万事万物的生灭变动。熊氏哲学试图研究世界运动变化的动力,金氏哲学则着重研究

---

① 冯友兰:《中国哲学简史》,北京大学出版社 1985 年版,第 389、391 页。

世界错综复杂的联系和运动变化的规律。"道"就是总历程、总规律。"道"与"理"作为共相,总是存在于每一具体事物之中。任何具体事物,都含有共相与殊相的矛盾。

　　和冯友兰哲学一样,金氏哲学也讨论共相与殊相的关系,但冯氏《新理学》把世界划分为"理世界"与"器世界",割裂了共相与殊相,金氏则提出"共相底关联潜寓于个体界"①,力图以"个体性"把共相与殊相统一起来。冯氏当年没有认识到"具体共相",金氏体系里,"具体共相"则被保留了一个相应的地位。

　　他以大量篇幅论述世界之"变"中的可能与现实、必然与偶然的关系,以此对中国走向现代化的问题作了深刻的预示和理性的提升。他论证,"道"就是"式—能"的逻辑演变的过程,是能与可能到现实的不断推演的过程。"居式由能,莫不为道"②,"能"出入"式"的过程,就是具体事物的生灭过程。"能"之入于可能,即事理之生;"能"之出于可能,即事物之死。殊相的生灭、具体事物的变动具有偶然性,这种生灭叫做"势";这种生灭变动所依据的固然的"理",是共相的关联,具有必然性。金氏改造传统成语"理有固然,势所必至"为"理有固然,势无必至"③,这就清醒地、深刻地揭示了现实世界的发展规律。我觉得,这是金高于熊、冯的地方。对此,我们不妨作出这种诠释,即无论是外王学上的中国现代化过程,还是内圣学上的道德修养、道德境界的提升,都必须考虑复杂的殊相的生灭和复杂的共相的关联,及其复杂的相互关系,不可能那样理想化。理有固然,势无必至,的确是至尊至上的变的原则。这恐怕对我们考虑现实改革和精神文明建设都有启迪作用。

---

① 金岳霖:《论道》,商务印书馆 1987 年版,第 90 页。
② 金岳霖:《论道》,商务印书馆 1987 年版,第 40 页。
③ 金岳霖:《论道》,商务印书馆 1987 年版,第 201 页。

他实际上批评了并试图改造传统儒家历史哲学和道德哲学的理势关系之论。

金岳霖哲学当然也表达了理想。他把现实世界的无穷变化过程描绘成"无极而太极"的过程。在这一过程中,情求尽性、用求得体、殊相生灭的"势"力求逐渐达到具有典型性和完美性的"理"。不完美不合理的事物都将被淘汰,完美的合理的事物都将会实现。"太极为至,就其为至而言之,太极至真、至善、至美、至如。"①这是一种最高的境界、超越的境界,即金氏最欣赏的庄子之"天地与我并生,万物与我为一"的境界。在一定意义上,我们不妨说金氏形上学是超越的形上学。在终极的境界上,熊冯金哲学显示了一致性。

金氏以逻辑分析方法和本然陈述代替过去哲学家的玄学。金氏元学的优点是概念精确、逻辑严谨、理论缜密,缺点是减却了诗意、韵味、隐喻、多义等如他在那篇著名的《中国哲学》一文中所肯定的中国哲学的长处和优点。这倒可以启发我们考虑新的哲学体系如何在精神、气质、风貌、形式上结合中西哲学的长处的问题。

金氏以"道"为本,把儒道墨兼而有之的"道"作为中国文化区的中坚思想和中国思想中最崇高的概念、中国人思想与情感两方面的最基本的原动力。在金氏心目中,此"道"是成仁赴义、安身立命之道,是一形而上者、实存之本体和最终的目标。真正的人,"忧道不忧贫""铁肩担道义",以行道为安,达道为得。这一"道"并不脱离现实,并不脱离现象,就在现实和现象之中。这又与熊、冯思想一致起来。

金岳霖说,研究元学和研究知识论必须采取不同的态度。"研究知识论我可以站在知识论底对象范围之外,我可以暂时忘记我是人,凡问

---

① 金岳霖:《论道》,商务印书馆 1987 年版,第 212 页。

题之直接牵扯到人者,我可以用冷静的态度去研究它,片面地忘记我是人,适所以冷静我底态度。研究元学则不然,我虽可以忘记我是人,而我不能忘记'天地与我并生,而万物与我为一',我不仅在研究底对象上求理智的了解,而且在研究底结果上求情感的满足。……知识论底裁判者是理智,而元学底裁判者是整个的人。"①金氏反对以科学问题代替哲学问题,反对将科学的概念、思想、方法引申到哲学范围,反对将哲学视为具体科学之综合。可见金岳霖的本体论研究,仍然持人文主义的立场。与熊、冯一样,金也十分关注至善问题和真善美统一的问题,这也是人生的终极关怀之一。与熊、冯不同,金虽然给予道德问题以一定的地位,也表达了理想,但似乎并没有局限于道德的理想主义。在这一方面,他表现得很有理性、很冷静。

金岳霖的《知识论》是技术性很高的专业哲学,他的《逻辑学》则对改变国民的思维方式起了积极的作用。

五

贺麟哲学,论者一般谓为"新心学"。其实不确,准确地说,贺氏哲学是中学西学、心学理学两面之调解的"理想唯心论",是道德的理想主义和理性主义统一的形上学。

贺麟认为,作为宇宙人生之真理、万事万物之准则和真善美永恒价值的"道",即是本体,而精神则是主体。"若从体用的观点来说,精神是以道为体而以自然和文化为用的意识活动。根据这个说法,则精神在文化哲学中,便取得主要、主动、主宰的地位。自然也不过是精神活动

———————————

① 金岳霖:《论道》,商务印书馆 1987 年版,第 17 页。

或实现的材料。所谓文化就是经过人类精神陶铸过的自然。所谓理或道也不过是蕴藏在人类内心深处的法则。"①

贺麟认为,民族复兴,本质上应该是民族文化的复兴。因为中国百年来的危机,根本上是一个文化的危机、文化上的失调。中国文化上的国耻,早在鸦片战争以前就出现了。根本原因是儒家思想的腐败、消沉、僵化、无生气、失掉孔孟真精神和应付新文化需要的无能。"五四时代的新文化运动,可以说是促进儒家思想新发展的一个大转机"。其"最大贡献在于破坏和扫除儒家的僵化部分的躯壳的形式末节,及束缚个性的传统腐化部分"。"西洋文化之输入,无疑地亦将大大地促进儒家思想之新开展。"②

贺麟认为,问题的关键在于中国人是否能够真正彻底、原原本本地了解、把握、吸收、转化、利用、陶熔西洋文化以形成新的儒家思想、新的民族文化。他反对将儒学或民族文化褊狭化、浅薄化、孤隘化。贺氏主张吸收西洋艺术、基督教精华和正宗哲学(苏格拉底、柏拉图、亚里士多德、康德、黑格尔),使儒学艺术化、宗教化、哲学化,使儒学更加发挥其指导人生、提高精神生活和道德价值的特殊功用。他建议在哲学上建立"仁的宇宙观"和"仁的本体论"及"诚的宇宙观"和"诚的本体论",这实际上是儒家道德形上学的两种路数,熊冯即这两种路数的最新代表,贺则主张综合之。

贺麟清醒地看到,中国哲学非不玄妙而形而上,但却疏于沟通有无、主客的逻辑桥梁,缺少一个从本体打入现象界的逻辑主体。"逻辑的心"即逻辑主体,是贺氏哲学的中心范畴。"逻辑的心","乃一理想的超经验的精神原则,但为经验行为、知识以及评价之主体。此心乃经验

---

① 贺麟:《文化与人生》,商务印书馆 1947 年版,第 32—33 页。
② 贺麟:《文化与人生》,商务印书馆 1947 年版,第 2—3 页。

的统摄者、行为的主宰者、知识的组织者、价值的评价者。自然与人生之可以理解，之所以有意义、条理与价值，皆出于此"①。他希望用西方哲学表现得较为充分的逻辑理念法度、普遍规律知识系统之"心"，加强中国哲学表现得较为充分的道德行为、价值评价之"心"。这一"理念之心"是认识和评价的主体，万事万物的本性精华。万物之色相、意义、条理、价值之所以有客观性，即由于此认识的或评价的主体有其客观的必然的普遍的认识范畴或评价准则。万物的意义、价值由主体所赋予。由此出发的唯心论，是即心即理、亦心学亦理学的精神哲学。

贺氏的理路，是融合陆王、程朱，而以康德批判哲学、黑格尔精神哲学加以提扬和重释。可以说，当代港台新儒家实际上是循此路径而发展的。贺氏认为，他的唯心论不离开生活、文化或文化科学而空谈抽象的心，即既注重神游冥想乎价值的宝藏，又求精神的高洁与生活之切实受用，不落于戏论的诡辩、支离的分析、骛外的功利、蹈空的玄谈。因此，他这种唯心论，"就知识之起源与限度言，为唯心论；就认识之对象与自我发展的本则言，为唯性论；就行为之指针与归宿言，为理想主义"②。这种唯心论，在政治方面注重研究决定整个民族命运的命脉与精神，在道德论上持尽性主义或自我实现主义，在人生论上持理想主义。

贺麟哲学讨论了心物问题与知行问题。在心物问题上由心物平行说发展到心体物用论，把自然之物和文化之物都看成精神的表现。在知行问题上，他强调了知行之间的动态整合，并据行为心理学、意识现

① 贺麟：《近代唯心论简释》，《哲学与哲学史论文集》，商务印书馆 1990 年版，第131 页。
② 贺麟：《近代唯心论简释》，《哲学与哲学史论文集》，商务印书馆 1990 年版，第134 页。

象学和近代哲学的身心学说重新诠释宋儒和孙中山的知行关系学说。

在本体方法学上,他综合了熊冯金的方法论,主要是在胡塞尔现象学的启发下,提出直觉理智两端互补的学说。他认为,本位方法或哲学方法是由"前理智的直觉"到"理智的分析"到"后理智的直觉",由"感性直观"到"知性直观"到"理性直观"。"直觉方法一方面是先理智的,一方面又是后理智的。先用直觉方法洞见其全,深入其微,然后以理智分析此全体,以阐明此隐微,此先理智之直觉也。先从事局部的研究,琐屑的剖析,积久而渐能凭直觉的助力,以窥其全体,洞见其内蕴之意义,此后理智之其觉也。直觉与理智各有其用而不相背。无一用直觉方法的哲学家而不兼采形式逻辑及矛盾思辨的;同时,亦无一理智的哲学家而不兼用直觉方法及矛盾思辨的。""据此足见直觉与理智乃代表同一思想历程之不同的阶段或不同的方面,并无根本的冲突,而且近代哲学以及现代哲学的趋势,乃在于直觉方法与理智方法之综贯。"①

贺麟以狄尔泰、柏格森、斯宾诺莎的直观法为参照,比照朱熹的直观法,认为朱子实在他们之上。他对于中西哲学的生命层面、价值层面的体悟能力很强,他强调天才的直观与严谨的系统的统一,生活体验与逻辑法则的统一,整体的、当下的、瞬时的直接把握与理性方法的统一。虽不免有新黑格尔主义的痕迹,但仍包含着部分的真理。直觉不仅是思维方法,同时是一种生活态度,是精神修养达到的最高境界;直觉也不仅是道德的敏感,而且同时又是超道德的、艺术的、宗教的、哲学的洞见和神契。贺氏在强调充实、发展人生和逻辑、体验、玄思方法之统一上,与熊冯金殊途而同归。

---

① 贺麟:《宋儒的思想方法》,《哲学与哲学史论文集》,商务印书馆 1990 年版,第181、183 页。

六

综上所述，熊冯金贺通过不同的理路，使用不同的中心范畴与范畴体系和不同的方法学重建了传统形上学。他们的不同路向，既渊源于传统哲学的不同学派，又反映了中西学术思想传统的区别和现代西学的不同走向，从而在传统形上学的现代建构及其世界化方面提供了不同的模式。他们的共识是：以人本反对物本和神本；吸纳西学，发掘并发展作为民族文化精髓的形上睿智或本体论的洞见。

形上学或曰本体论、存有学，是关于最高存在或终极存在问题的探讨，是关于人与世界之关系，人对自身及其存在于其中的世界的一种整体的觉识、觉解。中华民族历史上不同学派的哲人有着不同的形上智慧，其中也有相同的看法。这样那样的一些根本看法，无形中成为中国人特别是中国知识分子的精神主宰或精神支柱，制约着他们的行为方式和思维方式。熊冯金贺从中概括出中国文化区的中坚思想，尽管分别命名为"体""理""道""仁""诚""心"等等，但大体上捕捉到中国人关于世界和自身之觉解的共同本质，把握了人之所以为人、中国人之所以为中国人之"本"，即人生最根本的信念、信仰、依托、根据和动力。"本立而道生"，"先立乎其大者"。他们一致认为，无论人们从事什么活动，政治的、经济的、科学的、文化的，如此等等，都必须有作为终极存在物的本体的支撑，失去了这一终极托付，就会像断了线的风筝，或如王阳明《咏良知诗》所说的："抛却自家无尽藏，沿门托钵效贫儿。"一个国家、一个民族抛弃了它，就会变成文化的殖民地；一个人抛弃了它，就会变成没有道德人格、没有主心骨的逐臭之蝇，就会异化成"非人"。熊冯金贺哲学的中心和重心，盖在于此。

20世纪,现代人的处境是荒谬的、支离破碎的。20世纪的西方哲学,无论是现象学、存在主义、符号学,还是哲学人类学、解释学和西方马克思主义等等,从根本上来说,是为了解决现代人精神的惶惑、形上的迷失、人生的危机和人与神、人与自然、人与人、人与自我情感、自我意识的疏离。熊冯金贺哲学发展了传统本体论关于人在天、地、人、物、我之中的地位和人生的义务、责任、价值和终极意义的学说,并加以重新解释,把传统儒、释、道的世界观、宇宙观、人生观、价值观的有益成分加以重新建构,并介绍到国外,这是具有世界意义的贡献,是中国哲学走向世界的可贵尝试。他们的哲学并不比并世的外国哲学逊色。

熊冯金贺哲学各有自身的局限,有自身内在的冲突与紧张。其实就在熊氏之"体用"、冯氏之"理气"、金氏之"式能"、贺氏之"知行"等等主要范畴的论述上,我们不难发现其中的内在矛盾、疏漏或不够通达之处。但他们毕竟是20世纪中国最有才气、最有贡献的哲学家。对他们和他们的哲学必须予以正确的评价。

如何定位? 研究熊冯金贺哲学与它们前后左右哲学的关系,是正确定位的前提。以愚之见,熊冯金贺哲学实在是若干重中间环节,不仅是传统哲学与现代哲学的中间环节、中国哲学与西方哲学的中间环节、中国哲学与海外华人哲学的中间环节,而且是我们今天青年一辈哲学工作者反思传统、回应现代、呼唤明天的中间环节。我们只能通过他们,而不能绕过他们。他们的地位就在这里。

（原载于《哲学研究》1991 年 3 月第 2 期；《新华文摘》1991 年第 5 期转载；又发表于台湾《哲学与文化》1991 年第 7 期。）

中国哲学与世界哲学

马克思主义中国化的理论与方法初探

段启咸

明确提出马克思主义的中国化是在 20 世纪 30 年代,而关于马克思主义要应用于中国与中国情况相结合的表述,早在五四时期已有了,不过当时的认识很不深切。中国共产党长期努力实行马克思主义的中国化并取得伟大的成功,但也有过失误和深刻的教训。全面总结以前的经验教训,深入研究马克思主义中国化的理论与方法,对于现阶段进一步正确实行马克思主义中国化,为澄清种种误解,批驳那种说马克思主义中国化就是封建化的谬论,是很有必要、很有意义的。

马克思主义哲学的中国化是马克思主义中国化的重要组成部分,它与马克思主义的其他组成部分的中国化有联系也有区别。只因哲学理论的抽象化和普遍化程度高,其中国化的过程更复杂,需要一定的中介。但这种区别不是根本原则的。所以本篇把马克思主义哲学的中国化放在马克思主义的中国化中进行一体论述,只在某些地方略作特别阐述。

一、正确理解马克思主义是使其实现中国化的思想前提

正确理解马克思主义是马克思主义中国化的重要思想前提。如果对马克思主义本身没有正确理解而去实行中国化，这就会离开马克思主义越来越远，对实践也是有害的。这有一系列问题值得反思。

马克思主义的中国化是指把马克思主义的普遍真理实行中国化，即找出在中国的具体实现形式。马克思主义的普遍真理体现在马克思主义创始人马克思、恩格斯及其发展者列宁等人的著作中，然而他们的著作中的各种论断并不都是普遍真理。马、恩生活于西方社会的环境中，列宁虽然生活在横跨欧亚的俄国及后来的苏联，但俄国社会最有代表性的特征是与西欧一致的。他们的著作是依据西方的历史发展和当时的现实情况，并批判继承西方文化遗产的积极成果和总结无产阶级斗争经验写成的，所阐明的种种观点，有很多体现人类历史发展和认识发展普遍规律的普遍真理，但也有不少纯粹是反映西方特殊情况的特殊真理，普遍真理与特殊真理交错在一起，而普遍真理常常带有西方特殊的表述形式，使两者难以区分。马、恩和列宁又没有处处说明他们的思想哪些是普遍真理，哪些是特殊真理，只能靠我们研究他们的著作去发现和作出区别，把马克思主义普遍真理拿来实行中国化，而那些特殊真理则不必并且也难于实行中国化。至于还有些针对非常具体的问题和情况所作的陈述，可称作陈述事实的真理，更没有必要实行中国化。当然，依据西方特殊情况作出的只适用西方的特殊结论，虽不要搬到中国来，但经典作家观察和解决这些问题的方法，对于我们仍有启发意义，只是我们不能把这种意义和普遍真理等量齐观。过去教条主义者

不加区分地把经典作家的一切论断都当作普遍真理搬到中国来造成的危害,我们现在再也不能重复了。

由于历史具体条件的限制和人的认识的复杂性,马克思主义经典作家有的个别结论或论述本来不很正确或者不完善,但当年人们没有觉察出其不具有真理性或者说是不完善的真理。马克思、恩格斯依据资本主义私有制条件下社会化生产的商品市场经济,导致了生产无政府状态和周期性的经济危机,推断出以公有制为基础的社会主义社会消灭商品经济的结论。过去我们把这个结论当作适用一切社会主义国家的普遍真理来应用,结果限制了我国经济发展。实践证明这一结论对于经济文化条件落后的社会主义国家是不适用的,起码可以说,对我国社会主义初级阶段是不正确的。经典作家当年对未来社会的设想,也难以避免作出与社会发展实际不相符合的过于理想化的论断,他们的著作中的论述,也不可能句句是真理。即使他们当年说的是真理的思想,如马克思曾断言无产阶级革命要在西方主要资本主义国家同时发生才能胜利的观点,随着后来历史条件的变化而失效,这是人们早已知道的。这就告诉我们,必须谨慎对待马克思主义及中国化,要敢于抛弃那些不具有真理性或者当年曾是真理后来已经过时的观念。

就是那些普遍真理,其普遍性的程度也有不同。况且马克思主义真理也和其他科学真理一样,并不能在其被发现时就能确定其适用的准确界限,随着人们在实践发展中视野的扩大和认识的深入,真理的界限可能扩大,也可能缩小。恩格斯曾以气体的压力与体积成反比的波义耳定律说明了这一点。这一定律在当时发现后被认为是普遍适用的,后来人们发现其不适用某些情况,特别是因压力而液化的气体,当压力接近液化开始的那一点,它就失效了,对它适用范围的条件给了越来越多的限制。马克思主义真理也有这种情况,当《共产党宣言》发表时,说到目前一切社会的历史都是阶级斗争历史,直到摩尔根发现原始社会没有阶级以后,恩格斯才在再版这个宣言时,加注说明是有文字记载以来到资本主义社会的历史是阶级斗争历史,限定了原有观点的适用上限。马克思主义哲学原理,是适用于自然、社会和思维的最大普遍性的真理,然而马克思主义哲学创始人对其原理的一些表述形式,从根本说是他们处的时代特点赋予的,不能不受到时代条件的限制。如恩格斯曾把形式逻辑比作初等数学,辩证法比作高等数学,即辩证法是比形式逻辑更高超得多的思维方法。形式逻辑从 15 世纪下半叶到 19 世纪中叶的 400 年间处于停滞状态,没有比其在中世纪的水平高出多少。从这种状况看,恩格斯当时这种比喻式的表述有一定根据。但从 19 世纪下半叶开始,特别进入 20 世纪以来,形式逻辑得到了长足进展,产生了数理逻辑。现代形式逻辑与现代高科技紧密联系,促进电脑的产生与发展。现在再坚持像恩格斯那样把它看作低于辩证法的初等东西就显得很不恰当了。可见,有些普遍真理的表述形式也不得不随时代变化加以改变。

正确理解马克思主义体系也是正确实行马克思主义中国化的一个重要前提。列宁说马克思主义是严谨而完备的世界观体系,毛泽东强调要系统地而不是零碎地学习马克思主义,邓小平更明确指出马克思主义是一个科学体系,都是要我们认真地去把握这个科学真理体系,防止和克服肢解这个系统的主观片面性的错误。现代科学系统论告诉我们,任何系统都是由许多要素构成的有序结构的功能系统,并为我们正确认识事物提供了系统方法。

马克思主义是由哲学、政治经济学和科学社会主义三大要素,即三个小系统构成的大系统,每个小系统又是由很多原理、范畴要素构成的。多年以来,研究马克思主义的人总是对马克思主义各部分实行分割孤立的研究，这就不能不造成对整体及各部分理解的严重局限性。这种状况现在应该改变了。现在虽然没有人再像林彪那样说学习马克思主义只要背警句、记几条，但是片面引用马克思主义的个别观点而置其他原理不顾的遗风仍然存在，有待进一步克服。如何把握马克思主义系统和各部分的系统的有序结构，至今仍然是一个需要深入探讨的问题。马克思主义哲学讲物质决定意识，意识是物质的反映又具有反作用于物质的能动性，这里说的"决定""反映""反作用"，应是马克思主义哲学系统的有序性的一个表现。"决定"作用是前提，"反映"是中介，过去脱离这种前提与中介去讲意识的能动作用，就颠倒和打乱了哲学原理的次序，破坏了马克思主义哲学的结构，造成了有害的后果。现在如果忽视意识的能动作用，忽视正确的思想教育的作用，也将破坏马克思主义哲学的结构，这会把一些人引向成为丧失灵魂的经济动物，使经济发展失掉政治思想保证而走入迷途。马克思主义有系统结构，自然也就有整体的质和整体功能。马克思主义整体的质是其阶级性与实践性、革命性与科学性的统一，脱离了这种统一，片面强调某个方面，就会破坏其整体的质，发生有害的质变。过去片面强调阶级性、革命性而干了蠢事，现在不能走向另一个片面又干蠢事。马克思主义系统的整体质即是其各组成部分的共同的质，但各组成部分还有特殊的质。就马克思主义哲学系统而言，其整体的质是唯物论与辩证法的统一、世界观与方法论的统一，具体化到自然观和历史观上，也都是唯物的与辩证的，因而自然观与历史观也是统一的。所以马克思主义哲学的每个原理都应作唯物而又辩证的理解，既是世界观又是方法论的表现。过去说马克思主义哲学的显著特征是其阶级性与实践性，实际是以马克思主义各组成部分的共同质取代了其哲学的特殊的质，这不利于对其哲学的特殊的整体质的研究。

马克思主义作为一个开放动态系统,必须与人们的实践环境和文化环境不断交换信息才有生命力。这种和环境交换信息的过程,既是马克思主义发挥功能的过程,也是引起其自身的吐故纳新的过程。通过实践检验,把过去曾被认为是真理而实际上是不正确的思想,或者过去是正确的而现在已过时的观点,洗刷、筛选出系统之外,同时把总结实践的新经验与文化发展的新成果得出的新结论,整合于系统中来使之成为其中的新内容和因素。如果把马克思主义与环境隔离开使之成为封闭系统,就会使其凝固为僵死的教条,丧失其真理的具体性和过程的本性。由此也看到正确把握马克思主义系统,对于实行马克思主义中国化何等重要。

如何掌握马克思主义的实质而不要去背记马克思主义词句,是个老生常谈的问题,却在过去被弄得一塌糊涂,至今仍有弄清楚的必要,这也是正确实行马克思主义中国化不可忽视的。

马克思主义的实质要通过其词句来体现,所以马克思主义的词句应该学习,不学习就无法掌握其实质。但又不是所有的马克思主义词句都体现其实质,也就没有必要去记背所有词句。以马克思主义的立场、观点、方法来说,一个观点常常用很多词句去叙述,相对来说观点是实质性的,它被集中体现在那种结论性或提纲挈领性的词句中。经典作家研究广泛的真实生活和革命经验所得出的关于一般规律的结论,体现了更具有普遍真理意义的观点,也即更具实质性的观点。这种结论又是依据他们观察和解决问题的方法得到的,相对词句来说,立场、方法也是实质性的。但立场和方法也经常不在词句中明确表现出来,而是隐含在词句的背后。要掌握马克思主义的立场、观点与方法,不能只靠背词句,而是要投入全部思想情感并结合一定的背景去领会。

能不能说马克思主义的立场、观点、方法就是马克思主义的实质?

回答应该是肯定的,但也不能简单化。马克思主义的实质还有另外两种公认的说法:马克思说辩证法按其本质是革命批判的,后来人们依据马克思的这个看法,说马克思主义的实质是革命批判的;毛泽东把辩证唯物论概括为"实事求是"四个字,邓小平指出"实事求是"是毛泽东思想的精髓,也是马克思主义的根本、基础。关于马克思主义实质的这三种说法,过去相当长的时期里总是把三者对立起来,特别是把立场和革命批判与实事求是对立起来,一谈立场,谈批判性、革命性,就不能讲实事求是,谁讲实事求是,谁就会被指责为右倾、保守,就是站在资产阶级客观主义立场。现在强调实事求是,很多人不愿谈立场,谈革命性、批判性了。为了避免误解,便于贯彻实事求是原则,在一定时期不去谈那一方面是可以的。但是,现在的情况是,一方面,有"左"的顽症和其他不正当原因的人,不因人们不公开讲批判性、革命性,他们就努力认真实事求是了,相反,他们仍然以各种借口和隐秘手段欺骗和压制群众,不准实事求是地指出他们的错误;另一方面,封建的和资产阶级的错误东西,从社会生活的各个角落里又泛滥起来,腐蚀群众和干部。因此,当前要在加大贯彻实事求是原则的力度的同时,要对封建的、资产阶级的错误思想进行批判。不过,批判的方法要对头,要与过去那种"左"的批判相区别,而不要相混淆。

事实说明,上面关于马克思主义实质的三种说法,没有哪一种已经过时,重要的是要对三者的关系作出统一的科学说明与理解。三种说法是从不同视角去表现马克思主义实质的,相比较而言,马克思主义的立场、观点、方法的说法具有总括性,也要宽泛些,因为观点、方法是很多的,无产阶级的统一立场在观察和处理具体问题时也会有主从层次之别;实事求是与革命的批判的精神这两种说法则具有集中性的特点,好像聚焦镜那样集中到一点去表现马克思主义的实质。三种说法不是矛盾的,而是统一的。

"实事求是"是马克思主义的根本观点和方法,它和马克思主义立场的关系,即是马克思主义的根本观点、方法与立场的关系,"立场"总是从主体方面说的,突出表现为主体的利害关系问题。主体确定为无产阶级和人民大众,立场就是指无产阶级和人民大众的立场,马克思主义立场则是其科学形态的表现。主体只有和客体一致,主体的需要和利益才能得到满足。只有从客观事物的内部找出其规律作为行动的向导,无产阶级和人民大众的事业才能获得成功。实事求是就是讲要从客观事物内部找出其变化的规律。所以,无产阶级和人民大众的立场本身要求实事求是,实事求是又是大大有利于无产阶级和人民大众的,这是明显的。

实事求是精神和批判的、革命的精神也是一致的。马克思在阐述辩证法按其本质来说是批判的革命的观点前面,就说明了辩证法只有在合理形态上才具有这种革命的批判的精神。合理形态就是唯物主义的形态,即唯物辩证法。这种辩证法是把那种把思维看作现实事物的创造主从而头足倒立的辩证法再倒过来形成的。合理形态的辩证法要求客观地去说明事物的发展规律,即是实事求是。辩证法不崇拜任何东西,彻底的唯物主义也是无所畏惧的,实事求是本身就具有彻底的、批判的、革命的精神。

马克思主义实质的三种说法是统一的,只要不把三种表述对立起来,无论采取哪种表述都是对的。如果把三者对立起来,用一种表述排斥另一种表述,不管承认和采取哪种表述,都片面地、主观地歪曲了马克思主义的实质。

对马克思主义的实质作出正确的理论说明是必要的,但马克思主义的实质更重要的是表现在应用中,只有应用于实践,才能深刻地真正地掌握马克思主义的实质。

二、马克思主义与中国的具体特点相结合

究竟什么是马克思主义的中国化？除毛泽东作了比较好的说明外，还没有其他令人满意的定义。在毛泽东阐述过的基本要点的基础上，我想对此作这样的表述：马克思主义的中国化就是马克思主义与中国具体实际相结合，使之发生带有中国特点的变化。更具体地说，就是应用马克思主义的立场、观点、方法去认真研究中国的现实和历史实际，在各方面创造出符合中国需要，内容上、形式上和气质上具有中国特色的马克思主义。

马克思主义与中国实际相结合经历了一个复杂曲折的过程。回顾马克思主义从 20 世纪初来到中国后将近一个世纪走过的道路，它和中国实际的结合可分为两个大的过程，第一个过程是马克思主义和中国革命实践相结合的过程，第二个过程是马克思主义和中国社会主义建设实践相结合的过程，这和中国革命道路与社会主义建设道路的探索、深入发展是交错在一起的。在这两大过程之间，随着实践的中心课题由革命向建设过渡，马克思主义和中国实际的结合也经历了一个与革命实践相结合到与建设实践相结合的转变时期。

中国在鸦片战争中失败后，中国的先进分子向西方寻找救国救民的真理遭到多次失败，终于在五四时期找到了马克思主义真理。虽然清末戊戌变法失败后不久，有些知识分子已谈到了马克思主义，介绍了马克思、恩格斯的个别观点和个别著作的章节，但真正把马克思主义作为独立的真理体系来接受，用以作为观察国家命运的工具，应该说是从五四时期开始的。马克思主义与中国革命实践的结合过程也就从这时

开始了,因为接受马克思主义的先驱者这时开始站在马克思主义的立场,用马克思主义某些观点讨论中国问题了,不过当时他们对马克思主义了解还不多,还没有找到马克思主义与中国革命实践相结合的方法,讨论革命实际问题发表的见解还很肤浅。

马克思主义与中国革命实践相结合的过程,即马克思主义在中国革命中实行中国化的过程,经历了互相联系的三个阶段。

第一阶段是马克思主义在革命实践中实行中国化的探索阶段。这个阶段是从五四时期到 1935 年 12 月爆发"一二·九"学生运动,推动形成全民抗日高潮时期。同月,毛泽东发表《论反对日本帝国主义的策略》一文,标志中国共产党从以反对国内反动派为主的政策开始向以反对日本侵略为主的政策转变。这个阶段对马克思主义中国化的探索表现在两个方面。一个方面是马克思主义与中国实际结合的指导方针的提出与探讨。早在 1919 年 8 月,李大钊发表与胡适论战的《再论问题与主义》一文中,反对胡适把"主义"与"问题"相隔离,提出了实际总是与理想的主义"交相为用"的思想,并指出社会主义的本性原有适应实际的可能,在应用于环境时将其精神变作实际的形式使之合于现在的需要,一旦将其应用于环境,就会发生"因时、因所、因事的性质情形生一种适应环境的变化"。马克思主义要与中国实际相结合问题引起重视是在中共二大以后,中共二大发表的宣言,提出直接付之于实践的民主革命纲领,在社会上引起了反对派与赞成派的辩论。李达针对这种讨论,发表了《马克思学说与中国》一文,明确提出"马克思学说之在中国已是介绍时期而进到实行时期了"。强调要把马克思主义结合中国国情来改造社会。大革命失败后毛泽东在探索中国革命道路中针对党内的教条主义的思想障碍,于 1930 年发表了《反对本本主义》一文,痛切地谈到"我们的斗争需要马克思主义",又鉴于那些读过马克思主义

"本本"的许多人成了革命叛徒的教训,强调指出:"马克思主义'本本'是要学习的,但必须同中国实际相结合。我们需要'本本',但是一定要纠正脱离实际的本本主义。"到这时,马克思主义与中国实际相结合的方针已经明确了。

另一方面是运用马克思主义分析中国实际问题的探索。从中共二大到大革命失败前,毛泽东等人主要是运用马克思主义的阶级和阶级斗争理论,分析了中国社会各阶级的关系和农民问题,讨论了革命的领导权问题。党在理论上虽然肯定了革命要无产阶级领导;实际上很多人心目中没有解决这个问题;一部分人认识到农民问题的重要性,但全党还没有把工作重心转入农村领导农民革命,这正好表现出当时人们在马克思主义与实际的结合上还很幼稚。毛泽东积极到农村建立革命根据地,他总结自己领导斗争的经验,发表了《星星之火,可以燎原》《井冈山的斗争》等重要文章,标志马克思主义与中国实际结合迈出了新的具有决定意义的一步。由于马克思主义与中国实际初步结合,使中国革命者比较深刻地认识到中国半封建半殖民地的社会性质,认识到中国政治经济发展的不平衡性、帝国主义分割势力范围和落后的地方农业经济造成的封建割据与军阀混战及红色根据地能长期存在和发展的局面,认识到中国革命的主要内容是土地问题,革命的中心问题和最高形式是武装夺取政权,从而找到了以农村包围城市的中国革命的特殊道路。

第二阶段是马克思主义与中国革命实践系统结合使其比较系统中国化的阶段。这个阶段从1936年开始到1942年全党整风运动。在这个阶段中,毛泽东发表了《中国革命战争的战略问题》《实践论》《矛盾论》《论持久战》《中国共产党在民族战争中的地位》《中国革命与中国共产党》《新民主主义论》《改造我们的学习》《整顿党的作风》等大量著名论著,系统深入地总结了五四以来各个领域的革命实践中的正反两个方面的经验,创造了系统的新民主主义革命理论,形成了毛泽东思想的体系,包括政治思想、军事思想、文化思想、哲学思想,以及经济思想、史学思想等等。同时,毛泽东对马克思主义普遍真理与中国实际相结合的原则,从理论上深入地进行了阐述,系统批判了妨碍马克思主义中国化的教条主义与经验主义,主要是尖锐地批判了影响极坏的教条主义。

这个阶段中,刘少奇、周恩来和李达、艾思奇的著作对马克思主义的中国化、促进毛泽东思想的形成也起了重要的作用。

第三阶段是马克思主义与中国革命实践进一步深入结合,使其中国化得到发展的阶段。在马克思主义与中国革命实践相结合的领域继续扩大和深化的同时,又把马克思主义中国化已取得的重要成果拿到革命实践中去检验、确证,总结实践的新经验,从各方面去加以补充与丰富。毛泽东在这个阶段发表了《论联合政府》《抗日战争胜利后的时局和我们的方针》《目前形势和我们的任务》《在中国共产党第七届中央委员会第二次全体会议上的报告》《论人民民主专政》等一系列重要论著。这些著作主要是阐述了旧政权的破坏和新政权的建设问题,其中包括国体与政体问题,民主革命向社会主义革命转变问题,进一步深入阐述了群众观点和群众路线问题,以及两种对立的历史观问题。这些是马克思主义与中国革命实践进一步深入结合取得的新成果。

从中华人民共和国成立到社会主义改造基本完成,马克思主义与社会主义改造实践相结合,找到了适合中国情况的改造资本主义工商业和个体农业经济的好形式,成功地用和平方法改造了资本主义经济。这种实践创造的经验,丰富和发展了马克思主义的社会主义革命的理论。从实际情况看,与其把马克思主义和中国社会主义改造实践相结合看作一独立阶段,还不如把它看作马克思主义与社会主义建设实践相结合的准备阶段。本来在社会主义改造过程中同时就开展了社会主义的建设，只不过当时的工业建设是在苏联的专家帮助下并按照苏联的模式进行建设的，还不是中国人独立搞工业建设，所以也没有带有中国特点的形式。

马克思主义与中国社会主义建设实践相结合，看来也有三个阶段。实际上已经历了两个阶段，开始进入第三阶段。只因第三阶段刚开始还不能作出说明，这里就只叙述前两个阶段的情况。

第一阶段，马克思主义与社会主义建设实践相结合的探索。这个阶段从 1956 年基本完成社会主义改造开始到党的十二届三中全会前夕。我国按苏联模式建立起来的经济体制虽然时间不长，但其弊端也很快有所显露。毛泽东已觉察到这一点，并力图作些改变。他在社会主义改造基本完成后，就不失时机地转向把马克思主义和社会主义建设实践相结合，努力探索有中国特点的社会主义建设道路。党的八大文献、毛泽东发表的《论十大关系》《关于正确处理人民内部矛盾的问题》等著作，反映了马克思主义与中国社会主义建设实践初步结合的重要成果。在这些著作与文献中，提出了正确区分和处理两类不同性质的矛盾问题；社会的基本矛盾及其在社会主义社会中的表现问题；社会主义社会的主要矛盾问题；分析了当时我国的经济、政治、文化、社会生活各领域的矛盾；阐述了社会主义建设的群众观点和群众路线问题。周恩来在第一届第一次全国人民代表大会、毛泽东在 1957 年 3 月的中国共产党召开的宣传工作会议上，还提出和强调了实现四个现代化的问题。后来又继续进行探索，三年经济调整时期的探索也取得了一些积极成果。不幸的是，1957 年开始出现的"左"的思潮逐渐占了上风，严重干扰了马克思主义和社会主义建设实践的结合，后来发生了造成巨大灾难的"文化大革命"，败坏了马克思主义、毛泽东思想。

　　第二阶段,马克思主义和中国社会主义建设实践的系统结合。这个阶段从党的十一届三中全会开始到党的十四大。"文革"结束后,邓小平带头批判了"两个凡是",号召解放思想,强调实事求是,支持实践是检验真理唯一标准的讨论。党的十一届三中全会作出了停止使用"以阶级斗争为纲"的口号,把工作重点转移到以经济建设为中心的轨道上来的决定,推动了全党对社会主义进行反思,重新学习马克思主义。邓小平系统全面总结了中华人民共和国以来正反两方面的经验,把马克思主义和中国社会主义建设实践深入结合,提出了改革开放的方针和坚持四项基本原则的主张;对社会主义的本质作了新的概括和解释;提出了社会主义初级阶段的理论、建立社会主义市场经济的理论和社会主义建设分三步走的战略设想;强调社会主义的根本任务是发展生产力,一切工作要以是否推动生产力的发展为标准,科学技术是第一生产力;提出两个文明要两手抓、两手都要硬的方针和坚持党的社会主义时期基本路线一百年不变的主张,以及为完成祖国统一大业实行"一国两制"的方针,等等,从而创建了有中国特色的社会主义系统理论,解决了什么是社会主义,经济落后的国家如何建设社会主义的问题。这是社会主义建设中马克思主义中国化的新的重大成果。今后要把这些新成果在马克思主义与中国社会主义建设实践的进一步结合中检验,总结新的经验,给以补充、发展和完善。

　　马克思主义中国化的曲折历程告诉我们,要实现马克思主义的中国化,必须有正确的方法,方法问题不解决,就难以实现马克思主义的中国化。马克思主义中国化的具体方法是很多的,依据以往的经验教训,有两个行之有效的根本方法是必须采用的,这两个根本方法还制约着其他的具体方法。一个方法是要遵循实践、认识、再实践、再认识的认识道路;与之相联系的另一个方法是要把个别与一般、特殊与普遍相结合,严格遵循从个别、特殊到一般、普遍,再从一般、普遍到个别、特殊的认识秩序。

为什么马克思主义中国化要遵循实践、认识、再实践、再认识的道路?原因有二。既然马克思主义的中国化要在马克思主义与中国的具体实际相结合过程中才能实现,这里就存在一个认识问题,对中国的具体实际固然需要认识,对马克思主义也要认识,只有对两者都有了正确认识,才能使两者相结合。对中国的具体实际的认识要通过实践,对马克思主义真理性的认识也必须通过实践。对马克思主义的真理性不能靠单纯的信仰,而是要把它放在实践中去检验、确证,才能深切领会和牢固把握。对两者的认识不仅要通过实践,而且要在反复的实践中去反复认识,才能不断深入、不断有新的体认,这是其一。其二,马克思主义的中国化,就是要使它从中国的具体实际中获得必要的具体内容和形式,不获得这样的内容和形式,就谈不上中国化,想化也化不了。要有这种中国内容和形式,又必须通过实践去认识中国的具体实际才能获得,而且要通过反复实践去反复认识,才能获得更多、更深刻的东西,马克思主义的中国化才能化得更好、更深刻。不从实践中认识中国的具体实际,马克思主义的中国化只能是一句空话。

我们说马克思主义的中国化要遵循实践、认识、再实践、再认识的认识道路,那又如何理解马克思主义对实践的指导,是否不要马克思主义的指导了,不要理论和实践的结合了呢?过去很多人在理论和实践的关系上存在着不少的糊涂的认识和做法。他们讲理论的指导,是用理论去裁剪实践,用自认为某个正确的理论去否定实践,或者为错误的行为辩护、提供理论依据,要么用实践的某个实例去作理论的注解。有了理论就忘记了仍然要通过实践认识事物的必要,用已有的理论取代了通过再实践的认识。必须明确,理论不能取代通过实践去认识,理论中的错误要通过实践的检验去认识和纠正。理论是灰色的，实践之树是常青的，理论只有通过总结实践的新经验才能得到补充、发展。理论对实践的指导，是帮助制定实践目标、方针、蓝图、措施，帮助总结实践经验，为新的实践提供启示。所以马克思主义中国化要遵循实践、认识、再实践、再认识的道路，不是否认马克思主义对实践的指导，而是需要马克思主义的指导。

个别与一般、特殊与普遍是互相联结的，普遍存在于特殊之中，一般存在于个别之中。但是个别不能完全进入一般之中，特殊不能完全进入普遍之中。中国社会是人类社会的一部分，它具有人类社会的共同点。马克思主义普遍真理体现了人类历史和认识发展的共同规律，它是适用中国的。但是它又不能完全包括中国的特点，马克思主义中国化就要马克思主义与中国的特点相结合，这是容易理解的。马克思主义中国化其所以要遵循从特殊到普遍又从普遍到特殊的认识秩序，这是因为马克思主义普遍真理和中国的特殊情况都是需要去认识的。中国的具体情况很复杂，不同地区各有特点，只有认识了它们的特点才能认识中国的共同点，这种共同点对世界来说又是特点。也只有认识了这种共同点，才能去更深刻认识各部门各地区的特点。马克思主义普遍真理是通过概括西方的历史发展、文化成果和无产阶级斗争经验得到的，我们不仅要通过对西方情况的认识去理解这些普遍真理，更要通过对中国情况的认识去认识普遍真理。因此，无论是对中国的具体情况的认识，还是对马克思主义普遍真理的认识，都要遵循从特殊到普遍再从普遍到特殊的认识秩序，才能有深刻的认识，才能把马克思主义普遍真理和中国的特点相结合，实现马克思主义的中国化。

为了更顺利实现马克思主义的中国化，还必须抓住一些重要环节。

实践的中心课题。当年民主革命的中心课题是武装夺取政权，为了解决这个问题,我们就用马克思主义指导分析中国社会的矛盾,认识社会的性质,分析社会各阶级的关系,认识革命的对象、动力、领导者、同盟军和革命的性质、前途,分析中国的经济政治状况和历史,以及革命的外部环境等等。现在社会主义建设时期以经济建设为中心、加速实现四个现代化。为了解决这个问题,我们不能不去研究我国的政治经济状况与发展生产力的意义,认识社会主义的本质、发展阶段、主要矛盾、社会主义建设的战略步骤、两个文明的关系、改革开放与四项基本原则的关系,以及历史经验教训和建设的外部环境。总之,我们只有把马克思主义与实践的中心课题紧密结合,才能抓住马克思主义中国化的枢纽。

调查研究。毛泽东曾说明纠正本本主义的最好办法是调查研究。他强调用马克思主义作指导,对周围环境进行系统周密的调查研究,详细占有材料,分析材料的各种形态,才能找出客观事物的规律,避免对工作的唯心主义指导。马克思主义要与中国的实际相结合,调查研究是了解实际不可缺少的方法,也即是实现马克思主义中国化的环节。

抓住一定的中介。马克思主义特别是马克思主义哲学的中国化,是需要一定中介的。哲学是自然知识和社会知识的概括,李达曾说明哲学与实践的关系是以科学为中介的。从实践中直接产生的是具体知识,解决实践中的具体问题最直接的也是具体知识,所以马克思主义哲学与中国的革命和建设实践结合,是通过各种具体科学的,如经济学、政治学、社会学、史学等。政治经济学与实践的结合在一定程度和范围中也需要中介,部门经济学如农业经济学、工业经济学、金融学、市场学可作为中介。科学社会主义与实践的联系比较直接,但它也可以把社会调查这门社会学的分支学科作为与实践结合的中介。马克思主义的中国化是要通过中国的语言文字形成的,语言文字是马克思主义各组成部分中国化的共同的中介。毛泽东说过,不识字的人要学习马克思主义,首先要学文化。在这里,文化是中介。如果马克思主义著作不翻译成中文,那就难以中国化了。

正常的学术辩论。大家知道,正常的学术辩论能够促进学术发展。如果有与马克思主义有联系的学术辩论,就能促进马克思主义的中国化。李大钊与胡适展开的那场"问题"与"主义"的论战,促进李大钊提出了社会主义与中国环境的实际问题相结合的思想。20世纪30年代关于中国社会性质与社会史的大论战,对于促进马克思主义的中国化起了很大作用。学术上的争论常常是社会实践中的矛盾的反映。实践中触及的问题开始并不明朗,一旦学术上展开了争论,就把问题尖锐鲜明地提出来,并随着争论的发展,把问题从各方面展开出来,这样就推动了马克思主义的中国化。

与教条主义和经验主义斗争。马克思主义的中国化,与反对教条主义和经验主义,特别是与反对教条主义是不可分离的。过去开展这种斗争对马克思主义的中国化所起过的作用,已是人所共知的。

（原载于《现代中国哲学之回顾与前瞻》,华中理工大学出版社1996年1月版）

唯物史观在中国的传播

段启咸

一

　　马克思主义是在五四运动时期才在中国传播开的。那时,中国已有了一批共产主义先驱者。他们为了唤起人民,改造旧中国,在传播马克思主义理论时,特别注意唯物史观的传播。从五四运动到大革命时期,努力传播唯物史观的,有陈独秀、李大钊、李达、蔡和森、毛泽东、周恩来、邓中夏、恽代英、瞿秋白等一批人。其中,李大钊走在最前列,在理论上阐述得比较多、比较系统的,除李大钊外,要数蔡和森、李达、瞿秋白。

　　李大钊在五四运动中发表的《我的马克思主义观》一文,第一次比较系统地介绍了唯物史观的内容,尽管有些观点不够准确,但基本观点和立场是正确的,起了先导的作用。从那以后,李大钊把传播唯物史观作为他的主要理论活动,发表了《物质变动与道德变动》《马克思的历史哲学》《由经济上解释中国近代思想变动的原因》《唯物史观在现代史学上的价值》《现代史学的研究及于人生态度的影响》等大量文章。他作为我国传播唯物史观最早的人，并不企图阐述唯物史观诸原理的各个细节，而主要是从整体上去阐述唯物史的伟大意义，批判唯心的、形而上学的历史观，以唤起更多的人去一道从事唯物史观的研究和宣传。他指出："自有马氏的唯物史观，才把历史学提到与自然科学同等的地位。此等功绩，实为史学界开一新纪元。"（《李大钊选集》第 294 页）他要大家以极大的热情和强烈的责任感去树立唯物史观，与唯心史观作坚决斗争。他说："吾侪治史学于今日的中国，新史观的树立、对旧史观的抗辩，其兴味正自深切，其责任正自重大。吾愿与治斯学者共策勉之。"（同上，第 291 页）为了帮助群众树立革命的人生观，解决许多人，特别是青年中当时严重存在的厌世的人生观问题，他反复阐明唯物史观及于人生的价值，揭露唯心史观"是权势阶级愚民的器具"（同上，第 338 页），把人类的精神"全弄到麻木不仁的状态"（同上，第 337 页），而唯物史观说明了人民群众是推动历史前进的力量，给了群众巨大"希望与勇气"（同上，第 238 页）。两种历史观，"一则给人以怯弱无能的人生观，一则给人以奋发有为的人生观"（同上，第 339 页）。他特别强调："应该细细的研考马克思的唯物史观，怎样应用于中国今日的政治经济情形。……去作民族独立的运动，把中国从列强压迫之下救济出来。"（同上，第 502 页）同时把中国从封建压迫下解放出来，"创造一种世界的平民的新历史"（同上，第 340 页）。

蔡和森传播唯物史观的贡献，主要是通过对社会进化历史过程的叙述，以说明社会历史进化的规律，宣传唯物史观的原理。蔡和森于 1920 年初到达法国后，半年多的时间内，就"搜集许多材料，猛看猛评"（《蔡和森文集》上卷，第 23 页），初步掌握了唯物史观，认识到了"马克思的唯物史观，显然为无产阶级思想"，强调"唯物史观为人生哲学、社会哲学的出发点"（同上，第 27 页）。随后写了《社会进化史》一书，于 1921 年出版，这是他传播唯物史观的一部专著。该书分三篇，分别叙述了家庭、财产、国家的起源与进化，说明一夫一妻制的家庭、私有财产及国家，都不是人类历史上从来就有的，而是在原始公社解体过程中产生的。由于生产的发展，逐步形成了私有财产和一夫一妻制家庭，随着私有财产的出现，社会上就发生了阶级分化。原始公有制经济瓦解了，原始民主制也无用了。"经济发达的程度到了自然惹起社会阶级分裂的时候，才有这种分裂形成国家的必要。"（同上，第 169 页）"国家乃是在经济地位上极占优势的阶级的机构"（同上，第 167 页），是压迫被剥削阶级的工具。接着他又叙述了三种私有制形式的更替，相应引起三种国家制度的更替。通过历史的分析，说明了生产关系随生产力的发展而变化，国家、道德等上层建筑随经济基础的变化而变更。最后指出："当氏族制度、奴隶制度和封建制度成为人类生产力发展之障碍的时候，也就是他们临终的时候；这种时候现在又轮流到了资本主义的社会。资本主义的大生产，不仅为将来共产主义社会准备了各种必要的经济条件，而且为他自己养成最大多数的掘墓人——近代无产阶级。"（同上，第 175 页）他的这些论述，现在看来很平常，但那时却使人耳目为之一新。

李达那时的突出贡献，主要是从理论上对唯物史观诸原理作了系统的、深刻的论述。李达是在 1918 年参加领导了反对段祺瑞卖国政府的学生运动后，到日本致力于马克思主义的学习和翻译的。《唯物史观解说》一书就是那时他在日本翻译的。他在建党时期写的许多文章，传播了一系列唯物史观的原理，在《马克思主义还原》一文中，他把马克思的唯物史观和社会革命论概括成七条，指出："社会的物质的生产力，发展至于一定程度时，就与现社会中活动而来的生产关系财产关系发生冲突。"(《李达文集》第 1 卷,第 30 页)阐述了生产力决定生产关系、经济基础决定上层建筑、阶级斗争、国家及无产阶级专政的原理。后来他写了《现代社会学》这部论述唯物史观和科学社会主义的专著,于 1926 年出版。这部著作以生产力为最后决定力量,阐明了彻底的唯物史观的一元论,指出"社会生活之历程,即物质的生产历程……在物质的生产历程中,所谓精神文化,皆由物质的生产关系中产出,随生产力之发达而发达,随生产关系之变迁而变迁。社会之进步,亦即生产力之进步,此唯物史观的社会本质说之概要也"(同上,第 243 页)。他具体分析了生产力诸因素,即劳动者、劳动手段、劳动对象各自的特点、作用及相互之间的关系,又具体分析了生产关系的各方面。他在强调生产关系必须适应生产力时,还深刻论述了生产关系的反作用。他说:"生产关系与生产力相适应,则生产力能在生产关系中发展,倘生产力继续发展至一定程度以上,而生产关系阻碍其发展时,当时之生产关系势必改造,生产力始有发展之余地。"(同上,第 245 页)"假如一定社会组织内之生产力尚有发展之余地,而人类必欲以一己意志企图颠覆,则生产力不但不能增进,反有衰减之虞。"(同上,第 282 页) 他说明社会之基础是"生产关系之总和"(同上,第 245 页),基础之改造,政治法制和意识形态全部上层建筑亦必改造,"然上层建筑能影响于生产力与生产关系",但它"仅能成为经济之量的变化之助因(《李达文集》误印为"动因"),而不能成为经济之质的变化之主因也。"(同上,第 249 页)对唯物史观的其他原理及社会革命中物质条件和人的因素的关系,都一一作了细致的分析。在当时中国人自己写的唯物史观的论著中,要算李达这本书论述得最详细、深刻,对帮助革命者深入学习唯物史观原理起了重要作用。

瞿秋白在我国早期是结合唯物辩证法阐述唯物史观的原理的。他在五四运动前，就"哲学研究不辍"，虽然他那时研究的是唯心论，但他有为祖国探求"真实知识"的强烈愿望。他为"担任一份中国再生时代思想发展的责任"（《瞿秋白文集》第 1 卷，第 22—27 页），于 1920 年底去到革命后的俄国。他在那里接触到大量的马克思主义哲学著作。回国后，写了《社会哲学概论》《现代社会学》《社会科学概论》等哲学著作，于 1924 年出版。后又译注了《无产阶级哲学——唯物论》（后改为《新哲学——唯物论》）一书，附录了他写的两篇重要哲学笔记。这些论著主要阐述了唯物史观的原理，但也论述了唯物辩证法。当时，其他共产主义者都还没有传播辩证唯物论。瞿秋白弥补了这个不足。为了使读者"不至认为马克思主义就限于唯物史观及经济学说"（同上，第 182 页），他强调："马克思主义是对于宇宙，自然界，人类社会之统一的观点、统一的方法。"（同上，第 202 页）他把马克思主义分为"互辩法"的唯物论、唯物史观、经济学说、科学社会主义，这四部分"结合而为一整个的系统"（同上，第 205 页），而"最根本的基础，就是所谓马克思主义哲学"（同上，第 202 页）。他说，马克思的唯物论，"是唯物论与互辩法的综合"（《新哲学——唯物论》，第 185 页），指出"全宇宙只是统一的物质之种种组合"（同上，第 188—189 页）。精神是物质的特别性质，"宇宙的根本是物质的动，动的根本性质是矛盾——是否定之否定，是数量质量之互变"（《社会哲学概论》第 50 页），"没有矛盾互变便没有动，没有动便没有生命及一切现象"（同上，第 48 页），初步介绍了唯物辩证法的三个规律，肯定了对立统一规律是根本的规律。他还说明了各种社会现象是互相联系、互相影响的，"宇宙间及社会里一切现象都有因果可寻"（《社会科学概论》第 1 页）。因果律是客观的，尽管社会是有意识的人在活动，但"这种'有意作为'仍旧循着客观的因果律"（同上，第 2 页）。他强调在经济和精神的相互关系中，不能把二者的作用平列起来,更不能倒果为因,"物质的经济关系之需,社会中便渐渐发生各种精神关系(政治、道德等)。这些精神关系当然受物质关系的支配。——这是研究社会科学之中'不二原则'"(同上,第 3 页)。他的这些介绍和论述,能使读者初步了解唯物辩证法,进而深入学习唯物史观。

李大钊、蔡和森、李达、瞿秋白各从不同侧面传播唯物史观,客观上起了互相配合、互相补充的作用。

翻译出版唯物史观的经典著作,是当时传播唯物史观极重要的工作。马克思在《〈政治经济学批判〉序言》中最概括、最周密地阐述了唯物史观的原理,李大钊、李达很重视这段论述,就在自己的文章全文摘译出来,以帮助初学者抓住唯物史观的根本论纲。但是,这毕竟是定义式的论述,要对它作出具体了解,就需要学习马克思主义的其他著作。恩格斯反复说明《共产党宣言》的核心思想是唯物史观的基本原理。因此,陈独秀在上海组织的社会主义研究会便于 1920 年 4 月,首次在我国出版了陈望道翻译的《共产党宣言》全译本,《共产党宣言》全译本的出版,对于在中国深入传播唯物史观起了重要作用。从 1919 年到大革命失败前,中国报刊上刊登和出版单行本的马、恩著作有十多种,主要是关于唯物史观方面的。如《社会主义从空想到科学的发展》《雇佣劳动与资本》(有两种译本)、《社会主义和唯物史观》(《反杜林论》第三篇的一部分)、《哥达纲领批判》(先后有熊得山、李达、柯柏年的三种译本)、《家庭、私有制和国家的起源》一书的一些章节。这期间还翻译出版了列宁的著作近三十种,都是论述科学社会主义和唯物史观的。其中有《无产阶级专政时代的政治与经济》《国家与革命》《唯物史观和马克思》等著作。这些经典著作的翻译出版,使革命者和广大群众能直接从马、恩、列著作中学习唯物史观的原理。此外,当时还翻译了一些宣传和解释唯物史观的著作,对传播唯物史观也起了重要作用。

那时，唯物史观虽然传播得还不够广泛深入，但是就其本身的内容来说，已涉及各方面，在广大革命者和群众中已产生了很大影响，也为以后进一步的深入传播打下了基础。到了30年代，中国更兴起了一个广大的唯物辩证法运动，马、恩、列的哲学著作都翻译出版了，狄慈根、普列汉诺夫、拉法格等人的很多哲学著作也被翻译过来，宣传、解释马克思主义哲学的著作也大量翻译出版，中国人自己写的这方面的著作也不少，唯物史观在唯物辩证法运动中也得到了更深入、更广泛的传播。

二

中国和西方一样，在历史观上，长期是唯心史观统治着，中国资产阶级在政治上没有完成它的革命任务，在历史观上，它也没完成对封建的唯心史观的革命。它本身的历史观也是唯心史观。它的历史观除了从中国传统思想中继承来的东西，主要是从西方资产阶级那里搬来的，有西方早期资产阶级的东西，也有帝国主义时代反动资产阶级的东西。中国无产阶级在历史观上的革命是很艰巨的。唯物史观在中国形成强大的思想潮流之后，猛烈地批判了各种唯心史观，引起了中国历史观的空前大革命。其主要表现是：

用社会存在决定社会意识的观点，取代了"天命""天理"史观以及所谓精神、心理、政治、生物规律决定社会历史的观点。中国自孔孟以来就形成了一套"天命""天理"史观，这种观点把人间的贫富、贵贱、智愚、福祸、等级名分、人类命运，都说成是天安排的、无法改变的，被压迫者只能忍受，不能反抗，历代统治者就用这种神秘历史观统治人民。近代中国资产阶级从西方学来了进化论和经验论的唯物论及某些自然科学知识,给了"天命""天理"史观以沉重打击,但是在落后阶层中,这种反动历史观仍有强大影响。近代中国资产阶级的代表人物曾经把进化论这一生物学理论,引来解释社会历史,同时把社会达尔文主义也带来了。中国资产阶级学者后来还把西方资产阶级的其他形形色色的历史观也介绍过来。如心理的历史观、政治的历史观、道德的历史观、理念的历史观、知识的历史观、英雄的历史观、地理的历史观,等等。李大钊在《史观》等文章中,对当时中国存在的各种历史观作了总的评断,虽然不是对所有的历史观的评断都正确,但他说明了历史观的发展趋势,指出凡是以神、精神、个人作为历史发展动因的历史观,都是退落的、旧的历史观(《李大钊选集》第 289 页)。他着重揭露了那种长期毒害人的"天命"史观的反动性,指出:"旧历史观认为历史是神造的、是天命的,天生圣人则世运昌明,天降鞠凶则丧乱无已,本着这种史观所编写的历史,全把皇帝、王公、侯伯、世爵这等特权阶级放在神权保护之下。"(同上,第 506 页)这种历史观全在买"权势阶级的欢心"(同上,第 337 页)。他还批判了资产阶级的政治的历史观,指出这种历史观完全把历史描述成政治史,看不到社会经济生活条件在历史进化中的作用。他强调:"经济的生活,是一切生活的根本条件""在社会构造内限制社会阶级和社会生活各种表现的变化,最后的原因,实是经济的。"(同上,第 335 页)他通过对封建的和资产阶级的唯心史观的分析批判,说明唯一正确的历史观是唯物史观,指出过去对历史的一切"唯心的解释的企图,都一一的失败了,于是不得不另辟一条新路。这就是历史的唯物的解释。这种历史的解释方法不求其原因于心的势力,而求之于物的势力,因为心的变动常是为物的环境所支配"(同上,第 337 页)。

　　李达则着重批判了资产阶级的历史观。当时,资产阶级的契约的历史观(也是一种政治的历史观)、生物的历史观和心理的历史观在中国影响较大。李达说他写《现代社会学》一书,就是要力辟这"三说之谬误"(《李达文集》第1卷,第240页)。他依据唯物史观指出:"社会非由契约而成,非由心性相感作用而起,亦非如有机体之受自然法则所支配,乃由加入生产关系中之各个人结合而成。"(同上,第241页)生产关系是在生产过程中形成的,"社会之构造,恒受生产力之状态所规定,而其形式之变化,又受生产力之变化所规定"(同上,第249页)。所以,契约的历史观不能成立,因为社会不是各个人同意缔约而成,"个人之加入社会,与意志完全无关系"(同上,第239页);生物的历史观也是荒唐的,因为社会和生物有机体不同,"支配生物体之定律不能适用社会"(同上);心理的历史观也是错误的,因为"心理之要素,完全随物质生活而变更"(同上,第240页)。心理的历史观认为改良社会,就是从改造人的天性开始,即先改造人心。李达指出:"一种新物质的变革发生,即产出一种新意识,物质的变革为因,意识为果,吾人不能以当时之社会意识判断当时之社会变革,犹之不能以果证因也。"(同上,第270页)他揭露了上述三种历史观都是为资产阶级利益作辩护的。李大钊、李达等人说明了社会存在决定社会意识,生产力的发展引起社会的变革,暴露了那种用神、精神、心理、政治、道德或生物学规律作为社会的主宰、历史的动因,是毫无根据的。这样一来,那种封建的"天命"史观和资产阶级的种种唯心史观就站不住脚了。

用阶级和阶级斗争的观点代替了人性论。在中国,封建阶级的人性论比资产阶级的人性论更强固。从孔子的"仁者爱人"到孟子的"不忍人之心"的性善论,都是先验的人性论。它和"天命""天理"观是紧密联系的,仁、义、礼、智是它的具体化和伦理化,由此演绎出一套纲常伦理体系。这种人性论把"仁爱之心"看作决定社会面貌和历史兴衰的力量。后来,宋明理学家又把它加以发展,提出"存天理,灭人欲",要把人民的任何物质生活的欲求都完全灭掉,不致引起对统治阶级的反抗。这种人性论曾遭到许多唯物论者的反对,人性善恶问题就成了中国哲学史上长期争论的问题。明末清初,王夫之试图冲破那种绝灭人欲的人性论,发展了荀子的自然人性的思想(性恶论),认为人的物质生活的欲求不仅是自然的,也是合理的,有益于社会进步的,并把所谓人类的共同欲望作为推动社会进步的力量,高喊"人心之所同然",这就为资产阶级人性论的产生作了准备。康有为更前进了一步,他大讲"去苦求乐",认为人欲是"善",压制人欲是"恶"。他把这种苦乐观和西方资产阶级的博爱观结合起来,形成了反封建的资产阶级的人性论。但他不敢走得太远,又把孔孟的"仁爱"观拿来,以纯化资产阶级人性论的反封建性。孙中山用从无政府主义者那里取来的抽象的"互助原则",去补充自由平等博爱观,力图增强资产阶级人性论的反封建性。他和康有为一样,在谈到人性论问题时,都比较自觉地反对马克思主义的阶级斗争理论。新文化运动兴起,在反对"礼教吃人"的呐喊声中,资产阶级人性论走到了它的顶点,同时也是末路。一些先进人物很快发现这种离开人的社会性、阶级性的抽象的自然人性论,不是一个反对封建人性的好武器,而只是带来一种安慰人心的"大同"福音,其实质也是唯心主义的。于是,他们接受了唯物史观的阶级和阶级斗争理论。尽管他们当时没有来得及对地主阶级人性论作很多具体批判,也没能对资产阶级人性论作很多具体分析,但是,他们大力宣传了与那些人性论相对立的马克思主义的阶级和阶级斗争的理论。李大钊强调说:阶级斗争原理是把马克思主义诸原理"从根本上联系起来"的"一条金线"(《李大钊选集》第 177 页)。李达和蔡和森对阶级斗争和无产阶级专政问题更作了详细论述。李达指出:"自古代社会土地共有制度崩坏以来,一切过去社会之经济的构造,悉建筑于阶级对立之上。"(《李达文集》第 1 卷,第

277 页）又说："社会组织之改造，不能不借阶级斗争之形式以行之。此人类无对立斯无进步一语，所以为支配过去文明社会之法则。"（同上）蔡和森把实现社会革命的方法甚至归结为这样一个公式："方法＝阶级战争＋（无产）阶级专政。"（《蔡和森文集》第 28 页）毛泽东回忆他 1920 春夏学习《共产党宣言》等书的体会时说：学到了"阶级斗争"四个字。后来，他写的《中国社会各阶级分析》一文，对中国近代社会各阶级的历史、现状、地位和作用，作了深刻分析，是当时论述和传播阶级斗争学说的生动篇章，对促进中国历史观的革命起了巨大作用，为制订新民主主义革命的正确路线奠定了理论基础。在马克思主义阶级斗争理论的打击下，地主阶级的人性论就破产了，资产阶级的人性论也被觉悟了的人民抛弃了。

用群众创造历史的观点取代了圣贤、英雄史观。中国历史上，不管是唯心论者还是唯物论者，所鼓吹的都是圣贤、帝王创造历史的观点，即使有的人讲到"民贵""民本"，但他们眼中的"民"，也不是广大劳动者，主要是剥削阶级中没有当权的人。资产阶级代表人物也是鼓吹圣贤、英雄史观的，他们把群众看作"群氓""阿斗"。那时还有从西方传来的个人史观，认为写历史就是写个人。无政府主义者更是鼓吹"个人万能"。这种脱离社会关系来谈个人作用的历史观，实际也是英雄史观。但是，从资产阶级激进政论家朱执信口中，也吐出了一颗珍珠，他说今后的革命，其力必出于"细民"。他说的"细民"即无产者。这是一个越出了资产阶级历史观而接近于唯物史观的观点。当然，他还没能真正理解群众创造历史的观点。起来推翻圣贤、英雄史观的，是经历过"打倒孔家店"斗争锻炼，后来接受了唯物史观的共产主义者。李大钊指出："故凡伟人的历史观、圣贤的历史观、王者的历史观、英雄的历史观、道德的历史观、教化的历史观，均与神权的历史观、天命的历史观，有密切的联系。"（《李大钊选集》第 288 页）即使有些人鼓吹的英雄史观与天命观没有直接联系，但也是先验论的一种表现，与那种直接和天命论相联系的圣贤史观没有本质的不同。李大钊强调推动社会进步的力量，"只能在人民本身的性质去寻找，决不能在他们以外的什么势力"去寻找，"一切进步只能由联合以图进步的人民造成"。又说："一个个人，除去他与全体人民的关系以外，全不重要，就是此时，亦是全体人民是要紧的，他不过是附随的。"（同上，第 338 页）李达指出："伟人之所以能成其伟大，非因彼此秉赋之个人的特征能于历史上大放异彩也，实因彼此有之特征最能适切于当代社会的大要求故也。"（《李达文集》第 1 卷，第 285 页）他认为应该从历史观上彻底抛弃神化个人作用的观点，强调指出："单单一个人是神的时代已过去了。现在是劳工神圣的时代了。"（《李达文集》第 1 卷，第 43 页）"劳动阶级的解放，全靠劳动阶级自己来实行的。"（同上，第 140 页）毛泽东的《民众大联合》和李大钊的《庶民的胜利》一样，都是说明人民主要是劳动人民是历史的创造者。

用唯物史观的发展论代替了历史的倒退论、循环论、不变论和庸俗进化论。从孔子的"克己复礼"到孟子的"五百年有王者兴"，再到董仲舒的"天不变、道亦不变"，一脉相承地鼓吹历史倒退论、循环论、不变论。资产阶级代表人物用进化论猛烈打击了这种反动历史观，但是没有彻底制服它。五四运动前后，复古主义又复活了。资产阶级改良派首先起来宣传进化论，但是他们只承认渐进，否认骤变，他们鼓吹的是庸俗进化论。资产阶级革命派批判了这些人的观点，把社会进化和革命联系了起来，但他们不懂革命发展的阶段论，提出"举政治革命、社会革命毕其功于一役"的主张，这是不科学的，因而不能彻底战胜庸俗进化论。五四运动期间，庸俗进化论又以新形式猖狂活动起来。那时发生的马克思主义和反马克思主义的三大论战也是历史发展观的斗争。

由于当时资产阶级的庸俗进化论比封建阶级的历史倒退论,更具欺骗性,马克思主义者就用了更大的力量去批判资产阶级的庸俗进化论。

李大钊首先批判了胡适的庸俗进化论。胡适反对马克思主义,宣扬实用主义,主张点滴改良,借口解决人力车夫的生计那类所谓火烧眉毛急的具体问题,反对社会制度的"根本解决"。李大钊针对他的反动观点,指出:对完全腐朽的社会,"必须有一个根本解决,才有把一个一个的具体问题都解决了的希望"。他说:依唯物史观,"经济问题的解决,是根本解决"(《李大钊选集》第233页),但是,只有用马克思主义作工具,组织工人联合的实际运动,进行推翻统治阶级的斗争才能解决经济问题。因此,"在根本解决以前,还需有适当的准备活动"(《李大钊选集》第234页)。张东荪、梁启超等人也是坚持庸俗进化论的,他们反对社会主义,主张"矫正"资本主义"弊病"。陈独秀、李达揭露了这种观点的改良主义实质,指出那不过是"施行几项温情政策,略略缓和社会问题,并不是想根本的解决社会问题"(《李达文集》第1卷,第18页)。张东荪和修正主义者伯恩斯坦等人都是新康德主义的信徒,他们的社会历史观是相同的。李达揭露伯恩斯坦等人用新康德主义代替唯物史观,否认社会革命的必然性的罪行时,指出他们"不相信革命的必然主义,以为从旧社会到新社会的过程,只有进化而无革命,只有运动而无目的"(同上,第86页)。这也击中了信奉庸俗进化论的梁启超、张东荪等人的要害。无政府主义者反对无产阶级专政,幻想一步跳到"各取所需"的无政府共产社会。从历史观看,这是一种小资产阶级的主观幻想的发展观。李达在批判他们时指出:"若是人类社会进化的理法不错,那么,资本主义制度之后,必是社会主义的社会而不是无政府共产主义的社会。"(同上,第89页)又说:"新社会都是继承旧社会的生产力继续发展的,这生产力是有一定的限制的,生产力既有限制,生产物当然也有限制了,以这有限制的生产,听各人消费的自由得其平等,是绝对办不到的。"(同上,第 51 页)只有生产力充分发达,"生产物十分丰富",才能实行"各取所需"的分配制度(同上)。这就清楚地论述了社会发展的继承性和阶段性。在三次大论战中,共产主义者批判了三股反马克思主义思潮,比较全面地传播了唯物史观的发展论。

那时,共产主义者也没有放松对封建阶级的历史倒退论进行批判。针对一些人复活历史倒退论的倾向,李大钊指出:"在中国的思想界,退落的或循环的历史观,本来很盛,根深蒂固,不可拔除。至于今日,又有反动复活的趋势。"(《李大钊选集》第 488 页) 他警告梁启超、章士钊不要"为怀古论者推波而助澜"(同上,第 489 页)。在批判历史倒退论时,李大钊深刻阐述了唯物史观的发展论。他说:"历史的进路,纵然有一盛一衰、一衰一盛的螺旋状的运动,但此亦是循环着前进的、上升的,不是循环着停滞的,亦不是循环着逆返的、退落的,这样子给我们以一个进步的世界观。"(同上,第 506 页)他反复说明历史是"螺旋的进步",这是很正确的。

无产阶级进行的这场历史观的革命,是从五四运动到大革命时期展开的,到了 30 年代,又得到了深入发展。30 年代兴起了一个广大的唯物辩证法运动。马克思主义者在这个运动中学到了唯物辩证法后,对唯物史观的研究更全面、更深入,理解得也更正确,并加强了对唯心史观的批判。大革命失败后,中国向何处去这个尖锐问题,引起了如何认识中国的社会性质问题,于是爆发了一场关于中国社会性质和社会史的大论战,这就更实际、更深刻地触及各种历史观。革命史学工作者批判了反动的资产阶级学者和托派对中国的历史和现实的歪曲,同时也就批判了他们的反动历史观和对唯物史观的曲解。与这次大论战相联系,唯物史观深入到了历史学科中,马克思主义史学家开始在运用唯物史观重写中国的历史。这一工作的开拓者是郭沫若和吕振羽等人。郭沫若应用唯物史观写了《中国古代社会研究》一书，于 1930 年出版。他把中国古史的研究提前到殷代，第一个发现了中国奴隶制度的历史（西周），并肯定春秋到鸦片战争是封建制。接着吕振羽用唯物史观作指导，写出了《史前期中国社会研究》一书，于 1934 年出版。他把中国古史的研究再向前推进到史前期，第一个对中国原始社会史作了系统的研究和叙述。随后他又写了《殷国时代的中国社会》和《中国政治思想史》这部哲学史专著。把中国历史分为殷代前的原始社会，殷代奴隶社会，从周开始是封建社会和变种封建社会，鸦片战争后是半殖民地半封建社会，这样就把中国历史的系统明确地描绘出来了。由于郭沫若和吕振羽等人的努力，中国的历史之谜揭开了，长期处于迷离状态的历史，一下子清晰起来了，从而开创了中国的新史学。这一巨大成功，使唯物史观在中国的历史学中树立了权威。过去认为唯物史观不能解决历史学问题的人，突然惊呼起唯物史观"风靡一时"，再也无法抵挡了。

这场历史观的革命，影响到中国意识形态的各方面，文艺、教育、伦理等等，都开始在用唯物史观作指导重新进行研究。特别是在鲁迅、茅盾等人的带领下，用唯物史观建立起来的无产阶级文艺，更影响了千百万人的精神生活。

唯物史观在中国的传播和所引起的历史观的革命，是和中国革命的实践紧密联系的，毛泽东是把唯物史观和中国革命实践相结合的杰出代表，他应用唯物史观研究中国社会、指导革命实践，并写出了许多深刻、生动的唯物史观的著作，丰富了唯物史观的内容，发展了唯物史观的原理。这是一个值得认真研究的问题，但这已经不属本文要说的范围了。

中国哲学史上的非实体思想

郭齐勇

本文认为，中国哲学的基元范畴"五行""阴阳""气""道"和儒、释、道三家的形上学，不是西方前现代哲学的实体主义的，而是非实体主义的。

实体（Substance），又译为本体，是西方哲学史上的重要范畴。其含义一般指一个本质上独立自存和同一不变的存有，作为一切属性的基础的东西。亚里士多德认为，实体是独立存在的东西，是不需要用来表述其他事物而又不存在于其他事物之中的东西。只有个别事物才是第一实体，它在逻辑判断中永远是主词，而其他的东西，如性质、关系、数量等均依附于实体，处于宾词的地位。亚氏认为，实体的主要特征是：它是"这个"而不是"如此"，是独立的，可以分离存在的；实体在保持自身不变的同时，允许"由于自身变化"而产生不同的性质；但变中不变的东西是实体，它是生成变化的基础。理想的、绝对的实体是不能有变化，不能与其他存有或实体有任何内在的关联的东西，是没有活动作用可言的存有，例如巴门尼德的"有"与柏拉图的"理念"。亚氏认为最高的实体是永恒不动的、无生无灭的，是万物运动的最后动因，即第一推动者——神。作为基元概念和基本思想，亚氏的实体观在中世纪和近代西方哲学中颇有影响。

从中国哲学的原型观念谈起

反观中国哲学，大体上没有上述的"实体"概念。我们不妨讨论中国哲学的几个基元范畴。

第一，"五行"。"五行"学说起源甚早，《史记·历书》说黄帝"建立五行"。公元前22世纪的禹也说到"五行"。这一范畴在文字上初见于公元前20世纪的《夏书·甘誓》，阐发于公元前12世纪末武王克商后，箕子对武王所讲的著名的《洪范》这篇文章，又遍见于《左传》《国语》《墨子》《孙子》《荀子》《管子》《吕氏春秋》《淮南子》《黄帝内经》《春秋繁露》及马王堆汉墓及郭店楚墓出土的竹帛中。[1] 近世以来，"五行"被人们解释为构成世界的五种物质元素（水、火、木、金、土），这其实是一种西方化或泛西方化的解释。

"五行"之"五"，与上古社会的数术观念有关，与原始宗教、巫术、占卜、天文、历算有关。这种数术观追求一种神圣而和谐、天地人相通、世间万物各安其位、完美有序的原则。[2] 亦有多于五数的，如《左传》引《夏书》"水、火、金、木、土、谷，谓之六府"；亦有少于五数的，如秦有白、青、黄、赤四帝之祠，战国至汉有"仁、义、礼、智""四行"之说。

"五行"之"行"，从字源学上来说，许慎《说文》解释为"人之步趋

---

① "五行"早在夏、商的时代就是一种重要的学说，绝不是直到阴阳家邹衍才发明出来的。请参见栾调甫：《梁任公五行说的商榷》，《东方杂志》21卷15号。
② 参见魏启鹏撰：《德行校释》，巴蜀书社1991年版，第177页。

也",即如人步行、趋走一样,一徐一疾。这里形象地表达了一种活动、一种行为。郑玄《洪范注》说:"行者,言顺天行气也。"其实"五行"是相互作用的五种力量、五种能力、五种活动、五种动因,及彼此间相生相克、相辅相成的秩序和过程。冯友兰先生说:"我们切不可将它们看做静态的,而应当看做五种动态的互相作用的力。汉语的'行'字,意指 to act(行动),或 to do(做),所以'五行'一词,从字面上翻译,似是 five activities(五种活动),或 five agents(五种动因)。五行又叫'五德',意指 five powers(五种能力)。"①先民并不把"五行"视作静态的五种原质,反而非常重视这具有水性、火性、木性、金性、土性的五种力量、动势的功能和彼此间的关系,以及与其他事物的关系。所以"五行"不是本质上独立自存、同一不变的五种实体,起初曾被指代为五种神祇或五种星宿,然最常见的特别指"五气"和"五德"(即五常,仁义礼智圣)。

我们祖先所重视的是"五气"的性质、作用,与阴阳、四季、五方、五味、万物生长收藏的关系,及其相互促进(相生)的原理;推衍到王朝的兴替、政治的治乱,则重视数种力量的相互制约(相胜、相克);运用于人的身体,则强调五气的相生相克、协调、平衡,并以此解释生理、病理。②五行学说曾被广泛地应用于天文、人事、生理及精神等各方面。"五行"学说的重点不是用来解释世界的构成,而是用来说明世界的生息变化,指出自然、社会、人身的现实存在和未来趋势是由显现或隐态的、性状各异的"动势""能量"之相互作用所决定的,并随着多重力量的彼此消长而变化。它不是以静态构成论的方式说明宇宙,而是以动态的机体论、关系论和过程论的视域观照世界;它不甚关心世界的原质和规定世

---

① 冯友兰:《中国哲学简史》,北京大学出版社 1985 年版,第 158 页。
② 例如,中医认为肝木是依靠肺金制约的,金衰不能制木则导致肝火旺,故在治疗时应以培土生金为主,使肺气宣通,以抑肝木。

界的终极、绝对、永恒不变、无生无灭的本体,而是肯定事物内外力量、功能的多样性、流动性及能量、信息相生相克的网络系统和秩序,转化的契机、过程,并预卜它的前景,促进事物向好的方向发展。这就是"五行相生""五行相胜""五德终始"诸命题的要旨。董仲舒《春秋繁露》讲"比相生而间相胜",指出事物生息变化过程受到两种相互制约的力量的作用,即五行中相邻者相生(木生火,火生土,土生金,金生水,水生木),相间者相胜(木胜土,土胜水,水胜火,火胜金,金胜木)。我们这里且不去评论五行学说及其具体运用,但不难看出古代人把自然、社会、人生(包括人身与人心)都看作连续的、流变的,关注隐伏其间的多重活动、能量及其相互关系。

第二,"阴阳"。这一对范畴是用来表示自然天象和人事中的两种基本势力及其相互关系和由此导致的变化发展过程的。伯阳父说:"夫天地之气,不失其序;若过其序,民乱之也。阳伏而不能出,阴迫而不能烝,于是有地震。"(《国语·周语上》)范蠡说:"阳至而阴,阴至而阳;日困而还,月盈而匡。古之善用兵者,因天地之常,与之俱行。"(《国语·越语》)《老子》:"万物负阴而抱阳,冲气以为和。"(《老子》第四十一章)《庄子·知北游》:"阴阳四时运行,各得其序,惛然若亡而存,油然不形而神";《庄子·田子方》:"至阴肃肃,至阳赫赫,肃肃出乎天,赫赫发乎地,两者交通成和,而物生焉。"《管子·四时》:"是故阴阳者,天地之大理也;四时者,阴阳之大经也。"《荀子·天论》:"列星随旋,日月递炤,四时代御,阴阳大化。"《荀子·礼论》:"天地合而万物生,阴阳接而变化起。"《周易·系辞传》:"一阴一阳之谓道。继之者善也,成之者性也。"

综上所述,"阴阳"范畴表达的是一种宇宙秩序。在自然、社会等一切现象中,莫不有相依相待、对立统一的两大势力、活动、能量或信息;它们的交互作用,使得事物产生种种色色的变化;自然之道,正是两者的统合、和合、相互促进、相互制约、相互克服、相互转化。任何一方偏胜，不能"交通成和"，则失去了"阴阳大化"的秩序。阴阳失调，就会发生问题，而不能使"物生焉"。因此人们要善于"燮理阴阳"。在《周易》哲学中，阴阳的变化系统非常生动、非常复杂，决非"正——反——合"或"对立统一"等公式所能涵盖得了的。

"阴阳"初指日照的向背，但上举先秦资料均指"不形而神""若亡而存"的阴阳之气。阴阳二气的运动变化孕育万物，产生万物，生生不息。正是在这个意义上，人们说阴阳为万物之根本。但在这里，阴阳之气并不能理解为亚里士多德的实体。因为无论是"阴"性的（否定的、潜在的）力量，还是阳性的（肯定的、现实的）力量，或者蕴含有这两方面的"阴阳一气"，都不是独立自存、同一不变的存有。说阴阳之气是万物之根本，也不是从"本原"的意义上来说的①。它自身是有内在张力的、变化的、互动的、互相涵摄的、有作用的。"阴阳"范畴较之"五行"范畴更方便地说明了天地万物内在的矛盾运动和变化发展。《易经》把阴阳变化的复杂性凸显出来了。

第三，"气"。五行是气，阴阳也是气。阴阳五行学说是中国古人把握宇宙的方式，气论则更是。"气"是无形无象、无所不包、弥沦无涯、浑沌绸缪的东西。举凡自然、社会、人生活动、肉体生命、精神境界、道德意志、艺术审美，无不可以言气，因而有云气、天气、地气、阳气、阴气、精气、元气、五行之气、人气、正气、邪气、贼气、治乱之气、鬼神之气、浩然之气、文气、气韵、心气、志气等等称谓。气所表达的是

---

① 《黄帝内经》："夫四时阴阳者，万物之根本也。所以圣人春夏养阳，秋冬养阴，以从其根，故与万物沉浮于生长之门。逆其根，则伐其本，坏其真矣。"又"黄帝曰：夫自古通天者，生之本，本于阴阳。"这里所说的"根""本""根本"，是说生命（生息）与阴阳之气是一回事，很重要，要注意护持，然并没有形上实体的意谓。

自然生命、文化生命、精神生命之流,是机体变化的连续性和不可分割的整体性。气依不同存在层次而表现出不同的性状,如形质、功能、生命力、意识、精神、心灵等都是气;气的运动(聚散、屈伸、升降、动静)展现出事物的变化。① 春秋时医和提出"天有六气""六气曰:阴、阳、风、雨、晦、明也"(《左传·昭公元年》)。《庄子·知北游》:"人之生,气之聚也。聚则为生,散则为死……通天下一气耳。"《孟子·公孙丑上》:"气,体之充也。"《礼记·祭义》:"气,神之盛也。"《管子·内业》:"精也者,气之精者也。"《荀子·王制》:"水火有气而无生……人有气有生有知,亦且有义。"《淮南子·天文》:"气有涯垠,清阳者薄靡而为天,重浊者凝滞而为地。"

从以上材料可知,"气"是形神兼备、能质混一的,"气"很难用"物质实体"来概括。至少亚里士多德的个别实体和形式实体,形式—质料学说,直至笛卡儿精神实体与物质实体的二元论和斯宾诺莎把物质与精神、广延与思维看作唯一实体之无限属性的思想,与气论的路数是格格不入的。即使是引进了"能动的原则""活动的力"的莱布尼茨的单子论亦与气论不同。李约瑟曾就冯友兰把"理—气"诠释成"形式—质料"提出质疑。李氏认为,儒道两家"共同阐发的有机自然主义已极具现代气息,其与现代科学的宇宙观的合拍之处,比冯友兰认识到的要多得多。……新儒家的两个基本范畴是理(自然的普遍形式和特殊形式)和气(物质—能量)。冯友兰把这两个范畴与亚里士多德的形式和质料相对等。此论大谬不然"。李氏认为,"气概括了物质的细小精微状态,其含意比我们使用的物质—能量要丰富得多。"(郭按:气是物质、精神、能量与信息的统合)。李氏的结论是:"中国人的永恒哲

---

① 成中英特别重视"气"包含的动的功能、生命力及精神性等,见成氏《中国哲学范畴问题初探》,《中国哲学范畴集》,人民出版社 1985 年版,第 77 页。

学从来不是机械论和神学，而是有机论和辩证法。""西方的有机自然主义之花曾得到过中国哲学的直接滋润！"①这启发我们思考，中西哲学宇宙论框架不同，对宇宙的观照方法不同，"实体论"与"道—气"论恰好是不同的范型。

新近关于气论的研究都区别了气论和原子论，并把"气"与"场"联系起来②。张载所说"太虚无形，气之本体"，后四个字是说气的本然状态。在气的聚散变化所形成的物质、文化、生命活动、精神现象中，并不孤立存在着任何原始的、恒定不变的、作为一切物质性基础的物质特性的"气"实体本身。

第四，"道"。"一阴一阳之谓道。"（《周易·系辞传》）戴震解释为："一阴一阳，流行不已，生生不息。主其流行者，则曰道；主其生生言，则曰德。"（《孟子私淑录》卷上）又说："道，犹行也；气化流行，生生不息，是故谓之道。……行亦道之通称。"（《孟子字义疏证》卷中）"道"本指人行走的道路，后引申为道理、过程、规律。天有天之道，地有地之道，人有人之道。儒家之道是"天"这一神秘创造力生养万物的发展过程。朱熹也把"道"视为形而上者，把"阴阳之气"视为形而下者。道家之"道"更有特点："有物混成，先天地生。寂兮寥兮，独立而不改，周行而不殆，可以为天下母，吾不知其名，字之曰道。"（《老子》第二十五章）"道"是不可

---

① 李约瑟：《评冯友兰〈中国哲学史〉》，《中州学刊》1992 年第 4 期，郭之译。又，杜布斯（H.H.Dubs）把"气"译为"matter-energy"（物质—能量）；陈荣捷把"气"译成"material force"（物质力量），并提醒人们注意，在 11 世纪宋明儒家出现之前，"气"原初"指与血气相连的一种心理生理交融的力量"，因此应译为 vital force 或者 vital power（生命力），见陈荣捷：《中国哲学资料书》，第 784 页；牟复礼则把"气"译为"有生命力的精神"，见牟氏《中国的思想基础》，第 60 页。

② 李存山：《气、实体与场有》，《场与有——中外哲学的比较与融通》（一），东方出版社 1994 年版，第 125 页。又请见李志林：《气论与传统思维方式》，学林出版社 1990 年版。

以任何名言概念来加以限定或范围的。魏晋玄学家多把"道"解释成"无"，也就是无终始、无局限，具有无限的创造性、可能性。"道"并不是一个静止不变的实体，而是大化流衍、运动变化的历程。"道"是由阴阳刚柔等多重力量交互作用而成的，由潜在到现实、由否定到肯定、由无到有、由一到多（或者相反）的运动。"道"又涵盖了事物彼此之间、事物与事物之全体间的多重关系。

"道体"在道家哲学中是深奥的形上本体，包孕有无，尤以玄秘为特点。故《庄子·大宗师》说："夫道，有情有信，无为无形；可传而不可受，可得而不可见；自本自根，未有天地，自古以固存；神鬼神帝，生天生地……"王弼释"道"为"无"，解为"无不通也，无不由也"，"寂然无体，不可为象"。可见"道"不是实有层的实事实理，而是作用层的空灵智慧，不可能用理性思考、概念语言来把握，不执定在任何单一的位置上。这启发人们透过无穷，接纳现实世界相依相待、迁流不息、瞬息万变、复杂多样的生活，以开放的心灵破除执着，创造生命。从这些特点来看，我们很难把"道体"解释为"实体"。毋宁说，"道体"是"无"体、"空"体、"虚"体。这当然是就它的空灵性、包容性、无限性、创造性、流衍性、相对性、整全性等特点而言的。这里的相对性是说，道正是在一切事物的相对相关中显现出来的。

以上我们简略考察了"五行""阴阳""气""道"等原型观念，这些都不好拿西方哲学的原型观念"实体"相比附，因为它们都不是可以让人们孤立地来观察、捕捉、衡量与确立其实在与性质的存有。这些观念大体上表达了有机自然主义的哲学所强调的化生性、连续性、无形性、功能性、整体性、直观性、辩证性的特点，表明中国人的宇宙观，中国人的思维、行动、审美方式走着另一条道路，与西方实体主义的个体性、间断性、有形性、结构性、组合性、机械性、思辨性等有明显差异。

儒释道思想中的非实体论式

西方古希腊、中世纪、近代的形式实体观或物质实体观强调主客体之间的分裂与紧张,强调精神实体或物质实体的绝对性和静止的自立性,以认识主客体的对立作为寻求世界本体的前提,把人与世界分割开来。中国儒释道的思想架构恰恰与此相反。首先,中国哲学始终是在人与世界、主体与客体统合的基础上考虑问题的,即使对本体的追寻也是如此。其次,中国哲学中的宇宙、世界、自然,不是实体论或本质论意义上的宇宙、世界、自然,而是人与宇宙、世界、自然之无限多样的关系、意义和可能性等全面而多层次的展开。再次,中国哲学的本体不是固定的精神(或物质)实体,而是永恒运动变化,并贯穿到人的现实存在和生命活动中去的意义世界。以下我们简略谈谈儒、释、道三家思想的非实体论特征。

第一,儒家。儒家天道、天命流行之体的"生生之仁"学说,是以人与世界的感通性和动态流衍性为特点的。儒家的"仁",就是"生",就是相互感通,亦即天与人、物与我之间的相互依藉、相应变动、交相感通。它们在一定意义上是交互性的。儒家强调人与自然、人与社会、人与人都处于一种动态、生机的关系之中。

如前所述,"五行"之"行","阴阳"之"气","天道"或"人道"之"道",表达的是动态流行的、生生不息的、变化不已的连续性、整体性的观照宇宙的方式。《周易》哲学的易道易体,是相对相关、活动作用的本体。"太极—阴阳"的模型,把本体与功用、本体与现象动态地统合在一起。自然、社会、人生,就是一生机的全体,是各种差异的活泼统合。在这里,"太极""乾元"本身是创生性的。此"体"就是一切变化的过程,是持续的创造性,是一切生命的发展,乃至是一切价值理想的完成和实现。易道易体的另一原理,则是有机联系、旁通统贯、和谐互动。如此,宇宙、社会、人生并没有间隔,心物之间、主客之间、天地人我之间,交互感通,彼此不相隔绝。

《易》之太极,不是西方实体意义的本体。太极是宇宙生命之全体及其流衍过程,是阴阳、刚柔、乾坤相摩相荡的动态统合。太极、天道流行之体,不是绝对,不是超绝本体,不是如如不动的人格神,而是本然的真实,是无穷的创造力。

在西方实体主义的形上学中,"独立存有"的实体、"独立不变"的"绝对"是没有活动作用可言的存有。此说以独立不变的理想世界为真有、实有,以活动作用、变动不居的经验世界为假有、为虚幻。实体主义的存有论的特征是相对而无相关,有分别有距离而无内在联系。其极端—绝对的一元主义,则既无相对又无相关。其终极关怀,是执着一个"逻辑的上帝"①。

儒家哲学之"天"是一切价值的源头,是具有超越性的、宗教神学意味的,让人虔敬、敬畏的形上本体,也是人们安身立命的超越理据。但"天"同时又是具有无穷创造力的流行之体,化育了万物。这一创化力可以范围天地,生生不息。"天"与"地"与"人"与"物"交相贯通。"天"与人事、物理有密切的关系。天、道、性、命不是隔离的,人与神、人与自然不是隔离的。"天"把它的性分赋予"人""物",人性、物性之中同时也就含有了天性、神性。"天"内在于人、物之中。不同的人、不同的物,因此也有了神秘的创造潜能。孟子说:"尽其心者,知其性也。知其性,则

① 详见唐力权:《自由与自律之间:存在主义与当代新儒学的主体性观念》,《场与有——中外哲学的比较与融通》(二),中国社会科学出版社1995年版,第13—15页。

知天矣。"(《孟子·尽心上》)《中庸》讲:"唯天下至诚,为能尽其性,能尽其性,则能尽人之性;能尽人之性,则能尽物之性;能尽物之性,则可以赞天地之化育;可以赞天地之化育,则可以与天地参矣!"人赞助天地的创化,人与天地鼎足而三,从而有了自身的价值。人通过"天"所禀赋的创造潜能的发挥,通过道德修养的径路,可以上达天德。人生实践的目的、意义也就包含于其中了。所以冯友兰先生以"极高明而道中庸"作为儒学乃至中国哲学的要旨。超越的理想境界,就在凡俗的日用伦常之现实世界和现实生活之中! 这正是中国哲学形上学不同于实体主义形上学的可贵之处。

第二,道家。整体的和谐与物我的相通,也是道家形上学的特点。庄子提出的"天地与我并生,而万物与我为一"(《庄子·齐物论》),不仅是庄学、道家,而且也是整个中国哲学的中心观念之一。道家哲学,更注意把自然与人看成有机的统一体,强调物我之间的同体融和。庄子的"无待"是以"有待"为前提的,即先肯定万事万物的相依相待,然后才能超拔出来。庄子的"齐物"也是以承认现实世界的"不齐"为前提的。庄子的智慧,就是启悟人们在真实的生活中,在"不齐""有待"的世界中,接受现实,面对现实,调整身心,解脱烦恼,求得精神的超脱解放。庄子的相对主义也颇为人所诟病,其实那也是一种空灵的智慧。庄学不强调道是一切事物的源泉和原始,而肯定它是一切事物的整体活动。天下所有的事物都是相待相关的,没有绝对的事物或宇宙中心。所以庄学反对唯我独尊,主张容忍各相对的价值系统的意义,决不抹煞他人、他物的生存空间,以使自己的生命从紧张、偏执中超脱出来。庄子要求人们不必执定于地籁、人籁,而要倾听那自然和谐、无声之声的"天籁",以会悟生命的限制和有限时空、价值、知性、名言、识见及烦、畏的束缚,从而使生命的创造性爆发出来。庄子巧妙地指出人的孤独的生存处境,人与人、人与动物等彼此间的隔绝和不理解,然后让你在生命的体验中消解隔膜,走出孤独,而达到与天地万物的同体融和。这是庄学最高的意境和最终的落脚点。而所谓"见独"("见道"),只是层层解脱过程中的某一阶段,最终还是要破除无量的执着,方能与道同体,超越生死的系缚。

老子之道与庄子之道略有区别,它是先天地生又在上帝之先,独立不改、周行不殆的。但老子之道也是道体与道用的整合,同样也是离用无体的。老子之道必然贯穿到自然、社会、人身与人心之中,贯穿到现实之中。对于老子之道的会悟,更必须破除有限心智的迷执和有限知识的遮蔽,破除物我的对峙、主客的分裂。道家的超越之道同样内在于现实世界、现实生活之中。不过它常常用否定、消解的智慧,破除迷惘、困惑,解放心灵,使你更有睿智地面对复杂的大千世界和不同的际遇、坎坷。所以真正的体道者,一定能用大智慧更好地生活着。道家的圣人、真人、至人、神人、天人的人格境界与儒家圣贤人格常常是相通互补的。山林与庙堂、遗世独立与积极入世常常是互动的两面。因此,"道"与人生并不是隔截的,"道"就在人的生命与生活之中而并未悬搁起来。

第三,佛家。缘起论认为,人生与宇宙一切事象都是由各种因缘和合而生,即各种条件和合而成,一切事象都是刹那生灭,永远变化(即"无常"),因而无实自体,无实自性,没有永恒不变的实体(即"无我")。华严宗的根本原理是"相待互涵,圆融无碍"。其"理事无碍观"以诸法(现象)与真如(本体)炳然双融,理与事、事与事相待而有,交融互摄,相即相入,熔融无碍为主要内容。世间各种现象互为因果,相资相待,彼中有此,此中有彼,此即是彼,彼即是此,相即相入,处于"重重无尽"的联系之中,这叫"无尽缘起"。也就是说,一切现象是无限广大又互相包容,既有区分,又相互贯通为一个整体。整体与部分、同一与差别、生成与坏灭有着辩证的联结。"华严宗佛学乃是一套机体主义之哲学体系，预涵透彻分析，然却能尽超其一切限制与虚妄，盖旨在得证一切无上智慧，彰显一切差别世界，统摄一切完全整体，融合一切真际层面，悉化入无差别之法界总体，宛如天上奇观，回清倒影，反映于婆婆若全智慧海——而海印三昧，一时炳现！"（方东美：《华严宗之体系》）

天台宗"圆融三谛"说，认为众生的心通过圆融空、假、中三谛而把握一切现象的实相，也就是把握了真如。实相、真如有本体的意义。众生的一心与本体相通。空、假、中三谛互相融合，同时成立，每一谛皆同时兼具其他二谛。"空"是诸法当体即空，是抽象的真理层面；"假"是诸法由因缘生，因而是假有幻有，是具体的现象层面；"中"则不执着于空、假二边，而超越二边，同时又综合二边，以显中道佛性。此中抽象与具体融合为一。三谛中任何一谛并不孤立地成一领域，而是三谛互融，三重境界同时显现；因为它们同时为一心所化的三智所观照。于是，形成即空即假即中的三谛互融境界。天台、华严学说充满了中国形上学的智慧。

禅宗标榜"不立文字，教外别传，直指人心，见性成佛"。其"即心即佛"的思想，把现实界与超越界打通了。涅槃境界、成佛理想、彼岸世界，其实就在当下，就在现实之中。寓出世于世间，在现实中求得解脱，正是中国佛教的特点。所谓"运水搬柴，无非妙道"，"平常心是道"，都是此意。禅宗在中国文化的影响下，以现实的人生置换虚幻的未来，创建了以现世的自我精神解脱为轴心的生命哲学，上求菩提，下化众生，关怀现世，接近并帮助人民，成为中国佛教的品格。马祖道一禅师说："一切法皆是佛学，诸法即是解脱，解脱者即是真如。诸法不出于真如，行、住、坐、卧，悉是不思议用，不待时节。"可见形上本体与现象不二，佛心本性具足，道不在外。人们只要化解迷执，随顺自然，护持真我，则行住坐卧，无一不是真如，无一不是解脱。

反观儒释道三家，重心都在追求人生的理想境界，真善美合一的境界，都主张在现实生活中成就理想人格。与这一终极目标的达成相一致，其形上学的智慧，是周遍圆融、即体即用、即现象即本体、即刹那即永恒、既超越又内在的。要之，他们都没有执定绝对完满、永恒不变的独立实体或逻辑的上帝，而是启发人们架设许多通向本体理境的桥梁，化神奇于平淡，寓平淡于神奇。

余论

西方实体主义学说无疑是人类哲学的宝贵财富，值得我们认真吸取。本文的目的不是评价这一学说，而是企图说明，中国哲学的路数与西方前现代实体主义的路数很不相侔。在一定意义上，我们不妨说它是一种非实体主义的。中国哲学的原型观念中，中国儒释道三家的理论中，都有自己丰富的形上学或本体论思考，但它不是实体论式的。①中国哲学是一种机体主义的存在哲学、生命哲学、人生哲学，有它自己独到的形上睿智。

这一非实体主义的本体论，启导人们体悟人的本源的生存方式就是人与天地万物一体，而不是人与世界、本质与现象、主观与客观的分离和隔绝。天与人、体与用、心与物的和合是世界与人最根本的存在状态，只有从这一根本状态出发才能更好地会悟或寻求世界的本体。

这一非实体主义的本体论，承认世界是一个大化流行、无穷变化的世界，承认本体与现象、现象与现象、人与天地人我间充满着重重无尽

---

① 参见郭齐勇《论传统形上学的基本特征》，上海：《学术月刊》，1991 年 7 月号。

的联系和相依相待的网络，人生存于这一永恒流动、相互关联的世界中，没有绝对至上、静止自立的"体"，那种"体"对于人生没有意义。世界存在的意义是随着人的生存而展开的，而人的存在决不是某种实体、某种存在者，而是存在本身。

这一非实体主义的本体论，把关于形上本体的追溯与人生的现实活动和价值目标、理想人格与理想境界之实现结合起来，贯通形上与形下，贯通超越与内在，贯通理想与现实，最终围绕着"人"而展开，而启迪人们体验生活，提升境界，超越自我，解放心灵，爆发出创造精神。

最后，需要说明的是：第一，西方实体学说虽屡有变化，但典型形态且影响深远的是亚里士多德的实体学说。拙文很明确地以亚氏为比较的参照坐标，这在"前言"中即以说明。康德以前的形而上学一般都把"存在物的存在"看作某种普遍存在的实体。亚氏在《形而上学》中指出："实体是事物的底层、本原的第一原因。""基质、本质以及两者的复合物称为实体"。当然，在亚氏那里，三种实体即个别实体、物质（质料）实体和形式并不是三种互不相干的东西。西方实体学说均离不开亚氏。实际上，亚氏实体学说也离不开柏拉图的共相、理念，毋宁说，其一般形式实体的观念来源于巴门尼德和柏拉图的理念论。以上是西方哲学史的常识。

第二，拙文绝对不是以汉代思想为准来理解和诠释四个原型观念的。拙文所说的"基元概念""基元范畴""原型观念"是一回事，是指在先秦时代产生的"五行""阴阳""气""道"，这四个概念、范畴、观念极其重要，而且贯穿到中国哲学史的全局与始终。拙文所引的主要是先秦哲学的史料。本意是指出，这些范畴、观念与古希腊的原型观念，特别是亚氏的物质实体、个别或一般形式实体的观念有很大的不同。这还不只是原子论与气论的差异、实体论与关系论的差异。拙文强调的是，中国哲学之"本体""实体"观念与西方不同。例如"道""天""天道""太极""乾元"等,当然是深奥的形上本体,但都是具有无限创造性的流行之体,即体即用,即现象即本体,即整体即过程,都不是西方的、特别是亚里士多德的那种实体意义的本体。道家"道体"之"无"的空灵特性,即指其无限的创造性、包容性。拙文第二部分详细讨论了儒释道三家形上学思想的非亚氏实体论式,是拙文之重心。拙文恰恰强调了儒释道三家的本体或实体论式与西方不同。非实体不是反实体,而是不同于西式或亚氏实体。这并非否定西方实体学说的优长,也不是说中国哲学关于本体、实体的思考方式一定优于西方,而只是指出中西之殊异。

第三,拙文试图纠正哲学史教科书的一些泛西方化的说法。例如"五行",拙文特别指出它不是独立自存、同一不变的五种实体,而是具有五种特性的力量、动势、活动、动因、能力及彼此间的联系和关系。"五行"学说大体上有三种。第一是《尚书·洪范》和《国语》之《鲁语》《郑语》所说的水、火、木、金、土之"五行",虽指五物,但很难说是实体,其所说的是五种性能、活动、材质的和合,杂以生成百物。《左传》还特别指出五行、五味、五色,是"民之行也",《国语》也说是"地之行五",可知其强调的是五种行动。[①] 第二是仁、义、礼、智、圣之"五行"即是思孟五行,见马王堆帛书《五行》《德圣》和郭店楚简《五行》诸出土文献,这是指五德的关系,是指的心之行和德之行,即德气充盈于身体之内外的运行,其形之于内谓之德之行(德凝于内心),不形于内谓之行(行现于外),前者说道德的内在性,与形上天道有关,属天之道,后者是道德实践活动,属人之道。思孟五行学说贯通超越的天道、人的道德的内在性和实践活动。第三是邹衍等的阴阳五行学说,讲五种力量的相生相克

[①] 详见上文,又请参见陈荣捷:《中国哲学论集》,台北:"中央研究院"中国文哲研究学所,1994年版,第119页。

的关系。总之"五行"学说着力说明的不是世界、事物,乃至德行的静态构成,而是动态变化,气化流行,肯定自然、社会、人身的现实存在和未来趋势是由隐态或显态、性相各异的动势、能量之相互作用所决定的,并随着多重力量的彼消此长而变化。这是机体论、关系论或过程论的方式,与希腊构成论、实体论的方式不同。

(原载于中国台湾《哲学与文化》1999 年第 11 期)

老庄思想对诺贝尔奖获得者汤川秀树的影响

徐水生

汤川秀树(1907—1981年),国际著名物理学家。他于1935年提出一种核力理论,正确预言了介子的存在,1949年因介子理论而获诺贝尔物理学奖。他在回顾自己漫长的现代物理学研究的生涯时指出:"和其他物理学家不同,对我来说,长年累月吸引我,给我影响最深的是老、庄等人的思想。它虽是一种东方思想,但在我思考有关物理学问题时,它仍不知不觉地进入其中。"[①]研究老庄哲学对汤川科学思想的重要影响,对于我们认识道家思想的合理内核,探讨中国古老智慧与现代自然科学的某些联系,均有积极的意义。

一、汤川对老庄哲学"最感兴趣"

汤川秀树生于京都帝国大学教授小川琢治之家,1927年毕业于京

---

① [日]汤川秀树著:《汤川秀树著作集》第7卷,日本岩波书店1985年版,第20—21页。

都帝大理学部物理学科,1932 年作医师汤川玄洋的养子,由小川改姓汤川,并与玄洋末女结婚。汤川秀树历任大阪大学副教授、京都大学教授,1948 年至 1953 年受任美国普林斯顿、哥伦比亚等大学客座教授,1970 年退休,任京都大学名誉教授,1981 年病逝于京都。汤川秀树注意研究科学方法论,留下不少有关科学哲学的著述,故日本思想界认为,汤川"表层是物理学家,但深层是哲学家。"①

　　对于接受东方传统文化的熏陶来说,汤川秀树有着优越的家庭环境。汤川秀树的祖父是位儒学者,明治维新后曾开过私塾。汤川秀树的父亲虽是位地理学家,但他从小就学习中国的古典并以有汉学素养而常常感到自豪。其父任京都大学教授后,一方面与该校的中国史学教授内藤湖南、中国哲学教授狩野君山等人非常要好,另一方面又常去中国的敦煌等地考古。父亲经常利用空隙时间向少年的汤川兄弟四人讲授中国传统文化知识。因父亲工作忙,汤川秀树的中国古典教育主要由其祖父授之,他先学《论语》《孟子》《大学》《孝经》,随后再学《春秋左氏传》《礼记》《史记》《唐宋八大家文》等。在这种方式培养下,后来汤川秀树的二哥贝冢茂树成了日本著名的中国史学家,弟弟小川环树成了日本著名的中国文学家。

　　但在中国传统哲学中,汤川秀树最喜欢的是老庄思想。他说:"大约在刚刚上中学的时候,我开始考虑中国的古典著作中会不会包括一些更加有趣的、思维方式不同的其他作品。而且,我怀着这样的心情查找了父亲的书房,找出了《老子》和《庄子》并开始阅读,而且很快就发现对《庄子》特别感兴趣,我一遍又一遍地读了它。""今天,如同我的中学时代那样,老子和庄子仍然是我最感兴趣和最为喜爱的两位古代中国

---

① 中村元等监修:《近代日本哲学思想家辞典》,东京书籍株式会社,1982 年版,第593 页。

的思想家。"①儒学特别是朱子学在江户时代得到日本人民的广泛接受，而道家学说并没有风靡过日本，且汤川的启蒙教育也是从《论语》等儒家学说开始的，但他为什么对老、庄哲学"最感兴趣"和"最为喜爱"呢？这就要从老、庄哲学的特点和汤川个人性格特征及所从事专业等方面综合加以考察：

第一，汤川秀树的孤独性格与老、庄愤世嫉俗的处世态度较为合拍。如汤川回忆道，"无论怎么说，有一样东西始终不变，那就是我的性情极端孤僻。我很孤独。由于孤独，我觉得世界是令人厌倦的，而这就导致了一种宿命论的悲观主义。而且，我同时却彻头彻尾地欣赏这种悲观主义""那么，我的兴趣在哪方面呢？正像我在别的文章中写过的那样，我当时（即中学时代——引者注）对老子和庄子的宿命论观点感兴趣。"②汤川秀树从老庄不满现实或试图超越现实的思想中得到了较多的精神安慰，这不仅在中学时代，直至晚年也是如此。

第二，与儒学偏重社会伦理不同，老庄哲学论述得更多的是自然界及其规律，这与物理学家以自然界为研究对象又是一致的。如汤川秀树说："老子和庄子的思想可能显得和希腊思想完全不同，但是它们却构成了一种自洽的、理性主义的看法，它内容丰富，从而就本身的价值来看作为一种自然哲学至今仍然是值得重视的。"③

第三，与儒学强调齐一、规范的"中庸"思想方法不同，老、庄哲学表现为一种突出个性，注重自由的思想方式，这与汤川秀树历来重视的创

---

① ［日］汤川秀树著、周林东译：《创造力与直觉》，复旦大学出版社 1987 年版，第 48—49 页、51 页。
② ［日］汤川秀树著、周林东译：《创造力与直觉》，复旦大学出版社 1987 年版，第 17、51 页。
③ ［日］汤川秀树著、周林东译：《创造力与直觉》，复旦大学出版社 1987 年版，第 51 页。

造性思想较为合拍。庄子思想浪漫主义色彩很浓,创造性的寓言往往道出深奥的哲理,如他为了说明美丑标准是相对的,便这样写道:"毛嫱丽姬,人之所美也,鱼见之深入,鸟见之高飞,麋鹿见之决骤,四者孰知天下之正色哉?"(《庄子·齐物论》)十分诙谐有趣。老子哲学反对人为、强调"自然",也颇有鲜明的个性。作为物理学家的汤川秀树把科学发现看作主要是一个创造性思维的过程,从而致力于发展他的"创造理论"。他不仅撰写了与此内容有关的大量著述,而且还亲自发起成立了日本的创造学研究会。故他回忆起与老庄的"因缘"时说,学习老庄之书,"还有一种乐趣,就是和一种比较自由的思想方式相接触,这种方式,超出了儒家学说强加给人类思想和行为的那种死板框架。""我觉得,庄子有许多东西是可以鼓舞读者的心智并使他工作得更好的。"①

　　第四,老、庄关于发展、变化的思想与近代"物理学革命"和现代物理学发展趋势极为合拍。老子观察到天地间万事万物存在着互相矛盾的两个对立面,对立面不是一成不变的。庄子认为天道犹如"大块噫气"的交响乐,瞬息万变。"道无终始,物有死生,不恃其成。一虚一满,不位乎其形。"认为事物无时无刻不在变移,虚满、生死都只是一时的现象,其形态绝不固定。当然,老庄思想也有一定局限性,如庄子有过分强调绝对运动,忽视相对静止之弊。汤川秀树从积极意义上对老庄加以肯定,他说,"老庄的思想,既不是宗教,又不是伦理。其特点可用不同于'到达'的'通过'或'一时停止'来表达。所谓'到达'与目标、终点相联系。相对来说,'通过'有通过某点,在某点停止一时之意,有不是终点而是中间站的细微差别。就是在这种意义上使用'到达'和

---

① [日]汤川秀树著、周林东译:《创造力与直觉》,复旦大学出版社1987年版,第47、51页。

'通过'的说法。"①19世纪末20世纪初,物理学界发生了一次革命性的飞跃。以前,物理学主要研究两种基本相互作用——引力作用和电磁作用,并且看来已经达到相当完善的地步,一般物理现象似乎都可以从相应的理论中得到说明。牛顿力学概括了低速宏观物体的运动规律;电磁现象的规律被总结为麦克斯韦方程组;热现象的理论是热力学。许多人认为物理学的主要框架已经构成,剩下的工作只是把一些物理常数测得更准确些,把一些基本规律应用到各种具体问题上去而已。随着生产与实验技术的不断发展,物理学遇到大量新课题,迫使人们认识到旧理论不是那么完善,因为它并不能圆满地解释新发现的一些现象。黑体辐射与迈克尔的实验使经典物理学理论碰到了巨大的困难,微观粒子的发现也提出了新问题,这一切导致物理学理论新的突破。20世纪以来,相对论、量子论、原子物理学、粒子物理学以及凝聚态物理学等应运而生。新的研究领域不断开拓,物理学的面貌有了根本性的变化。因而,汤川秀树立足于近、现代物理学发展史,进一步解释了为何喜欢具有"通过"特点的老庄思想。他说,在学问上,不可能有"到达"的终点。"普朗克、爱因斯坦几位伟大的物理学家,推翻了牛顿力学。这可能说得有点过头,但总之牛顿不是终点,到达点。似乎应长时间停车,但结果只是应通过的途中一站。至今我还不知哪儿有终点?""在《老子》《庄子》那儿,没有明显的到达点。它们是非常独创、有趣的思想。仅此而已,绝无终点的看法是正确的。"②

从此意义上来说,老庄关于变化、发展的思想与自然科学上的没有绝对不变的认识或定理,只有不断发现、不断创新才能寻得新真理的精神

---

① [日]汤川秀树著:《汤川秀树著作集》第4卷《科学文明と創造性》,日本岩波书店1985年版,第318、319页。
② [日]汤川秀树著:《汤川秀树著作集》第4卷,日本岩波书店1985年版,第320页。

是一致的,这可能是汤川在中国传统哲学中最喜欢老庄思想的深层原因。

二、老庄哲学对汤川秀树的启迪

汤川秀树在回顾老庄思想与他的科学研究生涯的关系时指出:"在我一生的某个阶段,我曾离开老子与庄子的世界而转入了物理学的世界,但自从我进入中年时期以来,老庄思想已经毫不含糊地又在我的心中获得了新的生命。"①也就是说,汤川秀树与老庄哲学相遇的经历可呈现为感兴趣——离开——回归这一过程。然而从思想实质上看,"感兴趣"是他少时对老庄哲学的朴素新鲜感;"离开"不是抛弃老庄哲学,而是兴趣重点的暂时转移,是努力学习和吸收西方文化(包括现代物理学、科学方法论和人文科学)时期;"回归"不是简单的回复,而是在艰辛的科学研究实践中,发现西方传统的科学方法论(如逻辑方法和实验方法)有其局限,便用消化了的现代物理学理论对老庄哲学重新认识、重新发掘、重新诠释,使其"获得了新的生命"。

那么,老庄思想对汤川秀树从事物理学研究产生了哪些具体影响呢? 他举出三个事例:

第一个是"基元域"概念的形成。他说:"1950 年,我发表了关于非局域场的理论,想将它作为和实体论、本质论的一种综合统一的第一步。这时,在宇宙线中发现了未被预计到的几种新粒子。……然而,再前进一步,希望更大,困难也越大,感到要达到应满足的理论需一个较长的时间,实际从这以后到今天的二十多年,我仍进行着恶战苦斗。其中,我想起了种种东西,成此契机的一个是在基本粒子研究上用新形式

① [日]汤川秀树著、周林东译:《创造力与直觉》,复旦大学出版社 1987 年版,第75、76 页。

恢复的一般相对论精神,还有一个是想起了长期被遗忘的庄子。尽管时代相隔甚远,然而在将哪一方都可相容时、空(天地)和作为内在东西的物质、能量(万物)的相互关系问题上,两者有共同点。在这里有其他种种思想中所看不到的独特。如我在《基本粒子》中所述,想起了吸取庄子思想营养的诗人——李白在某文开头中的'天地者万物之逆旅,光阴者百代之过客'等句,于是在1966年某日,终于将我的苦心思索结晶为基元域①的概念。"②

第二个是汤川粒子物理学上的"混沌"说的产生。汤川秀树说,我在思考基本粒子的过程中突然想起了《庄子》中的"混沌"典故,"我研究基本粒子已有多年,而且,至今已发现了30多种不同的基本粒子,每种基本粒子都带来某种谜一样的问题。当发生这种事情的时候,我们不得不深入一步考虑在这些粒子的背后到底有什么东西。我们想达到最基本的物理形式,但是,如果证明物质竟有30多种的不同形式,那就是很尴尬的。更加可能的是万物中最基本的东西并没有固定的形式,而且和我们今天所知的任何基本粒子都不对应,它可能是有着分化为一切种类基本粒子的可能性、但事实上还未分化的某种东西。用所习用的话来说,这种东西也许就是一种'混沌'。正是当我按这样的思路考虑问题时,我想起了庄子的寓言。"③

---

① 基元域:汤川解释道:"如果任何形式的能量开始和真空发生联系了,那么,按照这种联系方式的不同,我们就可以把它看成一种物质或粒子式的表现,甚至看成一个基本粒子,如果我们想象这个区域变得无限地小,那么在极限情况下它就将和一个点粒子相当,从而我们的理论表述就会和从前一样地遇到困难。因此,我们就给这个区域的尺寸规定一个下限,即一个对应于最小时空量子的极限,这就是一个不能再进一步有意义地细分的区域。我们可以把它叫作基元域"(《创造力与直觉》第143页)。
② 〔日〕汤川秀树著:《汤川秀树著作集》第7卷,日本岩波书店1985年版,第65页。
③ 〔日〕汤川秀树著、周林东译:《创造力与直觉》,复旦大学出版社1987年版,第49、50页。

这个寓言出自《庄子·应帝王》,该篇曰:"南海之帝为儵,北海之帝为忽,中央之帝为浑沌。儵与忽时相与遇于浑沌之地,浑沌待之甚善。儵与忽谋报浑沌之德,曰:'人皆有七窍以视听食息,此独无有,尝试凿之。'日凿一窍,七日而浑沌死。"

汤川秀树指出:"在他的著作中,'混沌'是和基本粒子世界很相通的。庄子说,如果企图笨拙地把某种相貌强加给混沌,就意味消灭混沌。虽然这样的一种说法在不同的人看来将有不同的意义。但是在我看来它揭示了我们在基本粒子方面遇到那种形势。"①

"当然,我不是唯一研究这个有关基本粒子的基础理论问题的人。德国的海森堡教授当思考存在于基本粒子后面的东西时就使用了Urmaterie(原物),一词。把它叫作'原物'或'混沌',都是无可无不可的;但我的想法和海森堡教授的想法除有些相似之外,也有不同之处。"②

"看来现代物理学似乎在许多方面带来了古代哲学的回声。事实上,我们有时确实发现,古代世界的某一个学者思想中的一次灵感闪光,会在很晚以后的一个发现上渲染上一种惊人明亮的光辉。"③事实的确如此,玻尔、海森堡等西方现代物理学家在推动量子力学的形成和发展中,从古希腊哲学家德谟克利特的"原子论"里得到不少启示。故海森堡说,一个人如果没有希腊自然哲学的知识,就很难在现代原子物理学中取得进展。而与他们不同的是,汤川秀树从老庄哲学、古代东方文化中得到了灵感并将之与现代科学知识相结合,从而为现代物理学

---

① [日]汤川秀树著、周林东译:《创造力与直觉》,复旦大学出版社 1987 年版,第145 页。

② [日]汤川秀树著、周林东译:《创造力与直觉》,复旦大学出版社 1987 年版,第50 页。

③ [日]汤川秀树著、周林东译:《创造力与直觉》,复旦大学出版社 1987 年版,第145 页。

的发展作出了重要贡献,同时也纠正了海森堡上述观点的片面性。这也说明,在一定条件下中国古代哲学的某些合理思想也有利于现代自然科学的发展。

第三个是"看不见的铸型"物理法则的确信。汤川指出:从数年前,我有时将物理法则比喻为"看不见的铸型。"今天,我们知道自然界由若干种类基本粒子组成。例如电子,和同一类型的其他粒子毫无区别。不论在何处何时形成,各个电子具有完全相同的质量和电荷,这是自然界法则性最基本形态的一种体现。产生这类同一东西的人眼看不见的结构,当然内在于自然界之中。我把它比喻为"人眼看不见的铸型。"但最近在反复读《庄子》中,发现了如此完全相似的比喻,感到大吃一惊,这个比喻就是《大宗师》中的一节。

庄子在《大宗师》篇中说,"今大冶铸金,金踊跃曰:'我且必为镆铘!',大冶必以为不祥之金。今一犯人之形而曰:'人耳! 人耳!',夫造化者必以为不祥之人。今一以天地为大炉,以造化为大冶,恶乎往而不可哉! 成然寐,蘧然觉。"这里寓有一种自然规律决定一切的天地造化思想。

汤川秀树又说:"庄子认为人在巨大的天地之中,是由肉眼看不见的铸型铸出的,到时又重铸成别的东西,将此比喻成生死没有什么大的差别,以超越死亡。与其作人类来看,倒不如说将此看成基本粒子的生死问题。尽管这是古代庄子的思考,但与我的思考极其相似。在我看来,庄子是一位真正了不起的思想家。"[①]汤川在这里站在现代物理学的高度诠释了庄子关于天地造化的思想,其哲学价值和科学方法论的意义绝不亚于海森堡等现代物理学家对古希腊原子论自然观的阐发。

---

① 《汤川秀树自选集》第 3 卷《现代人の知惠》,日本朝日新闻社 1971 年版,第 369、370 页。

所不同的是，它更具有东方文化浪漫主义的色彩。

三、老庄哲学对现代物理学的意义

由于现代"物理学的革命"产生在西方，由于数学在现代科学中所起的作用越来越大，于是科学界中形成两种偏见：一是认为西方思维方式是唯一适合科学发展的思维方式；二是在某些年轻一代的物理学家看来，理论物理学被还原成了以抽象群数学为补充的复变量复值函数学。因此他们忽视东方文化中所蕴藏着的直觉、类比等这类创造性思维，大大降低了科学预见的能力。这些引起了汤川秀树的深深焦虑，他利用自己丰富的中国古代哲学知识和颇深的西方科学文化素养，深刻地阐述了老庄哲学对现代科学的重要启示。

第一，关于概念的相对性思想。《老子》开卷指出："道可道。非常道，名可名，非常名。"汤川指出，我是这样解释的，"真正的道，即自然法则，不是惯例之道，常识之理。真正的名或概念，不是常见之名、常识性概念。""变成如此的解释，也许我是物理学家。到 17 世纪伽俐略、牛顿发现新物理学的道之前，亚里士多德的物理学是'常道'。牛顿力学确立，并被称为正确的道之时，它便成了物理学上唯一的道。'质心'这种'新名'不久成了'常名'。20 世纪的物理学是从超越'常道'，发现新道开始的。在今天，狭义相对论、量子力学等形式的新道已成了常道，'四维时空世界'、'几率幅'这类奇妙之名，几乎成了'常名'。因而必须再寻找不是常道之道，不是常名之名。如那样思考的话，二千多年前的老子话使人能获得非凡的新意。"①关于老子的"道可道，非常道。名可

————————

① 《汤川秀树自选集》第 3 卷，日本朝日新闻社 1971 年版，第 375 页。

名,非常名",哲学史界通常是这样解释的:"可以言说的道,就不是恒常的道,可以称呼的名,就不是恒常的名。"汤川秀树的文字解释与此不同,但从思想实质上来说还是与老子哲学精神相通的。如老子说:"反者道之动","道常无名"。老子认为名称或概念不是绝对的,具有相对性。自然科学就是在不断淘汰旧概念、旧理论,创造新概念、新理论中发展、前进的,因而两者确有一致性。

第二,关于直觉思维。汤川秀树指出:"直觉能力在古代的希腊天才和中国天才那里都是天赋极高的。"[①]直觉是指在以往经验知识积累的基础上突发地把握事物本质的能力以及基于这种能力而产生的思想。关于直觉的思维方法,有人认为有三个基本特征,即非逻辑性、"智力图象"性,思维过程中断性。[②] 但哲学史上出现的各种直觉和思维方法,不一定全包括有三种特征,或第一特征突出,或第二、第三特征突出。庄子的直觉思维方法就是第一特征突出,《庄子·秋水篇》通过有趣的故事表现了这一点。某日,"庄子与惠子游于濠梁之上。庄子曰:'鱼出游从容,是鱼之乐也'。惠子曰:'子非鱼,安知鱼之乐?'庄子曰:'子非我,安知我不知鱼之乐?'惠子曰:'我非子,固不知子矣,子固非鱼也,子之不知鱼之乐,全矣!'庄子曰:'请循其本'。子曰:'汝安知鱼乐'云者,既已知吾知之而问我,我知之濠上也。"汤川秀树对此故事表示了浓厚的兴趣,他指出,"此话表面类似禅的问答,实际上很不一样。禅总是把论证进行到科学无能为力之处,但庄子和惠子的问答表现了与科学的合理性和实证性有关的看法。惠子的论证方法看起来似乎比庄子更有逻辑性。一般认为,像鱼之乐这类很难下明确的定

---

① [日]汤川秀树著、周林东译:《创造力与直觉》,复旦大学出版社 1987 年版,第5 页。
② 周义澄:《科学创造与直觉》,人民出版社 1986 年版,第 138 页。

义,不承认实证是不可能的看法,接近科学的传统观点。尽管我自己是位科学家,但与庄子所说具有很强的同感"[1]。故 20 世纪 60 年代有人请汤川秀树题字时,他常写"知鱼乐"三字。如日本名古屋大学理学院的物理学会议室墙上曾经长期挂着汤川所写的"知鱼乐"条幅。汤川秀树甚至在 1965 年 9 月在京都召开的纪念介子理论提出三十周年的基本粒子国际会议上,将"知鱼乐"的典故英译给外国的物理学家,引起了他们极大的兴趣,使他们各自思考自己的思维方法是近于庄子,还是近于惠子?

为什么汤川对"知鱼乐"的典故如此钟爱并与庄子颇有同感呢? 这有其深刻的科学史背景。首先,科学家的思维方法大体有两种极端,一种看法是不相信任何未加证实的事物;另一种看法是不怀疑任何未加证实其不存在或不曾发生的事物。前者过于死板,这在科学史上得到十分清楚的证明。如 19 世纪,关于原子的存在并没有任何直接证明,尽管如此,依据存在的原子假设而工作的科学家们,却比那些不用这种假设的科学家们对自然界得到了更加深入得多和广阔得多的认识。后者又过于随和,因为在思维过程中或者在实践过程中,一个科学必须完成一种不可避免的选择任务。换言之,他必须自觉或不自觉地暂时不计较或暂时忘掉他所能想象的全部可能性中的大多数可能性。因而,这两种极端的思维方式都有碍于自然科学的研究。

其次,逻辑证明和实验的方法在基本粒子探讨中表现了一定的局限。当时物理学家最感困惑的是所谓基本粒子的真正本性。一个肯定的情况下,基本粒子甚至比原子还要小得多,从更严密的观点来看,基本粒子很可能也具有自己的结构。但实际上,简直很难用实验手段来

---

[1]《汤川秀树自选集》第 3 卷,日本朝日新闻社 1971 年版,第 372 页。

直接识别这样的细节。

因而,汤川秀树又说,"我坚信用某些方法可以合理地把握住基本粒子的结构,而且当然我正在为寻找可能的答案而费脑筋。我相信这样的一天将会到来。那时我们将知道基本粒子的内核,即使这一切不会像庄子知道鱼的内心那样简单,但为了做到这一点,我们也许必须采取冲破现有知识框框的奇妙思维方法。"①这里的"奇妙思维方法"就是庄子"知鱼乐"一类的直觉思维方法,经过科学地改造、提高,它可以纠正上述两种极端思维方法的偏颇,弥补逻辑和实验方法的不足(或产生互补),有助于基本粒子的研究。汤川的亲密科研助手——著名物理学家坂田昌一也进一步揭示了庄子直觉思维方法的现实意义,他说:"'知鱼乐'的精神正是贯穿着现代物理学的精神,它把隐藏在现象背后的本质作为问题提出来了。"②汤川秀树还指出:"直至今日,有人认为东方的思维方式是非逻辑的,有碍科学的发展。这类意见不少,但我未必同意。"③如在量子力学中有不确定原理、引进了概率的概念,西方人很难掌握,而东方人极易接受,这不能不说与思维方式有关。从而充分肯定了以庄子思想为代表的中国古代直觉思维的合理性。

第三,关于类比思维。类比是由两个对象内部属性关系的某些方面相似,而推出它们在其他方面可能相似的推理方法。用汤川秀树的话来说,"类比是这样一些方式(想象力发展等方式——引者注)中最具体的一种,它们把那些在一个领域中形成的关系应用到另一个不同领域中去。这是中国人自古以来就很擅长的一个领域。表现类比的最古

---

① 《汤川秀树自选集》第 3 卷,日本朝日新闻社 1971 年版,第 374 页。
② 《坂田昌一科学哲学论文集》,知识出版社 1987 年版,第 192 页。
③ [日]汤川秀树著:《汤川秀树著作集》第 6 卷《読书と思索》,日本岩波书店 1989 年版,第 10 页。

形式就是比喻。"①汤川在其著作中多次谈到类比特别是中国古代的类比（比喻），这是有其重要原因的。其一，类比思维在近、现代自然科学发展中起到了重要作用。如：1803 年英国化学家道尔顿比较了古希腊原子论，细致地研究了当时所建立起来的当量定律和定组分定律，发现只要引入原子的概念并确定各种原子都有独立的原子量，就能圆满地解释这些定律。之后，他又建立了近代原子论，在科学上作出了重大突破。其二，西方科学家类比论的文化基础几乎都来源于古希腊哲学。作为一贯重视科学方法论，又具有东方文化素养的汤川理所当然地也很重视类比法，不过，他更重视老庄思想中的类比方法。因此，他说：如果回顾历史，我们就会发现在二千多年前的"中国等地区有许多伟大的思想家或哲学家，他们教给人们大量利用类比或隐喻。在我看来他们似乎不但用它来劝说别人，而且也用它来找出他们前所未知的真理。""正如我在前面说过的，我特别喜欢庄子，他的作品充满了比喻和佯谬，而且其中最吸引人的是这些比喻和佯谬揭示在我面前的那个充满幻想的广阔世界。"②

庄子是中国古代哲学中最具浪漫色彩的哲学家，他主要依靠比喻和类比来论证哲学问题。如《齐物论》通过狙公赋芧、罔两问影、庄周梦蝶等比喻，来论证对任何事物的认识本无确定不变的是非标准，一切是非之争，都是对道的全面性的歪曲和割裂，反对认识的片面性。《秋水》篇借河伯与海若的对话说明万物的大小、贵贱、生死、是非都是相对的。从一定意义上说，本文前述的基元域概念、物理学的"混沌"概念、"看不

---

① ［日］汤川秀树著、周林东译：《创造力与直觉》，复旦大学出版社 1987 年版，第44 页。
② ［日］汤川秀树著、周林东译：《创造力与直觉》，复旦大学出版社 1987 年版，第88、44 页。

见的铸型"思想,就是汤川运用庄子类比思维的成功尝试。

第四,关于整体思维。汤川秀树指出:"在老子和庄子那儿,自然界却一直占据着他们思维的中心。他们论证说,脱离了自然的人不可能是幸福的。"并由此引申出,"对于东方人来说,自身和世界是同一事物。东方人几乎是不自觉的相信,在人和自然界之间存在着一种天然的和谐。"①这实际上以老庄哲学为例,肯定了中国哲学的整体思维方式。老子提出"人法地,地法天,天法道,道法自然,"认为人在自然之中。庄子讲,"天地与我并生,万物与我为一",也强调个人与世界是一个整体。"天人合一"观点是中国古代哲学整体思维的集中概括,勿庸讳言,它也有忽视分析的缺点,但它不论对于观察宏观宇宙,还是对于研究微观世界,都有一定的适用性。所以汤川秀树指出,前面引述的"混沌"寓言,就其本身来看几乎可以肯定不是为了微观世界,而是为了整个大宇宙而写出来的。十分明显,这个寓言处理的既不是构成自然界基础的那些无限小的粒子,也不是这些粒子运动于其中的相应小的时间和空间。不过,"实际上我还是觉得在这个寓言中能够隐隐约约地看到我们通过物理学研究而最后获致的那个微观世界;我们不能认为这种相似是一种偶合而不予考虑。当人们按这样的方式看待事物时,我觉得人们就不能说希腊思想是唯一能够充当科学发展基础的思想体系了。"②汤川并没有由此任意抬高以老庄哲学为代表的整体思维,而贬低西方注重形式逻辑的思维方法。他作为一位态度严谨的科学家认为,只有融合东西两种思维方式才能有助于现代科学的发展。"对科学家来说,非常

---

① [日]汤川秀树著、周林东译:《创造力与直觉》,复旦大学出版社 1987 年版,第 47、37 页。

② [日]汤川秀树著、周林东译:《创造力与直觉》,复旦大学出版社 1987 年版,第 51 页。

明确的肯定或否定的思维方式和将各种事物联系在一起的整体思维方式自古就有，两者都需要，这里越来越变得明确。两者只有互补，才能成为科学的思维方式。"①

自然科学靠人去发现和创造，也靠人去运用和推广，但社会的人是有阶级立场和政治倾向的。如果自然科学成果合理地使用，就会为人们带来巨大的利益和无比的幸福。反之，如将那些成果胡乱地运用，那又会给人类造成巨大的灾难和无比的痛苦。第二次世界大战中原子弹的使用就是典型一例。所以汤川又指出，从成年初期起，我就非常厌恶关于人无能的理论以及关于人应当自愿顺从自然界的想法。"然而，随着原子弹的出现，我的想法被迫再次发生了很大的变化。……我们现在不得不担忧人类会不会沉没到科学文明这种人类自造的第二个自然界中去了。老子的'天地不仁，以万物为刍狗'的声明获得了新的威胁性的意义，如果我们把'天地'看作包括第二自然界在内的自然界，并把'万物'看作包括人本身在内的话。"②汤川秀树在这里运用老子的哲学观点，告诫人们要正确地运用科学成果，为人类的共同利益和世界和平服务。否则，就会反遭"第二自然"的惩罚。

当然，汤川秀树对老庄哲学的把握和运用，是以接受消化现代物理学理论和西方合理的逻辑方法为基础的，是在粒子物理学的艰辛研究和放眼现代世界的认真思考中的积极改造，绝不是一种简单的套用。

四、"老年期思想的现代性"

在自然科学界，有一种根深蒂固的错误观点，即中国古代哲学所表

---

① ［日］汤川秀树著：《汤川秀树著作集》第6卷，日本岩波书店1985年版，第11页。
② ［日］汤川秀树著、周林东译：《创造力与直觉》，复旦大学出版社1987年版，第48页。

现的东方思维方式不能适应科学的需要,只会阻碍科学的进步和发展。令人吃惊的是,虽然这个观点是由西方人首先提出来,但却被不少东方人(包括中国和日本学者)"虚心"地接受。

尽管以中国古代思想为代表的东方思维方式,有着形式逻辑意识不发达、忽视实验方法等缺点,但它有重视整体思维、创造思维(如直觉、类比等)、辩证思维等优点。尽管近、现代自然科学是在欧洲发展起来的,与西方思维方式密切有关,但从人类历史长河来说,它只是其中的一个阶段,况且我国的科学技术总的水平自秦汉直至明代中期均在世界前列。因而,从辩证和历史的观点来看,东方思维"阻碍说"是不能成立的。

深深受益于老庄思维方式、在现代物理学界产生重大影响的汤川理论的形成,使上述"阻碍说"不攻自破。汤川秀树在自己长期的现代物理学的科学研究中深刻认识到:"古代中国通过各种方式而在我心中占有地位。尽管这显得和我是一个科学家这一事实相矛盾,但是,这反而足以给作为一个科学家的我以某种个性。""自从我六十岁的生日以来,我所最感亲切的却是古中国的那些古老的、成熟的想法。与此同时,那些想法在我今天看来也是异常现代化的。"①"汤川现象"在现代科学家中引起了极大震动,使他们重新思考了东方文化及其思维方式。量子力学创始人之一的海森堡教授原将科学研究的理论源泉仅仅放在西方文化上,认为一个人没有希腊自然哲学的知识就很难在现代物理学中作出进展,后补充或纠正性地指出:"自从第一次世界大战以来,日本科学研究对于理论物理的巨大贡献可能是一种迹象,它表明在东方传统哲学思想与量子力学的哲学本质之间有着某种确定的联系。"②这

---

① [日]汤川秀树著、周林东译:《创造力与直觉》,复旦大学出版社1987年版,第76页。
② [日]灌耕编译:《现代物理学与东方神秘主义》,四川人民出版社1984年版,第5页。

里的东方传统哲学思想主要是指老庄哲学。美国著名物理学家卡普拉认为："道家比儒家更带有神秘主义的倾向，因此在我们与现代物理学进行比较时，与它的关系更为密切。道教与印度教、佛教一样对于直觉的智慧比对理性的知识更感兴趣。道家承认理性思维领域的局限性和相对性，直觉的智慧才是从这个世界获得解放的途径。"①这里的"神秘主义"一词，并非在宗教意义上而言，似指东方哲学中相对西方学者的神秘莫测、难以理解性。耗散结构理论的创立人、比利时科学家普里高津也指出："中国文明对人类、社会与自然之间的关系有着深刻的理解。""中国的思想对于那些想扩大西方科学的范围和意义的哲学家和科学家来说，始终是个启迪的源泉。"②由此看来，这其中涉及一个重大的理论问题，即中国古代哲学与现代自然科学的关系，用汤川秀树的话来表述，就是"老年期思想的现代性"③。

为什么以中国古代哲学为代表的东方思维方式能呈现出令人惊喜的"现代性"并引起现代科学家的青睐呢？

首先，随着量子力学、相对论及生物学等一系列新理论的产生，综合趋势在科学发展中起着重要作用。现代科学知识更加深刻地揭示了各种不同性质的事物具有相似的结构，具有统一的起源和发生过程。客观世界作为一个有机的统一整体正在人们头脑中以理论的形式复制出来。这说明要研究复杂综合的客体，仅用元素分析方法是不够用的，还必须掌握整体的综合方法。中国古代哲学的整体思维方式在一定程度上适应了客观需要。故普里高津正确地指出"西方科学和

---

① 灌耕编译：《现代物理学与东方神秘主义》，四川人民出版社 1984 年版，第 86 页。
② 普里高津等著：《从混沌到有序》，上海译文出版社 1981 年版，第 1 页。
③ ［日］汤川秀树著、周林东译：《创造力与直觉》，复旦大学出版社 1987 年版，第70 页。

中国文化对整体性、协同性理解的很好结合,将导致新的自然哲学和自然观。"①

其次,从17世纪以来,物理学沿着越来越精确和越来越定量化的道路持续前进,这就导致了一种明显脱离直接经验的抽象倾向,而且用抽象的术语表示出的一些量之间的数学关系变得越来越重要了。甚至到19世纪,这种抽象过程都还没有离开事实而意味着人们能够自行观察。与此同时,抽象的数学表示还是自然界发生的现象的一种忠实表象。但是到20世纪的物理学,就找不到这样的直接的对应关系了,而且,从物理学的角度抽象的理论中得来的那些数学关系,只有一小部分是能够直接验证的。因而仅靠形式逻辑是困难的乃至无济于事的,需要借助直觉等创造性思维,正如汤川秀树指出:"物理学从20世纪初期以来的发展,就是走的这种道路。在这样事例中,单靠逻辑学是什么也干不成的。唯一的道路就是直觉地把握整体,并且洞察到正确的东西。换句话说,这里更重要的与其说是铲除矛盾倒不如说是在整体中发现和谐。"②而老庄哲学中的直觉思维、类比思维,经过科学改造后也能适合现代物理学的需要。

再次,中国古代哲学中的辩证思维与量子力学原理等现代科学一致。丹麦物理学家玻尔提出的量子力学并协原理(或互补原理)认为,在量子力学框架内用经典物理学概念描述原子现象,不可能具有像经典物理学所要求的那种完全性,因而必须使用相互排斥又相互补充的经典物理学概念,才能对现象的各个方面提供一个完全的描述。德国物理学家海森堡提出的量子力学的测不准原理认为,微观客体的任何

---

① 引自《自然杂志》1979年第9期。
② [日]汤川秀树著、周林东译:《创造力与直觉》,复旦大学出版社1987年版,第42页。

一对互为共轭的物理量,如坐标和动量,都不可能同时具有确定值,即不可能对它们的测量结果同时作出准确预言。该原理突破了经典物理学关于所有物理量原则上可以同时确定的观念。这些与老子的"万物负阴而抱阳"(即阴阳互补)、"道可道,非常道"(即概念的相对性)等中国古代哲学思想有相契合之处,学习后者可有助于对前者的理解、掌握。如"玻尔充分认识到他的互补性概念与中国思想之间的平行性。当他在 1937 年访问中国时,他对量子理论的解释早已精细周到,古代中国关于对立两极的概念使他深受震惊,从此以后他对东方文化一直保持着兴趣。……当他必须选择一种盾形纹章的主要花纹时,他就选中了中国的太极图来表示阴阳的互补关系。同时还加上了'对立即互补'的铭文。"①

上述所说,当然不是试图否认中国古代哲学思维方式的弱点,掩盖它产生于古代社会并不可避免带有某种笼统性、直观性的事实,排斥对它的积极改造;也不是想随意将老庄思想现代化;而是提醒人们——道家思想、儒家哲学创造者的后来人,应从"汤川现象"中得到重要启示,在吸取西方先进文化的同时,还要用科学的态度来扬弃中国古代哲学及其思维方式,使它在新的年代放射出应有的光彩。

(原载于《哲学研究》1992 年第 12 期)

---

① 灌耕编译:《现代物理学与东方神秘主义》,四川人民出版社 1984 年版,第 132、133 页。

中国古代哲学对日本近代文化的影响

徐水生

中国古代哲学在日本古代文化发展中起过重要作用,这已成为人们的共识。但中国古代哲学对日本近代文化有何积极影响呢? 学术界对此探讨甚少。依据史料,实事求是地探讨这一问题,对于认识由东西文化融合而成的日本近代文化,对于扬弃中国古代哲学,探索东方文化现代化的发展道路均大有裨益。本文将以几位对日本近代文化作出重大贡献的日本哲学家、企业家、文学家和科学家为例,对上述问题作一初步探讨。

一

由于属同一学科,中国古代哲学对日本近代哲学的影响是直接而又显著的。西周、中江兆民、西田几多郎三人的哲学思想就颇具典型意义。

西周(1829—1897 年)被誉为"日本近代哲学之父"。他的主要历史贡献是,将西方哲学(从哲学概论、哲学史到逻辑学、心理学、美学)系统地介绍到日本。而在译介的过程中,西周始终以中国古代哲学为媒介。西周6岁读《论语》《孟子》《大学》《中庸》,12岁进藩学"养老馆",接受严格的汉学训练,遍读《周易》《尚书》《诗经》《礼记》《春秋》《近思录》等重要典籍,20岁左右先后入大阪的松阴塾、冈山的冈山学校学习中国古代经典①。1862年至1865年西周在荷兰三年留学期间系统地钻研了康德的实证主义和穆勒的功利主义,学习了西方的哲学和其他社会科学。西方的思想文化开阔了他的视野,改善了他的知识结构。然而,西周在创建日本近代哲学的过程中,并未抛弃以前所学的中国古代哲学知识,而是以中国古代哲学为媒介来介绍西方近代哲学文化,融东西两种哲学为一体。西周认为,"东土谓之儒,西洋谓之斐卤苏比("哲学"之日语音译——引者注),皆明天道而立人极,其实一也。"②

在知识论上,西周提倡"大知"即知识的系统性和全面性,反对"小知"即知识的零碎性和片面性。他说:"小知即平常的知识,在有限程度上高于凡庸者,如同某人立于稠众密群之中,看之视野不超过前后左右。""大知与此相反,如立于一高台之上观台下稠众,对于数万人可以一目了然,视野不受前后左右所限,行动亦得当。"③根据西周的《知说》篇所述,他的"大知"是以"文、数、史、地"为基本内容,以演绎和归纳为主要方法,以求得真理为最终目的。很明显,西周的知识论是以西方近代文化为参照系的,但西周所述的"大知""小知"概念及某些思想乃是取自庄子哲学。庄子曾曰:"小知不及大知"(《庄子·逍遥游》)"大知观于远近,故小而不寡,大而不多,知量无穷"(《庄子·秋水》)。其中的联系显而易见。

---

① 见西周《自传草稿》,载《日本名著》第34卷,日本中央公论社1984年版。
② [日]大久保利谦编《西周全集》第1卷,日本宗高书房1970年版,第19页。
③ [日]植手通有编《日本名著》第34卷,日本中央公论社1987年版,第203页。

西周把当时的新兴学科——心理学介绍给日本人民,其中借用了蕴涵着丰富哲学思想的中国古代医学著作《黄帝内经》的某些概念和思维方法。西周指出,"心理之分解首别三大部,智、情、意是也。""意,是人心之主,即为心诚之君主,而智为采纳之官(又曰报告官),情为宣达之官,采纳之官司入,宣达之官司出,共居心诚,辅相心君,以开其属府于此身国"①。这种"智、情、意"的心理学理论虽是西方近代文化的新知识,但其中的某些概念和思维方法与《黄帝内经》的医学哲学思想密切相关。《黄帝内经》的特点之一,就是将人体各部称为某某"官",并强调这些"官"的有机联系和整体功能。西周的祖父、父亲均是传统医学的医生,西周通过他们接触到了《黄帝内经》并深受此书的影响。

西周认真地翻译了一批西方近代哲学范畴,他的翻译不是生硬地直译,而是融合了中国古代哲学思想的创译。如"哲学"范畴,英文原词为"philosophy",意为"爱智"。西周先参照中国宋代哲学思想,将"philosophy"译成汉文"性理学""理学""穷理学"。随着对西方近代哲学认识的加深,西周觉得以上译语均不太妥,便作了进一步改动。他说:"斐卤苏比(philosophy)之意如周茂树说的'圣希天,贤希圣,士希贤'之意,故亦可将斐卤苏比直译希贤学。"②后来他又将"斐卤苏比"译为"希哲学",这大概是受中国《尚书·皋陶谟》中的"知人则哲,能官人"思想的启示。经反复思考和进一步推敲,他在 1874 年刊行的《百一新论》中说:"把论明天道人道,兼之教法的斐卤苏比译名哲学。"③这样与英文原意的"爱智"十分吻合。由此可见,"哲学"一词是经过仔细斟酌才创译出来的,而西周的中国古代哲学文化素养在其中起了重要作用。

①〔日〕大久保利谦编《西周全集》第 1 卷,日本宗高书店 1970 年版,第 131 页
②〔日〕大久保利谦编《西周全集》第 3 卷,日本宗高书店 1970 年版,第 146 页。
③〔日〕大久保利谦编《西周全集》第 1 卷,日本宗高书店 1970 年版,第 138 页。

西周在创译"理性""悟性""主观""客观""现象""实在"等哲学范畴的过程中，也在不同程度上吸收了中国古代哲学的营养。这些哲学范畴今天仍在日本、中国等使用汉字的亚洲国家中频繁使用，为沟通东西哲学的交流，促进东方哲学的发展作出了积极贡献。

在吸收中国古代哲学创建日本近代哲学的过程，中江兆民比西周更进了一步。中江兆民（1847—1901 年）是日本明治时代杰出的唯物主义哲学家、著名的自由民权理论家。他 16 岁时入著名的土佐藩藩校文武馆学习汉学，专心习读《周易》《论语》《孟子》《大学》《中庸》等书，尤其爱读《庄子》。据其周围的人说，中江兆民能把其中的某些章节倒背如流。随后，他还在奥官慥斋门下读过《传习录》，研习阳明学，中江兆民于 1871 年 10 月至 1874 年 5 月赴法国留学。归国后，他在大力介绍西方哲学文化的同时，仍拜著名汉学家冈松瓮谷为师，努力学习先秦诸子。他在建设日本近代唯物主义哲学的过程中，也吸收了大量的中国古代哲学的营养。如他对生死观问题的回答就具有鲜明的东方特点。1901 年 4 月医生诊断中江兆民所患病症为喉头癌，并说只能再活一年半左右。听到这个消息，他不是悲观、消极地等待死亡，而是乐观、积极地工作。他说："假如有事情可做，并且过得愉快，那么，这一年半岂不是足以充分利用的？啊！所谓一年半也是无，五十年，一百年也是无。也就是说，我是虚无海上一虚舟。"①庄子在《大宗师篇》中说："孰能以无为首，以生为脊，以死为尻，孰知死生存亡之一体者，吾与之友矣。"庄子认为，人的生命之初是自然所赋予的，最终仍要回到大自然，因而人的生命实际上是以无为始，又以无为终。显然，中江兆民的上述思想是对庄子"死生存亡之一体"观点的继承和改造。中江兆民还说，"一个人

---

① ［日］中江兆民：《一年有半·续一年有半》，商务印书馆 1979 年版，第 6 页。

假使七八十岁后才死,可以说是长寿。然而以后,却是永远无限的劫数。假使以七八十年去和无限作比较,那是多么短促啊!于是乎不能不把彭祖看作夭折。"①可以看出,这是对《庄子·齐物论》中寿与夭观点的改造。正因为中江兆民能站在无神论的基础上,吸收和改造庄子生死观的思想,所以他能以顽强的意志在极其艰难的条件下,写出《一年有半》和《续一年有半》,为日本人民留下了宝贵的精神遗产。

中江兆民还将中国古代哲学中的"民本论"思想与卢梭的民权思想相结合,提出了东方的自由民权论。他曾写下"民为重"的汉字横幅,这与孟子的"民为贵"观点有着密切的联系。孟子曰:"民为贵,社稷次之,君为轻。"(《孟子·尽心下》)"得天下者,得其民斯得天下矣。"(《孟子·离娄章句上》)柳宗元也认为,历史的发展,既非天意决定,也非圣人的意志所能左右,决定的因素是"生人之意",即人民的意愿和物质需求,并提出了"官为民役"的观点。中江兆民通过西方近代的自由民权论对孟、柳的观点作了新的阐发,指出:"民权是个至理;自由平等是个大义。违反了这些理义的人,终究不能不受到这些理义的惩罚。即使有许多帝国主义国家,也终究不能消灭这些理义。帝王虽说是尊贵的,只有尊重这些理义,才能因此而保持他们的尊贵。中国早已有孟轲和柳宗元看透了这个道理,这并不是欧美专有的。"②当时日本政治思想界中有一种论调,说"自由""民权""平等"等思想产生于西方,不适用于日本的近代化。中江兆民为了反驳上述论调,激励日本的自由民权主义者与封建主义势力和思想作斗争,所以重新诠释了孟子等人的"民为贵"思想,提出"民权""自由"思想"不是欧美专有的",使日本的"自由民权论"更具东方文化的特色更富号召力。中江兆民还用孟子的"浩然之气"观

---

① [日]中江兆民:《一年有半·续一年有半》,商务印书馆 1979 年版,第 22 页。
② [日]中江兆民:《一年有半·续一年有半》,商务印书馆 1979 年版,第 32 页。

点为其自由观作了论证。他在《东洋自由新闻》的社论中，把自由分为"行为的自由"和"心思的自由"。所谓行为的自由，包括人身、思想、言论、集会、出版、结社、从政等方面的自由。所谓心灵的自由，"就是我精神心思绝不受其它物之束缚，充分发达而无余地。这也就是古人所谓'配义与道'的'浩然之气'"。①

西田几多郎(1870—1945)被称为"日本近代最重要的哲学家"，他广泛地吸收了现代欧美各派的哲学思想，构造了一个庞大的哲学体系，其全集达 19 卷之多，但其中也可明显地看到中国古代哲学的多方面影响。西田小时"喜欢看祖父读过的四、五箱汉文书籍"②，接触到了中国古代哲学文化。14 岁时，又在年逾七十、学识渊博的儒学者井口孟笃先生处学习儒家经典。高中时，对老庄道家哲学产生了兴趣，他曾以"有翼生"之笔名作文，在学生自发组织的"尊我会"中进行交流。同学不解其意提出疑问，西田在文中答道："子独知鸟有翼，而不知人也有翼。子曾闻昔者庄周梦为胡蝶，栩栩然戏花之事乎?"③表现了庄子似的超凡脱俗、逍遥自由的态度。

"纯粹经验"是西田哲学代表作《善的研究》之中心范畴，它贯穿于西田哲学发展的全过程，是西田哲学的理论基石，而其中也融进了庄子哲学的精神。何谓"纯粹经验"呢? 用西田的话说，就是"当人们直接地经验到自己的意识形态时，还没有主、客之分，知识和它的对象是完全合一的。这是最纯的经验。"④显然这种"纯粹经验"的理论吸收了大量西方近现代哲学文化，如德国的冯特的心理学理论、阿芬那留斯的经验

① ［日］植手通有编《日本名著》第 36 卷，日本中央公论社 1987 年版，第 63 页。
② 《西田几多郎全集》第 12 卷，日本岩波书店 1965 年版，第 228 页。
③ 《西田几多郎全集》第 16 卷，日本岩波书店 1965 年版，第 607 页。
④ ［日］西田几多郎：《善的研究》，商务印书馆中译本 1965 年版，第 7 页。

批判主义、詹姆斯的"意识流"思想,但其深层仍蕴含有中国古代哲学的
思想。西田指出:本来物和我就是没有区别的,我们既可以说客观世
界是自我的反映,同样地也可以说自我是客观世界的反映。离开我所
看到的世界便没有我。这是天地同根,万物一体。"在上述状态下,天
地仅有一指之隔,万物与我成为一体。"①这种"万物与我成为一体"的
思想与庄子的"天地与我并生,而万物与我为一"的思想是非常接近的。

"至诚"是中国古代哲学的重要范畴,它由孟子提出,经《中庸》的
集中阐发,具有本体论、认识论、道德论等多重意义。西田将"至诚"
的思想吸收到其哲学体系并展现在其道德论和认识论之中,如他指
出:"去私欲合至诚,此可谓真正的修养。所谓至诚是指与身心打成一
团毫无间隙、集中全力的状况。从学问的意义上说,是指在我们的意
识内能使活动状态的主观和客观统一融合、全然无别。如此便能达到
与天地自然合一、无我的真境。"②孟子曾认为,"至诚"能"尽心""知性"
"知天",从而与天地自然合一。西田在这里把"至诚"既看成致善的修
养方法,又作为认识手段,使道德论和认识论得到统一,这是在近代条
件下对孟子"至诚"思想的新发挥。西田又指出:所谓至诚,是善行不
能缺少的重要条件。耶稣也说,只有像天真烂漫的婴儿一般的人才能
进入天堂。"所谓至诚的善,并不是因为通过它产生出的结果才成为
善,它本身就是善。"③西田在这里将西方文化与中国传统的"至诚"思
想相结合,来说明"至诚"本身就是善,这是对荀子的"君子养心莫善于
诚"等观点的引申和发挥。有些人接受了西方哲学后,便否定儒家的
"至诚"思想,西田严肃地指出其错误,"人们常说个人的至诚往往与人

---

① [日]西田几多郎:《善的研究》,商务印书馆中译本 1965 年版,第 145 页。
② 《西田几多郎全集》第 16 卷,日本岩波书店 1965 年版,第 255—256 页。
③ [日]西田几多郎:《善的研究》,商务印书馆中译本 1965 年版,第 115 页。

类一般的最高善有矛盾。但是我认为这样说的人对至诚这个名词的理解是不正确的。"①当然,西田对"至诚"的吸收,并不是一种简单的继承,而是经过改造和与西方哲学理论的融合,使其达到近现代哲学理论思维水平,以满足日本民族哲学发展的需要。故他又指出,"人格的内在必然,即所谓至诚,是建立在知、情、意合一之上的要求,并不意味着违反知识的判断和人情的要求而单纯地服从盲目的冲动。"②经过西田的精心提炼,"至诚"这一东方思想呈现出更强的逻辑性和时代感。

王阳明的某些思想也给西田哲学较大影响,西田在论述知识的有效性时指出:"正如王阳明说的'知行合一'那样,充分的知必须行。所有的知识体验之后才能称为真知识(不仅人事的知识,科学上也重视实验)。"③王阳明的"知行合一说"主要是一种讲内心"省察克治"的唯心主义道德修养学说,西田在注重科学的近代知识论基础上吸取了"知行合一"的思想,并强调"行"与"知"的有机联系,用体验和实验来说明"行"。这实际上是对"知行合一"的近代引申和改造。王阳明在强调主观意识的重大作用时,曾举了一个看花之例,即"你来看此花时,则此花颜色一时明白起来,便知此花不在你的心外。"(《传习录·下》)西田的"自我意识"理论,也借用了王阳明的看花之例,他说:"我们所谓认识事物,不过是说自我与事物相一致而已。在看见花的时候,就是自我成为花了。"④

此外,西田还从中国禅宗的"见性说"、华严宗的"一多"理论吸取了一些思想营养(当然,西田对印度和日本佛学思想也多有吸取)。上述

---

① [日]西田几多郎:《善的研究》,商务印书馆中译本 1965 年版,第 124 页。
② [日]西田几多郎:《善的研究》,商务印书馆中译本 1965 年版,第 118 页。
③《西田几多郎全集》第 16 卷,日本岩波书店 1965 年版,第 329 页。
④ [日]西田几多郎:《善的研究》,商务印书馆中译本 1965 年版,第 70 页。

工作使西田哲学在接近或达到世界哲学理论水平的同时，又保持了鲜明的东方文化色彩。

二

中国古代哲学也广泛地渗透于日本近代经济、文学、科学诸领域。涩泽荣一、夏目漱石、汤川秀树三人的思想和经历均是最好的例证。

一生参与创立 500 多家企业的"日本近代企业之父"涩泽荣一（1840—1931 年）在回顾自己创业生涯时指出："我的经营中虽饱含辛苦和惨淡，但常遵孔子之教，据《论语》之旨，故使经营获得了成功。"[①]他 7 岁由父亲教《三字经》，后从堂兄尾高蓝香学《论语》《孟子》《大学》《中庸》。其中《论语》对他的思想产生了重大影响。在如何吸收西方近代文明，促进日本近代化的思考中，立志要当企业家的涩泽提出了建立集小资本成大资本的"合本组织"（即株式会社或股份公司）的良策。而要使这种"合本组织"顺利发展，他认为：须扫清两种思想障碍，一是日本传统中的空谈修身养性，不讲物质欲求和经济利益的"求义观"；二是西方近代商业和企业活动中出现的尔虞我诈，不讲道德的"求利观"。扫清这两种思想障碍的重要法宝就是孔子的思想。

针对日本传统的"求义观"，涩泽以自己的企业管理实践为基础，吸取西方近代注重物质利益、经济效益的思想，对《论语》的一些原文重新诠释，阐发了不同凡响的新义。如孔子说，"富与贵，是人之所欲也；不以其道得之，不处也。贫与贱，是人之所恶也，不以其道得之，不去也。"（《论语·里仁》)涩泽指出，一般人认为此语有轻视富贵之义，这是错误

①《涩泽荣一传记资料》第 41 卷，日本涩泽青渊纪念财团龙门社编 1962 年版，第 33—34 页。

之论。若仔细思考，此话没有一点鄙视富贵之义，其旨是告诫人们不要淫于富贵。孔子在这里是指不道德地得富贵，宁可贫穷。如遵守道德得到富贵，绝无妨碍。"对于此句要得出正确的解释，关键是要注意'不以其道得之'"①。涩泽还认为，孔子不反对正当的富，而对于不正当的富和不道德的功名则谓之"于我如浮云"。然而，有些儒者，不明白此间的区别，一说富贵、功名，便不分青红皂白地将它们看成恶，岂不过于草率吗？符合道德的富贵、功名，孔子自己也进而得之。

针对西方近代的"求利观"，涩泽提出了具有东方特色的近代企业文化观——"《论语》和算盘一致论"。"《论语》和算盘，换言之是道德与经济的合一。"②一个是古代人生伦理的哲学经典，一个是近代企业管理的计算工具，两者为什么会"一致"或相适应呢？涩泽认为，第一，《论语》讲了很多修身养性之道，特别是讲了许多关于如何处理义利关系的道理。这些道理通俗易懂，很适合经商办企业。第二，经济的发展、振兴，必须有一个好的指导思想作为精神支柱和行动标准。"我之所以爱读《论语》，是因为本来商人是争铢锱之利的，贤者如有一步失误的话，是为利而失道的，更何况商人生活在世俗社会之中，如无防止失误的规矩准绳，那么是很危险的。"③第三，"农工商的实业因名教道德而发光"④。在明治维新之前，商人的地位很低。"士农工商"，商人排在最后。为了在近代改变这种状况，涩泽提出商人应认真学习《论语》，以《论语》为经商指南，加深商人的道德修养，从而改变商人的大众形象和

---

① 《涩泽荣一传记资料》别卷 6，日本涩泽青渊纪念财团龙门社 1921 年版，第 52 页。
② 《涩泽荣一传记资料》第 41 卷，日本涩泽青渊纪念财团龙门社 1921 年版，第 390 页。
③ 《涩泽荣一传记资料》第 41 卷，日本涩泽青渊纪念财团龙门社 1921 年版，第 381 页。
④ ［日］涩泽荣一：《论语讲义》第 1 卷，日本讲谈社 1977 年版，第 23 页。

社会地位。涩泽是位企业家，因而他不仅从理论上阐述"《论语》和算盘一致"的思想，更重要的是将之运用于自己一生创办、管理企业的活动中去。他在总结自己的经验时说："我坚定地奉事孔子的思想，并体会到它与商业、工业、矿山业、制造业及所有事业毫不抵触。"①涩泽这里所说的"奉事孔子思想"，是根据西方近代经济思想和自己的管理实践进行改造的"孔子思想"。此外，涩泽还注意培养孔子伦理思想与企业管理相结合的人才，坚持多年亲自向企业员工讲授《论语》，并著有《论语讲义》(七卷本)和《论语加算盘》等书，构成了其企业文化的核心。以至"在涩泽身边及其以后，受其感化和影响，接连不断地涌现出一大批精明强干的'小涩泽'式的企业家"②。经日本新闻界调查，《论语加算盘》至今仍是日本企业家最爱读的著作之一。涩泽荣一的经济管理思想，为具有浓厚的儒家哲学色彩的日本企业文化精神的形成，奠定了重要基础。

日本近代的文学也受到了中国古代哲学的影响，这里以夏目漱石(1867—1916年)为例。夏目漱石被日本学界称为"日本近代文学的巨匠"。他少时喜欢汉学，曾进入以中国古代经史子集为主要教材的二松学舍学习。上大学英文专业时，他继续表现出对中国古代哲学的浓厚兴趣，写有《老子的哲学》③一文。1907年，他进入《朝日新闻》报社，成为专业作家。日本学者认为："漱石的思想可以说是在欧洲的近代思想与东方思想的接触过程中形成的。"④从漱石的创作来看，他所接触的"东方思想"除了日本思想之外，主要是中国古代哲学文化。

---

① 《涩泽荣一传记资料》第41卷，日本涩泽青渊纪念财团龙门社1921年版，第143页。
② ［日］中井英基：《张謇与涩泽荣一》，日本《一桥论丛》，1987年12月号。
③ 参见《夏目漱石全集》第12卷，日本筑摩书房1979年版，第78—90页。
④ ［日］中村新太郎：《日本近代文学史话》，北京大学出版社1986年版，第149页。

　　漱石的文学作品融进了不少中国古代哲学成分。他在《七草集评》之诗中写道："洗尽尘怀忘我物，只看窗外古松郁，乾坤深夜闻无声，默坐空房如古佛。"①在《失题》之诗中写道："往来暂逍遥，出处唯随缘。"②在《春兴》之诗中写道："寸心何窈窕，缥缈忘是非，三十我欲老，韶光犹依依，逍遥随物化，悠然对芬菲。"③这里的"忘我物""忘是非""逍遥""物化"均是庄子《齐物论》和《逍遥游》的思想。另外，他的文学作品《我是猫》《薤露行》《趣味的遗传》和学术著作《文学论》等多次引用庄子的文辞、典故。他在《题自画》之诗中写道："起卧乾坤一草亭，眼中唯有回山青，闲来放鹤长松下，又上虚堂读《易经》。"④在《无题》之诗中写道："眼识东西字，心抱古今忧，廿年愧昏浊，而立才回头，静坐观复剥，虚怀役刚柔。"⑤可以看出，漱石读过《周易》并接受了《周易》思想的影响。由于融进了中国古代哲学的成分，漱石的文学作品增加了思想深度和启迪意义，表现出较强的东方色彩。

　　此外，漱石提出的"则天去私"文学思想与老庄哲学也有着密切的联系。20 世纪初年至 20 年代，迅速发展的资本主义工商业给日本带来了繁荣的物质文明，但人的精神生活上却出现了"畸形"。漱石在《三四郎》《其后》《门》《过了秋分为止》《行人》《道草》和《心》等作品中，尖锐地揭露与讽刺了隐藏在近代人们内心深处的利己主义。经过多年的思索，漱石在去世前的多次谈话和书写中，提出了"则天去私"的思想⑥。它综合了法国启蒙思想家卢梭的"回复自然"论和中国老庄的"道法自

---

① 《漱石全集》第 12 卷，日本岩波书店 1975 年版，第 458 页。
② 《漱石全集》第 12 卷，日本岩波书店 1975 年版，第 404 页。
③ 《漱石全集》第 12 卷，日本岩波书店 1975 年版，第 401 页。
④ 《漱石全集》第 12 卷，日本岩波书店 1975 年版，第 417 页。
⑤ 《漱石全集》第 12 卷，日本岩波书店 1975 年版，第 403 页。
⑥ 参见《夏目漱石全集》别卷，日本筑摩书房 1979 年版，第 391 页。

然"思想。漱石试图告诫人们,在较为丰富的物质生活中,一定要抛弃虚伪之心、功名之念,保持人们原有的纯朴和善心。漱石的晚期作品《明与暗》就是"则天去私"思想的重要注解。这一思想在日本近代乃至现代的文学史上产生了重大影响。

值得注意的是,中国古代哲学对日本近代乃至现代的科学也产生了重大影响。这里以日本首位诺贝尔奖获得者汤川秀树为例。汤川秀树的祖父是位开过私塾的儒学者,父亲虽说是位地质学家和考古学家,但一向喜爱中国古代文化。受家庭的影响,秀树从小就对中国古代哲学尤其是老庄的思想产生了浓厚的兴趣。他1929年毕业于京都帝大理学部物理学科,1935年提出一种核力理论,正确预言了介子的存在,1949年因介子理论而获诺贝尔物理学奖。在回顾自己漫长的现代物理学研究生涯时,汤川秀树指出:"和其他物理学家不同,对我来说,长年累月吸引我,给我影响最深的是老庄等人的思想,它虽是一种东方思想,但在我思考有关物理学问题时,它仍不知不觉地进入其中。"①

老庄哲学对秀树的物理学研究的影响可从以下三个事例得到说明。第一个是"基元域"概念的形成。秀树指出,1950年他发表了非局域场的理论,想将它作为和实体论、本质论进行综合统一的第一步,此后进行着"恶战苦斗"的多年研究。"其中,我想起了种种东西,成此契机的一个是在基本粒子研究上用新形式恢复的一般相对论精神,还有一个是想起了长期被遗忘的庄子。尽管时代相隔甚远,然而在将哪一方都可相容的时、空(天地)和作为内在东西的物质、能量(万物)的相互关系问题上,两者有共同点……于是在1966年某日,终于将我的苦心思索结晶为基元域的概念。"②这一概念是在相对论和庄子哲学的启发

---

① [日]汤川秀树著:《汤川秀树著作集》第7卷,日本岩波书店1985年版,第20—21页。
② [日]汤川秀树著:《汤川秀树著作集》第7卷,日本岩波书店1985年版,第65页。

下而创造出来的。第二个是粒子物理学的"混沌"说的产生。秀树指出，他研究基本粒子多年，发现了 30 多种不同的基本粒子，每种基本粒子都带来某种谜一样的问题，于是不得不深入一步考虑在这些粒子的背后到底有什么东西。"它可能是有着分化为一切种类基本粒子的可能性，但事实上还未分化的某种东西。用所习用的话来说，这种东西也许就是一种'混沌'。正是当我按这样的思路考虑问题时，我想起了庄子的寓言。"①这个寓言就是《庄子·应帝王》中"儵与忽时相与遇于混沌之地"的故事，它朴素地表现了要尊重事物本身的客观性和整体性的思想。第三个是他对"看不见铸型"物理法则的确信。秀树说，他曾将物理法则比喻为"看不见的铸型"。例如电子，不论在何处、何时形成的电子都具有完全相同的质量和电荷，这是自然界法则性最基本形态的一种体现。他在反复读《庄子》时，发现了《庄子·大宗篇》中"大冶铸金"的比喻，它寓有自然规律决定一切天地造化的思想。秀树说："庄子认为人在巨大的天地之中，是由肉眼看不见的铸型铸出时，到时又重铸成别的东西，将此比喻成生死没有什么大的差别，以超越死亡。与其作人类来看，倒不如说将此看成基本粒子的生死问题。尽管这是古代庄子的思考，但与我的思考极其相似。在我看来，庄子是一位真正了不起的思想家。"②

　　另一方面，老庄的某些思想经过汤川秀树的积极改造，成了其科学方法论中的有机成分。第一，关于"非常道"的相对性思想。《老子》开卷说："道可道，非常道，名可名，非常名。"秀树指出，"真正的道，即自然法则，不是贯例之道，常识之理，真正的名或概念，不是常见之名，常识

① ［日］汤川秀树著、周林东译：《创造力和直觉》，复旦大学出版社 1987 年中译本，第 50 页，
② 《汤川秀树自选集》第 3 卷，日本朝日新闻社 1971 年版，第 370 页。

性概念。"①秀树的诠释与哲学史界的解释不同,但从思想实质来说,还是与老子哲学精神相通的。自然科学就是在不断淘汰旧概念、旧理论,创造新概念、新理论的过程中发展的。第二,关于"知鱼乐"的直觉思维。秀树指出:"直觉能力在古代的希腊天才和中国天才那里都是天赋极高的。"②他特别欣赏《庄子·秋水篇》中的"知鱼乐"寓言,认为"庄子和惠子的问答表现了与科学的合理性和实证性有关的看法。……尽管我自己是位科学家,但与庄子所说具有很强的同感。"③在 60 年代当有人请秀树题字时,他常写"知鱼乐"三字。为什么汤川对"知鱼乐"的典故如此钟爱呢? 因为逻辑证明和实验方法在基本粒子研究中有一定的局限。当时物理学家最感困惑的是所谓基本粒子的真正本性和内在结构。因为很难用实验手段来直接识别这样的细节,故秀树指出,我们要把握住基本粒子的结构,虽不会像庄子知道鱼的内心那样简单,但为了做到这一点,也许必须采取冲破现有知识框框的奇妙思维方法。这种"奇妙思维方法"就是经过科学地改造、提高了的庄子"知鱼乐"一类的直觉思维方法,它可以弥补逻辑和实验方法的不足。第三,关于《庄子》寓言中的类比思维。类比是由两个对象内部属性关系的某些方面相似,而推出它们在其他方面可能相似的推理方法。汤川秀树指出,类比"是中国人自古以来就很擅长的一个领域。表现类比的最古形式就是比喻。"④庄子是中国古代哲学中最具浪漫色彩的哲学家,他主要依靠比喻或类比来论证哲学问题。从一定的意义上说,本文前述的"基

---

① 《汤川秀树自选集》第 3 卷,日本朝日新闻社 1971 年版,第 375 页。
② 〔日〕汤川秀树著、周林东译:《创造力和直觉》,复旦大学出版社 1987 年中译本,第 51 页。
③ 《汤川秀树自选集》第 3 卷,日本朝日新闻社 1971 年版,第 372 页。
④ 〔日〕汤川秀树著、周林东译:《创造力和直觉》,复旦大学出版社 1987 年中译本,第 44 页。

元域"概念、"混沌"概念、"看不见的铸型"思想,就是秀树在现代物理学领域成功地运用庄子类比思维的尝试。第四,关于"天人合一"的整体思维。秀树指出:"在老子和庄子那儿,自然界却一直占据着他们思维的中心。他们论证说,脱离了自然的人不可能是幸福的。"①这实际上以老庄哲学为例,肯定了中国哲学的"天人合一"的整体思维方式。作为一位治学严谨的著名科学家,他并没有任意抬高中国古代哲学的整体思维方式,也没有贬低西方注重形式逻辑的思维方式,而是认为"两者只有互补,才能成为科学的思维方式"②,这样才有助于现代科学的发展。

长期以来,国际科学界有一种错误的观点,即认为东方思维方式不能适应自然科学的需要,只会阻碍科学的进步和发展。"汤川现象"在现代科学家中引起了极大震动,许多科学家重新思考了东方文化及其思维方式。如量子力学的创始人之一海森堡,原将科学研究的理论源泉仅仅放在西方文化上,后又补充指出:"自从第一次世界大战以来,日本科学研究对于理论物理的巨大贡献可能是一种迹象,它表明在东方传统中的哲学思想与量子力学的哲学本质之间有着某种确定的联系。"③应该说,这既是对汤川物理学的深刻认识,也是对东方文化主要是中国古代哲学合理性的充分肯定。

三

众所周知,日本近代实行"文明开化"的政策,西方文化迅速而全面

---

① [日]汤川秀树著、周林东译:《创造力和直觉》,复旦大学出版社1987年中译本,第47页。
② [日]汤川秀树著:《汤川秀树著作集》第7卷,日本岩波书店1985年版,第11页。
③ 灌耕编译《现代物理学与东方神秘主义》,四川人民出版社1984年版,第133页。

地传入,对日本的经济、政治、文学、科学、哲学产生了巨大冲击。本文上述的日本近代文化精英几乎都赴西方学习、考察或工作过,直接接触到西方文化。但为什么中国古代哲学仍对他们产生了积极影响呢?

首先,以儒学为代表的许多中国古代思想是日本近代"和魂"中的重要部分。自王仁于公元 285 年携《论语》入日本起,经过一千多年日本历代学者的吸收、消化,尤其是随着儒学在江户时代(1603—1867年)的兴盛和普及,中国古代哲学的某些思想已深深积淀在日本民族的社会心理结构之中,广泛渗透在人们的观念、行为、习俗、信仰、思维方式、情感状态之中。日本学者认为,"明治以后的'和魂',则将过去的'汉才'亦包括在内,形成一广泛圈的概念。"[①]在这具有复杂成分的近代"和魂"体系中,与属于宗教思想的神道、佛教和崇拜古典、信奉神话的"国学"相比,以儒学为代表的中国古代哲学有其特有的长处,即它一方面是注重现实、关心社会、"积极入世"之学,另一方面又形成了一套较为完整的体系,内容上涉及自然观、方法论、伦理观、社会观等领域,因而它对日本近代知识分子影响颇大,成了日本近代文化的东方理论来源。

其次,日本近代化需要的是与之相适应的融合东西方文化的近代文化,而不仅仅是纯粹的西方文化。虽然日本的近代化以赶超欧美经济发达国家为目标,但它又是在与西方各国不同的自然条件、社会习俗、文化背景下进行的,故西方的文化并不完全适合日本国情。日本在此方面有过深刻的经验教训。明治初年,以福泽谕吉为代表的一批启蒙思想家曾兴起一种"脱亚"的思潮。他们认为,日本要实现近代化,"一切万事皆采近时西洋之文明,……将出一新转机,此主义唯在'脱亚'两字"[②]。所谓

---

① [日]沟口雄三:《日本人为何研究中国》,载中国台湾《新史学》第 1 卷第 2 期,第 86 页。
② 参见福泽谕吉"脱亚论"之社论,载日本 1885 年 3 月 16 日《时事新报》。

"脱亚"就是彻底摆脱乃至抛弃构成了日本国民精神重要内容的儒学思想。福泽等人的本意是试图加快日本的近代化,但历史的发展并非他们想象的那么简单。与"脱亚"思潮紧密相连的是"鹿鸣馆欧化主义"风潮,此风潮盲目模仿欧美的文化,建立西式宾馆——"鹿鸣馆",馆中的一切活动全仿欧美形式——身着西洋服,食用西洋餐,狂跳西洋舞。甚至出现了"浴池有自由澡塘、自由温泉,点心有自由糖,药店有自由丸,饭店有自由亭,其他有自由洋书、自由跳舞、自由帽子"[①]等等机械地移植西方思想文化的极端现象。这种欧化主义思潮在理论上当时就受到了日本一大批学者的批判,在实践中也遭到失败。曾极力主张"脱亚"论的启蒙思想家如加藤弘之、森有礼、中村正直、西村茂树等后来也认识到了当初思想的片面性,纷纷倒戈,又大谈儒家的近代意义和作用。如西村茂树最初接触到西洋思想时,非常崇拜,几乎要把儒学全部扔掉,但他后来逐渐回到儒学,并以西方的实证主义、功利主义与儒教的伦理思想相结合,提出了一种颇有影响的"日本道德论"。即便是系统地提出"脱亚"理论的福泽谕吉本人,晚年对孔子和儒学的态度也有明显变化。他在 60 岁时出版的随笔集中指出,"可以说孔子为道德之圣,牛顿为物理之圣"[②],将中国古代哲学的代表与西方近代文化的精英相提并论。被称为"日本的康德"的哲学家大西祝(1864—1900 年)曾指出:"我国今日之学者,要弄清中国思想,探究印度思想,通晓西方思想,以为我国将来着想","如若在我日本开创某种特别的新思想,那也必将是在其斗争和调和之间完成"[③]。西田几多郎更清醒地认识到,"哲学的学问形

① [日]近代日本思想史研究会著《近代日本思想史》第 1 卷,商务印书馆 1983 年版,第 71 页。
② [日]福泽谕吉:《福翁百话》,上海三联书店 1993 年版,第 17 页。
③ 《大西祝博士全集》第 6 卷,日本警醒社 1904 年版,第 10 页。

式,我以为不可不学于西洋,而其内容则必须为我们自身的东西","必须为几千年来孕育我们祖先而来的东方文化的发扬光大"①。众多学者所见略同,说明改造儒学、融合东西,是日本近代文化发展的客观需要。

从上述情况看,中国古代哲学在日本近代史中至少起到了以下积极作用:

第一,中国古代哲学是日本近代初期接受西方文化的基础。西方文化是日本近代文化形成的前提,但它要传入日本,必须有一个文化基础,否则难以生根。不论是西周所介绍的知识论、心理学和"哲学""理性"等范畴,还是中江兆民所宣传的自由民权论,都可以看出中国古代哲学是日本近代思想家接受和传播西方文化的重要基础。日本早期社会主义思想家幸德秋水也直言不讳地说,"我是从儒家进入社会主义的"②。日本著名思想史家源了园从更广的角度指出,明治维新前后,日本有人把朱子学的"理"(经验性侧面)和西洋的自然科学相结合,有人强调"理"这一概念的价值性侧面,接受了国际性的自然法思想,有人依据儒教"天"的观念,接受了国际平等和天赋人权的思想,"重要的是这样的历史事实,即不是用儒教排除近代思想,而是以儒教为基础接受它们"③。

第二,中国古代哲学构成了日本近代文化中的有机成分,丰富了日本文化的个性。日本近代文化不是全盘的西洋文化,而是东方和西方、古代与近代文化的统一体,而中国古代哲学是这统一体中的有机成分。这从前文的阐述中即可得到证明。

第三,中国古代哲学经过创造性的转换,在一定程度上促进了日本近代化的发展。当日本近代化的历史车轮刚刚开始运转时,福泽谕吉

① 《西田几多郎全集》第 1 卷,日本岩波书店 1965 年版,第 467 页。
② [日]盐田庄兵卫编《幸德秋水的日记舆书简》,日本未来社 1954 年版,第 343 页。
③ [日]源了园:《关于日本的"实学"》,《哲学译丛》1988 年第 3 期。

曾断言,以儒学为代表的中国古代哲学"只是在古时有贡献,时至今日已经不起作用了"①。这是一种很有影响的传统观点。西方学者马克斯·韦伯在《新教伦理和资本主义精神》与《儒教和道教》中也认为,与新教伦理的方向恰恰相反的儒家伦理,不利于近代工业文明的产生。然而事实胜于雄辩。涩泽荣一积极学习西方近代的经济理论,以企业管理实践为基础,将儒家经典《论语》作其企业之魂,一生创建500多家大型企业,为日本近代经济的发展作出了重大贡献。无独有偶,1936年毕业于东京大学经济系、后担任日本协和银行会长的色部义明(1912—?)也把《论语》视为"不误人生、经营的永恒原则",将孔子思想运用到自己的金融事业中,取得了巨大成功,故日本学者称之为"涩泽第二"②。其实,日本经济界中不止一个"涩泽第二",而是有一大批用儒家思想(或《孙子兵法》)来指导自己企业集团的领导人,以至国际上有人将日本经济成功的现象极言之为"儒家资本主义"模式。至于西周、中江兆民、西田几多郎、夏目漱石、汤川秀树等运用中国古代哲学在日本近代哲学、文学、科学上所作的贡献,更是难以否认的。

　　需要强调指出的是,本文所列举的日本近代思想家对中国古代哲学的态度并非简单地套用,而是基于日本近代化的社会实践,借鉴西方近、现代文化,进行创造性的转化。他们在吸收与改造中国古代哲学以运用于日本近代化建设方面所取得的成果,对于我们今天在实现现代化过程中如何进行文化建设,如何使传统文化得到创造性的转化,具有一定的借鉴意义。

(原载于《中国社会科学》1994年第4期)

---

① ［日］福泽谕吉:《文明论概略》,商务印书馆1959年版,第149页。
② 日本经营开发协会、关西经营管理协会编《寻求经营的基点》,日本晨星株式会社1987年版,第180页。